都市食物经济研究丛书

U0670605

都市居民农产品
消费行为研究

刘增金 著

中国农业出版社
北 京

图书在版编目（CIP）数据

都市居民农产品消费行为研究 / 刘增金著. -- 北京：
中国农业出版社，2024. 11. --（都市食物经济研究丛书
）. -- ISBN 978-7-109-32626-2

Ⅰ. F323.7；F126.1

中国国家版本馆 CIP 数据核字第 20244RF108 号

都市居民农产品消费行为研究

DUSHI JUMIN NONGCHANPIN XIAOFEI XINGWEI YANJIU

中国农业出版社出版

地址：北京市朝阳区麦子店街 18 号楼

邮编：100125

责任编辑：屈　娟

版式设计：李　文　　责任校对：吴丽婷

印刷：中农印务有限公司

版次：2024 年 11 月第 1 版

印次：2024 年 11 月北京第 1 次印刷

发行：新华书店北京发行所

开本：700mm×1000mm　1/16

印张：22.75

字数：410 千字

定价：138.00 元

本研究主要得到以下项目的资助与支持

国家自然科学基金项目

"基于监管与声誉耦合激励的猪肉可追溯体系质量安全效应研究：理论与实证"（编号：71603169）

"南方集体林区林下立体经营技术的扩散机制及采用行为干预研究"（编号：72003177）

"质量监督视角下亲环境机械外包服务供求机制及激励政策优化研究"（编号：72203207）

教育部人文社科青年项目

"信息不对称下产业链异质契约约束对农户绿色安全优质生产的影响研究"（编号：21YJC790173）

上海市农业农村委员会科技创新项目

"上海市绿叶蔬菜产业技术体系建设"（编号：沪农科产字〔2024〕第2号）

"上海市花卉产业技术体系建设"

"闵行区革新村乡村振兴科技引领示范村建设"（编号：沪农科推字〔2019〕第3－4－2号）

上海市农业农村委员会决策咨询重点课题

"我市率先基本实现农业农村现代化研究"（编号：2022－N－013）

上海市科学技术委员会软科学重点课题

"上海大力发展花卉产业的技术创新支撑体系与政策保障研究"（编号：19692107600）

"藜麦产业化发展路径与对策研究"（编号：21692110500）

作者简介

刘增金

男，1986 年 9 月生，山东青岛人，中共党员，管理学博士，研究员，硕士生导师，博士后导师。本科毕业于华中农业大学农林经济管理专业，硕士、博士毕业于中国农业大学农业经济管理专业。现为上海市农业科学院农业科技信息研究所研究员、都市农业理论与食物经济研究课题组负责人，兼任上海海洋大学学硕联培导师、中国农业经济学会理事、中国农业经济学会食物经济专委会常务理事、上海蔬菜经济研究会秘书长、上海市农村经济学会理事、国家自然科学基金同行评审专家、上海市绿叶菜产业体系产业经济与智库建设专业组组长。长期从事农业经济研究，尤其在农业产业经济、食品安全管理、乡村治理等方面具有较为深厚的研究积累。

刘增金先后主持国家自然科学基金项目、上海市政府决策咨询重点课题、上海市农业农村委员会决策咨询重点课题、上海市科学技术委员会软科学重点课题等纵向课题 10 项，主持完成的国家自然科学基金项目结题绩效评估为"优"，同时主持完成多项横向委托课题。顺利完成上海市农业科学院"助跑"和"攀高"计划。发表 10 余篇 sci/ssci 论文，影响因子合计超过 30；在《农业经济问题》《财经研究》《产业经济研究》《中国农业大学学报》等发表 50 余篇中文期刊论文。独立出版 3 部学术专著。主笔专报获得了上海市委书记、市长、市委副书记、副市长等领导的批示以及市农业农村委员会应用采纳。在《中国食品安全报》《解放日报》发表多篇署名文章。牵头的成果获得上海市决策咨询研究成果奖二等奖 1 项、上海市农业科学院科技进步奖三等奖 1 项，参与的成果获得上海市决策咨询研究成果奖二等奖和内部奖 2 项、南京市哲学社会科学优秀成果三等奖 1 项。

序

　　《都市居民农产品消费行为研究》一书是上海市农业科学院刘增金研究员历经 10 年之久完成的一部学术专著，也是刘增金博士主编的都市食物经济研究丛书的开山之作。该书获得了包括国家自然科学基金项目、教育部人文社科项目、上海市农业农村委员会决策咨询课题、上海市绿叶蔬菜产业技术体系产业经济与智库建设项目、上海市科技兴农项目、上海市科学技术委员会软科学课题等在内的多项课题资助支持，取得了较为丰硕的研究成果，相关章节内容已在《Foods》《Scientific Reports》《技术经济》《农业现代化研究》等中英文期刊发表了 10 余篇学术论文，获得了较为显著的学术影响。应该说，该书是近些年国内都市农产品消费行为研究领域的一部力作。

　　我与刘增金博士的结缘约在 10 年前。那时，他开始发表消费者对猪肉等农食产品追溯体系与安全标识的认知与意愿相关的系列文章，由于本人及学生更早也在这方面做过一些研究，作为同行先行者的惺惺相惜或者是更多审视的缘故，而给予关注，不过那时还是"以文神交"的阶段。之后在上海以及各地的学会活动中，与他多次相见，他主动沟通交流，使我终于对他从"对号入座"，到对这位热衷学术研究的青年才俊的研究与学识有了更多了解。一晃数年，他依托上海的需要，坚持从消费者视角开展农产品质量安全的经济学研究，学术积累日趋深厚，形成了都市居民食物消费行为的系列成果。本人一直觉得中国食物经济研究中，关于食物消费特别是消费行为的研究是短板、弱项，也是"蓝海"，只有学界同仁深入研究，久久为功，中国食物经济研究才能得到深化与提升。最近增金博士联系我，就他及其团队的研究计划以及发展方向与我交流讨论，并给我带来了他的《都市居民农产品消费行为研究》书稿，希望听听我的意见，还盛情邀请我为之作序。我在初步翻看完书稿内容后，感觉这是一本很难得的专门研究都市农产品消费行为的著作，非常期待与同行读者共享增金博士的成果，遂应允为其书稿作序，为的是与同行交流心得。这本书是增金博士从研究生时代的积累开始，到上海农业科学院就职约 10 年来，在农食产品消费与食物经济研究领域耕耘和收获的体现，非常值得与各位同行分享。

正如作者所说，随着人们生活水平和健康意识的提高，中国都市居民对农产品的需求更高、更多样化，不仅仅要求农产品够吃，还要吃得安全、营养健康和好吃。随着都市居民对安全、营养农产品需求的增强，消费者对绿色食品、追溯农产品等能有效甄别质量农产品的需求更加强烈。此外，非洲猪瘟疫情带来的生猪产业发展变化一定程度上也对中国都市居民猪肉消费产生影响，新冠疫情也在很大程度上改变了都市消费者的农产品购买方式。上述特征在上海、北京等超大城市更加明显。由此，作者在新形势下研究都市居民农产品消费行为具有重要理论和实践意义，可充实、丰富都市居民农产品消费行为相关研究，并为相关研究提供文献借鉴，同时也为如何引导农业产业健康可持续发展、保障农产品消费者权益提供政策借鉴和客观依据。

《都市居民农产品消费行为研究》一书主要围绕都市居民农产品消费行为的相关理论与实践问题，在系统性逻辑框架指引下，与读者分享作者多年研究取得的一些认识、见解和解决问题的思路。作者主要从产品类别偏好、质量信号偏好、疫情冲击三个视角，实证研究都市居民农产品消费行为，全书包括绪论篇、产品类别偏好篇、质量信号偏好篇、疫情冲击篇、结论建议篇。我认为，全书可以提炼为三组核心问题：一是都市居民对蔬菜、猪肉、藜麦、花卉等重要农产品的需求及影响因素是什么？二是都市居民对地产品牌、绿色食品认证、可追溯、低碳农产品等有质量甄别信号农产品的偏好及影响因素是什么？三是非洲猪瘟疫情和新冠疫情等外部冲击对都市居民农产品消费行为变化的影响是什么？

前两组问题是从事农产品消费研究的科研人员都不可回避的重大问题，第三组问题则是近些年学术界普遍关心的热点问题。对于这些问题，作者给出了自己的研究探索和回答。

本书研究到底有什么创新之处和贡献呢？研读作者书稿中的研究内容，结合我20多年的食物经济研究经历，给出自己的见解和评价，并与作者和读者共同探讨。

首先，就研究手段来说，作者面对农产品多元化市场需求和有效甄别质量的农产品需求旺盛以及非洲猪瘟疫情和新冠疫情影响等新形势，利用对上海、北京、济南、西安等大城市居民持续近10年、上万份的问卷调查数据，综合运用描述统计分析和线性回归模型、二元 Logit 模型、有序 Logistic 模型、双变量 Probit 模型、Mprobit 模型等计量模型分析方法，从产品类别偏好、质量信号偏好、疫情冲击三个视角，实证研究都市居民农产品消费行为，研究系统深入，研究视角新颖，研究思路框架严谨。大样本问卷调查数据和多样化模型方法对于实证研究都是非常必要的，这也体现了作者较为扎实的调查研究功底和积累。

其次，就研究创新贡献而言，作者综合运用信息不对称理论、效用理论、偏好理论、消费者行为理论、计划行为理论、信任理论等经济学、管理学、心理学等多学科理论，研究都市居民农产品消费行为，除了科学合理地依据现有理论分析相关问题，更是创新性地解释、回答了一系列问题，突出体现在以下几点研究贡献：一是以猪肉产品、藜麦产品等为例，验证了偏好异质性、信息信任对都市居民农产品消费行为的影响及作用机理；二是作者认为构建"信用评价＋追溯体系"耦合监管机制是当前亟须的一种农产品质量安全监管新思路，并以猪肉产品为例，实证分析了都市居民对信用追溯农产品的支付意愿；三是分别实证研究了非洲猪瘟疫情和新冠疫情对都市居民农产品消费的影响及作用机理。

本书在上述几个方面研究的贡献，体现了作者对都市居民农产品消费行为研究的深入思考，本人也希望在进一步的研究中就以下几点做更进一步的探讨。

第一，关于食物相关概念界定问题。近些年，国内关于食物经济、食物系统、农食系统相关研究越来越受重视，我们也专门就此进行讨论。随着食物系统概念在学术界不断深化和传播，国际社会也逐渐关注食物系统概念，并认识到其重要性。可以看出，食物系统的概念在不断深化，经历了从关注食物本身到关注食物背后的各类经济主体、产业组织、社会政策与消费文化等多元要素及其关联关系，这表明对食物系统概念认知的科学性和系统性不断增强。基于前人的学术积累以及当今时代食物安全保障系统的复杂化，我认为食物系统已经成为一个"开放的复杂巨系统"，由食物原料的生产、食品加工与流通、饮食消费和相关废弃物处理等子系统组合而成，"食物系统＝农业（食物原料）生产系统＋农产食品加工系统＋农产食品的流通与储运系统＋餐饮服务系统＋废弃物处理系统"，食物系统受资源、资本、技术、文化、制度等要素影响，各子系统内部、子系统之间、子系统与外部环境之间通过物质、能量、信息的交换与反馈，实现彼此之间相互联系、相互作用，共同形成有机的整体。我在《中国食物系统的结构、演化与展望》一文中有更加系统详细的阐述分析，希望与作者和同行读者共同讨论。因此，我曾建议将书稿题目中的"农产品"改为"农产食品"或"食用农产品"，后来作者考虑到书中还有花卉产品消费研究，并非完全研究"农产食品"或"食用农产品"消费问题，所以仍然保留了《都市居民农产品消费行为研究》的书名。我尊重作者权衡考虑后的决定，但对于相关概念内涵与边界的规范，还是要有清晰的认识和理解，这是做好研究的前提和基础。

第二，关于食品消费偏好与信任问题。这方面学界同仁已经有不少研究积累，首要的是，食品安全是食品质量的一个重要属性。消费者可以根据自己的偏好和预算线在质量的各种属性之间权衡选择，得到最大的效用。食品安全具有信任品的特性，消费者在消费前后都无法进行充分辨认，这就给不法商贩提供了可乘之机，假冒伪劣商品的多发必然会使消费者对市场缺乏信心。在信息不对称的条件下，声誉等信任机制可有效地解决信息不对称可能引起的市场失灵问题。要解决由于信息不对称引发的对食品安全市场信任机制失效的状况，就必须控制食品的质量属性、食品市场的结构特征以及安全食品的流通过程这三大方面的相关因素，满足信任机制生成和稳定的条件，从而使食品安全市场建立起有效的信任机制。作者的研究发现，消费者购买猪肉时最主要考虑的是质量安全问题，质量安全偏好型消费者和其他偏好型消费者对可追溯猪肉的支付意愿呈现出显著差异。此外，营养健康和精神文化消费需求也越发成为食品消费研究的重要方面。现阶段，国内学者对这方面的研究还较少，作者做了一些创新性的探索研究。作者的研究发现，作为被联合国粮农组织认定的营养最全面均衡的单一粮食作物，都市居民对藜麦的了解程度还不高，营养价值全面是促使消费者购买藜麦的主要因素，营养信任既能促进消费者的购买行为，又能提高消费者对藜麦产品的支付意愿，且都受到偏好异质性调节效应的影响；花卉主要作为一种精神消费品，都市居民购买花卉的比例很高但并未形成常态、价格满意度、宣传促销方式满意度、服务满意度对花卉购买行为具有显著影响。这些研究发现都很有意义和价值，我们需要进一步关注研究都市居民对食物营养健康和精神文化消费的需求。

第三，关于食品安全的监管手段与体制机制问题。我一直认为监管缺位、监管失范和监管低效是我国食品安全监管三个基本问题，这些问题阻碍了我国食品安全监管绩效的改善。作者认为，降低或缓解食品安全信息不对称、解决食品安全问题有两种思路：一是加强监管，明确责任，加大惩治力度，实现路径包括可追溯体系、质量体系认证；二是实施产品差异化策略，实现路径包括绿色食品、有机食品等产品质量认证和品牌化。目前，我国农产品质量安全监管思路主要以加强监管、明确责任、加大惩治力度为主，即通过加强政府监管激励力度来达到规范产业链利益主体质量安全行为的作用。绿色食品认证等产品差异化策略在解决农产品质量安全问题方面也发挥了重要作用，但通常是中高端产品才采取这种策略，面临覆盖面有限的问题，难以保障市场上全部农产品质量安全。纵观国际经验，食品安全管理逐渐从以最终产品为中心，更多地依赖后期处理（例如食品召回）的系统发展为更加依赖风险评估的预防性系统。特别是随着数字信息技术的进步，食品信息可追溯系统可以更有效成为确保食品安全并解决食品安全领域信息不对称的关键手段之一，但是可追溯系统首先必须保证信息是真实可靠的，这还需要诚信环境的进一步完善。

第四，随着都市居民对安全、营养、绿色农产品需求的增强，消费者对品牌、绿色、有机、追溯、低碳农产品等能有效甄别质量农产品的需求更加强烈。作者的研究发现，都市居民对不同质量信号农产品的消费存在需求的异质性，地产品牌是都市居民甄别农产品质量的重要信号，质量信任程度是模型中最关键的因素；都市居民对质量认证标签的质量安全信任水平对猪肉购买行为的影响具有偏好异质性的调节效应；信息源信任通过直接影响消费者对可追溯猪肉的消费信心起到间接影响消费者可追溯猪肉购买行为的效果；消费者愿意为信用可追溯猪肉支付额外价格，追溯与品牌、认证、信用的耦合监管是农产品质量监管的新机制设计；都市居民愿意为低碳绿叶菜支付额外价格，不同环保意识人群对低碳绿叶菜的支付意愿呈现显著差异。作者的上述研究内容和发现都很值得学者们关注和深入研究。尤其是作者认为，新形势下构建的"信用评价＋追溯体系"耦合监管格局，不是信用机制与追溯体系的简单叠加，而是二者的有机结合，是附加质量信用信息的追溯体系，是可以实现追溯查询的信用机制。该机制通过实现责任主体信用等质量信息的追溯查询，既可充分发挥政府监管作用，还可充分发挥市场声誉作用，从而更好发挥农产品安全组合监管效能，这是当前亟须的一种农产品质量安全监管新思路（详见本书第十章中作者的论述分析）。我对作者这些观点和机制设计非常认同，这应该是完善我国食品安全监管机制的发展方向。

第五，对疫情等外部冲击给食物消费带来影响的问题研究很重要，国内学者们对其的关注也日益增多，很高兴作者在这方面做了不少调查研究。作者以非洲猪瘟疫情和新冠疫情为例，实证分析疫情冲击下都市居民农产品消费行为的变化及影响因素，既研究了非洲猪瘟疫情对猪肉消费影响的价格效应和安全效应，又研究了新冠疫情对食物浪费和农产品购买方式的影响及作用机理。比如，作者的研究发现，新冠疫情改变了都市居民的农产品购买方式，疫情防控期间人们更倾向于选择社区团购和电商平台等购买方式。我们应该深入思考的是，在发生非洲猪瘟疫情和新冠疫情等突发事件的背景下，如何采取及时有效的措施来促进农业产业发展和提高食物系统韧性。在2022年中央农村工作会议上，习近平总书记强调"保障粮食和重要农产品稳定安全供给始终是建设农业强国的头等大事"，进一步提出"要树立大食物观，构建多元化食物供给体系，多途径开发食物来源"。这充分表明，"大食物观"理念已经成为新时代党和政府为满足人民对美好生活的饮食需要，成为确保国家食物安全，让老百姓吃得更好、吃得更健康的战略指引，也是中国共产党践行以人民为中心理念的全面体现。

我认为，本书已经是一个逻辑框架较为严谨完整且有较大创新贡献的研究，但任何一部优秀作品不可能解决所有问题，都会有缺憾，这本书也不例外。作者未来还可以从以下方面加深研究或者继续跟踪调查研究。一是从研究农产品类型看，作者调查研究了都市居民对蔬菜、猪肉、藜麦、花卉等重要农产品的偏好和需求，但并不能全面反映都市居民对农产食品的偏好和需求，都市居民对粮食、水果、禽蛋奶、水产品的偏好和需求如何，同样值得深入调查研究。二是从研究地域范围看，作者重点调查研究了上海、北京等超大城市城镇居民的农产品消费行为，未来可兼顾东、中、西部不同规模都市城乡居民的农产品消费行为，尤其是对都市居民的固定跟踪调研，虽然调查很有难度，但可以更好地发现农产品消费特征演变，也更有研究价值。三是从研究内容看，应该认识到，都市居民对农产品的消费需求是不断变化的，这便需要持续跟踪调研。比如，作者的研究发现，新冠疫情使得上海居民更倾向于选择社区团购和电商平台等线上购买方式，然而这种购买方式的变化是否能固化为消费习惯还有待进一步调查，据作者介绍，其正在就此问题开展持续跟踪调研，我们期待更有价值的研究发现。四是从研究方法看，虽然作者根据研究需要选用了不同的研究方法，但对消费者陈述性偏好的研究方法衍生出选择实验法等实验经济的方法，虽然这些方法各有利弊，但可以开展一些方法上的比较研究。最近，学界同仁开始利用心理学分析手段和实验方法开展消费行为的研究也是值得关注的。这些缺憾并不影响读者好好研读这本著作。期待作者以现有研究为基础，不断拓展，长期坚持，产生更多的优秀成果。

本书作为刘增金研究员主编的都市食物经济研究丛书的开山之作，现在看来是一个很好的开端，我对作者接下来的研究充满信心。我们就食物经济研究领域的关键方向和选题进行过探讨，希望作者及其团队在食物经济研究方面再接再厉，发挥上海市农业科学院的交叉学科优势，打造出都市食物经济研究的亮点特色，力争在上海乃至全国食物经济研究领域具有一席之地，更为食物经济研究作出贡献。

周应恒

2024 年 8 月 6 日

前　言

FOREWORD

随着生活水平和健康意识的提高，中国都市居民对农产品的市场需求更加多元化，都市居民对农产品的需求更高、更多样化，不仅仅要求农产品够吃，还要吃得安全、营养健康和好吃，既要求农产品没有禁用药和药残超标等食品安全问题，还追求农产品的营养元素要丰富、风味要浓、口感要好。随着都市居民对安全、营养农产品需求的增强，消费者对绿色食品、有机食品、无抗食品、低碳农产品等能有效甄别质量的农产品的需求更加强烈。此外，非洲猪瘟疫情带来的生猪产业发展变化一定程度上也对我国都市居民猪肉消费产生影响。新冠疫情暴发对世界各地人们的生产生活带来巨大影响，尤其是很大程度上改变了都市消费者的农产品购买方式。基于此，面对农产品多元化市场需求和有效甄别质量的农产品需求旺盛以及非洲猪瘟疫情和新冠疫情影响等新形势，本书综合运用信息经济学、计量经济学、实验经济学、管理学、心理学等多学科的理论和方法，利用对上海、北京、济南、西安等大城市居民持续多年、数万份的问卷调查数据，实证研究都市居民农产品消费行为，主要从产品类别偏好、质量信号偏好、疫情冲击三个视角，综合运用描述统计分析、计量模型分析等方法，分析都市居民对蔬菜、猪肉、藜麦、花卉等农产品的购买行为及影响因素，分析都市居民对地产品牌、质量认证、可追溯、低碳等质量甄别信号农产品

的认知、购买行为、支付意愿及影响因素，分析非洲猪瘟疫情和新冠疫情
冲击下都市居民农产品消费行为变化及影响因素。

都市食物经济研究离不开农产品消费、生产和流通三大方面，且应以
农产品消费为导向。本书作为都市食物经济研究丛书的开山之作，包括五
篇、十五章。

第一篇是绪论篇，包括第一章和第二章内容。

第二篇是产品类别偏好篇，包括第三章至第六章内容。该篇研究以蔬
菜、猪肉、藜麦和花卉四大类农产品为例，对都市居民农产品消费行为进
行分析。研究发现，都市居民对不同类型农产品的消费存在需求的异质性：
都市居民蔬菜的人均消费量呈现上涨趋势，消费者对地产蔬菜质量安全的
信任程度较高，对地产绿叶菜也呈现更高的支付意愿；都市居民猪肉的人
均消费量较为稳定，消费者购买猪肉时最主要考虑的是质量安全问题，质
量安全偏好型消费者和其他偏好型消费者对可追溯猪肉的支付意愿呈现出
显著差异；都市居民对藜麦的了解程度不高，营养价值全面是促使消费者
购买藜麦的主要因素，营养信任既能促进其购买行为，又能提高消费者对
藜麦产品的支付意愿，且都受到偏好异质性调节效应的影响；花卉主要作
为一种精神层面的消费品，都市居民购买花卉的比例很高但并未形成常态，
价格满意度、宣传促销方式满意度、服务满意度对花卉购买行为具有显著
影响。

第三篇是质量信号偏好篇，包括第七章至第十一章内容。该篇研究以
地产品牌、质量认证、可追溯和低碳等质量信号农产品为例，对都市居民
农产品消费行为进行分析。研究发现，都市居民对不同质量信号农产品的
消费存在需求的异质性：地产品牌是都市居民甄别农产品质量的重要信号，
其中，质量信任程度是模型中最关键的因素；都市居民对产品质量认证的
认知度较高，但对"三品"（绿色食品、有机食品或无公害农产品的简称）

认证猪肉的购买比例偏低，消费者对质量认证标签的信任水平对猪肉购买行为的影响具有偏好异质性的调节效应；都市居民对可追溯农产品的认知度不高，且可追溯猪肉购买比例偏低，信息源信任通过直接影响消费者对可追溯猪肉的消费信心起到间接影响消费者可追溯猪肉购买行为的效果；都市居民对品牌可追溯性的信任程度显著影响品牌猪肉的购买行为，对"三品"认证猪肉标签可追溯性的信任程度显著影响"三品"认证猪肉的购买行为，消费者愿意为信用追溯猪肉支付额外价格，追溯与品牌、认证、信用的耦合监管是农产品质量监管的新机制设计；都市居民对低碳概念的整体认知度有待提升，多数消费者对低碳农产品持肯定态度，消费者愿意为低碳绿叶菜支付额外价格，不同环保意识人群对低碳绿叶菜的支付意愿呈现显著差异。

第四篇是疫情冲击篇，包括第十二章至第十四章内容。该篇研究以非洲猪瘟疫情和新冠疫情为例，实证分析疫情冲击下都市居民农产品消费行为的变化及影响因素。研究发现，非洲猪瘟疫情降低了城市居民猪肉消费数量和消费比重，尤其是从非洲猪瘟疫情初期进入防控期，猪肉消费比重下降幅度进一步加大，非洲猪瘟疫情对城市居民猪肉消费的影响存在价格效应和安全效应；新冠疫情改变了都市居民的农产品购买方式，疫情防控期间人们更倾向于选择社区团购和通过电商平台购买等方式，居民购买方式受多方面因素的影响，例如，居民对社区团购商品质量越不信任，具有质量偏好的居民越不可能从电商平台购买转向社区团购方式；疫情预期和农产品安全在食物浪费态度对食物浪费行为的影响中具有调节效应，食物浪费态度对食物浪费行为的影响效应会因对新冠疫情预期的担忧程度以及农产品保供稳价的安全程度的不同而存在差异。

第五篇是结论建议篇，包括第十五章内容。

本书除了科学合理地依据现有理论分析相关问题外，更是创新性地解释、回答了一系列问题：一是以猪肉产品、藜麦产品等为例，更深入验证了偏好异质性、信任对都市居民农产品消费行为的影响及作用机理；二是本书认为在新形势下构建"信用评价＋追溯体系"耦合监管格局，实现对责任主体信用的追溯查询，既可充分发挥政府监管作用，还可充分发挥市场声誉作用，从而更好发挥农产品安全组合监管效能，这是当前亟须的一种农产品质量安全监管新思路，本书还以猪肉产品为例，实证分析了都市居民对信用追溯农产品的支付意愿；三是本书实证研究了非洲猪瘟疫情和新冠疫情对都市居民农产品消费的影响及作用机理。本书期望充实和丰富都市居民农产品消费行为相关研究，并为相关研究提供文献借鉴，同时也为如何引导农业产业健康可持续发展、保障农产品消费者权益提供政策借鉴和客观依据。

目 录

CONTENTS

序
前言

第四篇　疫情冲击篇

第一篇

绪论篇

绪论篇

第一章

文献综述与分析框架

一、研究背景与意义

1. 研究背景

(1) 都市居民对农产品的市场需求更加多元化

民以食为天，食以安为先。食品安全始终是关系国计民生的大事。党的十八大以来，我国落实"最严谨的标准"要求，树立大食物观，食品安全监管工作取得显著成效。2022 年，农业农村部开展的国家农产品质量安全例行监测显示，抽检 5 大类产品 106 个品种 130 项参数 14 437 个样品，总体合格率为 97.6%，蔬菜、水果、畜禽产品、水产品合格率分别为 97.1%、98.8%、99.1%、95.8%，全国农产品质量安全状况保持稳定。同时也应该认识到，我国农产品安全风险仍然存在，农产品安全事件时有发生。随着人们生活水平和健康意识的提高，中国都市居民对农产品的需求更高、更多样化，不仅仅要求农产品够吃，还要吃得安全、营养健康、好吃，也就是既要求农产品没有禁用药和药残超标等食品安全问题，甚至更倾向于购买没有药残和抗生素的农产品，还追求农产品营养健康，营养元素要丰富、风味要浓、口感要好。

(2) 都市居民对能够有效甄别质量农产品的需求更加强烈

理论上，农产品质量安全问题产生的本质是信息不对称导致市场失灵，这主要源于农产品所具有的搜寻品、经验品、信任品三种特性。农产品的搜寻品特性相对容易获知，比如肉的肥瘦、颜色等，经验品特性也可以通过多次购买来获知，比如肉的口感、味道等，而信任品特性则很难被消费者获知，比如禁用药是否使用、药残是否超标等。一般观点认为，降低或缓解食品质量安全信息不对称、解决食品质量安全问题有两种思路：一是加强监管，明确责任，加大惩治力度，实现路径包括可追溯体系、HACCP（hazard analysis critical control point，危害分析与关键控制点）等质量体系认证；二是实施产品差异化策略，实现路径包括绿色食品、有机食品等产品质量认证。这些思路与手段同样适用于解决猪肉、蔬菜等农产品质量安全问题。两种思路突出反映了政府监管激励和市场声誉激励的作用。目前我国农产品质量安全监管思路主要是以加强监管、明确责任、加大惩治力度为主，即通过加强政府监管激励力度来达到规范产业链利益主体质量安全行为的作用。绿色食品认证等产品差异化策略在解决农产品质量安全问题方面也发挥了重要作用，但通常是中高端产品才采取这种策略，面临覆盖面有限的问题，难以保障市场上全部农产品质量安全。随着都市居民对安全、营养农产品需求的增强，消费者对绿色食品、有机食品、无抗农产品等能有效甄别质量农产品的需求更加强烈。

(3) 非洲猪瘟疫情和新冠疫情改变了都市居民农产品消费习惯

2018 年 8 月以来，我国大范围地发生了非洲猪瘟疫情，生猪供求缺口大幅增加。统计数据显示，2019 年全国猪肉产量只有 4 255 万吨，比上年下降 21.3％。国内市场上的猪肉需求缺口主要由进口与增加禽肉产量来弥补。统计数据显示，2020 年进口猪肉量占国内猪肉供应量的比重超过 10％。而这一数据在非洲猪瘟暴发前的 2017 年仅为 2.3％。2021 年以来，广东、新疆陆续报告发生非洲猪瘟疫情，应该说非洲猪瘟一直都在。非洲猪瘟疫情发生后，我国生猪产业发展产生新情况，由此导致猪肉质量安全问题及其产生机理也出现新变化：一方面，非洲猪瘟疫情加剧了生猪和猪肉质量安全问题；另一方面，非洲猪瘟疫情为提高猪肉质量安全监管能力和监管水平提供发展机遇。非洲猪瘟疫情带来的生猪产业发展变化一定程度上也对我国都市居民猪肉消费产生影响。此外，2020 年新冠疫情暴发，对世界各地人们的生产生活带来巨大影响，就世界范围来看，新冠疫情的冲击对消费者的农产品购买行为产生了重大影响，更是改变了中国消费者尤其是中国都市消费者的农产品购买方式。近些年，中国网络电商平台的迅猛发展，很大程度上缓解了新冠疫情期间城市居民农产品购买难题，为城市居民购买农产品带来诸多便捷。

2. 研究意义

新形势下，研究都市居民农产品消费行为具有重要理论和实践意义。

在对都市居民农产品消费行为研究的综述中发现，关于农产品消费行为的相关研究很多，但关于都市居民农产品消费行为的系统研究较少，尤其是缺少在农产品多元化市场需求和有效甄别质量的农产品需求旺盛以及非洲猪瘟疫情和新冠疫情影响等新形势下对都市居民农产品消费行为的系统研究。基于此，本书利用对上海、北京、济南、西安等大城市居民持续多年、数万份的问卷调查数据，实证研究都市居民农产品消费行为，主要从产品类别偏好、质量信号偏好、疫情冲击三个视角，综合运用描述统计分析、计量模型分析等方法，分析都市居民购买蔬菜、猪肉、藜麦、花卉等农产品的行为及影响因素，分析都市居民对地产品牌、绿色食品认证、可追溯、低碳等质量甄别信号农产品的认知、购买行为、支付意愿及影响因素，分析非洲猪瘟疫情和新冠疫情冲击下都市居民农产品消费行为变化及影响因素，以期充实和丰富都市居民农产品消费行为相关研究，并为相关研究提供文献借鉴，同时也为如何引导农业产业健康可持续发展、保障农产品消费者权益提供政策借鉴和客观依据。

二、国内外研究进展

1. 农产品消费理论相关研究

当前有关农产品的消费研究理论，从心理学视角研究的较多，从经济学视角研究的也有。

(1) 心理学研究视角

第一，国内外学者以消费价值理论为基础，对不同消费场景进行了广泛研究，如在旅游业里游客的食品消费价值（Sachez et al.，2006；Perrea et al.，2015；Choe and Kim，2018）、消费价值对消费者购买行为的影响（Goncalves et al.，2016；杨贤传和张磊，2018；Do Paco et al.，2019）。第二，学者们还基于计划行为理论分析了消费者针对不同产品的消费行为，Guillaumie et al.（2010）和 Kothe et al.（2012）根据计划行为理论预测了人们消费水果和蔬菜的数量；黄毅祥等（2022）、王丽丽和李瑞晶（2022）、程景民等（2023）分别就人们对杂粮食品、大米以及全谷物食品的消费意愿进行了研究，发现主观规范、知觉行为控制等均是重要影响因素。此外，Yadav and Pathak（2017）、Caliskan et al.（2021）和 Agnoli and Outreville（2024）在研究消费者绿色产品的购买意愿以及葡萄酒的消费行为时，发现消费者自身态度以及感知行为对其影响最大。第三，有学者从分布式认知理论的视角切入来研究影响消费的因素，邹晓娟等（2023）通过对江西省农村居民的调查研究发现，个人感知对于食品安全消费的影响最大，文化力认知最小。第四，也有学者从理性行为理论出发进行研究，Hansen et al.（2004）以理性行为理论为基础，通过实证发现消费者自身的态度是影响其网上购物意愿的重要因素，李梦夏和税文兵（2020）在理性行为理论的基础上构建模型来分析影响消费者购买网络预售农产品意愿的因素，吴定玉和辛雅洁（2018）通过实证发现企业消费者社会责任能够促进消费者的购买意愿；张铎（2021）结合理性行为理论和计划行为理论研究了消费者的绿色产品消费行为。第五，还有学者以自我决定理论为基础进行了一定的研究，Schosler et al.（2014）研究发现，消费动机和文化因素会促使消费者选择更精致的食品。Zhang et al.（2020）根据自我决定理论分析了青少年健康饮食的内在动机，结果显示，父母的鼓励式教育可以激发他们健康饮食的内在动机。Maillet and Grouzet（2023）也以该理论对学生进入大学后的饮食行为进行了研究，发现大学的环境和学生心理需求的满足会影响他们的饮食行为。

（2）经济学研究视角

梳理已有文献，首先，Huang et al.（2020）根据心理账户理论分析了农户在粮食储备不同情境下的消费决策，研究表明，大部分农户将自身生产的超出消费需求的粮食储备作为指导他们消费的心理预算，这会导致自产粮食消费过量。其次，有学者根据消费经济理论对居民消费率进行了相关研究，研究表明可以分别从降低储蓄率、完善金融制度改革和优化消费结构三个方面展开来提升居民的消费率（吴小花和陈勇飞，2016），朱艳春和柳思维（2014）也对当前不同的消费群体消费行为研究进展进行了总结，认为当前消费者的消费模式和消费倾向都出现了一定的变化。再次，部分学者在效用理论的基础上进行研究，如 Salazar-Ordonez and Rodriguez-Entrena（2019）以包括效用理论在内的多种理论作为依据研究了西班牙消费者的农产品消费行为；还有学者采用以随机效用理论为基础的选择实验法对消费者的消费行为进行了研究，Aoki et al.（2017）、梁飞等（2019）、张敏和朱战国（2021）、Tran et al.（2022）均从食品安全的角度来研究消费者的消费偏好和支付意愿，结果显示，消费者更加青睐带标签、有认证、可追溯、更加安全的食品。

2. 农产品类别消费相关研究

近些年，消费者对农产品的兴趣越来越高（Batte et al.，2010），从产品的消费类别来看，目前国内外针对农产品消费的研究对象多为粮食、蔬菜、肉类等。

（1）粮食方面

粮食用途分为食物用和非食物用两类，我们日常生活中的口粮和饲料便属于食物用粮。近些年，人口的增长使得对粮食的需求越来越大，根据学者的分析，在整体的消费结构随着人们收入水平的提升而转变的同时，我国饲料会取代口粮成为第一大粮食用途，肉、蛋、奶、蔬菜和水果等消费需求也上升明显（胡小平和郭晓慧，2010；钟甫宁和向晶，2012），但是因人口的城镇化导致部分地区饲料用粮和工业用粮的需求逐渐扩大，这已影响到了粮食安全（龚波和尹风雨，2018；曾飐婷等，2021；张志新等，2022）。还有学者分析了城乡居民的粮食消费特点，研究发现，其一，人们在收入上升后会更倾向于购买其他食品来代替粮食消费，并且在城镇居民中这一现象更为普遍（雷丝雨等，2015）；其二，城镇居民在肉类产品和蛋、奶类产品的消费量明显高于农村居民（封志明和史登峰，2006；罗千峰等，2017）；其三，我国农村居民存在粮食消费偏多肉类消费偏少而导致的营养水平低于城镇居民的现象（苑颖等，2017）。其他学者分别从需求预测（骆建忠，2008）、营养健康（唐华俊，2012；袁梦烨等，2016）的角度来研究我国的粮食需求。国外已有学者注意到之前流行的 COVID - 19（新型冠状病毒肺炎）会引起人们消费频率、消费食品种类和消费数量的变化，这种变化因地区不同而存在差异性（Chenarides et al.，2021；Janssen et al.（2021）。有学者还对过度加工食品进行了研究，发现该类食品会引起肥胖，进而引发健康问题（Juul and Hemmingsson，2015；Louzada et al.，2015；Nardocci et al.，2019）；Thome et al.（2021）通过结果方程模型发现消费者自身的情感价值影响着他们的食品消费观，健康的食品消费观尤为重要。国外部分学者也从可持续发展的角度来对粮食消费进行了研究，包括转变粮食的消费模式和消费结构（Gerbens-Leenes and Nonhebel，2002；Mozner，2014）、制定相关政策（Stehfest et al.，2009）、增强消费者的环保意识（Vanhonacker et al.，2013）等。

（2）蔬菜方面

相关学者分析了城乡居民的蔬菜消费差异。由于我国城镇居民收入水平和消费水平都高于农村居民，其对于高营养和高品质的食品追求也较高，因此城镇居民购买的蔬菜种类较多，特别是高端有机蔬菜，城乡蔬菜消费需求的差距仍然存在（乔立娟和张灿，2015；杨宇庭和李富忠，2016），城镇蔬菜消费比例高于农村的现象也同样适用于其他国家（Okop et al.，2019）。国外在蔬菜消费方面的研究更侧重于营养健康。Minaker and Hammond（2016）对加拿大青少年群体进行了调查，发现人均蔬菜消费量较低。一部分学者分别研究了荷兰大学生和美国的中小学学生的蔬菜摄入量，在其蔬菜摄入量都普遍偏低的同时，美国的中小学学生还存在蔬菜浪费的行为（Orlowski et al.，2017；Van Den Bogerd et al.，2019）；为促进学校学生蔬菜的摄入量，有学者证明通过改变学校的午餐时间并给午餐食物贴上显著标签能够有效解决这一问题（Thompson et al.，2017）。

(3) 肉类方面

我国当前肉类消费需求随人口结构、消费方式的转变以及人们收入水平的提高而明显提升，其中猪肉占据消费比重最多，禽类、牛羊肉的消费比重也越来越高（刘丽红等，2012；杨志海等，2018；卢艳平和肖海峰，2020）。国内学者研究发现在人们的户外消费不断上升的同时，肉类、禽类、蛋奶类等畜产品的城乡消费差距也逐渐扩张（王祖力和王济民，2011；尚旭东和李秉龙，2012）。我国城乡消费需求同样存在差异，已有研究表明，城镇居民收入水平的提升促进了其消费奶类产品，而农村居民因为消费和生活习惯，奶类消费量增长不大，禽类消费量反而上升（陆文聪和梅燕，2008）。国外部分学者分析总结了不同地区肉类消费的特征，发现墨西哥、乌拉圭和西班牙等地的红肉消费量降低，而东南亚地区红肉消费量较为稳定（Font-i-Furnols，2023），这一现象与西方国家存在大量素食主义者和更重视肉类的可持续性发展有关，因此，国外相关学者对肉类可替代品和如何保障肉类的可持续性发展进行了一定程度上的研究。研究认为，一是肉类的生产可能会引发环境问题（Godfray et al.，2018），难以实现肉类的可持续性生产及消费，所以采用其他蛋白质产品作为动物源蛋白质产品的替代不失为一种解决方法（Vinnari，2008；Tarrega et al.，2020），或利用新兴技术从生产上减少食品生产对环境的影响，实现动物源食物的生产系统转型，比如减少动物温室气体排放量等（Henchion et al.，2021）。二是减少肉类尤其是红肉的消费，可以有效避免某些心脑血管疾病，在保持健康的同时还能降低对全球变暖的影响（Gonzalez et al.，2020）。三是鉴于知晓减少肉类消费可以促进可持续发展的群体较少（Cordts et al.，2014），可以通过为他们提供不含肉类的菜肴（如比萨或意大利面）（Hart-mann and Siegrist，2017）或降低肉类替代品的价格（Van Den Berg et al.，2022）来达到可持续发展的目标。当前对于可持续发展消费的研究并不局限于肉类，Zia et al.（2022）发现社会影响和食品的质量安全会影响消费者可持续地网购农产品。

3. 农产品消费行为影响因素相关研究

影响消费者购买农产品的因素有很多。首先，有研究发现，食物自身的形状会影响人们的消费选择，人们认为一些形状偏"可爱"的食物并不健康，这会降低他们的消费水平；消费者认为健康的食物形状往往更偏"中性"（Lee et al.，2018）。其次，人们收入水平的提高（Mottaleb and Mishra，2016；王舒娟和马俊凯，2019）、价格（Sar et al.，2012）等是影响消费者购买的常规因素。根据何德华等（2007）对武汉市民的蔬菜消费行为研究，消费者的认知和消费水平对购买蔬菜的意愿影响最大；Rekhy et al.（2017）对澳大利亚成年人进行调查，将近半数的受访者不清楚蔬菜对健康的益处，这表明，当地人缺少一定的消费认知，蔬菜的消费量自然不会很高。蔬菜价格以及蔬菜包装等均会影响消费者的购买行为（唐娅楠和刘合光，2013；张瑛琦等，2023），但同时，蔬菜的质量安全会反过来影响消费者的购买态度（周洁红，2005）。Choudhury et al.（2020）调查了印度家庭中蔬菜的消费特征及分布，研究发现，收入是蔬菜消费量变化的首要影响因素，性别和家庭的所属地区的差异也影响着消费，而印度特有的种姓制度成了它独有的特殊影响因素。Milicic and De Cicca（2017）研究了加拿大地区经济条件对蔬菜消费的影响，结果表明，失业率的升高会抑制蔬菜的消费。另外，关于肉类消费的影响因素方面，国内学者发现影响因素并非仅局限于收入水平和消费认知等，李雷等（2019）发现，家庭收入的增长会促进农村居民对猪肉的消费，杨钰莹和王明利（2018）通过计量分析得出，影响北京城镇居民消费肉类的最显著因素是受教育水平，刘月和曹建民（2014）对民族地区的城乡居民进行研究，发现城市居民收入水平的波动对肉类消费的影响大于农村居民，其原因和农村居民的饮食传统有很大程度的联系。李宁和张瑞荣（2013）研究发现内蒙古自治区可以通过促进肉类贸易交易和提高肉类质量来增加肉类的消费量。国外部分学者针对肉类影响因素进行了研究，发现除收入、价格、营养价值、口味等因素外（Dagdemir et al.，2004；Aral et al.，2013），消费者的感官属性（Topcu et al.，2015）、家庭成员的人数（Delgado and Flores，2015）、消费者对肉类安全性的担忧（如食品添加剂等）（Richardson et al.，1994）和消费者自身对于环境的可持续发展理念（Kemper et al.，2022）同样影响着肉类的消费情况。还有部分学者围绕饮食知识对肉类消费的影响展开了一定研究，在人均脂肪、胆固醇摄入量明显偏高的美国，政府鼓励人们食用更利于健康的"白肉"（鸡肉、鱼肉等）（Kinnucan et al.，1997）；Yen et al.（2008）通过研究证实了良好的饮食知识能够减少人们对"红肉"的消费，而"白肉"的消费量基本不受影响。部分学者还研究了消费者对鱼肉消费的影响因素，Genc et al.（2020）研究坎基里地区时发现，个人的口味、婚姻状况和购买地点都会影响消费者的购买偏好；Morales and Higuchi（2018）同样发现个人口味的偏好以及健康的消费理念对消费者为鱼类支付高于肉类价格的意愿有积极影响。

当前，对消费者因食品安全问题担忧而流行起来的绿色农产品消费研究也较为丰富。绿色农产品最早源于国外的有机食品，已有研究表明，消费认知、消费信任、收入水平、年龄等均是影响绿色农产品购买意愿的重要因素（靳明和赵昶，2008；傅丽芳等，2014；郭斌等，2014），其中，相关研究发现，早期上海居民对绿色农产品的认知程度明显高于北京、天津、广州等城市，人们的消费认知在不同城市存在差异，其影响消费意愿的程度也存在异质性（陈鑫和杨德利，2019；张海英，2010）。国外有机食品（绿色农产品）的市场份额很大，现已成为市场的一种消费趋势（Truong et al.，2012）。根据 Testa et al.（2021）的研究，驱动绿色消费的因素主要包括行为因素、个人价值观、生产商等。有国外学者对不同国家影响消费者有机食品消费的因素进行了实证研究，发现消费者的自身态度和认知是主要影响因素（Pieniak et al.，2010；Golob et al.，2018），有机食品的消费需要经销商多加宣传，宣传推广有机食品能够增强消费者的主观认知，进而促进消费（Le-Anh and Nguyen-To，2020）。Demirtas（2019）指出，详细的有机食品信息能让消费者对食品的兴趣更高，因此食品信息的详细与否以及价格问题同样影响着消费者的购买意愿（Shaheen et al.，2013）。有学者深层次地分析了发展中国家年轻消费群体对有机食品的购买意愿及影响因素，发现个人价值观会通过影响健康饮食信念和规范进而影响其购买有机食品，而他们个人收入水平、食品的价格甚至是购买的难易度都会成为购买有机食品的影响因素（Pham et al.，2019；Yang et al.，2023）。不过也有学者发现，尽管消费者的认知是购买有机食品的关键因素，但他们的健康意识和环保意识对有机食品的消费影响不大（Yilmaz and Ilter，2017）。

三、理论基础

1. 信息不对称理论

信息不对称理论是美国经济学家 Stiglitz、Akerlof 和 Spenee 在 1970 年提出的，是指在市场经济条件下，市场买卖主体不可能完全获知对方的信息，这种信息不对称容易导致拥有信息的一方为获取更大利益而损害另一方的利益。其中以 Akerlof 在 1970 年提出的"柠檬市场"（the lemons market）理论更具代表性，且标志着信息经济学由形成阶段进入到发展阶段。Akerlof 认为在只有卖者了解产品质量而买者不了解的情况下，因交易双方对产品质量的信息不对称，将导致信息优势一方——卖者的逆向选择行为，其直接后果是将会使高质量产品市场难以存在，或者说市场只能提供低质量产品（Akerlof，1970）。逆向选择问题会导致只有很少的交易得以实现。信息不对称不仅减少了市场提供高质量产品的数量，而且减少了市场上产品交易的数量，并没有达到帕累托最优状态，至少可以说没有达到原本可以达到的最优状态，市场上还存在着提供高质量产品的潜在市场。

传统经济学假设全部市场的参与者都掌握"完全的信息"，也就是参与交易的消费者和生产者同样拥有选择正确决策所必需的全部信息。而事实上，正如贝克尔（1993）所设想的：并不是全部的市场参与者的信息都是完全的，获得信息需要成本，因此信息在交易主体间并非完全对等，对于部分无力支付信息成本的消费者而言，他们所拥有的信息是极其有限的。市场交易中卖方比买方更清楚有关商品的各种信息，例如商品的质量及相关情况，然而高昂的信息搜寻成本导致拥有完全信息变为一种理想状况，因此交易主体间的信息分布通常是不均衡的，信息不对称也随之产生（牟晶，2006）。信息不对称的直接后果就是处于信息优势地位的市场参与方为了获取最大化的收益，往往会隐藏对自己不利的信息，选择对交易对手不利的行为；处于信息劣势地位的市场参与方由于缺少足够的信息而不能对商品的质量、属性做出正确的评价，常常会以较低的交易价格作为消费的参照标准（周芳，2015）。长此以往，市场上那些价值较高的商品因为无法卖出与其价值相匹配的价格而被迫退出市场，致使市场上最终剩下的商品多为价格低廉的劣质商品，即出现"劣品驱逐良品"的逆向选择现象。

2. 效用理论

效用是一个主观范畴的概念，是指消费者在消费某种商品或劳务的过程中所获得的主观上的感觉、反应或兴趣，能够衡量消费者对该商品或劳务的满意程度。英国法学家及哲学家 Jereny Bentham 将效用概念引入社会科学，提出效用原理是赞同或不赞同某种活动的原理，按照扩大或减少当事者的幸福来确定赞同或不赞同这一活动。这里所说的活动，既包括每个私人性质的活动，也包括政府的每项措施。任何客体都具有效用这一性质，它倾向于带给利益相关者实惠、快乐、幸福或好处，或者倾向于防止利益相关者遭受损害、祸患、不幸或痛苦；如果利益相关者是一般的共同体，那就是共同体的幸福，如果是一个具体的人，那就是这个人的幸福。

效用理论在经济学中常用于研究消费者如何在各种商品和劳务之间分配他们的收入，以达到满足程度的最大化。考察消费者行为，可以采用两种分析工具或分析方法：一种是以基数效用论为基础的边际效用分析；另一种是以序数效用论为基础的无差异曲线分析。现代西方经济学界比较流行的是无差异曲线分析。

商品的需求来源于消费者，他们被假定为以理性经济行为追求自身利益的当事人。理性消费者的经济行为表现为，在外在环境既定的条件下，根据自身目标和有限资源做出最优选择。在这一过程中，消费者会受到两种相反力量的激励和制约：一方面，为了自身的满足，尽可能多地消费或拥有商品；另一方面，消费者的收入或者获取收入的手段是有限的。因此，消费者的最优选择就是要把有限的收入合理地用于不同的商品，以便从消费商品中获取的"利益"最大。所以，对消费者最优行为的理论考察要分析消费者获取商品的动机、收入约束及实现目标的条件。

消费者消费商品的动机源于消费者本身的欲望。欲望即"需要而没有"，指一个人想要但还没有得到某种东西的一种心理感觉。物品之所以能成为用于交换的商品，原因在于商品恰好具有满足消费者某些方面欲望的能力。通常认为，欲望源于人的内在生理和心理的本性。一方面，人的欲望具有多样性，一种欲望得到满足，更高层次的欲望也会随之产生。因此，人的欲望表现为无限性，至少相对于获取满足欲望的手段而言如此。这就决定了人们在可支配的资源既定的条件下，会尽可能多地获取商品，以便使自身的欲望得到最大满足。另一方面，对特定的商品而言，人的欲望又是有限的。随着一个人拥有或者消费某一特定商品的数量越来越多，人们想要而未得到某种东西的不足之感和求足之愿就会越来越弱。所以，人们也会将有限的资源用于不同的商品之中。

人的欲望是消费者对商品需求的动因，商品具有满足消费者欲望的能力，消费者则依据商品对欲望满足的程度来选择不同的商品及相应的数量。消费者拥有或消费商品或服务对欲望的满足程度被称为商品或服务的效用。一种商品或服务效用的大小，取决于消费者的主观心理评价，由消费者欲望的强度所决定。而欲望的强度又是人们的内在或生理需要的反映，所以同一种商品对不同的消费者或者一个消费者的不同状态而言，其效用满足程度也会有所不同。这样，欲望驱动下的消费者行为可以描述为在可支配的资源既定的条件下，消费者选择所消费的商品数量组合，力图获得最大的效用满足。

此外，效用理论也用于资源配置、非实物价值评估等方面。吴辛欣（2009）从效用理论角度出发，运用经济学效用理论和运筹学最优化理论解决电子与纸质两大主要载体类型文献经费的优化分配问题。魏汝祥（2002）等在构建常规潜艇作战能力的评价体系的基础上，运用效用函数理论及方法对常规潜艇作战能力进行量化评估研究，为综合评价常规潜艇作战能力提供了新视角。李春杰（2012）等构建了包括社会、企业和居民等在内的电力普遍服务综合效用评价体系，建立分段效用函数计算各评价指标的效用值，采用层次分析法确定各评化指标的权重，最后得到电力普遍服务的综合效用值。肖峰（2013）针对当前各大高校学生出于各种原因兼职打工的普遍现象，从效用角度出发，对大学生兼职活动进行分析和研究，指出大学生应当运用理性客观的思维方式，分析对比兼职和学习带来的效用，学校、家长和政府等各方面也应当给出正确的引导和关注。

3. 消费者行为理论

消费者行为的研究最早开始于古典经济学。20 世纪 60 年代，消费者行为学以独立学科的形式分离出来。Wood（1981）将狭义的消费者行为定义为人们为了得到需要的东西所采取的一系列行动，包括商品的比较、购买以及使用和评价等活动。Sirgy（1982）从消费者个体自身出发，结合外在环境因素，阐述了消费者行为产生的心理，解释了什么是消费者行为。James（1986）等把消费者行为概括为消费者为获得、使用、消费商品所进行的全部行动和这类行动的决策过程。Schiffman and Kanuk（1987）对消费者行为的定义是消费者在寻找、购买、使用以及评价与处理希望能够满足自身需求的商品或服务时，所表现出来的全部行为。人们建立了消费者文化理论（Arnould and Thompson，2005）、非理性行为研究（郑毓煌，2013；汪丁丁，2017）等模型对消费者行为进行解释，形成了消费者行为解释系统框架。

经济学理论为消费者研究奠定了基础，"经济人"成为早期消费者行为的理论假设，但该假设强调消费者是"理性人"，其在购买商品或者服务时以实现利益最大化为原则（周珂和周艳丽，2004），忽视消费者行为的复杂性。后来，随着心理学、社会学等多种学科的融入，发现消费者并非是完全理性的，存在着冲动购买的行为，其决策过程受到个人认知情绪、广告以及家庭的影响，"社会人"假设替代了原有的"理性人"假设。经济学者将"效用"作为对消费者行为进行衡量的基础，为该观点提供支持的理论有边际效用理论与信息不对称理论（王首元和孔淑红，2021）。

心理学理论则认为每一个消费行为背后都存在着行为原因，重视内在因素对消费者行为的影响，例如认知、动机、学习和本能（董春艳和郑毓煌，2010）。信息加工理论与习惯建立理论为心理学的上述观点提供了理论支持。认知心理学家认为消费者行为可以用刺激-反应模型来解释，刺激是能够对个体行为产生影响的重要因素，但是不属于唯一因素，刺激与行为间存在着中间变量，这些变量同行为间的关系比较复杂，即存在着信息加工的过程（李艳燕，2021）。习惯建立理论认为人的行为可以用分析-刺激-反应模型来解释，刺激与反应之间的基本联结为反射，当产生一系列复杂的反射时就会成为习惯，消费者行为实际上是一种固化反应模型（廖卫红，2013）。

4. 计划行为理论

计划行为理论（Theory of Planned Behavior，TPB）是社会心理学领域较为认可的研究行为影响因素的模型之一，TPB 源于 Fishbein 和 Ajzen 共同建立的理性行为理论（Theory of Reasoned Action，TRA）。TRA 认为行为意向的转变是行为发生转变最主要的原因，行为意向的影响因素包含态度和主观规范（Fishbein and Ajzen，1977）。但 Ajzen 在研究过程中发现，TRA 并不总那么有效，受试者在现实行为进行过程中不仅仅受限于个人的态度和主观规范的影响，还依赖于个体对于行为控制的能力和条件的干扰（闫岩，2014），于是 Ajzen 在 TRA 基础上增加了知觉行为控制（Perceived behavioral control），计划行为理论（TPB）由此而来（Ajzen，1985）。

在 TPB 中，态度为核心概念，体现行为意向，受行为信念的影响，主要体现个体对于该行为喜爱程度，TPB 认为个体进行行为的态度与行为意向呈正相关（段文婷和江光荣，2008）。目前国内外学者较为认同的是将态度分为工具性态度和情感性态度，其中工具性态度包括是否有用、是否有价值等，情感性态度包括是否喜欢、是否愉快、是否享受等（Chan and Fishbein，1993）。付庆凤（2013）根据 Phillip 的观点将态度分为内生态度和外生态度。主观规范是个体所感受到的自己认为有重要意义的人以及会让自己行为决策发生转变的人（包括父母、朋友、同事以及领导等），对自己进行某一行为活动的态度或看法，其对行为者是否再进行这一行为产生影响。段文婷和江光荣（2008）根据近些年国内外学者对 TPB 模型应用研究总结发现，主观规范可以分为指令性规范和描述性规范。但 Cialdini（1991）认为主观规范可以分为示范性规范、指令性规范和个人规范，并有研究表明三者中示范性规范与行为意向的相关度更高（Rivis and Sheeran，2003）。主观规范与行为意向的关系较态度和知觉行为控制弱，但主观规范与行为意向仍然存在正相关，Sheeran and Orbell（1999）认为这主要由于主观规范在其概念中无法体现社会对行为的作用。知觉行为控制是个体认知到行为会面临的困难程度，是个体所认知到自身是否具备进行这一行为的能力、机会和条件等，它反映的是行为者行为条件、进行行为前中后外界环境对行为者所起到的促进或抑制作用。知觉行为控制与行为意向正相关，即个体认知自身进行行为条件越充足，外部因素越有利于行为进行，则个体认知的行为意向就越强烈。对于知觉行为控制的分类，目前存在争议，有学者认为知觉行为控制可以分为自我效能和控制力（Sheeran and Orbell，1999）；但也有学者认为知觉行为控制是 TPB 中最为重要的部分，将知觉行为控制进行区分是缺乏理论依据的（Rhodes and Courneya，2003）。计划行为理论在国内外已被学者们证实其所研究的多个行为领域都能进行较好的诠释和预测（康茜，2016）。学者 Blue（1995）将计划行为理论作为诠释行为理论中较为有力的理论模型。

5. 信任理论

合作双力的特征、链接纽带与互动过程是信任的重要前提。其中，特征因素既包括予信方的一般信任倾向（Mayer et al.，1995；Rotter，1967），又包括受信方的领导力、专业能力、透明度、决策力、正直与善意等（Butler，1991；Giffin，1967；Gabarro，2014），还包括了双方理念、价值的相似性（Sitkin and Roth，1993）。一些研究显示基金会倾向于选择与自身价值观、战略与愿景相契合且专业技术、项目设计、沟通能力突出的合作伙伴（Botetzagiashe and Koutiva，2014）。纽带因素一方面基于血缘、业缘与学缘等既有关系，另一方面源于法律法规、专业资格与中介机构等的保障（Zucker，1986）。Paarlbery et al.（2017）认为理事会推荐以及其他基金会的介绍有助于增强基金会对资助对象的信任。过程因素以双方的交往经历与声誉为基础。在交往经历方面，双方以往互动中的行动表现（协作或欺骗）与结果直接影响彼此的信任（Boyle and Bonacich，1970；Naim and Faith，2015）。

信任与行为策略之间具有传递性，信任反映了行动者甘冒风险的程度，信任意愿最终会转化为一系列行为策略。合作参与者将基于彼此间的信任、风险及合作需求，通过制定契约、正式与非正式的沟通以及共享产品等行为进行互动，具体包括加强或减少监督和控制、投入资源和精力增进合作关系、调整行为策略以相互包容和适应对方需求、及时和坦诚地共享信息、互利互惠竭诚合作等行为（Anderson and Narus，1984）。Lewicki（1995）进一步将信任行为划分为契约行为和关系行为两类。契约行为指签订合同（协议）、监督、评估等，比如基金会与资助对象通过签订书面合同或谅解备忘录确定双方的合作关系并规范彼此的责任，或通过开展评估来评价资助的目标实现程度及其影响力（Easterling，2000）。关系行为则涉及沟通、承诺、协商、互助互惠、提升认同感等内容，比如基金会与资助对象运用沟通、保持公开透明、探索共同利益、共享目标等方式推进合作（Bernhard，2003）。

诸多研究显示信任行为对双方的合作结果会产生影响（Morgan and Hunt，1994；Wilson and Moller，1995）。行动参与者将根据对方的协作行为判断自身的信任行为是否得到回报，并进一步采取消极抵抗或积极配合等行动，最终降低或提高合作产出与满意度等（Gundlach et al.，1995）。信任结果一般通过合作绩效来反映（Krishnan et al.，2006；Smith and Barclay，1997），具体包括合作目标实现、组织资源整合与管理能力增强、项目及受益群体拓展、合作满意度提升以及持续的合作意愿等内容。Neuhoff et al.（2014）将公益组织合作目标实现视为合作绩效的重要体现，具体包括组织间影响力提升、项目范围拓展、服务质量提升、受益群体增加、机构管理效能增强、资金利用率提升等方面。Harris et al.（2006）认为资助绩效可从资助项目目标实现、基金会对资助是否明智的感知以及持续的资助意愿三个方面进行评价。Harman（2008）提出可以通过知识共享、组织成员能力提升以及组织成本降低来衡量资助绩效。

四、逻辑框架

本书综合运用经济学、管理学、心理学等多学科理论，在总结分析上海、北京等大都市农产品消费特征及演变的基础上，主要从产品类别偏好、质量信号偏好、疫情冲击三个视角，综合运用描述统计分析、计量模型分析等方法，分析都市居民对蔬菜、猪肉、藜麦、花卉等农产品的消费行为及影响因素，分析都市居民对地产品牌、质量认证、可追溯、低碳等质量甄别信号农产品的消费行为及影响因素，分析非洲猪瘟疫情和新冠疫情冲击下都市居民农产品消费行为变化及影响因素，最后提出主要结论和对策建议。

本书逻辑框架如图1-1所示。

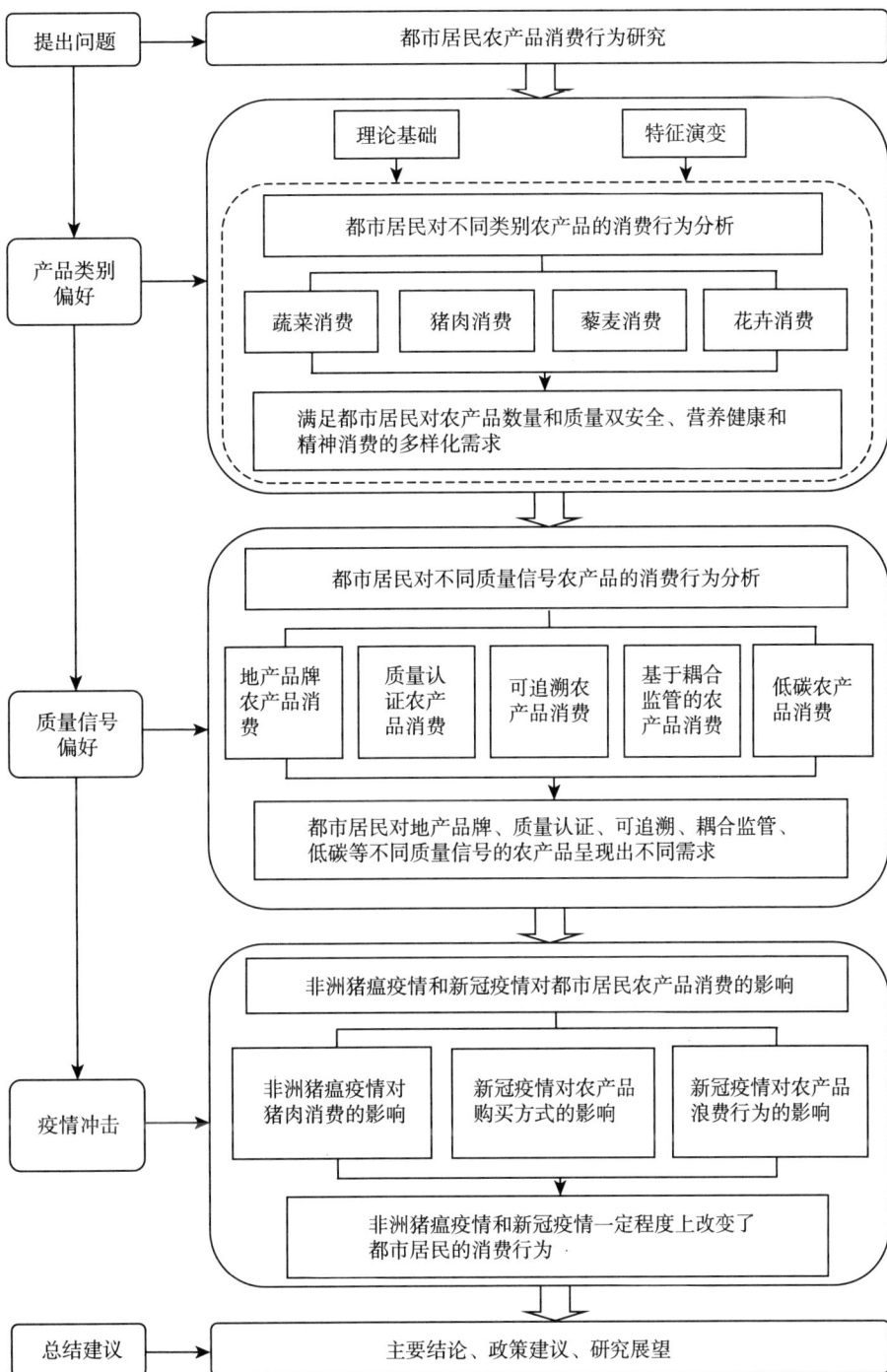

图 1-1　本书研究逻辑框架

五、研究创新

本书创新主要体现在三大方面。

1. 研究视角创新

面对农产品多元化市场需求和能够有效甄别质量的农产品需求旺盛以及非洲猪瘟疫情和新冠疫情影响等新形势，研究中利用对上海、北京、济南、西安等大城市居民持续多年、数万份的问卷调查数据，实证研究都市居民农产品消费行为，主要从产品类别偏好、质量信号偏好、疫情冲击三个视角，分析都市居民对蔬菜、猪肉、藜麦、花卉等质量甄别信号农产品的购买行为及影响因素，分析都市居民对地产品牌、质量认证、可追溯、低碳等农产品的认知、购买行为、支付意愿及影响因素，分析非洲猪瘟疫情和新冠疫情冲击下都市居民农产品消费行为的变化及影响因素。本书关于都市居民农产品消费行为的研究系统深入，研究视角新颖，研究思路框架严谨。

2. 研究理论创新

研究中综合运用信息不对称理论、效用理论、偏好理论、消费者行为理论、计划行为理论、信任理论等经济学、管理学、心理学等多学科理论，研究都市居民农产品消费行为，除了科学合理地依据现有理论分析相关问题，更是创新性地解释、回答了一系列问题，主要体现在两点：一是以猪肉产品、藜麦产品等为例，更深入验证了偏好异质性、信任对都市居民农产品消费行为的影响及作用机理；二是本书认为在新形势下构建"信用评价＋追溯体系"耦合监管格局，通过实现责任主体信用的追溯查询，既可充分发挥政府监管作用，还可充分发挥市场声誉作用，从而更好发挥农产品安全组合监管效能，这是当前亟须的一种农产品质量安全监管新思路，本书以猪肉产品为例，实证分析了都市居民对信用追溯农产品的支付意愿。此外，本书还实证研究了非洲猪瘟疫情和新冠疫情对都市居民农产品消费的影响及作用机理。

3. 研究方法创新

研究中综合运用信息经济学、计量经济学、实验经济学、管理学、心理学等多学科的理论和方法，通过大样本问卷调查和典型案例调查，进行全面、规范、合理的测度，在保证分析准确性的同时，实现方法以及方法组合的创新。

本书利用持续近 10 年对上海、北京、济南、西安等大都市居民的数万份调查问卷数据，综合运用描述统计分析和线性回归模型、二元 Logit 模型、有序 Logistic 模型、双变量 Probit 模型、Mprobit 模型等计量模型分析方法，并充分考虑模型的稳健性检验等，实证研究都市居民农产品消费行为，得出的研究结果真实可靠。

| 第二章 |
农产品消费特征及演变

在对都市居民农产品消费行为展开具体分析之前，需要对中国都市居民农产品消费特征及演变有一个清晰的了解和认识，才能为接下来的理论和实证分析提供现实依据。本章主要对我国农产品消费政策的特征演变以及中国都市居民农产品消费特征、演变及现状，特别是北京、上海城镇居民农产品消费特征及演变，进行介绍。后文的进一步分析都是建立在本章内容所介绍的现实基础上。

一、我国农产品消费引导政策变迁

1. 改革开放初期至市场经济体制改革初期（1978—1992 年）

改革开放以后，我国政府开始实施农村经济改革，引入了家庭联产承包责任制，鼓励农民增加农产品产量。同时，政府开始推行农产品市场化改革，逐步放开农产品价格，允许农民自由销售农产品，并引入了农产品收购和储备制度，以保障农产品市场供应和稳定农产品价格。1985 年 1 月，中共中央、国务院发出《关于进一步活跃农村经济的十项政策》，取消 30 年来农副产品统购派购的制度，对粮、棉等少数重要产品采取国家计划合同收购的新政策，国家还将农业税由实物税改为现金税。同年 11 月，国务院发出《国务院关于切实抓紧抓好粮食工作的通知》。这一时期，我国主要以追求农产品数量为主，因此在 1991 年 10 月国务院又发布了《国务院关于进一步搞活农产品流通的通知》，加强农产品在市场的流通。虽然农产品数量的大幅增长解决了人们的温饱问题，但人们的消费需求却越来越高。1992 年 9 月，国务院发布《国务院关于发展高产优质高效农业的决定》，提出我们要在继续重视产品数量的基础上，转入高产优质并重、提高效益的新阶段，包括优化产业结构、建立健全农业标准体系和监测体系、改善生产条件等。

2. 市场经济改革发展成熟期（1993—2012 年）

在农村市场经济改革后的时期，我国加大了对农业的支持力度，通过农业补贴和扶持政策，鼓励农民增加农产品产量和改善农业生产条件。同时，越来越注重农产品质量和安全，实施了一系列农产品质量监管和安全标准，加强了农产品质量检测和监管体系的建设。2000 年 1 月，中共中央、国务院发布《中共中央、国务院关于做好二〇〇〇年农业和农村工作的意见》，意见指出，为解决温饱而主要追求产量增长的农业生产可以转变为在保持总量平衡的基础上突出质量和效益，向多样化、高品质的方向发展，并且要加快农产品市场信息体系和质量标准体系建设。2001 年 4 月，国务院发布《农业科技发展纲要（2001—2010 年）》，再次提到要加速农业由主要注重数量向更加注重质量效益的转变。2002 年，农业部发布《关于加快绿色食品发展的意见》，国家越来越重视绿色食品和食品安全。另外，我国每年都会修订农产品质量法，每年都有专项的农产品质量安全项目检测资金，保障农产品的质量安全。自 2003 年以后，国家正式开始建设农产品质量安全的检测体系，这一阶段对农产品的质量安全更加注重（表 2 - 1）。

表 2 - 1　市场经济改革发展成熟期（1993—2012 年）我国农产品消费相关政策

时间	政策文件	发布机关
2001 年 7 月 27 日	无公害农产品标志管理规定	国家质量监督检验检疫总局
2003 年 4 月 30 日	农业部关于加强农产品质量安全检验检测体系建设的意见	农业部
2004 年 4 月 23 日	关于加快推进农业标准化工作的意见	农业部
2004 年 3 月 16 日	关于印发农业部 2004 年农产品质量安全工作要点的通知	农业部
2005 年 8 月 8 日	关于发展无公害农产品绿色食品有机农产品的意见	农业部
2006 年 4 月 29 日	中华人民共和国农产品质量安全法	全国人民代表大会
2006 年 10 月 17 日	农产品产地安全管理办法	农业部
2006 年 10 月 17 日	农产品包装和标识管理办法	农业部
2008 年 5 月 26 日	农垦农产品质量追溯系统建设项目管理办法（试行）	农业部办公厅

（续）

时间	政策文件	发布机关
2010 年 5 月 6 日	农业部办公厅关于下达 2010 年农垦农产品质量追溯字统建设项目计划的通知	农业部
2011 年 5 月 19 日	农产品质量安全发展"十二五"规划	农业部

3. 新时代社会经济发展阶段（2013 年至今）

自 2012 年后，我国首要保证的是农产品的质量安全。2014 年，农业部发布《关于切实做好 2014 年农业农村经济工作的意见》，表明要加强农产品质量安全监管，不断提升农产品质量安全水平，之后的每一年均有在质量安全监管方面的政府文件。在这一阶段，我国除了注重农产品的质量安全，还更加注重低碳可持续发展。2016 年，为促进绿色消费，加快生态文明建设，推动经济社会绿色发展，国家发展改革委发布《关于促进绿色消费的指导意见》。2017 年，为推进农业绿色发展，中共中央办公厅、国务院办公厅印发《关于创新体制机制推进农业绿色发展的意见》。2022 年，国家发展改革委发布《促进绿色消费实施方案》，积极推广绿色低碳产品，加快提升食品消费绿色化水平（表 2-2）。

表 2-2　新时代社会经济发展阶段（2013 年至今）我国农产品消费相关政策

时间	政策文件	发布机关
2013 年 12 月 2 日	关于加强农产品质量安全监管工作的通知	国务院办公厅
2014 年 1 月 9 日	农业部关于切实做好 2014 年农业农村经济工作的意见	农业部
2014 年 1 月 23 日	农业部关于加强农产品质量安全全程监管的意见	农业部
2014 年 1 月 19 日	关于全面深化农村改革加快推进农业现代化的若干意见	中共中央、国务院
2014 年 2 月 28 日	农业部关于印发《2014 年农产品质量安全专项整治方案》的通知	农业部
2014 年 6 月 5 日	农业部关于加强农产品质量安全检验检测体系建设与管理的意见	农业部
2015 年 9 月 24 日	农业部办公厅关于开展农产品及加工副产物综合利用试点工作的通知	农业部
2015 年 12 月 30 日	国务院办公厅关于加快推进重要产品追溯体系建设的意见	国务院办公厅

（续）

时间	政策文件	发布机关
2016 年 2 月 27 日	印发关于促进绿色消费的指导意见的通知	国家发展改革委等部门
2016 年 6 月 21 日	农业部关于加快推进农产品质量安全追溯体系建设的意见	农业部
2017 年 3 月 8 日	农业部关于印发《"十三五"全国农产品质量安全提升规划》的通知	农业部
2017 年 9 月 30 日	中共中央办公厅、国务院办公厅印发《关于创新体制机制推进农业绿色发展的意见》	中共中央办公厅、国务院办公厅
2022 年 1 月 18 日	国家发展改革委等部门关于印发《促进绿色消费实施方案》的通知	国家发展改革委等部门

总体来说，从改革开放至今，我国的农产品消费政策经历了从粮食供应保障到市场化改革，再到注重农产品质量、安全和可持续的发展阶段。政府通过不同的政策手段，鼓励农民增加农产品产量，保障农产品市场供应，提高农产品质量和安全水平，并推动农产品销售渠道的多元化和现代化，引导和满足人们对农产品的多样化需求。

二、中国城镇居民农产品消费特征及演变

改革开放以来，随着中国经济的快速发展，居民的人均收入不断提高，饮食结构也随之发生改变。表 2-3、表 2-4 分别显示了 1990—2012 年和 2013—2021 年中国城镇居民农产品人均消费量变化情况。

1. 从消费质量上看

2013—2021 年，肉类、蛋类、奶类等富含蛋白质的产品人均消费量的整体上升和食用油人均消费量的整体下降体现出中国城镇居民整体消费质量的提升，人们在提升了生活水平的同时，更加注重健康的饮食结构。

2. 从消费数量上看

1990—2012 年，中国城镇居民粮食、鲜菜人均消费量总体呈下降趋势，食用植物油、猪肉、禽类、鲜蛋、水产品、鲜奶、干鲜瓜果等农产品的人均消费量则总体呈上升趋势。其中，城镇居民粮食人均消费量由 1990 年的 130.72

千克下降到 2012 年的 78.76 千克，鲜菜人均消费量由 1990 年的 138.70 千克
下降到 2012 年的 112.33 千克；猪肉人均消费量由 1990 年的 18.46 千克上升
到 2012 年的 21.23 千克，禽类人均消费量由 1990 年的 3.42 千克上升到 2012
年的 10.75 千克，鲜蛋人均消费量由 1990 年的 7.25 千克上升到 2012 年的
10.52 千克，水产品人均消费量由 1990 年的 7.69 千克上升到 2012 年的 15.19
千克，鲜奶人均消费量由 1990 年的 4.63 千克上升到 2012 年的 13.95 千克，
干鲜瓜果的人均消费量由 1990 年的 41.11 千克上升到 2012 年的 56.05 千克。
2013—2021 年，中国城镇居民粮食人均消费量呈先降后升趋势，蔬菜及食用
菌、肉类、禽类、水产品、蛋类、干鲜瓜果类农产品的人均消费量则呈整体上
升趋势。其中，城镇居民粮食人均消费量由 2013 年的 121.3 千克下降到 2017
年的 109.7 千克，后呈上升趋势，2021 年达到 124.8 千克；蔬菜及食用菌人
均消费量由 2013 年的 103.8 千克上升到 2021 年的 112.0 千克；肉类人均消费
量由 2013 年的 28.5 千克上升到 2021 年的 34.4 千克，禽类人均消费量由 2013
年的 8.1 千克上升到 2021 年的 12.3 千克，蛋类人均消费量由 2013 年的 9.4
千克上升到 2021 年的 13.4 千克，水产品人均消费量由 2013 年的 14.0 千克上
升到 2021 年的 16.7 千克，干鲜瓜果类的人均消费量由 2013 年的 51.1 千克上
升到 2021 年的 67.7 千克（表 2-3、表 2-4）。

表 2-3　1990—2012 年中国城镇居民农产品人均消费量变化情况

单位：千克

年份	粮食	食用植物油	鲜菜	猪肉	牛羊肉	禽类	鲜蛋	水产品	鲜奶	干鲜瓜果
1990	130.72	6.40	138.70	18.46	3.28	3.42	7.25	7.69	4.63	41.11
1995	97.00	7.11	116.47	17.24	2.44	3.97	9.74	9.20	4.62	44.96
2000	82.31	8.16	114.74	16.73	3.33	5.44	11.21	11.74	9.94	57.48
2005	76.98	9.25	118.58	20.15	3.71	8.97	10.40	12.55	17.92	56.69
2010	81.53	8.84	116.11	20.73	3.78	10.21	10.00	15.21	13.98	54.23
2011	80.71	9.26	114.56	20.63	3.95	10.59	10.12	14.62	13.70	52.02
2012	78.76	9.14	112.33	21.23	3.73	10.75	10.52	15.19	13.95	56.05

数据来源：《中国统计年鉴》。

表 2-4　2013—2021 年中国城镇居民农产品人均消费量变化情况

单位：千克

年份	粮食	食用油	蔬菜及食用菌	肉类	禽类	水产品	蛋类	奶类	干鲜瓜果类	食糖
2013	121.3	10.9	103.8	28.5	8.1	14.0	9.4	17.1	51.1	1.3
2014	117.2	11.0	104.0	28.4	9.1	14.4	9.8	18.1	52.9	1.3

（续）

年份	粮食	食用油	蔬菜及食用菌	肉类	禽类	水产品	蛋类	奶类	干鲜瓜果类	食糖
2015	112.6	11.1	104.4	28.9	9.4	14.7	10.5	17.1	55.1	1.3
2016	111.9	11.0	107.5	29.0	10.2	14.8	10.7	16.5	58.1	1.3
2017	109.7	10.7	106.7	29.2	9.7	14.8	10.9	16.5	59.9	1.3
2018	110.0	9.4	103.1	31.2	9.8	14.3	10.8	16.5	62.0	1.3
2019	110.6	9.2	105.8	28.7	11.4	16.7	11.5	16.7	66.8	1.2
2020	120.2	9.9	109.8	27.4	13.0	16.6	13.5	17.3	65.9	1.2
2021	124.8	10.1	112.0	34.4	12.3	16.7	13.4	18.2	67.7	1.1

数据来源：《中国统计年鉴》。

3. 从营养健康上看

2013—2021 年，我国城镇居民粮食人均消费量明显高于 1990—2012 年；2013—2021 年，植物油人均消费量较为稳定，总体高于 1990—2012 年，但2016 年后食用油的人均消费量略微下降，说明近些年来我国城镇居民在生活水平不断提高的同时，逐渐减少了每日摄入油量；2013—2021 年，干鲜瓜果类产品人均消费量的不断上升，体现出城镇居民对维生素的需求逐渐增加；2013—2021 年，城镇居民购买肉类、蛋类、奶类等富含蛋白质的产品越来越多，反映出人们对于含蛋白质产品的需求日益增长（图 2-1）。

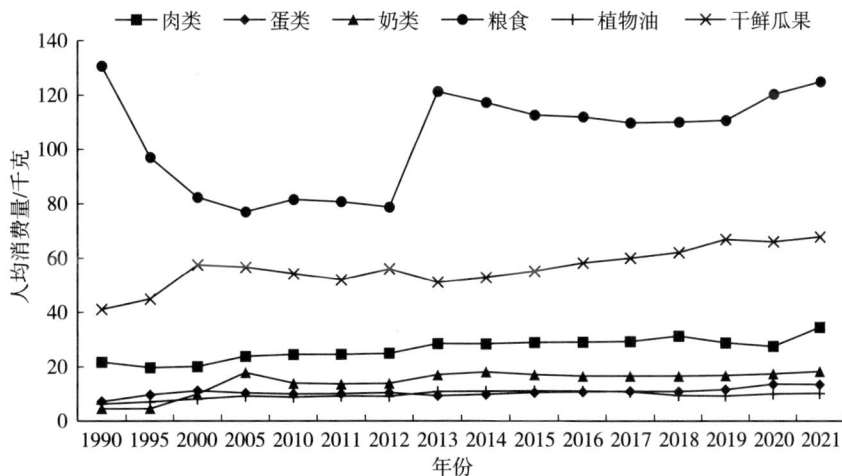

图 2-1 1990—2021 年中国城镇居民肉类、蛋类、奶类、粮食、植物油、干鲜瓜果人均消费量变化（1990—2012 年肉类为猪肉加牛羊肉总和）

三、上海城镇居民农产品消费特征及演变

改革开放以来，上海市经济持续快速增长，经济的增长带动居民消费水平的提高。截至 2021 年，上海市拥有 2 220.94 万城镇人口，城镇化率达到 89.3%，拥有足够的消费人群和超高的消费能力，农产品消费不再是为了果腹，城镇居民食品消费结构发生变化。表 2-5、表 2-6 分别显示了 2000—2013 年和 2015—2021 年上海城镇居民农产品人均消费量变化情况。

1. 从消费质量上看

2000—2013 年，上海城镇居民主要购买粮食和鲜菜，其他产品较少，而肉蛋奶类产品、水产品和干鲜瓜果类产品的人均消费量自 2015 年后均呈整体上升趋势且奶类产品和水产品的人均消费量高于全国平均水平，上海城镇居民农产品的消费越来越从饱腹向满足美好生活需要转变。

2. 从消费数量上看

与 2000 年相比，2013 年上海城镇居民大米、鸡肉、鲜蛋、鱼、干鲜瓜果人均消费量明显减少，猪肉、牛羊肉、鸭肉、鲜菜等农产品人均消费量则增加，均高于全国的人均水平，这与上海市的人均消费水平较高有关。其中，2000—2013 年，上海城镇居民大米人均消费量由 53.4 千克下降至 39.7 千克，鸡肉人均消费量由 7.5 千克下降至 4.8 千克，鲜蛋人均消费量由 11.3 千克下降至 9.5 千克，鱼人均消费量由 19.8 千克下降至 15.5 千克，干鲜瓜果人均消费量由 74.3 千克下降至 59.8 千克；而猪肉人均消费量则由 17.3 千克上升至 20.4 千克，牛羊肉、鸭肉人均消费量分别由 2.2 千克、1.3 千克上升至 3.5 千克、2.2 千克，鲜菜人均消费量由 104.7 千克上升到 109.3 千克。2015—2021 年，上海城镇居民粮食、蔬菜及食用菌、肉类、禽类、水产品、蛋类、奶类、干鲜瓜果类农产品人均消费量均有所增长，食用油和食糖人均消费量则未见明显变化。但除粮食人均消费量由 99.4 千克上升至 111.4 千克外，其余农产品人均消费量涨幅均较小。

3. 从营养健康上看

2015—2021 年，上海城镇居民肉类、蛋类、水产品类及干鲜瓜果类农产品的人均消费量明显上升。近些年，随着人口的增长，粮食等农产品人均消费

量随之上升，人们对蛋白质、维生素和微量元素的需求也慢慢变大，这也是上述农产品人均消费量上升的主要原因（图 2-2）。

表 2-5　2000—2013 年上海城镇居民农产品人均消费量变化情况

单位：千克

年份	大米	食用植物油	猪肉	牛羊肉	鸡	鸭	鲜蛋	鱼	虾	鲜菜	糕点类	干鲜瓜果	鲜乳品和酸奶
2000	53.4	10.9	17.3	2.2	7.5	1.3	11.3	19.8	4.9	104.7	4.6	74.3	29.6
2007	40.3	10.2	17.4	2.9	7.3	2.6	9.4	15.7	5.5	99.6	6.0	71.5	31.9
2008	42.5	10.2	18.3	2.6	7.4	2.8	9.6	15.4	4.9	103.4	5.9	67.1	29.4
2009	41.6	9.4	18.5	2.6	6.6	2.6	9.8	14.9	5.3	102.1	5.9	67.2	29.9
2010	39.9	8.0	18.6	2.8	6.9	2.5	9.6	14.2	4.4	102.7	5.5	65.5	28.8
2011	39.2	8.2	18.8	2.9	7.1	2.7	10.2	14.5	4.3	104.5	5.5	61.2	30.0
2012	37.8	8.3	19.5	3.1	6.9	3	10.2	15.5	4.8	107.0	5.8	64.0	30.4
2013	39.7	10.0	20.4	3.5	4.8	2.2	9.5	15.5	4.7	109.3	6.0	59.8	28.7

数据来源：《上海统计年鉴》。

表 2-6　2015—2021 年上海城镇居民农产品人均消费量变化情况

单位：千克

年份	粮食	食用油	蔬菜及食用菌	肉类	禽类	水产品	蛋类	奶类	干鲜瓜果类	食糖
2015	99.4	9.5	104.4	28.8	12.0	25.7	10.5	22.7	53.0	1.4
2016	102.4	8.9	105.1	28.9	13.2	26.1	11.2	22.0	56.6	1.4
2017	94.8	8.6	101.4	27.7	12.7	25.5	10.7	21.8	57.7	1.3
2018	106.2	7.8	104.0	30.5	12.1	24.5	11.9	21.7	64.2	1.5
2019	100.1	8.2	102.9	28.2	12.8	26.9	12.2	21.6	61.9	1.4
2020	106.4	8.8	105.9	28.6	13.6	26.8	13.8	23.8	60.6	1.4
2021	111.4	9.6	108.3	33.3	13.6	27.4	13.7	24.9	60.7	1.4

数据来源：《上海统计年鉴》。

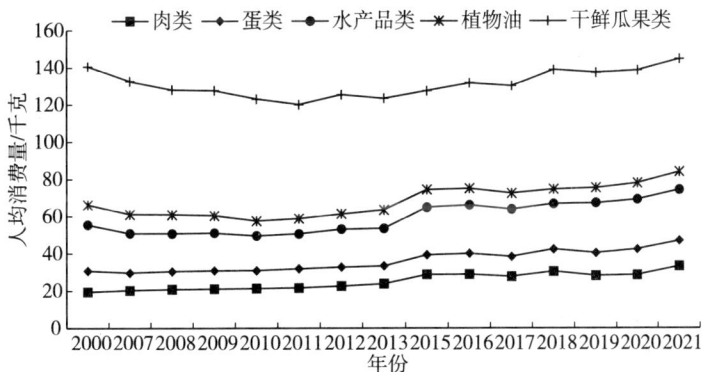

图 2-2　2000—2021 年上海城镇居民植物油、肉类、蛋类、水产品类、干鲜瓜果类人均
消费量变化（2000—2013 年的肉类为猪肉加牛羊肉总和，水产品类为鱼虾总和）

数据来源：国家统计局，其中 2014 年数据缺失。

四、北京城镇居民农产品消费特征及演变

北京市作为我国首都，是国务院批复确定的中国政治中心、文化中心、国际交往中心、科技创新中心。截至2022年末，北京市常住人口2 184.3万人，其中，城镇人口1 912.8万人，占常住人口的比重为87.6%；全市居民人均可支配收入为77 415元，而城镇居民人均可支配收入高达84 023元。因此，了解北京市城镇居民农产品消费情况为研究都市居民农产品消费行为具有重要的参考意义。表2-7显示了2015—2021年北京城镇居民农产品人均消费量变化情况。

2015—2021年，虽然北京城镇居民农产品人均消费量变化与上海相似，但不同于上海的是，北京城镇居民食用油人均消费量明显呈下降趋势。

1. 从消费质量上看

北京城镇居民消费水平较高，消费质量明显高于全国的平均水平。2015—2021年，北京城镇居民蔬菜及食用菌的消费占比最高，其次是粮食，再次是干鲜瓜果类农产品，最后是肉蛋奶类蛋白质产品。

2. 从消费数量上看

2015—2021年，北京城镇居民粮食、蔬菜及食用菌、肉类、禽类、蛋类、奶类、干鲜瓜果类人均消费量均呈先降后升趋势；2021年，大部分农产品人均消费量较2015年均有所增长，而食用油人均消费量呈下降趋势，食糖人均消费量则未见明显变化。2021年，北京城镇居民粮食、食用油、肉类、禽类、水产品人均消费量均低于上海，而蔬菜及食用菌、蛋类、奶类、干鲜瓜果类人均消费量则高于上海，这与当地农产品市场发展情况有关。

3. 从营养健康上看

北京和上海城镇居民肉蛋奶类蛋白产品人均消费量均呈上升趋势而北京城镇居民的食用油人均消费量下降总量多于上海，其更注意控制油的摄入量；北京城镇居民干鲜瓜果类人均消费量高于上海水平，说明北京城镇居民对干鲜果类富含维生素的产品的需求较高（图2-3）。

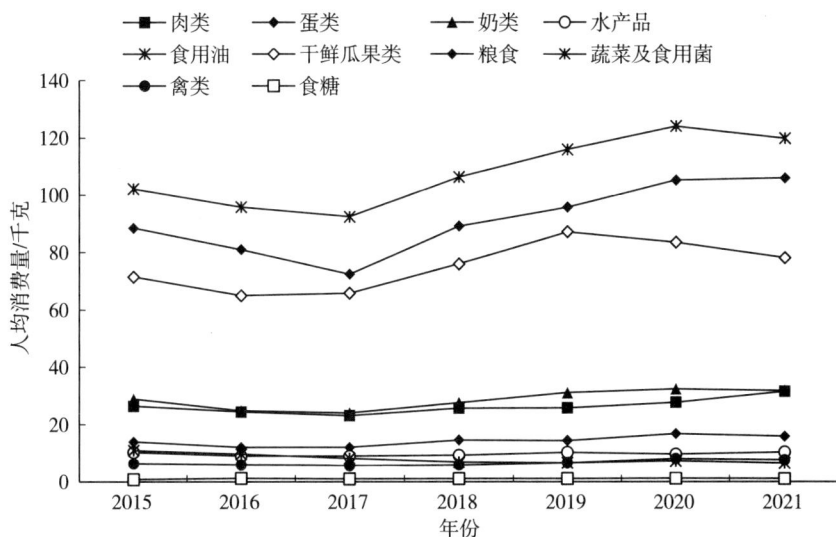

图 2-3 2015—2021 年北京城镇居民人均消费量变化折线图

表 2-7 2015—2021 年北京城镇居民农产品人均消费量变化情况

单位：千克

年份	粮食	食用油	蔬菜及食用菌	肉类	禽类	水产品	蛋类	奶类	干鲜瓜果类	食糖
2015	88.5	11.0	102.1	26.4	6.3	10.3	14.0	28.9	71.5	0.8
2016	81.0	9.7	95.8	24.4	5.9	9.0	12.1	24.8	65.0	1.2
2017	72.4	8.2	92.4	23.1	5.7	9.0	12.1	24.0	65.8	1.0
2018	89.1	6.9	106.3	25.7	5.9	9.3	14.6	27.6	76.0	1.1
2019	95.7	6.7	115.9	25.8	6.7	10.3	14.4	31.1	87.1	1.1
2020	105.2	7.3	124.0	27.7	8.1	9.7	16.8	32.4	83.5	1.2
2021	106.0	6.6	119.8	31.5	7.7	10.4	15.9	31.8	78.1	1.1

数据来源：国家统计局。

五、本章小结

本章利用文献搜集资料和官方发布数据，对我国都市居民农产品消费特征及演变进行了分析，主要得出以下结论。

1. 从整体特征看

在我国经济社会高质量发展的背景下，我国居民农产品消费逐渐从"吃饱型"消费转变为"吃好型"消费。粮食和蔬菜消费虽仍占我国城镇居民农产品消费的主要部分，但已处于稳定状态，消费量并未呈明显变化。而肉类、禽类、水产品、蛋类、干鲜瓜果类消费呈不断上升趋势，城镇居民对高营养、高蛋白农产品需求日益增加。

2. 从消费格局看

以高质量食品为主的消费格局已经形成。北京、上海城镇居民的粮食人均消费量均低于全国平均水平，但略呈上升趋势。不同于我国城镇居民肉、禽、蛋类等高蛋白农产品消费量整体均呈上升趋势，大都市城镇居民针对高质量、高蛋白、高营养农产品的消费已处于较高水平的稳定状态。例如，2015年，上海市城镇居民禽类农产品人均消费量已达12.0千克，且此后呈小幅波动上升趋势；而全国城镇居民禽类消费量仅为9.4千克，且此后呈上升趋势并于2020年才达到12千克以上。2015年，北京市城镇居民蛋类、奶类、干鲜瓜果类农产品人均消费量已达到14.0千克、28.9千克、71.5千克；而即便全国城镇居民同类农产品人均消费量呈上升趋势，至2021年也未达到北京市消费水平。

3. 从未来发展趋势看

预计我国城镇居民农产品消费结构正逐渐往高蛋白、高营养、高质量方向发展，而北京、上海城镇居民农产品消费结构则是往膳食均衡方向发展。与我国除粮食外各类农产品消费量整体呈上升趋势不同，北京、上海广大都市居民高营养农产品消费量大多处于高水平稳定状态，仅部分农产品消费量仍有增长，且北京、上海城镇居民粮食消费量反而呈上升趋势，因此预计未来北京、上海等大城市居民农产品消费将日益向膳食均衡发展。

第二篇

产品类别偏好篇

第三章

都市居民蔬菜消费行为分析

　　蔬菜是我国城乡居民生活必不可少的重要农产品，是城乡居民膳食结构中的重要组成部分，保障蔬菜供给一直是重大的民生问题。然而近 10 年来，海南"毒豇豆"、山东"毒韭菜"、湖北"毒生姜"、辽宁"毒豆芽"等多起蔬菜质量安全事件的发生，极大地影响了消费者对蔬菜质量安全的信任，导致消费者在购买蔬菜时更为谨慎，这将直接影响到城镇蔬菜产业的发展布局。因此，有必要对都市居民的蔬菜购买行为进行具体分析。基于此，本章选取上海市城镇居民为研究对象，在分析其蔬菜消费特点与购买习惯的基础上，通过构建有序 Logistic 模型，实证分析了消费者对地产蔬菜的质量安全信任及消费者对地产蔬菜购买行为的影响因素。同时，选用假想价值评估法，实证分析消费者对地产绿叶菜的支付意愿及其影响因素，关注价格对消费者地产绿叶菜购买意愿的影响。

一、研究依据与文献综述

　　民以食为天，食以菜为先，菜以安为本，安以信为根。蔬菜是人们饮食中不可缺少的重要组成部分，蔬菜质量安全关乎国计民生。相较于农村居民，城镇居民更担心蔬菜的食品安全状况，不仅注重蔬菜种类和数量，还关心营养成分、有毒有害物质的含量以及农药残留等指标。在过去相当长的一段时间里，为提高市场供应量、提升价格，蔬菜的生产、运输、仓储、加工、销售等环节中出现了大量、不合理地使用化学农药、化肥以及其他化学产品的现象，这不仅造成一系列的环境污染，还让食品安全问题亮起了红灯（唐步龙和张前前，2017）。近年频发的蔬菜质量安全事件使公众对食品安全的信任度始终处于低谷，凸显了国内蔬菜质量安全的复杂性、严重性和紧迫性。为了建立公平有序的体系，满足消费者对食品安全的需求，政府及相关部门通过各种措施不断完善安全蔬菜市场的发展（王丽珍，2011），但食品的优质优价并未被消费者普遍认知和接受。民众对优质优价的安全蔬菜的消费意愿，不仅关系到安全蔬菜的成本与推广，更关系到每个消费者的切身利益。蔬菜安全如何保证、民众的信心和对菜价的预期提升区间、对地产蔬菜的信赖程度等问题有待进一步分析。

上海市作为国际大都市，拥有 2 400 多万常住人口，常年蔬菜消费量约 620 万吨，日均消费约 1.7 万吨。上海的农业产业比重微乎其微，却仍有近 20 万菜农在约 3 400 公顷的菜田里耕作，年均上市量达 300 多万吨。其中，绿叶菜常年消费量约为 158 万吨，占蔬菜总消费量的约 25%，在上海蔬菜生产和消费中拥有重要且不可动摇的地位。"三天不吃青，两眼冒金星"，生动体现了上海市民对绿叶菜的喜爱，其中本地蔬菜尤为受到追捧。在地产蔬菜如此大产销的背景下，了解消费者的蔬菜购买行为以及支付意愿是保证地产蔬菜持续有序发展的重要手段，而影响支付意愿的因素也是当前亟须讨论的现实问题。

消费者对食品安全的关注度较过去几年有明显提高，其中，家庭责任和对家人健康的关注是消费者关注食品安全的重要动力（王丽珍，2011）；并且消费者对必需农产品愿意进行额外支付的比例明显高于其他农产品（靳明和赵昶，2008）。基于食品质量安全问题，消费者信任是一个多维度、阶段性的概念（Mayer et al.，1995；Jonge et al.，2007）。消费者信任一方面是对消费环境的积极预期和对其本身掌握农产品知识的肯定，另一方面是消费者对所购买农产品放心食用的心理评价状态（Kimura et al.，2010）。消费者是市场的最终决定者，消费者对食品质量安全的认知状况影响消费者对食品质量安全方面的态度，而消费者的态度又进一步决定了消费者对农产品质量安全的信任程度并进而影响其对农产品的购买行为。根据消费者购买商品时所掌握的信息多少以及时间先后次序，商品包括搜寻品、经验品和信任品等三种特性（刘艳秋和周星，2009）。消费者由于很难获得信息的经验品和信任品特性，往往会在商品购买前综合考虑各种因素，掌握充分的信息后，才会最终得出可靠性判断（Caswell and Padberg，1992）。食品安全事件的发生，造成了消费者对食品质量安全的不信任。消费者在面对鱼龙混杂的信息时，有时很难辨析真假，于是不得不通过直接或间接的渠道来获取更多的信息，以此满足自身对质量安全的需求。信息的获取需要成本，消费者对地产蔬菜信任可以降低其对信息真实可靠性进行辨别的成本（刘增金等，2017）。消费者也因此加深了对商品的理解，形成了对该商品的态度，增加对该商品的信任，这些会在消费者购买行为中表现出来。

此外，前人的研究成果中，从研究方法到购买意愿的主要影响因素，从关注程度到购买行为一致性等方面都提出了诸多讨论。钟甫宁和易小兰（2010）从关注程度与购买行为的不一致性出发，认为两者不一致的主要原因在于被访的部分消费者认为"各安全等级的食品的安全性其实都差不多"，该类消费者不相信行业以及政府对食品质量安全的现有监管措施；周应恒和彭晓佳（2006）通过研究发现，价格、家庭总人口数、对蔬菜残留农药的风险感知、城市规模等因素对消费者安全食品购买意愿产生负向影响，家中未成年人数、家庭月总收入等因素正向影响消费者的安全食品购买意愿。对可追溯蔬菜的研究显示，文化程度、家庭月收入、对产品的了解程度、对产品的安全质量感知、产品的质量安全信息获取便捷性和权威可靠性、产品外观包装和产品零售促销等因素显著影响消费者购买行为（周维林，2016）；在影响消费者对无公害蔬菜的购买行为的因素中，关注程度、认知水平以及支付意愿三者在模型中的显著性较高；而在有机蔬菜的研究中，价格认同程度、文化程度和家庭收入、对蔬菜安全的忧虑和对有机蔬菜的了解等因素显著正向影响购买意愿，对有机蔬菜技术及环境的信心显著负向影响购买意愿（黄季仲和徐家鹏，2007）。目前的相关研究大多是关于消费者对可追溯蔬菜、无公害蔬菜、有机蔬菜等的支付意愿及其影响因素。研究结果显示，消费者愿意为可追溯蔬菜多支付费用，但支付意愿受性别、年龄、家庭人口数、对可追溯标签信任度以及支付强度等因素影响（林勇等，2014；王一舟等，2013）。在对有机蔬菜的研究中发现，年龄、教育程度、对有机蔬菜的认知度以及对目前蔬菜安全的担心度等因素影响购买行为，而影响有机蔬菜支付意愿的因素包括消费者的家庭规模、价格、蔬菜属性、重要程度以及对环境污染的担心度（戴迎春等，2006；常向阳和李香，2005），且购买意愿对购买行为有显著的正向影响（张蓓等，2014）。对无公害蔬菜的研究中，消费者对无公害蔬菜的支付意愿受性别、年龄和家庭收入水平的影响（杨金深等，2004），其购买行为受到消费者的受教育程度、蔬菜价格、关注程度、认知程度、支付意愿等因素影响（黄季仲和徐家鹏，2007；何德华等，2007）。

本章在已有文献的基础上，为了更全面地考察消费者购买行为的影响因素，借鉴已有研究成果，将收入水平、信任程度（蔬菜放心程度、地产蔬菜信任程度）、消费比重（蔬菜消费比重、绿叶菜消费比重）、个体特征（性别、年龄、学历、籍贯）、家庭特征（家庭人口数、小孩情况、老人情况）等因素纳入模型分析（刘增金，2015）。同时，试图更全面地考察消费者对地产蔬菜的支付意愿及影响因素，在借鉴已有研究成果的同时，将投标价格、收入水平、个体特征、家庭情况、蔬菜放心程度、地产蔬菜信任程度、蔬菜消费比重、绿叶菜消费比重等因素纳入模型进行分析，尽可能合理、全面地对地产蔬菜支付意愿及影响因素进行解读。

二、都市居民蔬菜消费特点与购买习惯

1. 数据来源与样本说明

除了部分宏观数据是通过查询相关统计年鉴获得，研究中主要利用对上海不同城区的消费者开展的大样本问卷调查展开研究。数据资料主要源于 2016 年 9—10 月对上海市浦东、静安、徐汇、杨浦、普陀、长宁、黄浦、虹口、闵行、奉贤、嘉定、宝山 12 个区进行的问卷调研。总共发放 550 份问卷，最终获得 532 份有效问卷（表 3 - 1），问卷有效率达到 96.73%。调查对象的选取采用随机抽样，按照面对面访问的形式进行调查。为确保问卷调查质量，在正式调研之前进行了预调研。

表 3 - 1   上海市各城区有效问卷数量与比例

城区	有效问卷数量（份）	所占比例（%）
宝山	10	1.88
奉贤	34	6.39
虹口	19	3.57
黄浦	27	5.08
嘉定	20	3.76
静安	68	12.78
闵行	42	7.89
浦东	91	17.11
普陀	58	10.90
徐汇	67	12.59
杨浦	63	11.84
长宁	33	6.20
合计	532	100.00

　　以下对样本特征做一个说明：从样本的基本特征来看，受访者主要是60岁及以下的人群，占比为85.91％；在年龄分布上，31～40岁的居民占比最大，占总样本的30.08％；受访者多以上海本地户籍的居民为主，占比达到63.91％；整体的受教育程度适中，大专及以上的受访者占比为53.57％；从职业来看，企业员工、公务员、事业单位员工占总样本的55.64％；受访者的家庭月收入集中在10 000元以下，占总样本的86.46％；受访者家里大部分有1个小孩，少部分有1～2名老人；家庭人口数多为5人及以下，占比89.86％（表3-2）。

表3-2　样本基本特征

项目	类别	频数（个）	比例（％）
性别	男	256	48.12
	女	276	51.88
年龄	30岁及以下	119	22.37
	31～40岁	160	30.08
	41～50岁	69	12.97
	51～60岁	109	20.49
	61～70岁	52	9.77
	71岁及以上	23	4.32
籍贯	上海	340	63.91
	外地	192	36.09
学历	小学及以下	39	7.33
	初中	96	18.05
	中专、高中	112	21.05
	大专	95	17.86
	本科	143	26.88
	研究生	47	8.83
职业	企业员工	152	28.57
	公务员	40	7.52
	事业单位员工	104	19.55
	个体私营户	41	7.71
	农村进城务工人员	31	5.83
	无业、失业或半失业人员	11	2.07
	退休	116	21.80
	其它	37	6.95

（续）

项目	类别	频数（个）	比例（％）
收入	0～2 999 元	54	10.15
	3 000～4 999 元	195	36.65
	5 000～9 999 元	211	39.66
	10 000～19 999 元	55	10.34
	20 000 元及以上	17	3.20
家庭人口总数	1 人	17	3.20
	2 人	73	13.72
	3 人	160	30.08
	4 人	100	18.80
	5 人	128	24.06
	6 人及以上	54	10.15
小孩人数	0 人	236	44.36
	1 人	232	43.61
	2 人及以上	64	12.03
老人人数	0 人	341	64.10
	1 人	72	13.53
	2 人及以上	119	22.37

2. 上海居民蔬菜消费特点

上海市居民喜食蔬菜，特别偏好绿叶菜。近些年，随着健康理念逐步深入人心，蔬菜消费量不断增加。2013 年，上海市城乡居民蔬菜人均消费量达到 2000—2013 年的最高值，为 106.33 千克，而 2013 年全国居民蔬菜年人均消费量只有 97.5 千克。另外，从上海市居民蔬菜消费总量看，2000—2013 年，蔬菜消费总量基本呈现上涨趋势，从 2000 年的 164 万吨上涨到 2013 年的 257 万吨，增加了 56.71％。农村居民人均蔬菜消费量在 2000—2013 年远低于城镇和城乡居民蔬菜人均消费量。2015—2021 年，整体蔬菜人均消费量仍然呈上升趋势，其中农村居民的蔬菜消费量上升幅度较大，2017 年和 2020 年后的趋势最明显，2021 年农村居民蔬菜及食用菌人均消费量达到 127.7 千克，超过了城镇居民和城乡居民蔬菜及食用菌的人均消费量（表 3 - 3、表 3 - 4、图 3 - 1、图 3 - 2）。

表 3-3 2000—2013 年上海市居民蔬菜人均消费量变化情况

单位：千克

年份	农村居民人均消费量	城镇居民人均消费量	城乡居民人均消费量
2000	92.41	104.70	101.90
2001	92.21	106.50	103.41
2002	86.92	107.10	102.85
2003	76.60	103.20	97.84
2004	66.78	101.40	94.84
2005	70.59	98.90	95.81
2006	66.84	98.80	95.19
2007	69.64	99.60	96.21
2008	65.58	103.40	99.09
2009	64.76	102.10	97.84
2010	65.01	102.70	98.67
2011	69.26	104.50	100.73
2012	72.23	107.00	103.28
2013	80.78	109.30	106.33

资料来源：历年《上海市统计年鉴》《上海农村统计年鉴》以及计算所得。

表 3-4 2015—2021 年上海市居民蔬菜及食用菌人均消费量变化情况

单位：千克

年份	农村居民人均消费量	城镇居民人均消费量	城乡居民人均消费量
2015	89.0	104.4	102.8
2016	83.9	105.1	102.8
2017	86.4	101.4	99.8
2018	99.9	104.0	103.6
2019	98.1	102.9	102.4
2020	99.8	105.9	105.3
2021	127.7	108.3	110.2

资料来源：历年《中国统计年鉴》以及计算所得，其中 2014 年数据缺失。

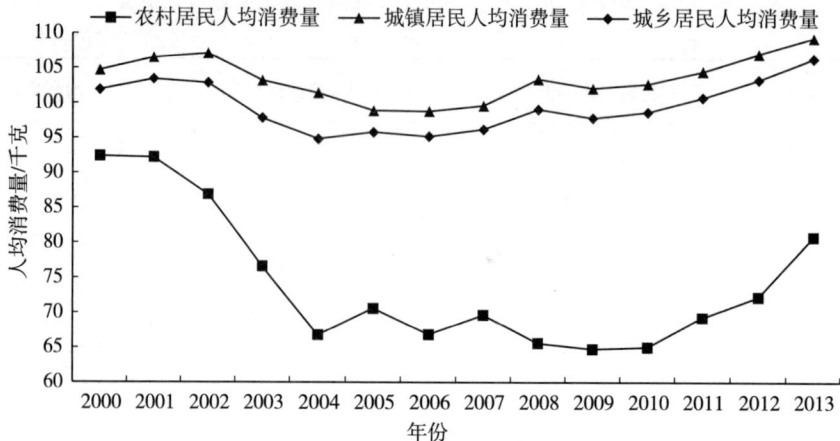

图 3-1 2000—2013 年上海市居民蔬菜人均消费量变化情况

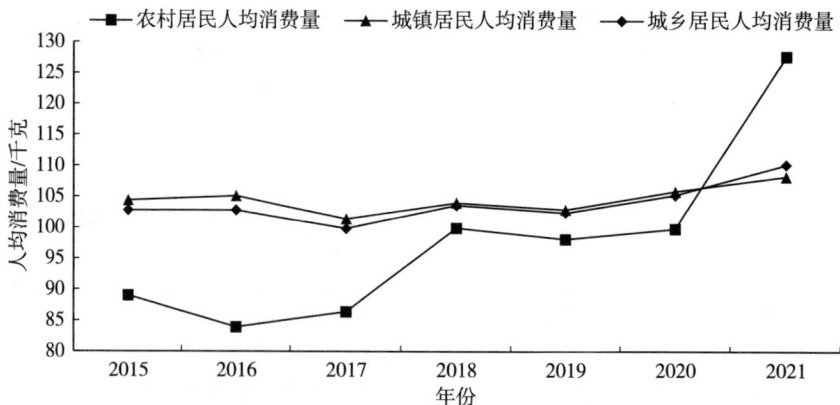

图 3-2 2015—2021 年上海市居民蔬菜及食用菌人均消费量变化情况

3. 都市居民蔬菜消费行为特征描述分析

（1）大部分家庭能够满足每人每日 1.5 千克蔬菜的消费量，但绿叶菜消费量有待提升

调查发现，大多数家庭平均一周的蔬菜消费量不超过 20 千克，其中消费 1～10 千克的所占比例最大，占总样本数的 73.50%；其次为家庭平均一周的蔬菜消费量为 11～20 千克的，占总样本数的 22.18%；家庭平均一周的蔬菜消费量为 21～30 千克的只占总样本数的 3.57%；家庭平均一周的蔬菜消费量为 30 千克以上的则更少，只占 0.75%。家庭平均一周的绿叶菜消费量在 5 千克以下的占被调研总数的 73.87%；绿叶菜消费量为 5～10 千克的占被调研总

数的 20.49%；绿叶菜消费量达到 10 千克以上的占 5.64%（图 3 - 3、图 3 - 4）。关于消费者个人平均一周的蔬菜购买量情况，选择 5 千克以下的占被调研总数的 60.53%；选择 5～10 千克的占被调研总数的 25.94%；选择 11～15 千克的占比为 8.46%；选择 15 千克以上的占比为 5.08%。可以看出，消费者每周蔬菜购买量主要集中在 10 千克及以下。

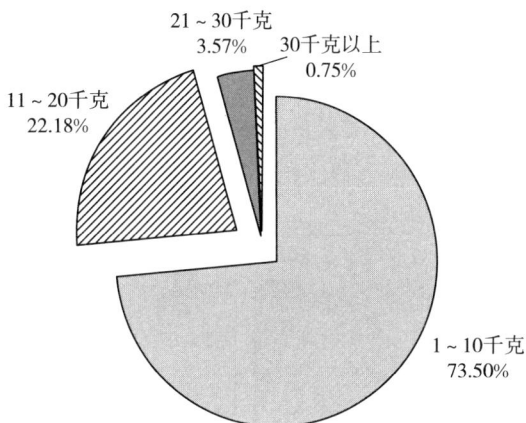

图 3 - 3　家庭平均一周的蔬菜消费量情况

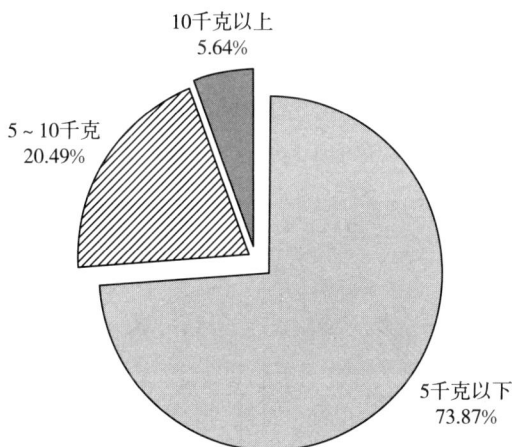

图 3 - 4　家庭平均一周的绿叶菜消费量情况

(2) 家庭中每周的蔬菜消费额适中，绿叶菜的消费额平均约为 50 元

调查得知，家庭平均一周的蔬菜消费额在 50 元及以下的占总样本数的 24.25%；消费额为 51～100 元的占总样本数的 35.34%；消费额达到 101～

150 元的占 20.30%；消费额达到 151～200 元的占 14.85%；达到 200 元以上的则很少，只占总样本数的 5.26%（图 3-5）。与之对应的是蔬菜消费额在家庭食品支出中的比重情况，蔬菜消费额占家庭食品支出 10% 以下的占被调研总数的 14.47%；10%～30% 的占被调研总数的 56.02%；31%～60% 的占被调研总数的 21.62%；60% 以上的占被调研总数的 7.89%。关于家庭平均一周的绿叶菜的消费额情况，50 元及以下的占被调研总数的 59.59%；51～100 元的占被调研总数的 30.26%；100 元以上的占被调研总数的 10.15%（图 3-6）。关于绿叶菜消费额在家庭食品支出中的比重情况，10% 以下的占被调研总数的 5.26%；10%～30% 的占被调研总数的 20.68%；31%～60% 的占被调研总数的 45.68%；60% 以上的占被调研总数的 28.38%。

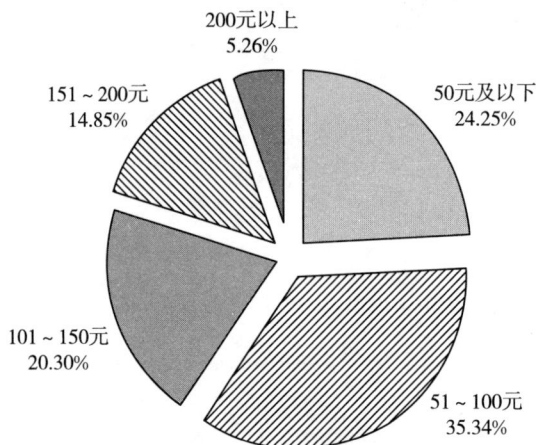

图 3-5　家庭平均一周的蔬菜消费额情况

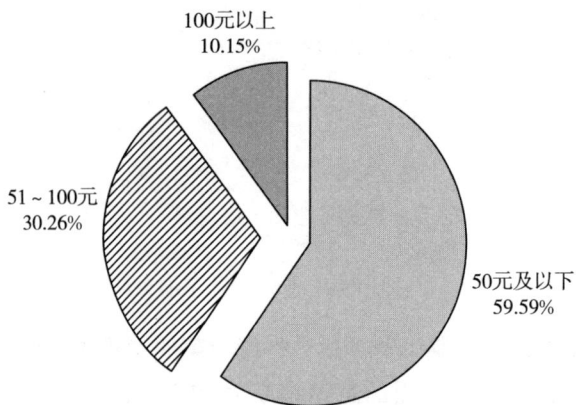

图 3-6　家庭平均一周的绿叶菜消费额情况

(3) 消费者购买蔬菜的场所多样化, 除了传统的超市、农贸市场外, 部分消费者选择线上购物

被调研消费者中, 选择在超市购买蔬菜的有 315 个人; 选择在农贸市场购买蔬菜的有 442 个人; 选择在专卖店购买蔬菜的有 65 个人; 选择在批发市场购买蔬菜的有 109 个人; 选择在网店购买蔬菜的有 38 个人; 选择会员配送的有 39 个人 (图 3-7)。可见, 消费者购买蔬菜的场所主要集中在超市、农贸市场以及批发市场。会员配送以及网店购买较少, 一方面, 可能是因为消费者想尽可能地购买新鲜的蔬菜, 去超市、农贸市场及批发市场可以观察到蔬菜的新鲜程度, 选择的空间大, 并且购买蔬菜也比较放心; 另一方面, 由于调研是在各个区的超市周边展开调研, 所以相对来说被调研群体都是经常来超市购买蔬菜的消费者。

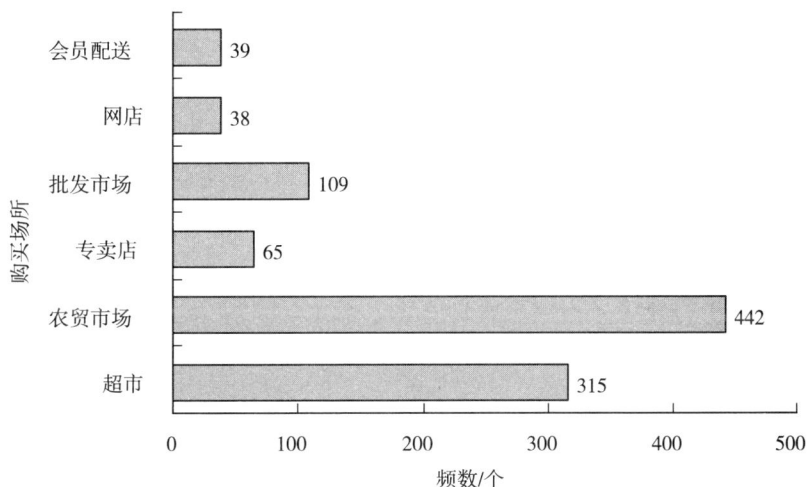

图 3-7 消费者蔬菜购买场所情况

关于消费者经常购买的蔬菜, 29.76%的人平时经常购买绿叶类的蔬菜; 22.49%的人经常购买根茎类的蔬菜; 19.33%的人经常购买瓜果类的蔬菜; 11.58%的人经常购买花类的蔬菜; 16.84%的人经常购买菌菇类的蔬菜。当提及消费者经常购买的绿叶菜时, 23.75%的人经常购买青菜; 19.90%的人经常购买鸡毛菜; 17.84%的人经常购买卷心菜; 15.08%的人经常购买菠菜; 9.11%的人经常购买油麦菜; 14.31%的人喜欢购买大白菜 (图 3-8)。

最常购买的蔬菜 最常购买的绿叶菜

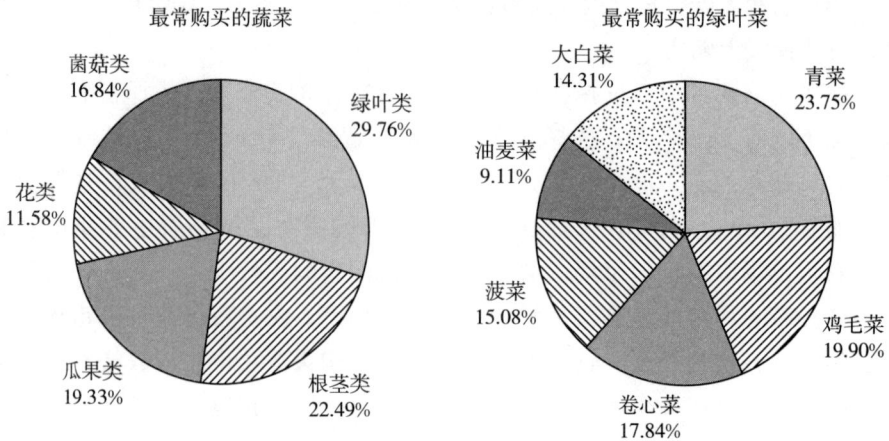

图3-8 消费者经常购买的蔬菜、绿叶菜的种类

（4）消费者购买蔬菜的频率多数为1～3天购买一次，且多数上午购买蔬菜

被调研的消费者每天购买蔬菜的有236个人，占被调研总数的44.36%；2～3天购买一次蔬菜的消费者有185个人，占被调研总数的34.77%；4～5天购买一次蔬菜的消费者有53个人，占被调研总数的9.96%；6～7天购买蔬菜的消费者有43个人，占被调研消费者总数的8.08%；8天及以上购买一次蔬菜的消费者有15个人，占被调研总数的2.82%（图3-9）。

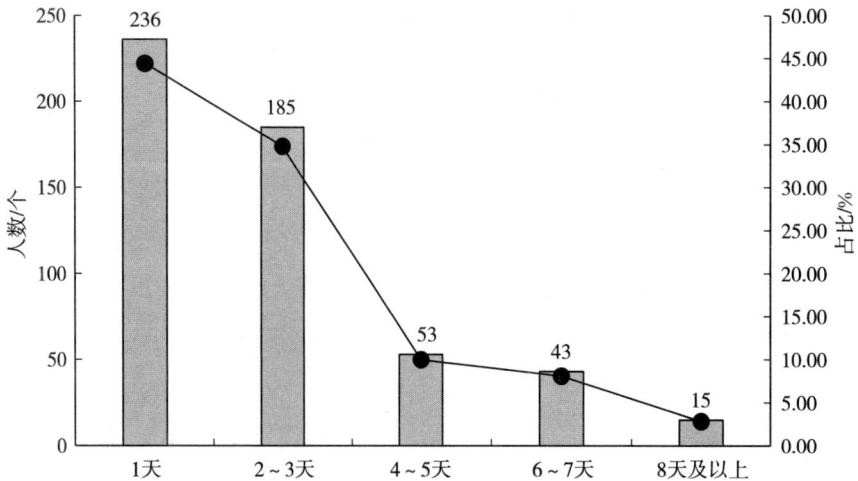

图3-9 消费者蔬菜购买频次情况

注：占比指的是购买蔬菜频次占总样本的比值。

关于消费者购买蔬菜的时间段，选择6～11点去购买蔬菜的有253人，占被调研总数的47.56％；选择＞11～13点去购买蔬菜的有30人，占被调研总数的5.64％；选择＞13～17点去购买蔬菜的有41人，占被调研总数的7.7％；选择＞17～22点去购买蔬菜的有104人，占被调研总数的19.55％；购买蔬菜时间不一定的有104人，占被调研总数的19.55％。消费者购买蔬菜的频次集中在每天或者是2～3天的消费者非常注意蔬菜的新鲜度，大多数消费者都会选择在上午去购买蔬菜。4天及以上购买一次蔬菜的多是年轻的上班族以及外地进城务工人员，还有少数的是一周去农家乐采购一次蔬菜的消费者，去农家乐采购的消费者食用的蔬菜多是有机蔬菜，采购的周期维持在一周左右。

(5) 消费者对蔬菜质量安全的放心程度较高，对地产蔬菜质量安全更有保障的信任程度也较高

调查显示，关于消费者对自己获取的蔬菜质量安全信息的信任程度，9.02％的消费者表示"非常相信"，41.35％的消费者表示"比较相信"，38.16％的消费者表示"一般相信"，10.15％的消费者表示"不太相信"，1.32％的消费者表示"很不相信"。可见，88.53％的受访消费者对自己获取的蔬菜质量安全信息持有信任态度，但从回答"一般相信"的消费者比例可以看出，也有一部分消费者对蔬菜质量安全的信息持有怀疑态度。关于受访消费者对上海地产蔬菜的质量安全的信任情况，调查发现，9.96％和34.21％的受访消费者对于上海地产蔬菜在质量安全上优于非地产蔬菜分别表示"非常相信"和"比较相信"，35.71％的受访消费者表示"一般相信"；18.05％和2.07％的受访消费者分别表示"不太相信"和"很不相信"。可见，79.88％的消费者对于地产蔬菜在质量安全上优于非地产蔬菜是持有信任态度的（图3-10、图3-11）。

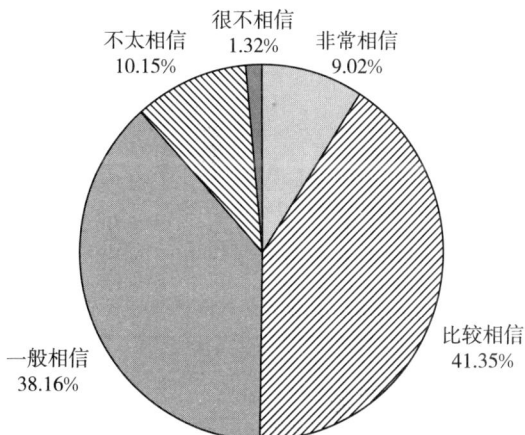

图3-10 消费者对蔬菜质量安全信任程度

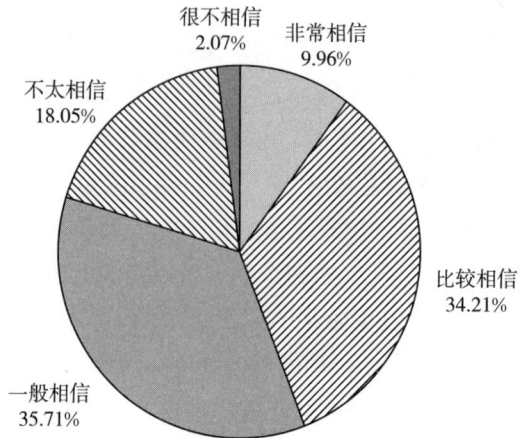

图 3-11　消费者对地产蔬菜的信任状况

三、都市居民对蔬菜的购买行为分析

1. 模型构建与变量选择

依据相关理论并结合相关文献研究成果，本章将收入水平、蔬菜放心程度、地产蔬菜信任程度、蔬菜消费比重、绿叶菜消费比重、个体特征、家庭特征等因素纳入模型，就消费者地产蔬菜购买行为的影响因素进行计量模型分析。因变量是消费者对上海地产蔬菜的购买比例，0%～19%、20%～39%、40%～59%、60%～79%、80%～100%分别赋值为 1 到 5。考虑到因变量是存在明显序次关系的名义变量，适合选用有序 Logistic 模型。构建如下模型：

$$ln\left[\frac{P(y \geq j \mid X)}{1 - P(y \geq j \mid X)}\right] = -\alpha_j + \sum_{i=1}^{i} \beta_i X_i \qquad (3-1)$$

其中，X_i 表示第 i 个自变量，β_i 为第 i 个自变量的回归系数，α_j 为常数项，各等级 y 赋值 j（$j=1, 2, \cdots, k$）的概率为 P（$y \geq j \mid X$），因此共有 K-1 个累计 Logit 模型，本章共有 4 个 Logit 模型方程。

模型自变量及其定义如表 3-5 所示。

表 3-5　变量定义与描述性统计

变量	定义	赋值	均值	标准差
收入水平	个人月平均收入（税后）：单位　元	实际数值	6 836.03	12 765.75

（续）

变量	定义	赋值	均值	标准差
蔬菜的放心程度	您对所购买蔬菜的质量安全是否放心？①非常放心；②比较放心；③一般放心；④不太放心；⑤很不放心	按照放心程度由高到低赋值为1到5	2.69	0.91
地产蔬菜的信任程度	您是否相信上海地产蔬菜的质量安全优于非地产蔬菜？①非常相信；②比较相信；③一般相信；④不太相信；⑤很不相信	按照信任程度由高到低赋值为1到5	2.68	0.95
蔬菜的消费比重	蔬菜消费额在您家庭食品支出中所占比重	50%及以上＝1，其他＝0	0.21	0.41
绿叶菜的消费比重	绿叶菜消费额在您家庭所有蔬菜支出中所占比重	50%及以上＝1，其他＝0	0.59	0.49
性别	性别：①男；②女	男＝1，女＝0	0.48	0.50
年龄	年龄：单位 周岁	实际数值	44.06	14.44
学历	学历：①小学及以下；②初中；③中专或高中；④大专；⑤本科；⑥研究生	按学历程度由高到低赋值1到6	3.66	1.46
籍贯	籍贯：①上海本地；②外地	上海本地＝1，外地＝0	0.64	0.38
家庭人口数	家庭人口总数（住在一起）	实际数值	3.81	1.40
小孩情况	家中是否有小孩（15周岁及以下）：①是；②否	是＝1，否＝0	0.56	0.50
老人情况	家中是否有老人（60周岁及以上，指长辈）：①是；②否	是＝1，否＝0	0.36	0.48
购买成员	您是否是家庭中购买蔬菜的主要人员？①是；②否	是＝1，否＝0	0.74	0.44

2. 模型估计结果与分析

研究中利用Stata13.0软件对模型进行估计，估计结果如表3-6所示。由模型的伪 R^2、LR 似然值及其 P 值可知，模型的拟合优度和变量整体显著性都很好。

表 3-6　模型估计结果

变量	系数	Z 值	P 值
收入水平	0.000 01	1.09	0.276
蔬菜放心程度	0.074 4	0.83	0.407
地产绿叶菜信任程度	−0.418 6***	−4.66	0.000
蔬菜消费比重	0.528 5***	2.67	0.007
绿叶菜消费比重	0.632 6***	3.79	0.000
性别	−0.376 5**	−2.29	0.022
年龄	0.029 6***	3.93	0.000
学历	−0.057 7	−0.94	0.346
籍贯	0.076 9	0.45	0.654
家庭人口数	−0.172 2**	−2.30	0.021
小孩情况	−0.121 1	−0.60	0.550
老人情况	−0.520 5**	−2.58	0.010
购买成员	−0.320 4*	−1.66	0.096
截距项 1	−1.943 8		
截距项 2	−0.669 0		
截距项 3	0.779 4		
截距项 4	1.863 1		
Pseudo R^2		0.092 5	
LR chi2		153.04	
Prob>chi2		0.000 0	

注：*、**、*** 分别表示 10%、5%、1%的显著性水平。

第一，地产蔬菜的信任程度反向显著影响消费者对地产蔬菜的购买行为，且显著性很高，即对地产蔬菜的信任程度越高的消费者越倾向于购买地产蔬菜。从实际情况来看，由于针对上海地产蔬菜的质量安全监管力度和检测能力不断加强，以及消费者本身对于地产蔬菜知根知底，消费者对地产蔬菜的信任得以提高，因而消费者更乐意购买地产蔬菜。

第二，蔬菜的消费比重正向显著影响地产蔬菜的购买行为，且显著性很高，蔬菜消费额在家庭食品支出中所占比重在 50%及以上的消费者更倾向于购买地产蔬菜，即地产蔬菜购买量占所有蔬菜购买量的比例更大。同时，绿叶菜消费比重正向显著影响地产蔬菜的购买行为，且显著性很高，即绿叶菜消费额在家庭蔬菜支出中所占比重在 50%以上的消费者更倾向于购买地产蔬菜。也就是说，偏好蔬菜、特别是偏好绿叶菜的消费者更愿意购买地产蔬菜。从调查情况看，上海市民喜食蔬菜，尤其青睐绿叶菜；从上海市场的供应来看，地产蔬菜的供应数量稳定在 320 万吨左右，其中绿叶菜 160 万吨左右，约占地产蔬菜的 50％，因此对绿叶菜的偏好使得消费者更倾向于购买地产蔬菜。

第三，性别负向显著影响消费者地产蔬菜的购买行为，即女性受访者更倾向于购买地产蔬菜。这可能是由于女性往往是家庭中蔬菜的购买主体，地产蔬菜在当地蔬菜市场占比较大，因此女性更倾向于购买地产蔬菜。年龄正向显著影响地产蔬菜的购买行为，即年龄较大的消费者更倾向于购买地产蔬菜。这或许是年龄较大的消费者相比年龄较小的消费者对地产蔬菜有更高的认知，因此更倾向于购买地产蔬菜，购买的比例也更大。老人情况负向显著影响地产蔬菜的购买行为，即家中有 60 周岁及以上老人的消费者对地产蔬菜的购买比例偏少，更不倾向于购买地产蔬菜。可能的解释是，60 周岁及以上老人一般收入有限，且较注重价格因素，地产蔬菜相对于非地产蔬菜价格往往较高，老人购买地产蔬菜的可能性就小。

第四，家庭人口数负向显著影响地产蔬菜的购买行为，即家庭人口数越多的消费者越不倾向于购买地产蔬菜。一般来说，家庭人口数越多，家庭的支出越大，在收入不变的情况下，消费者购买地产蔬菜的比例也会越小。购买成员负向显著影响地产蔬菜的购买行为，但显著性一般，这可能的解释是，家庭主要购买成员一般都有自己比较固定的购买场所，只要品种、质量等符合他们的要求，他们并不会刻意追求地产蔬菜。

四、都市居民对蔬菜的支付意愿分析：地产蔬菜的案例

1. 研究方案设计

在众多研究消费者支付意愿的方法中，假想价值评估法（Contingent Valuation Method，CVM）被认为是比较合适的研究方法（Chang et al.，2009；Buzby et al.，1995），因此采用 CVM 研究消费者对地产绿叶菜的支付意愿，围绕 CVM 研究过程中可能存在的有效性、可靠性问题设计研究方案。CVM 在发展过程中，逐步形成 4 种引导消费者支付意愿的方法，包括开放式法、卡片式法、投标博弈法和二分选择法。由于让被调查者回答是或不是比让他们直

接说出最大支付意愿更能模拟市场定价行为，二分选择法得到广泛应用（Boccaletti et al.，2000；弗里曼，2002）。研究中选用二分选择法来引导消费者明确对地产绿叶菜的支付意愿。二分选择法只需受访者对不同价格下的商品做出"愿意"或者"不愿意"的回答，即询问受访者"相比非地产绿叶菜，您是否愿意为地产绿叶菜额外支付 x 元/千克的价格？"针对不同的子样本给予不同的投标价格（0.5、1、2、4、6 元/千克 5 个价格水平），以便验证随着标的物价格提高，回答愿意的比例不断下降。在 532 份有效问卷中，投标价格为0.5 元/千克的问卷 105 份、1 元/千克的 105 份、2 元/千克的 105 份、4 元/千克的 105 份、6 元/千克的 112 份。

该部分研究的数据资料来源于对上海市 12 个城区的消费者进行的调研。总共发放 550 份问卷，最终获得 532 份有效问卷。有效问卷中，宝山 10 份，奉贤 34 份，虹口 19 份，黄浦 27 份，嘉定 20 份，静安 68 份，闵行 42 份，浦东 91 份，普陀 58 份，徐汇 67 份，杨浦 63 份，长宁 33 份。调查对象的选取采用随机抽样，按照面对面访问的形式进行调查。调查人员是上海海洋大学经济管理学院的研究生，为确保问卷调查质量，在正式调研之前进行了人员培训和预调研。样本基本特征见表 3-2。

2. 理论模型构建

消费者对地产绿叶菜的支付意愿有"愿意"和"不愿意"两种选择，是典型的二分选择问题。追求效用最大化是消费者做出购买决策的准则。在市场上同时存在非地产绿叶菜和地产绿叶菜的情况下，若消费者选择购买地产绿叶菜，则意味着相比非地产绿叶菜，地产绿叶菜能给消费者带来更大效用。据此，构建二元 Logit 模型并运用软件 Stata 13.0 进行估计，公式如下：

$$ln\left[\frac{P(Y=1)}{1-P(Y=1)}\right] = a + bZ + cTP + \varepsilon \qquad (3-2)$$

式中，a 为常数项，b 为自变量前系数，ε 为残差项，TP 表示地产绿叶菜投标价格；Z 表示影响消费者效用的因素，即影响消费者购买决策的因素。

通过模型估计结果可以求出消费者对地产绿叶菜的平均支付意愿，公式如下：

$$E(WTP) = -\frac{a+bZ}{c} \qquad (3-3)$$

研究模型中自变量的定义如表 3-7 所示。

表 3-7 变量定义

变量	定义及赋值
投标价格	投标价格 0.5、1、2、4、6 元
收入水平	个人月平均收入（税后）
蔬菜放心程度	您对所购买蔬菜的质量安全是否放心？按照放心程度由高到低赋值为 1 到 5
地产蔬菜信任程度	您是否相信上海地产蔬菜的质量安全优于非地产蔬菜？按照信任程度由高到低赋值为 1 到 5
蔬菜消费比重	蔬菜消费额在您家庭食品支出中所占比重：1＝50％及以上，0＝其他
绿叶菜消费比重	绿叶菜消费额在您家庭所有蔬菜支出中所占比重：1＝50％及以上，0＝其他
性别	1＝男，0＝女
年龄	周岁数
学历	1＝小学及以下，2＝初中，3＝中专或高中，4＝大专，5＝本科，6＝研究生
籍贯	1＝上海本地，0＝外地
家庭人口数	家庭人口总数（一同居住）
小孩情况	家中是否有小孩（15 周岁及以下）：1＝是，0＝否
老人情况	家中是否有老人（60 周岁及以上）：1＝是，0＝否
购买成员	您是否家庭中购买蔬菜的主要人员：1＝是，0＝否

3. 消费者对地产蔬菜认知与购买行为的描述统计分析

关于消费者对购买蔬菜的质量安全放心程度，调查发现，41 人表示"非常放心"，占总样本数的 7.71％；195 人表示"比较放心"，占 36.65％；194 人表示"一般放心"，占 36.47％；89 人"不太放心"，占 16.73％；13 人"很不放心"，占 2.44％。可见，消费者对于蔬菜质量安全总体来说是较为放心的。关于消费者对上海地产蔬菜质量安全的信任情况，调查发现，53 人"非常相信"上海地产蔬菜的质量安全优于非地产蔬菜，占比 9.96％；182 人持"比较相信"的态度，占比 34.21％；190 人"一般相信"，占比 35.71％；96 人"不太相信"，占比 18.05％；11 人"很不相信"，占比 2.07％。

关于消费者是否会刻意购买上海地产蔬菜，受访消费者中，196 人认为会刻意地购买上海地产蔬菜，占总样本数的 36.84％；164 人认为不会刻意购买，占比 30.83％；172 人认为无所谓，占比 32.33％。很多消费者表示，去购买蔬菜的时候一般不会注意蔬菜生产地，而一部分刻意购买上海地产蔬菜的消费者则主要以绿叶菜的类别为主。另外，25％的消费者购买地产蔬菜的数量占所有蔬菜购买量的 0~19％，24％的消费者的地产蔬菜购买量所占比例在 20％~39％，27％的消费者的地产蔬菜购买量所占比例在 40％~59％，13％的消费者的地产蔬菜购买量所占比例在 60％~79％，11％的消费者的地产蔬菜购买量所占比例在 80％~100％。

4. 模型估计结果

利用 Stata13.0 软件对模型进行估计，估计结果如表 3－8 所示。由模型的伪 R^2、LR 似然值及其 P 值可知，模型的拟合优度和变量整体显著性都很好。

表 3－8　模型估计结果

变量	系数	Z 值	P 值	边际概率
投标价格	−0.813 7***	−10.12	0.000	−0.190 9
收入水平	−0.000 001	−0.16	0.874	−0.000 001
蔬菜放心程度	0.430 3***	3.31	0.001	0.100 9
地产蔬菜信任程度	−0.256 5**	−2.03	0.043	−0.060 2
蔬菜消费比重	−0.061 3	−0.23	0.818	−0.014 3
绿叶菜消费比重	0.152 2	0.66	0.508	0.035 6
性别	0.515 2**	2.19	0.029	0.120 6
年龄	−0.013 3	−1.29	0.196	−0.003 1
学历	0.040 7	0.47	0.636	0.009 6
籍贯	0.130 1	0.54	0.587	0.030 4
家庭人口数	−0.091 9	−0.87	0.383	−0.021 6
小孩情况	0.320 6	1.16	0.245	0.074 7
老人情况	−0.108 8	−0.39	0.700	−0.025 4
购买成员	0.507 2*	1.83	0.067	0.114 6
常数项	1.127 8	1.29	0.197	
伪拟合优度		0.305 5		
LR 似然值		223.27		
LR 似然值的相应 P 值		0.000 0		

注：*、**、*** 分别表示 10％、5％、1％的显著性水平。

由模型估计结果可知，投标价格、蔬菜放心程度、地产蔬菜信任程度、性别、购买成员等 5 个变量显著影响消费者对地产绿叶菜的支付意愿。首先，投标价格反向显著影响消费者对地产绿叶菜的支付意愿，随着投标价格的不断提高，消费者愿意购买地产绿叶菜的可能性不断降低。从边际效果看，投标价格每增加一个等级，消费者愿意购买地产绿叶菜的可能性平均降低 0.19。其次，对所购买蔬菜的质量安全放心程度越低的消费者，愿意为地产绿叶菜支付额外价格的可能性更大，这在一定程度上也反映了消费者对地产绿叶菜的质量安全放心程度比较高。从边际效果看，消费者对蔬菜质量安全放心程度每降低一个等级，消费者愿意为地产绿叶菜支付额外价格的可能性平均提高 0.10。再次，越是相信上海地产蔬菜的质量安全优于非地产蔬菜的消费者，其愿意为地产绿叶菜支付额外价格的可能性越高，说明消费者愿意为地产绿叶菜支付额外价格的重要原因之一就是认为地产绿叶菜质量安全更有保障。从边际效果看，消费者对地产蔬菜质量安全信任程度每增加一个等级，消费者愿意为地产绿叶菜支付额外价格的可能性平均提高 0.06；另外，相较于女性，男性消费者愿意为地产绿叶菜支付额外价格的可能性更大；相较于家庭中非主要购买成员，作为家庭中蔬菜主要购买成员的消费者愿意为地产绿叶菜支付额外价格的可能性更大。

结合模型估计结果，并根据支付意愿计算公式，本书计算出消费者对地产绿叶菜的平均支付意愿。可知，相比非地产绿叶菜，消费者愿意为上海地产绿叶菜额外支付 2.12 元/千克。由此可以看出，整体而言，消费者主要出于质量安全等方面考虑愿意为地产绿叶菜支付额外价格。

五、本章小结

首先，本章主要利用对上海 12 个城区消费者开展的大样本问卷调查数据，实证分析上海都市居民蔬菜的消费行为，主要得出以下结论。

上海市居民蔬菜年人均消费量基本呈现 U 形变化特征，且近些年随着健康理念逐步深入人心，蔬菜消费总量基本呈现上涨趋势。从购买习惯来看，六成左右的人每周蔬菜购买支出不超过 100 元以及购买蔬菜的频次集中在每天或者是 2~3 天，七成多的人每周蔬菜消费量不超出 10 千克，且七成多的人每周绿叶菜消费量不超出 5 千克；在蔬菜的购买情况中，绿叶菜深受大众的喜爱，消费者普遍青睐小白菜、鸡毛菜、卷心菜；消费者对蔬菜质量安全相对来说还是放心的，而且对上海地产蔬菜的质量安全比较信任，但仍有部分消费者认为平时购买的蔬菜在质量上可能存在潜在的不安全因素。

其次，本章对消费者对地产蔬菜的购买行为进行实证分析，得到以下结论。

对地产蔬菜质量安全信任程度越高的消费者，越倾向于购买地产蔬菜；蔬菜消费额在家庭食品支出中占比重在 50％ 及以上的消费者更倾向于购买地产蔬菜；绿叶菜消费额在家庭蔬菜支出中占比重在 50％ 以上的消费者更倾向于购买地产蔬菜。性别、年龄、家庭人口数、老人情况、购买成员等变量显著影响消费者地产蔬菜购买行为。具体而言，女性受访者更倾向于购买地产蔬菜，年龄越大的消费者越倾向于购买地产蔬菜，家庭人口数越多的消费者越不倾向于购买地产蔬菜，家中有 60 周岁及以上老人的消费者更不倾向于购买地产蔬菜，家庭中购买蔬菜主要成员更不倾向于购买地产蔬菜。

另外，本章还利用上海市 12 个区 532 份消费者问卷调查数据，选用假想价值评估法设计问卷，实证分析消费者对地产蔬菜的支付意愿及影响因素，主要得出以下结论。一是消费者对自己购买蔬菜的质量安全相对比较放心，也有部分消费者有担忧，但是对自己购买的蔬菜有一个基本的判断；大多数消费者认为上海地产蔬菜质量安全要优于非地产蔬菜，其中表示非常相信的人数占 9.96％、比较相信的占 34.21％、一般相信的占 35.71％，这充分说明消费者对地产蔬菜总体信任度较高，并且有 36.84％ 的消费者表示会刻意购买上海地产蔬菜，其中绿叶菜购买量占比最高。二是投标价格、蔬菜放心程度、地产蔬菜信任程度、购买成员、性别等变量显著影响消费者对地产蔬菜的支付意愿。具体而言，随着投标价格升高，消费者的支付意愿会下降；消费者对蔬菜质量安全放心程度越低，其愿意为地产绿叶菜支付额外价格的可能性大；越是相信上海地产蔬菜的质量安全优于非地产蔬菜的消费者，愿意为地产绿叶菜支付额外价格的可能性越高，说明消费者愿意为地产绿叶菜支付额外价格的重要原因之一就是认为地产绿叶菜质量安全更有保障；相较于女性，男性消费者愿意为地产绿叶菜支付额外价格的可能性更大；相较于家庭中非主要购买成员，作为家庭中蔬菜主要购买成员的消费者愿意为地产蔬菜支付额外价格的可能性更大。最后根据平均支付意愿计算公式，计算得出，相比非地产绿叶菜，消费者愿意为地产绿叶菜额外支付 2.12 元/千克。

| 第四章 |
都市居民猪肉消费行为分析

　　中国是猪肉生产和消费大国，猪肉在中国居民饮食生活中占有重要地位。然而，近几年猪肉质量安全事件频繁发生，瘦肉精、注水肉、病死猪肉及非洲猪瘟频发等猪肉安全事件使消费者对猪肉质量的评价一落千丈，导致生猪产业和猪肉消费受到巨大冲击，亟须引起重视。基于此，本章选取上海市城乡居民为研究对象，探讨上海居民猪肉消费特点与购买行为，并围绕消费者对猪肉的质量安全认知和甄别行为进行具体分析。

一、研究依据与文献综述

　　猪肉作为我国居民日常消费的主要肉类产品，其食品质量安全能否得到有效保障是关系到国计民生的重要问题。食品安全是中国公众关注的主要问题，具有深远的政治影响（Han and Zhai，2022）。食品质量安全也是一个世界性难题，主要由环境污染、企业生产经营、政府监管失灵等原因造成（Hong et al.，2021），根源在于信息不对称引发的市场失灵（Akerlof，1970；Caswell and Mojduszka，1996）。食品供应链条越长，则信息不对称程度越高（Brown，1997）。为消除信息不对称，减少食品安全风险，各国政府和学者探索了多种食品安全风险治理工具。食品可追溯系统是应对食品安全问题的有力解决方案（Lin et al.，2019；Feng et al.，2020），并已成为保证肉类质量和防范食品安全风险的主要工具和前提。食品可追溯性旨在通过促进食品和饲料产品的召回和为消费者提供有针对性的信息来降低食源性疾病的风险（Menozzi et al.，2015）。长期的不安全食品问题和短期动物疾病暴发会对可追溯食品消费意愿产生积极影响（Dang and Tran，2020）。由于中国食品丑闻的负面影响以及人们食品安全意识的提高，消费者和政府都在不断寻求更健康、更安全的食品（Shao et al.，2021）。在备受瞩目的食品恐慌、健康问题以及信息不完善和不对称的威胁下，中国猪肉行业面临着消费者对国内和出口市场质量和生产方法保证的日益增长的需求（Xu et al.，2019）。

使用食品标签符合食品生产者和消费者的利益，此外，标签被视为有助于向更健康和更可持续的食品体系过渡的政策工具（Meijer，et al.，2021）。食品安全信息标签涉及的产地标识、合格证、可追溯和绿色有机认证等概念是消弭食品市场信息不对称的重要工具。中国从 20 世纪 90 年代中后期开始，就开始探索猪肉等食品的可追溯体系建设，主要涉及农业农村部（原农业部）的动物标识及疫病可追溯体系、国家农产品质量安全追溯管理信息平台以及商务部分 5 批支持 58 个城市建立的城市级肉类蔬菜流通追溯平台。猪肉可追溯体系主要包括政府鼓励针对普通猪肉建立追溯系统，支持生猪屠宰加工企业加入追溯体系和中高档猪肉一体化生产经营企业研发、自建追溯系统两大模式。消费者作为生产链中的最后一环，确定哪些因素会影响他们的行为模式将使肉类行业更好地满足消费者的期望、需要和要求（Font-I-Furnols and Guerrero，2014）。消费者对于可追溯产品的偏好、支付意愿、购买行为是具有一定现实意义的研究领域，有助于可追溯体系的推广建设与食品安全管理长效目标的实现。

当前，学界围绕可追溯猪肉体系这一领域进行的研究，首先主要集中在微观层面，从相关利益主体的角度进行划分，涉及消费者、企业与养猪户。一方面是以可追溯商品属性及调查者陈述性偏好为基础，进行的消费者额外支付意愿的研究，一般是使用假想价值法、BDM（the Becker-DeGroot-Marschak）实验拍卖、真实选择实验等方法来衡量支付意愿，并进一步使用计量模型进行影响因素分析。消费者愿意为食品可追溯性支付显著的溢价（Zhang et al.，2012），尽管存在异质性，但所有消费者对可追溯猪肉的标签属性都有一些积极的支付意愿（Wu et al.，2017）。相比具有信息，消费者愿意为含详细信息的追溯支付更高的平均溢价（Jin et al.，2017；Wang et al.，2019）。另一方面是对消费者的可追溯猪肉偏好进行研究，消费者对可追溯猪肉信息属性的偏好具有较为明显的层次性、异质性。食品安全在所有属性中具有最大的溢价，并结合风险认知导致普遍较高的支付溢价（Lai et al.，2018）。消费者对溯源信息和质量认证的偏好和支付意愿受年龄、家庭月收入和教育水平的显著影响（Wu et al.，2015）。再者，是对消费者购买意愿的研究，食品追溯系统的信息质量、感知可靠性和产品诊断性影响消费者感知价值，感知价值与购买意愿呈正相关（Yuan et al.，2020），消费者购买猪肉的意愿和猪肉消费主要受态度和习惯强度的影响，而社会规范和感知能力则起次要作用（Tonnesen and Grunert，2021）。最后是围绕可追溯体系的建立与推广，针对屠宰企业、生猪养殖户等行为主体进行的行为的研究（Wang et al.，2017；Wang et al.，2019）。

由此可见，有关可追溯猪肉的研究成果在消费者的偏好、购买意愿、支付意愿，养殖户、屠宰厂相关行为主体的意愿与行为等研究领域已较为丰硕，但是针对消费者可追溯猪肉购买行为的研究却相对较少。相关研究主要以猪肉采购行为为例，结合诱饵效应，认为饮食清洁标签的诱饵效果最强，其次是价格、养殖模式和养殖时间（Xu et al.，2021）；在给定价格的情况下，猪肉外观和可追溯性都比价格产生更强的诱饵效应，而可追溯性比外观产生更强的诱饵效应（Wu et al.，2020）。

在猪肉消费方面，消费者的购买意愿与实际购买行为之间存在着不一致（Wang et al.，2018）。中国肉类消费者的购买驱动因素包括肉类安全认证和肉类对健康的感知（Kantono et al.，2021）。这为研究工作提供了很好的借鉴与参考，但仍存在进一步提升的空间。随着猪肉可追溯体系试点建设等农产品可追溯体系建设工作的深入推进，实证研究消费者可追溯猪肉购买行为的可行性不断增强，由于消费者自述偏好与其真实决策存在一定差异（Schmitz et al.，1993），区别之前假想情境的研究，立足现实情境下取得的结论，可能将更有意义。因此，从食品安全识别的调节效应出发，研究追溯标签信任对消费者可追溯猪肉购买行为的影响，这在一定程度上可以丰富该研究领域的理论认识，具有一定的研究价值。

二、理论分析与研究假设

为分析追溯标签信任对消费者可追溯猪肉购买行为的影响，依据信息源信任相关理论、收入消费理论、消费者行为理论等理论及已有相关研究成果，构建了理论模型（图4-1）。本书将消费者的场所偏好、价格偏好，家庭的猪肉消费占比、猪肉购买量、收入水平、家中小孩及老人情况纳入到影响可追溯猪肉购买行为的理论体系中。更进一步，主要分析追溯标签信任对这一行为的影响，并尝试解读食品安全识别在这一过程中所起到的作用。

总体而言，猪肉不仅涉及个人消费领域，很大程度上更是一种家庭消费品。消费者可追溯猪肉购买行为一定程度上受到消费者个人偏好的影响，当其

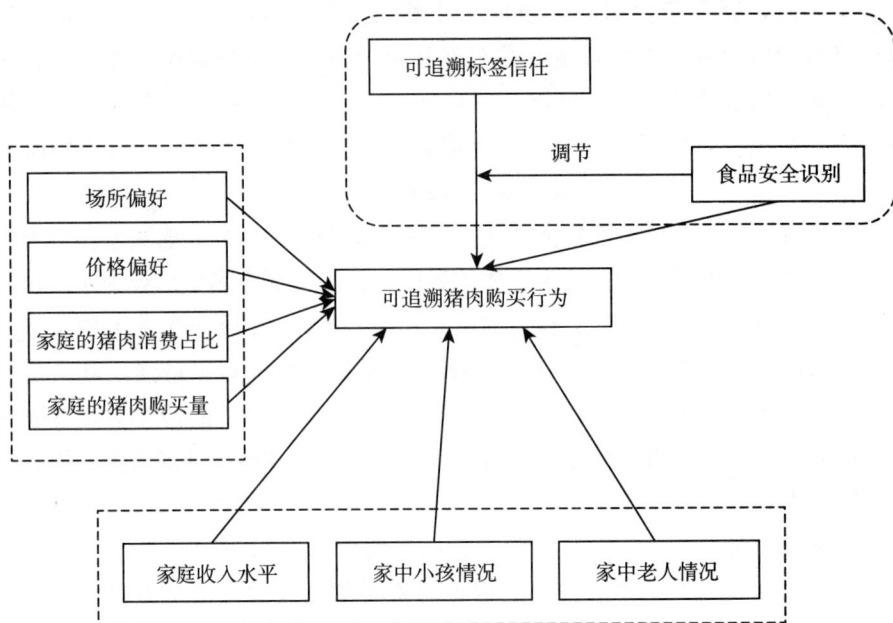

图4-1 消费者可追溯猪肉购买行为影响因素的理论模型

它因素不变时，消费场景与对应商品的关联是较强的。此时，消费者购买行为更易受到长久以来形成的习惯或认知影响，对场所、价格等属性的偏好，会对其产生一定影响。当然，在考虑到家庭成员共同进行日常生活，猪肉作为一种家庭消费品的情况下，此时，消费者则担当家庭分工下的购买者角色，其决策涉及因素不再局限于自身，更受家庭需求或者能力的影响。在其它因素不变的情况下，家庭收入水平影响其消费行为，在需要有效化的过程中起基础作用。此外，老人或小孩作为家庭生命周期下的特殊群体，其对部分消费品特殊属性的潜在需求，也是需要综合考虑的。除上述理论体系中其它影响因素以外，消费者可追溯猪肉购买行为主要受追溯标签信任的影响。结合理论分析，提出以下研究假设。

研究假设1：追溯标签信任对消费者可追溯猪肉购买行为有显著影响，越信任追溯标签，购买行为发生的可能性就越大。对于大多数国家来说，消费者最关心的食物（猪肉）驱动属性排序是健康和自然、感官质量、价格和动物福利（Lin-Schilstra et al.，2022）。食品标签的作用是让潜在消费者了解商品的质量，缓解消费者和其他利益相关者之间的信任问题（Wang et al.，2020）。信用特征在现代食品营销体系中发挥着重要作用。消费者的食物选择越来越受到信任线索的影响（Fernqvist and Ekelund，2014）。可追溯信息是一种沟通安全实践的解决方案，增加了消费者的信任（Matzembacher et al.，2018），被用作帮助确保食品安全和质量以及获得消费者信心的工具（Aung and Chang，2014；Rodriguez-Salvador and Dopico，2020）。通过提供从农场到餐桌的整个食品过程的质量和安全信息，可追溯系统能减少消费者源自食品采购过程的不确定性，来增强价格溢价并促进购买行为实现（Choe et al.，2018）。可追溯标签作为一种信息源具备信任度和吸引力两大特征，在如今社会诚信严重缺失的背景下，高信任度本身就是一种吸引力。食品可追溯体系可以通过提高消费者信任达到恢复消费信心的效果，进而提高消费者购买可追溯食品的可能性。

研究假设2：食品安全识别能显著影响追溯标签信任对消费者可追溯猪肉购买行为的作用强度。

研究假设2-1：食品安全识别在此过程中起到正向调节效应。

研究假设2-2：食品安全识别对消费者可追溯购买行为有显著影响。

尽管识别安全食品的能力有限，但中国消费者普遍对其持积极态度，尤其是在安全、质量、营养和味道，他们愿意为安全的食品支付更多费用（Liu et al.，2013）。食品安全识别在消费者层面，则是以风险感知、食品安全问题识别能力等为基础，在实际购买过程中最终表现出的对当前消费品食品安全状况的关注程度。食品事故信息导致信任度降低，有关食品安全的负面信息提高了对常见食品和危害的感知风险，并间接增加了对食品安全风险的总体感知（Ha et al.，2020），食品安全问题也促进其产生更为积极的购买态度（Dang and Tran，2020）。因此，可追溯标签作为一种传递商品质量信息的媒介，其在影响消费者可追溯猪肉购买行为决策的过程中，由于消费者对当前商品安全状况关注程度可能会改变其对于可追溯标签属性的陈述性偏好与实际需求程度，进而会存在一定的调节作用。

三、都市居民猪肉消费特点与购买习惯

1. 数据来源与样本说明

本章除了部分宏观数据是通过查询相关统计年鉴获得的，主要利用对上海不同城区的消费者开展的大样本问卷调查展开研究。数据资料主要源于2017年6—7月、2018年9—10月对上海市13个城区（未包括金山、青浦、崇明3个远郊城区）进行的问卷调研。两次调查分别发放586份、501份问卷，最终分别获得 536 份、406 份有效问卷，合计 942 份有效样本数据。调查样本分布情况见表 4-1。调查地点主要选择上海各城区的社区和购物中心周边区域，并充分考虑了各城区人口分布情况。

表 4-1　上海市各城区问卷数量与比例

城区	有效问卷数量（份）	所占比例（%）
宝山	96	10.19
奉贤	47	4.99
虹口	35	3.72
黄浦	37	3.93
嘉定	79	8.39
静安	46	4.88
闵行	113	12.00
浦东	210	22.29
普陀	71	7.54
松江	62	6.58
徐汇	48	5.10
杨浦	70	7.43
长宁	28	2.97
合计	942	100.00

以下主要对消费者问卷调查的样本基本特征做一下说明。本次问卷调查的样本基本特征如表 4-2 所示。从性别看，男性受访者为 289 人，占总样本数的 30.68%；女性受访者为 653 人，占总样本数的 69.32%。从年龄看，30 岁及以下的有 349 人，占总样本数的 37.05%；31～40 岁的有 264 人，占总样本数的 28.03%；41～50 岁的有 133 人，占总样本数的 14.12%；51～60 岁的有 119 人，占总样本数的 12.63%；61～70 岁的有 69 人，占总样本数的 7.32%；71 岁及以上的有 8 人，占总样本数的 0.85%。从籍贯看，上海本地户籍的有 373 人，占总样本数的 39.60%；外地户籍的有 569 人，占总样本数的 60.40%。从学历看，受访者学历大多集中在高中及以上水平，小学及以下学历人群占总样本数的 7.64%；初中学历人群占总样本数的 19.32%；高中及中专学历人群占总样本数的 23.99%；大专学历人群占总样本数的 16.99%；本科学历人群占总样本数的 27.49%；研究生及以上学历人群占总样本数的 4.56%。从家庭年收入看，家庭年收入（税后）相对集中在 20 万元及以下，

有七成左右。

表 4 - 2　样本基本特征

变量	类别	频数（个）	比例（%）
性别	男	289	30.68
	女	653	69.32
年龄	30 岁及以下	349	37.05
	31～40 岁	264	28.03
	41～50 岁	133	14.12
	51～60 岁	119	12.63
	61～70 岁	69	7.32
	71 岁及以上	8	0.85
籍贯	上海	373	39.60
	外地	569	60.40
学历	小学及以下	72	7.64
	初中	182	19.32
	中专、高中	226	23.99
	大专	160	16.99
	本科	259	27.49
	研究生	43	4.56
家庭年收入（万元）	≤5	74	7.86
	6～10	221	23.46
	11～15	226	23.99
	16～20	142	15.07
	21～30	137	14.54
	31～50	86	9.13
	>50	56	5.94

2. 上海居民猪肉消费特点与行为特征分析

2015—2021 年，上海市城乡居民猪肉的人均消费量变动趋势不大，猪肉年人均消费量由 2015 年的 20.6 千克增长到 2021 年的 23.1 千克。进一步区分发现，2015—2021 年，农村居民的人均消费量均高于城镇居民的人均消费量。另外，2018 年爆发的非洲猪瘟事件并未降低当年上海居民的猪肉消费（表4 - 3）。

表 4 - 3　2015—2021 年上海市居民猪肉人均消费量变化情况

单位：千克

年份	农村居民人均消费量	城镇居民人均消费量	城乡居民人均消费量
2015	23.3	20.3	20.6
2016	23.6	19.8	20.2
2017	24.1	18.9	19.5
2018	30.8	21.4	22.4
2019	27.2	18.9	19.8
2020	24.7	18.4	19.1
2021	32.1	22.1	23.1

数据来源：国家统计局、2015—2021 年《中国统计年鉴》。

（1）受访居民整体猪肉的消费量适中，且在家庭肉类消费所占比重较高

调查发现，关于家庭平均一周的猪肉的购买量情况，2 千克及以下的有 154 个，占被调研总数的 16.35%；＞2～4 千克的有 303 个，占被调研总数的 32.17%；＞4～6 千克的有 231 个，占被调研总数的 24.52%；＞6～8 千克的有 120 个，占被调研总数的 12.74%；＞8～10 千克的有 54 个，占被调研总数的 5.73%；10 千克以上的有 80 个，占被调研总数的 8.49%（图 4 - 2）。

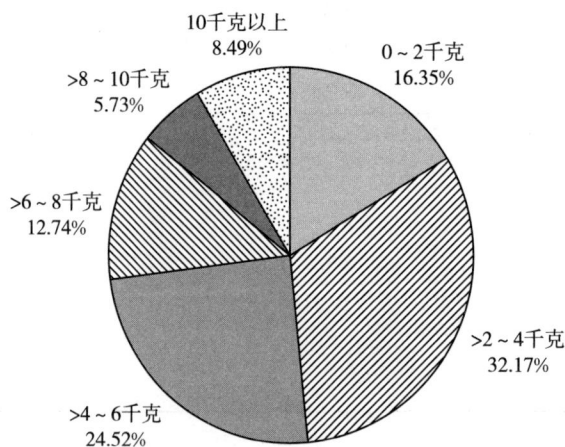

图 4 - 2　家庭平均一周的猪肉购买量情况

关于猪肉消费量在家庭畜禽肉类消费中的比重情况，10% 以下的有 89 个，占被调研总数的 9.45%；10%～29% 的有 235 个，占被调研总数的 24.95%；30%～49% 的有 240 个，占被调研总数的 25.48%；50%～69% 的有 246 个，占被调研总数的 26.11%；70% 及以上的有 132 个，占被调研总数的 14.01%（图 4 - 3）。

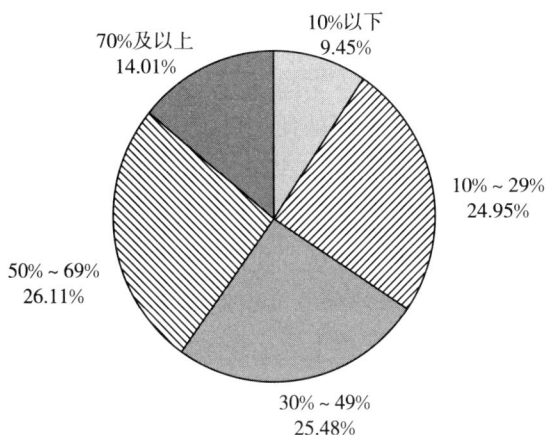

图 4-3 猪肉消费量在家庭畜禽肉类消费中的比重情况

(2) 受访居民通常选择购买价格居中的猪肉, 购买高价格和低价格猪肉的家庭较少

与之对应的是, 家庭主要购买何种价格的猪肉, 选择 20 元/千克及以下的有 13 人, 占总样本的 1.38%; 选择 21~30 元/千克的有 292 人, 占总样本的 31.03%; 选择 31~40 元/千克的有 483 人, 占总样本的 50.05%; 选择 41~50 元/千克的有 14 人, 占总样本的 1.49%; 选择 51~60 元/千克的有 107 人, 占总样本的 11.37%; 选择 60 元/千克以上的有 44 人, 占总样本的 4.68% (图 4-4)。

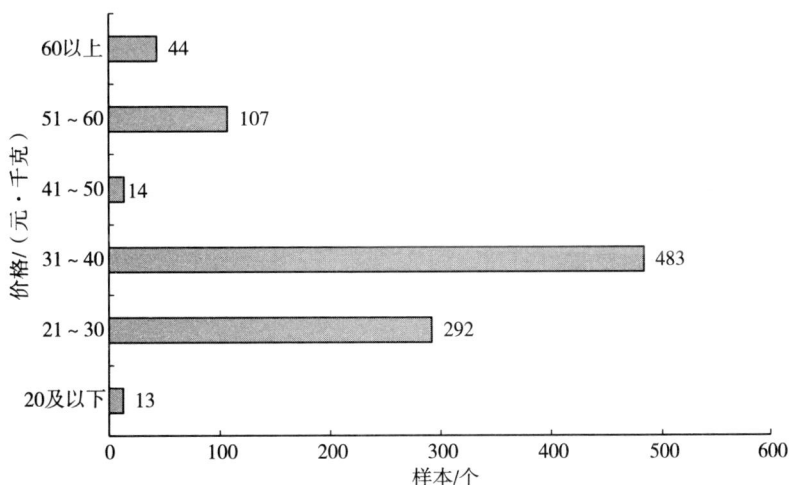

图 4-4 家庭购买的猪肉价格情况

(3) 消费者既会去超市、农贸市场等线下购买猪肉，也会在网店等进行线上购买，购买场所多样

被调研的消费者中，选择在大型超市购买猪肉的有 605 人；选择在专卖店购买猪肉的有 190 人；选择在社区的便利店或小超市购买猪肉的有 82 人；选择在农贸市场购买猪肉的有 557 人；选择在批发市场购买猪肉的有 27 人；选择在网店购买猪肉的有 27 人（图 4 - 5）。可见消费者购买猪肉的场地主要集中在大型超市、农贸市场以及专卖店。在社区的便利店或小超市、批发市场以及网店购买较少的原因是消费者想尽可能地购买新鲜、安全的猪肉，大型超市、农贸市场及专卖店在一定程度上有质量保障，同时方便消费者观察猪肉的新鲜程度，提高消费者的放心程度。

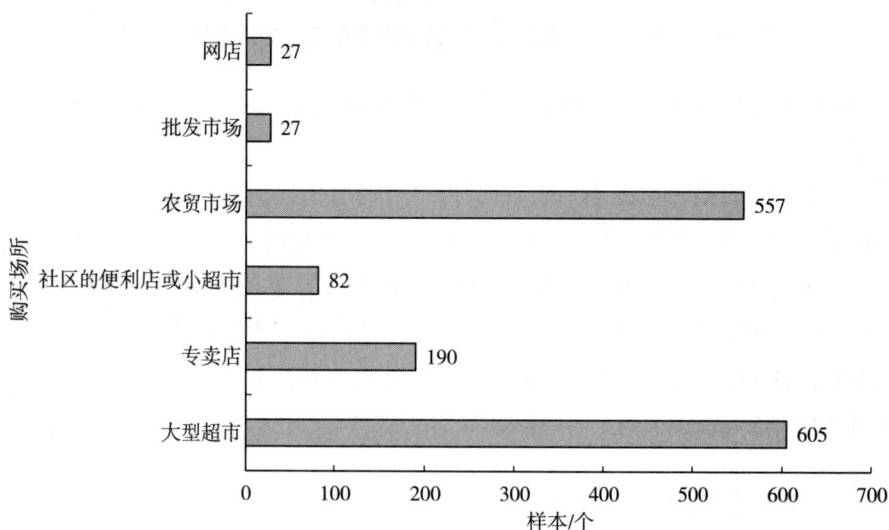

图 4 - 5　消费者购买猪肉的主要场所选择情况

(4) 消费者对于猪肉的质量安全较为重视

调查发现，关于消费者平常选购猪肉时对猪肉的质量安全状况是否关注，表示非常关注的数量占被调研总数的 28.24%；表示比较关注的数量占被调研总数的 39.60%；表示一般关注的数量占被调研总数的 20.49%；表示不太关注的数量占被调研总数的 10.83%；表示很不关注的数量占被调研总数的 0.85%（图 4 - 6）。总体来看，约七成左右的消费者是非常关注或比较关注猪肉的质量安全状况的，可见消费者在购买猪肉时，还是比较注重猪肉的质量安全状况的，反映了消费者对于猪肉安全问题的关心态度。但是，仍有部分消费者不太关注猪肉质量安全问题，这提示要加强食品安全监管力度，从源头上保

证猪肉质量安全。保证消费者的食品安全至关重要。

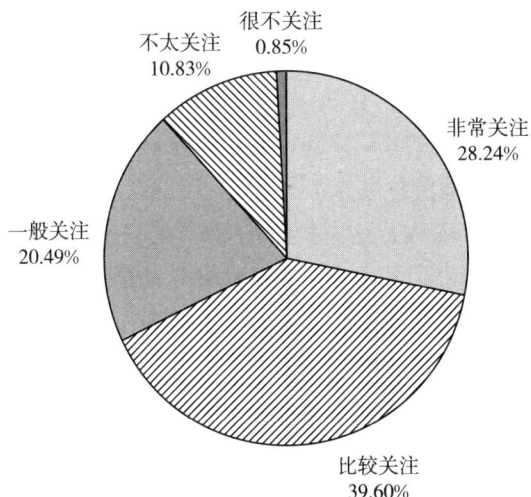

图 4-6　消费者对购买猪肉的质量安全的关注程度

调查发现，关于消费者对自己购买猪肉的质量安全是否放心，调查中发现，98 人认为非常放心，占被调研总数的 10.40%；445 人认为比较放心，占被调研总数的 47.24%；297 人认为一般放心，占被调研总数的 31.53%；94人认为不太放心，占被调研总数的 9.98%；8 人认为很不放心，占被调研总数的 0.85%（图 4-7）。可见，消费者对于猪肉的质量安全相对来说还是放心的，虽然还有少部分人很不放心购买的猪肉质量，但总体还是有一个基本的判断。

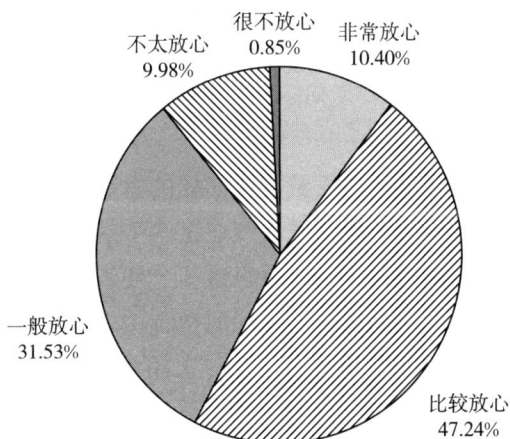

图 4-7　消费者对购买猪肉的质量安全的放心程度

（5）消费者对于猪肉质量安全的判定方式较为多元化

消费者判定猪肉质量安全状况主要通过购买场所、品牌、认证标签、可追溯标签、检疫图章、外观气味这几个方式。在被调研的消费者中，通过购买场所来判断蔬菜质量安全状况的有 391 人，占总样本的 41.51%；通过品牌来判断的有 418 人，占总样本的 44.37%；通过认证标签来判断的有 187 人，占总样本的 19.85%；通过追溯标签来判断的有 70 人，占总样本的 7.43%；通过检疫图章来判断的有 275 人，占总样本的 29.19%；通过外观气味来判断的有 545 人，占总样本的 57.86%。可见，很多消费者是通过外观气味来进行判断的，因为这是消费者所能依靠的最简单明了的方法，这也说明消费者在购买时会根据生活经验和习惯来判断猪肉的好坏；品牌排在第二位，说明目前消费者在购买猪肉时的品牌意识较高，因为品牌更能保障猪肉的质量安全；此外，消费者倾向于靠购买场所和检疫图章判断猪肉质量安全，而对于追溯标签的认知较少，认证标签也同样是消费者较少考虑的因素，这从侧面说明部分消费者可能对食品认证不太了解或抱有不信任的态度（图 4-8）。

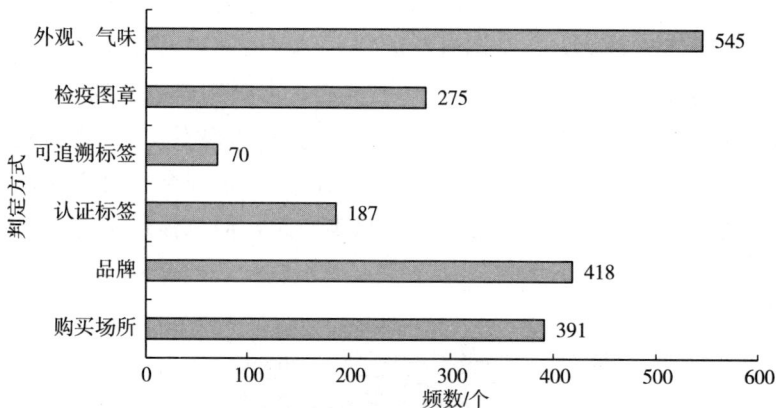

图 4-8　消费者对猪肉质量安全的判定方式

（6）消费者对不同环节猪肉质量安全问题的担忧一直存在

猪肉质量安全问题一般主要出现在产业链的生猪养殖、生猪流通、生猪屠宰加工、猪肉流通、猪肉批发、猪肉零售这几个环节。按照消费者对生猪产业链的质量安全问题的态度结果排序，发现消费者认为猪肉质量安全问题最容易发生的环节依次是生猪养殖（49.89%）、生猪屠宰（17.30%）、猪肉流通（12.63%）、生猪流通（7.11%）、猪肉零售（6.69%）、猪肉批发（6.37%）（图 4-9）。可见，大多消费者对猪肉的养殖环节不太放心，主要因为生猪养殖环节的兽药、饲料、防疫、环境等是决定猪肉品质的关键环节，容易发生猪肉中存在农药残留、兽药残留和激素残留等质量安全问题。生猪屠宰环节排在第二位，是因为屠宰环节可能存在不规范的现象，从而造成猪肉的质量大打折扣，其质量安全难以得到保证；其余环节所占比重比较均衡。总体来看，应该着重对生猪产业链各个环节把控，重构消费者对猪肉质量安全的信任。

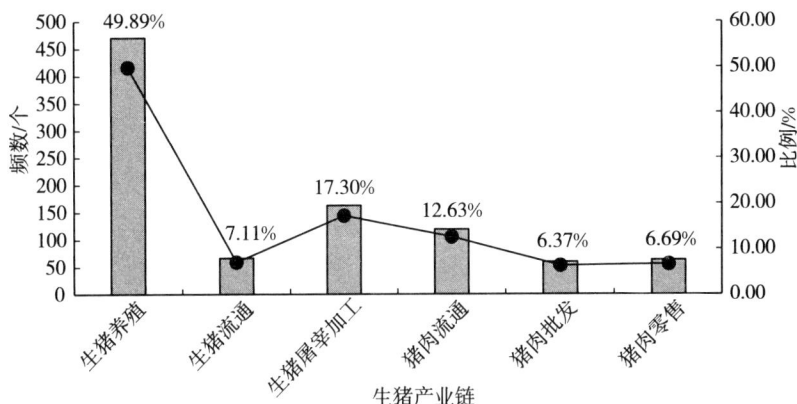

图4-9　消费者对生猪产业链的质量安全问题的态度

四、都市居民对猪肉的购买行为分析：可追溯猪肉的案例

1. 模型构建与变量选择

消费者购买可追溯猪肉的行为包括"购买过"和"未购买过"两种选择，这是典型的类别变量，适用于Logit模型。因此选用二元Logit模型。为全面系统地研究消费者可追溯猪肉购买行为的影响因素，并使得可追溯标签信任对购买行为的影响更加可信，本研究将考虑其它解释变量以及收入水平、年龄等控制变量的影响，同时结合数据特征，对地区与时间效应进行控制。

$$ln\frac{P(Y=1)}{1-P(Y=1)} = \alpha_0 + \beta_i(X \quad Z \quad M \quad C \quad O \quad I \quad K) + e$$

$$(4-1)$$

式（4-1）中，被解释变量Y表示消费者可追溯猪肉购买行为，1表示购买过，0表示未购买过，β表示模型变量的待估参数。X作为核心解释变量，表示消费者追溯标签信任，M作为调节变量在模型中引入形式为M、XM。消费者的猪肉消费特征方面，变量Z包括猪肉消费占比、猪肉购买量、价格偏好、购买场所偏好四个方面。家庭特征方面，变量 C 和 O 分别表示家中常住老人（60岁以上的长辈）和常住孩童（15岁以下）的数量，I 表示家庭收入。K 表示模型中的控制变量，包括受访者的性别、年龄、学历、户籍情况。e 表示残差项，根据模型假设，其服从渐进正态分布。模型变量的含义、赋值与描述性统计特征，如表4-4所示。本文所涉及的各个模型的估计，均通过软件Stata16来实现。

表4-4 变量选择、基本含义和描述统计

变量类型	变量名称	含义与赋值	均值
被解释变量	可追溯猪肉购买行为	受访者是否购买过带信息追溯码的猪肉：购买过=1；没有购买过=0	0.463
核心解释变量	追溯标签信任	非常相信=5；比较相信=4；一般相信=3；不太相信=2；很不相信=1	3.840
调节变量	食品安全识别	选购猪肉时，对猪肉质量安全状况的关注度：非常关注=5；比较关注=4；一般关注=3；不太关注=2；很不关注=1	3.933
其它解释变量	猪肉消费占比	受访者当前阶段猪肉消费量在家庭畜禽肉类消费中所占比重：<10%=1；10%~29%=2；30%~49%=3；50%~69%=4；≥70%=5	2.686
	猪肉购买量	受访者当前家庭的猪肉月平均购买量：0~4千克=1；>4~6千克=2；>6~8千克=3；>8~10千克=4；>10千克=5	1.840
	价格偏好	受访者家庭主要购买猪肉单价：	
		40元/千克以下=1	0.337
		60元/千克以上=1	0.279
	场所偏好	受访者主要购买猪肉场所：	
		大型超市=1	0.632
		专卖店、便利店、小超市=1	0.305
		农贸市场=1	0.490
		网络平台=1	0.120
	家中小孩情况	家庭中小孩（15周岁以下）常住在一起的人数（实际数值）	0.371
	家中老人情况	家庭中老人（60周岁及以上，指长辈）常住在一起的人数（实际数值）	0.265
	家庭收入水平	上一年家庭年收入（税后）（万元）：<10=1；10~49=2；≥50=3	1.972

（续）

变量类型	变量名称	含义与赋值	均值
控制变量	性别	受访者性别：男＝1；女＝0	0.498
	年龄	受访者的实际年龄	36.132
	户籍	本地＝1；外地＝0	0.512
	学历	初中及以下＝1；中专或高中＝2；大专＝3；本科＝4；研究生及以上＝5	3.476

2. 数据来源与样本基本特征

（1）数据来源

随着可追溯猪肉试点城市的建设工作不断推进，相关地区的消费者涉及可追溯猪肉购买行为的可调查样本在不断增加，这也为研究工作提供了一定的现实研究基础。本章数据来源于 2017 年 5—6 月、2020 年 7—10 月课题组对上海市的宝山、奉贤、虹口、黄浦、嘉定、金山、静安、闵行、浦东、普陀、青浦、松江、徐汇、杨浦、长宁 15 个城区消费者进行的问卷调研。经过逻辑校验等严格筛选，最终获得有效问卷 908 份。为保证数据质量，本次调研采取实地面对面访谈的形式，被调查对象均为上海市常住居民且有过猪肉购买经历的消费者。调查地点主要选在超市、农贸市场及其附近。

（2）样本基本特征

样本基本特征如表 4 - 5 所示。从性别分布看，男女比例较为均衡，说明调查对象所在家庭的猪肉等食品采购性别分工并不明显。年龄分布上，调查对象中小于 30 岁及 30～39 岁的中青年占比较多，分别为 39.65％和 29.30％，其余各年龄段占比较为均衡，均在 10％左右。学历方面，具有本科与研究生及以上学历的调查对象占比超过 60％，其余学历层次占比较为均衡，均在 10％左右，这一现象可能与特大城市对高素质劳动力的虹吸效应有关。户籍分布的情况也能有效印证这一现象，本地与外地常住居民占比相对均衡。调查对象家庭成员构成方面，家中有常住长辈及小孩占比分别为 26.43％和 37.11％，受访者的家庭人口规模相对较小。家庭收入分布上，调查对象的上一年家庭收入在 10 万～49 万与 50 万及以上分别占比为 49.45％和 23.90％，这与调查城市的居民收入状况较为契合。从消费者家庭猪肉消费特征来看，家庭畜禽肉类消费中猪肉消费所占比重为 30％～49％的调查对象占比为 26.76％；消费所占比重为 10％～29％的占为 30.95％；消费所占比重为 70％及以上的占比较少，为 8.81％。经常购买的猪肉单价方面，花费为 20～30 元的调查对象占比为 38.44％，20 元以下与 30 元以上的占比均为 30％左右，表明调查对象的猪肉实际支付水平相对较高。

表 4-5 样本的基本特征

变量	选项	样本数（个）	比例（％）	变量	选项	样本数（个）	比例（％）
性别	男	452	49.78	户籍	本地	465	51.21
	女	456	50.22		外地	443	48.79
年龄	小于 30 岁	360	39.65	家庭中常住长辈（60 周岁及以上）	0 人	668	73.57
	30～39 岁	266	29.30		1 人	239	26.32
	40～49 岁	112	12.33		2 人	1	0.11
	50～59 岁	70	7.71	家庭中小孩（15 周岁以下）	0 人	571	62.89
	60 岁及以上	100	11.01		1 人	337	37.11
学历	初中及以下	103	11.34	上一年家庭收入（税后）（元）	10 万以下	242	26.65
	中专或高中	115	12.67		10 万～49 万	449	49.45
	大专	144	15.86		50 万及以上	217	23.90
	本科	339	37.33	家庭猪肉月平均购买量	0～4.0 千克	493	54.30
	研究生及以上	207	22.80		4.1～6.0 千克	204	22.47
家庭畜禽肉类消费中猪肉消费所占比重	10％以下	156	17.18		6.1～8.0 千克	120	13.22
	10％～29％	281	30.95		8.1～10.0 千克	45	4.96
	30％～49％	243	26.76		10.0 千克以上	46	5.07
	50％～69％	148	16.30	经常购买猪肉的单价	20 元以下	306	33.70
	70％及以上	80	8.81		20～30 元	349	38.44
					30 元以上	253	27.86

3. 追溯标签信任对消费者可追溯猪肉购买行为影响的统计分析

（1）追溯标签信任、食品安全识别、消费者可追溯猪肉购买行为

调查员通过让消费者根据其购买经验或主观判断回答，调查问卷中您是否相信"带信息追溯码农产品比不带信息追溯码农产品的质量安全更有保障"这一题项，判断其对可追溯标签是否信任；通过"当前您平常选购猪肉时对猪肉的质量安全状况是否关注"这一题项，来度量消费者的食品安全识别；通过携带常用的信息追溯码图样示例，根据消费者的主观回答对其可追溯猪肉购买行为进行界定。样本中，购买可追溯猪肉的占比为 46.25％，信任信息追溯码的

占比为92.73%，消费者较为关注猪肉质量安全状况的占比为91.19%。在购买可追溯猪肉的前提下，既信任追溯信息码又关注食品安全的占比为90.95%，比其他情况高出81.90%。对比分析2017年、2020年的样本，调查对象信任信息追溯码占比与关注猪肉质量安全状况占比均波动上升，同时购买可追溯猪肉的占比从38.75%增至48.95%。

（2）追溯标签信任与消费者可追溯猪肉购买行为的关系

为对追溯标签信任与消费者可追溯猪肉购买行为之间的关系有较为直观的认识，对两者进行交叉分析，结果见表4-6。在不信任追溯标签的前提下，未购买可追溯猪肉的消费者占比为81.82%。在消费者购买可追溯猪肉行为发生的前提下，其对可追溯标签信任的比例比不信任的比例要高30%左右。所以，可追溯标签信任与消费者可追溯猪肉购买行为之间具有一定的相关性，对于标签越信任的消费者，越可能产生可追溯猪肉购买行为。

表4-6　追溯标签信任与消费者可追溯猪肉购买行为的交叉分析

追溯标签	购买可追溯猪肉		未购买可追溯猪肉	
	频数（个）	比例（%）	频数（个）	比例（%）
信任	408	48.46	434	51.54
不信任	12	18.18	54	81.82
合计	420	46.25	488	53.75

（3）食品安全识别与追溯标签信任的关系

为对食品安全识别与追随标签信任之间的关系有较为直观的认识，对两者进行交叉分析，结果见表4-7。调查对象中，信任追溯标签且关注猪肉质量安全的样本数远多于不信任标签且不关注猪肉质量安全的样本数。在消费者关注猪肉质量安全时，其对追溯标签的信任比例要比不信任比例高87.2%。所以，对猪肉质量安全的关注与追溯标签信任之间具有一定相关性。结合前文分析，追溯标签信任、食品安全识别与可追溯猪肉购买行为呈现一定的正相关，但是否存在明确的因果关系尚需通过计量经济模型检验。

表4-7　食品安全识别与追溯标签信任的交叉分析

食品安全识别	信任追溯标签		不信任追溯标签	
	频数（个）	比例（%）	频数（个）	比例（%）
关注	775	93.60	53	6.40
不关注	67	83.75	13	16.25
合计	842	92.73	66	7.27

4. 追溯标签信任对消费者可追溯猪肉购买行为影响的计量分析

模型选择、估计结果与分析

虽然，前面就追溯标签信任与消费者可追溯猪肉购买行为之间的关系进行了统计分析，但是并没有全面考虑或控制其它因素的影响。因此，并不能科学合理地说明追溯标签信任对消费者可追溯猪肉购买行为具有显著的影响，还需要计量分析可追溯标签信任对消费者可追溯猪肉购买行为的影响。

研究中使用 2017、2020 年上海市消费者的调研数据，未能做到对受访个体的追踪调查，数据中的个体特征存在一定差异，属于伪面板数据，需要就模型设定形式进行检验与选择。模型（一）是具有随机效应的面板 Logit 模型，模型（二）是混合面板 Logit 模型（表 4-8）。根据表 4-8 中模型（一）的 *LR* 检验结果，要接受 rho=0 的原假设。因为当 rho 为零时，面板水平方差分量不重要，可以认为面板估计量与混合截面估计量没有区别。此时，也不必再进行豪斯曼检验去比较固定效应与随机效应，主体模型形式应选择混合 Logit 模型。

表 4-8　模型形式选择的估计结果

	变量名称	模型（一）	模型（二）
	追溯标签信任	0.561 *** （0.109 1）	0.508 *** （0.086 4）
	食品安全识别	0.178 ** （0.087 8）	0.159 ** （0.078 1）
	猪肉消费占比	0.073 （0.072 3）	0.065 （0.065 1）
	猪肉购买量	−0.005 （0.073 5）	−0.003 （0.066 7）
价格偏好	40 元/千克以下	−0.555 *** （0.193 5）	−0.499 *** （0.168 7）
	60 元/千克以上	0.139 （0.191 7）	0.129 （0.168 7）
购买偏好	大型超市	0.474 *** （0.174 1）	0.437 ** （0.154 3）
	专卖店、便利店、小超市	0.045 （0.175 9）	0.033 8 （0.159 6）
	农贸市场	0.062 （0.166 4）	0.056 （0.150 8）
	网络平台	0.496 * （0.256 8）	0.431 * （0.225 1）
	家中小孩情况	0.121 （0.170 9）	0.104 （0.154 1）
	家中老人情况	−0.312 * （0.187 1）	−0.287 * （0.168 3）
	家庭收入水平	−0.002 （0.114 6）	0.010 （0.103 6）

（续）

变量名称		模型（一）	模型（二）
控制变量	年龄	0.001（0.006 7）	0.001（0.006 1）
	性别	0.262*（0.159 4）	0.239*（0.143 6）
	学历	−0.047（0.071 0）	−0.044（0.064 5）
	户籍	0.201（0.173 2）	0.180 7（0.156 2）
LR 检验 伪 R^2 或 Wald 检验		LR test of rho=0； chibar2（01）=1.17 Wald chi2（17）=46.89***	LR chi2（17）=93.06*** Pseudo R^2=0.074 2

注：括号外的数字为估计系数，括号中数字为标准误；*** 、** 、* 分别表示在 1%、5%、10% 的水平上显著。全书同。

①主效应及显著变量影响分析　采用混合 Logit 模型以后，为了确保模型的完整性，必须考虑随个体变化而不会变化的变量带来的影响，因此分别引入时间效应和地区效应，构建模型（三）和模型（四），估计结果如表 4-9 所示。由模型（二）、模型（三）、模型（四）的估计结果来看，模型整体拟合优度和显著性较好，结合变量显著性水平，分析如下。与前文统计分析的结论一致，追溯标签信任对消费者可追溯猪肉购买行为具有显著的正向影响，同时也进一步实证了前文的理论分析。

猪肉实现可追溯以后，无论是事前质量保证还是事后责任追溯，产业链各环节的利益相关主体都得以快速明确，便于消费者维护自身权益，塑造消费者对于追溯标签的信任，进一步刺激可追溯猪肉的购买行为。

表 4-9　考虑时间效应和地区效应的模型估计结果

变量名称		模型（三）	模型（四）
	追溯标签信任	0.506***（0.086 5）	0.554***（0.089 7）
	食品安全识别	0.170**（0.078 4）	0.173**（0.080 5）
	猪肉消费占比	0.083（0.066 0）	0.073（0.067 7）
	猪肉购买量	−0.001（0.066 8）	−0.001（0.068 5）
价格偏好	40 元/千克以下	−0.364**（0.181 4）	−0.309*（0.186 3）
	60 元/千克以上	0.089（0.174 7）	0.162（0.179 9）

（续）

变量名称		模型（三）	模型（四）
购买偏好	大型超市	0.469 *** （0.155 5）	0.469 *** （0.159 3）
	专卖店、便利店、小超市	0.029（0.159 9）	−0.036 67（0.164 9）
	农贸市场	0.054（0.151 3）	0.004（0.155 6）
	网络平台	0.377 * （0.226 6）	0.449 * （0.234 1）
	家中小孩情况	0.126（0.155 2）	0.140（0.162 0）
	家中老人情况	−0.341 ** （0.171 6）	−0.314 * （0.175 3）
	家庭收入水平	0.013（0.103 7）	0.024（0.106 4）
控制变量	年龄	0.003（0.006 2）	0.004（0.006 4）
	性别	0.210（0.144 6）	0.249 * （0.148 7）
	学历	−0.067（0.065 6）	−0.079（0.068 6）
	户籍	0.178（0.156 5）	0.274 * （0.163 5）
	时间效应	—	—
	地区效应		—
LR 检验及伪 R^2		LR chi2 （18）= 97.14 *** Pseudo R^2=0.077 5	LR chi2 （32）=125.80 *** Pseudo R^2=0.100 6

注：括号外的数字为估计系数，括号中数字为标准误；*** 、** 、* 分别表示在 1%、5%、10% 的水平上显著。全书同。

场所偏好和价格偏好方面，大型超市以及网络平台对消费者可追溯猪肉购买行为有显著的正向影响，而购买相对价格水平较低的猪肉对其有显著负向影响。这可能与当前我国企业参与可追溯体系建设的模式有关，企业期望通过可追溯塑造品牌差异，进而实现商品溢价或高价销售。同时，部分消费者对于可追溯猪肉的了解，更多来源于企业宣传，这样就使得当前可追溯猪肉购买行为的发生场景更多是在大型超市与网络平台。便利店、小超市、农贸市场等消费场景下的消费者，在一定程度上更倾向于选购价格水平处在中低端的猪肉，同时对参与可追溯体系下的普通猪肉额外支付价格较为敏感。

家庭成员构成方面，家中常住老人对消费者的可追溯猪肉购买行为有显著的负向影响。因此，产生这一现象一种可能解释是出于城市家庭分工中，常住老人会协助承担日常食品的购买、打理家务，以减轻子女的生活及工作负担。受到勤俭节约等生活习惯的影响，老人购买猪肉等肉类时更多地会关注价格是否实惠，因此他们选购可追溯猪肉的可能性相对偏小。

②基于食品安全识别调节效应的分析　根据模型（二）、模型（三）、模型（四）的估计结果，可知作为调节变量的食品安全识别对消费者可追溯猪肉购

买行为具有显著影响，现引入食品安全识别与追溯标签信任的交互项，进一步实证其对追溯标签信任影响消费者可追溯购买行为的影响方向与程度。如表4－10所示，模型（五）、模型（六）、模型（七）在考虑时间与地区效应的前提下，食品安全识别的调节效应是十分显著的且可信的。具体而言，食品安全识别在可追溯标签信任正向影响消费者可追溯猪肉购买行为的过程中起到了强化、促进的调节作用。这在一定程度上实证了前文的理论分析。

表4－10　食品安全识别的调节效应模型估计结果

变量名称		模型（五）	模型（六）	模型（七）
追溯标签信任＊食品安全识别		0.615＊＊（0.240 6）	0.621＊＊（0.241 3）	0.662＊＊＊（0.246 3）
食品安全识别		0.151＊（0.086 0）	0.161＊（0.086 3）	0.170＊（0.088 3）
猪肉消费占比		0.053（0.064 2）	0.071（0.065 0）	0.059（0.066 6）
猪肉购买量		0.011（0.065 8）	0.016（0.066 0）	0.014（0.067 4）
价格偏好	40元/千克以下	−0.488＊＊＊（0.165 9）	−0.348＊（0.178 1）	−0.303＊（0.182 1）
	60元/千克以上	0.119（0.171 2）	0.081（0.172 4）	0.152（0.177 1）
购买偏好	大型超市	0.458＊＊＊（0.151 8）	0.491＊＊＊（0.153 0）	0.494＊＊＊（0.156 4）
	专卖店、便利店、小超市	0.015（0.157 1）	0.011（0.157 3）	−0.053（0.162 1）
	农贸市场	0.060（0.148 5）	0.053（0.148 9）	0.010（0.153 0）
	网络平台	0.484＊＊（0.222 0）	0.427＊（0.223 6）	0.497＊＊（0.230 7）
	家中小孩情况	0.065（0.151 4）	0.089（0.152 6）	0.123（0.158 7）
	家中老人情况	−0.305＊（0.165 9）	−0.364＊＊（0.169 1）	−0.337＊（0.172 3）
	家庭收入水平	−0.016（0.101 8）	−0.013（0.101 9）	−0.009（0.104 3）
控制变量	年龄	−0.000 1（0.006 0）	0.002（0.006 1）	0.003（0.006 3）
	性别	0.186（0.140 7）	0.156＊（0.141 8）	0.189（0.145 4）
	学历	−0.041（0.063 3）	−0.066（0.064 5）	−0.072（0.067 1）
	户籍	0.272＊（0.153 4）	0.269＊（0.153 7）	0.369＊＊（0.160 4）
时间效应			—	—
地区效应				—
LR 检验及伪 R^2		$LR chi2$ (17) = 62.41＊＊＊　Pseudo R^2 = 0.049 8	$LR chi2$ (18) = 67.03＊＊＊　Pseudo R^2 = 0.053 5	$LR chi2$ (32) =91.72＊＊＊　Pseudo R^2 =0.073 3

注：括号外的数字为估计系数，括号中数字为标准误；＊＊＊、＊＊、＊分别表示在1%、5%、10%的水平上显著。

5. 实证结果的稳健性检验

为了确保模型估计结果的稳健性，需要进行稳健性检验。进行稳健性检验的目的是确保实证分析的结果（符号、显著性）不会随着参数设定的改变而改变。一般通过改变核心变量的衡量方式、改变模型设定等方式，重新进行估计，若实证分析的结果不变，则认为通过了稳健性检验。因此，一方面要改变食品安全识别变量的衡量方式，选用消费者对当前购买的猪肉质量安全的放心程度进行度量（食品安全识别2），用Logit模型重新进行估计。另一方面，使用Ols混合回归、Probit模型结合原有变量，重新进行模型估计。稳健性检验的结果，如表4-11所示。结合关键解释变量的符号与显著性水平变化情况可知，上文中对于追溯标签信任对消费者可追溯猪肉影响、食品安全识别调节效应等得出的实证分析结果是较为稳健的。

表4-11　实证结果的稳健性检验

变量名称	变换估计模型				替代变量	
	Probit	Ols	Probit	Ols	Logit	Logit
追溯标签信任	0.309 ***	0.112 ***			0.488 ***	
	(0.051 9)	(0.018 5)			(0.086 5)	
食品安全识别1	0.095 **	0.035 **	0.091 *	0.035 **		
	(0.047 4)	(0.017 4)	(0.053 0)	(0.020 0)		
食品安全识别2					0.292 ***	0.276 ***
					(0.089 6)	(0.098 1)
追溯标签信任 * 食品安全识别1			0.366 **	0.133 **		
			(0.146 4)	(0.054 2)		
追溯标签信任 * 食品安全识别2						0.684 ***
						(0.254 1)

注：括号外的数字为估计系数，括号中数字为标准误；***、**、*分别表示在1%、5%、10%的水平上显著。

五、本章小结

首先，本章利用对上海13个城区消费者开展的大样本问卷调查数据，实证分析上海都市居民猪肉的消费行为，主要得出以下结论。从消费特点看，上海城乡居民猪肉人均消费量近几年较为稳定，未发生较大波动；城乡居民猪肉消费的区别在于，城镇居民猪肉人均消费量较低。调查也发现，一半左右的家庭人均猪肉消费量在 4 千克以下。从购买习惯来看，居民更倾向于购买 20～40 元/千克的中等肉猪，且倾向于在大型超市、农贸市场等传统销售场所购买猪肉；当前消费者在购买猪肉时最主要考虑的是质量安全问题，消费者对猪肉质量安全状况的放心程度比较好，但仍存在部分不放心猪肉质量安全的消费者；多数消费者凭借外观、品牌、购买场所等判定猪肉的质量安全，并认为猪肉在生猪养殖、生猪屠宰加工环节最容易发生危害猪肉质量安全的行为。

其次，本章结合对上海市消费者可追溯猪肉购买行为的问卷调查，构建了基于食品安全识别调节效应下的追溯标签信任对消费者可追溯猪肉购买行为影响的理论框架，通过统计分析、计量分析等实证研究，得出如下具有一定稳健性的结论。

一是追溯标签信任与可追溯猪肉购买行为具有一定的相关性，随着消费者对于可追溯标签信任的增加，其购买可追溯猪肉的比例会增加。

二是追溯标签信任对消费者可追溯猪肉购买行为具有显著的正向影响。食品安全识别对此影响过程有显著的强化、促进等调节作用。具体表现为当消费者选购猪肉时，对猪肉质量安全状况的关注度越高，则越能强化追溯标签通过提供信息参考、确定事后责任等方面的功能，建立信任并进一步刺激潜在消费者购买行为发生的过程。在更换食品安全识别这一变量的度量方式以后，即消费者对当前购买的猪肉质量安全的放心程度增加，也同样强化了追溯标签信任对消费者可追溯猪肉购买行为正向影响。

三是当前消费者的可追溯猪肉购买行为受到消费场景偏好与价格偏好的正向影响较为明显，消费者更倾向于在大型超市或网络平台购买可追溯猪肉，且家庭消费猪肉的价格水平较低时，其购买可追溯猪肉的可能性就会显著降低。此外，家庭成员构成中常住老人会对其产生显著的负向影响。

| 第五章 |

都市居民藜麦消费行为分析

居民消费结构由数量型向质量型转变带来对高营养价值食物的需求增加，在此背景下，从偏好异质性的角度分析营养信任和主观规范对购买行为及支付意愿的作用效果，对促进居民膳食结构调整、引导健康饮食风尚具有重要的现实意义。本章基于上海市 1 078 份微观调查数据，采用二元 Logit 模型和有序 Logit 模型实证检验营养信任和主观规范对消费者藜麦产品购买行为和支付意愿的影响，并进一步考察偏好异质性的调节效应。

一、研究依据与文献综述

居民可支配收入的提高推动其消费结构由数量型向质量型转变，加之健康理念的提升，使得在日常饮食上对食物的营养价值提出的更高要求（Lu et al.，2022），特别表现为城市地区消费者的高营养价值食品消费增加（Erler et al.，2022）。藜麦原产于安第斯山区，它富含蛋白质，可与牛奶和肉类媲美，氨基酸比例均衡，能满足人体特别是儿童成长发育所需的全部氨基酸，不含麸质，且膳食纤维、维生素、矿物质等含量高于多数谷物，比大米、小麦等传统主食具有更高的营养价值（Ahmed et al.，2021）。经规模化育种和推广种植，藜麦现已发展为我国重要的粮饲兼用型作物，2020 年种植面积已达 2 万公顷，种植面积与产量居世界第三位。上海作为拥有 2 400 多万常住人口的超大城市，人均可支配收入位列全国首位，具有庞大的消费人群和较强的购买能力，同时产学研联合的强大科技支撑、发达的交通物流、兼容并蓄的海派文化都为藜麦市场的孕育创造了有利条件。但作为一种外来引种作物，消费者对藜麦及其产品的认知程度尚有欠缺，藜麦产品固有的全营养特性是否能得到消费者信任并促进其购买行为有待研究，同时也存在由于认知不足从而易受他人行为影响，难以进行理性消费决策的问题。因此，本章从偏好异质性的角度分析营养信任和主观规范对购买行为及支付意愿的作用效果，对促进居民膳食结构调整、引导健康饮食风尚具有重要的现实意义。

现有研究主要基于计划行为理论和理性行为理论分析消费者对藜麦等具有营养属性食物的购买意愿、购买行为的驱动因素及障碍。关于购买意愿的影响因素，除了受产品的价格和包装（Fenko et al.，2015）、消费者对产品熟悉度（Hoek et al.，2017）的影响外，食物种植过程中的环境友好性和零售商的社会责任也会增强消费者的购买意愿（Nosi et al.，2020）。此外，有年幼孩子的家庭消费者更愿意为其支付产品溢价（Chege et al.，2019）。关于购买行为的影响因素，在驱动因素方面，个体对全球资源挑战、食物可持续特性（Yang et al.，2020）和营养价值（Patricia et al.，2020；Doma et al.，2019）的认知及受教育水平的自身特征（Sandvik et al.，2018；Ozen et al.，2012）能够促进其购买此类产品。同时，商业推广的影响、医生或营养专家的建议等指令性主观规范（Erler et al.，2020）、女性家庭成员的消费习惯（Rah et al.，2004）等外部因素也会影响个体购买决策。在产品选择上，消费者更倾向于购买由自身熟悉的品牌生产的产品（Fenko et al.，2015）。另一方面，消费者的购买行为还受到食物的外观（Avila et al.，2017）、气味（Starowicz et al.，2017）、口感（Wansink et al.，2014）等感知特性和烹饪便利性（Sudha et al.，2013；Figueira et al.，2019）、易储存性、包装吸引力（Wansink et al.，2014）、产品可得性（Cloete et al.，2013）和价格可负担性（Duvenage et al.，2010；Huang et al.，2017）等产品自身特性的制约。此外，消费者长期形成的以小麦或大米为主食的饮食习惯难以改变（Juemanee et al.，2018）及部分地区将苋属植物、小米等具有营养特性的食物视为"贫困食物"的社会文化也是阻碍消费者购买的重要因素（Nichols，2017；Onyeoziri et al.，2018）。

整体上看，该领域的研究已较为丰富，但还有两个方面有待完善。一是研究内容上，现有文献鲜有对消费者藜麦产品等营养食物支付意愿的影响因素分析；同时，在购买行为的影响因素上，多考虑消费者的食物营养价值认知水平对购买行为的影响，并未涉及营养信任层面的作用效果，且在描述性主观规范对购买行为的影响研究有待补充。二是研究方法上，已采用主成分分析、聚类分析、联合分析、结构方程模型等方法分析消费者购买行为的影响因素，但缺乏对调查样本的异质性分析。为此，基于2021年7月上海市16个行政区

1 078份微观调查数据，采用二元 Logit 模型和有序 Logit 模型实证检验营养信任和主观规范对消费者藜麦产品购买行为和支付意愿的影响，并进一步考察个体偏好异质性的调节效应，以期为增强居民营养健康意识、优化饮食结构提供借鉴参考。

二、理论分析与研究假设

1. 营养信任对购买行为、支付意愿的影响分析

信任的核心内涵为一种个体对他人或事物的积极的心理预期（Rousseau et al.，1998），其中，个体对组织机构（Omari et al.，2017；Chen，2008）、个人（Berg，2004）、品牌等不同客体的信任（Kim，2021）都深刻地影响其购买行为及支付意愿。市场上推出的不同产品分别与不同的信息和知识相联系，当消费者面对大量信息时，信任能够降低其对某种产品不确定性的感知，由此产生的更高的信任水平（Pan et al.，2006）对其购买意愿和行为产生更显著的促进作用（Kwon et al.，2009）。本章将营养信任定义为消费者对藜麦产品具有较高营养价值的主观确认。藜麦为外来引种作物，目前藜麦产品市场尚处于发展阶段，在产品零售上以电商渠道为主。国内消费者对其营养特性缺乏了解，在产品选购过程中，当消费者从人际交流、网络等渠道接触到关于产品特性的大量信息时，信任就成为消费者处理信息的捷径（Hobbs et al.，2015）。营养作为食物重要的价值属性（Bedoya-Perales et al.，2018），是影响消费者购买动机的关键要素（Gosine et al.，2019）。因此，当消费者信任藜麦产品的营养价值时，有助于促进其购买行为，并提高支付意愿。

2. 主观规范对购买行为、支付意愿的影响分析

主观规范指个体以某种方式行事的社会压力，是由个人（配偶、医生等）或群体（朋友、家人或同事等）的期望所产生的对特定行为的支持或反对态度（Hill，1977）。主观规范包括指令性规范和描述性规范（Taylor et al.，1995），指令性规范是基于他人对自身行为的支持或反对态度所感受到的社会压力，描述性规范是个体基于观察或推断他人行为产生的社会压力，且描述性规范对个体行为的影响比指令性规范对个体行为的影响更强（Manning，2009）。本章关注描述性主观规范对个体行为的影响，当周围圈

子内的亲戚、同事、同学或朋友等选择购买藜麦产品时，都有助于增强消费者对产品的熟悉度，降低风险认知水平，对个体的购买行为和支付意愿产生正向影响。

3. 偏好异质性的调节效应分析

态度是指相对稳定的积极或消极情绪对事物的评估和反应（Eagly，1993），个体偏好是影响食物购买行为的重要因素（Hearty et al.，2007）。由于藜麦产品在口感上较之精米白面等主食并不能被所有人接受，部分消费者虽然注重食物营养，但并不愿意牺牲口感（Piqueras-Fiszman et al.，2015）。此外，在认知方面，若消费者对藜麦产品各方面属性了解不足，则其购买行为将更强地受到主观规范的影响，而行为主体对食物营养益处的认识能够促使其改变消费偏好（Rødbotten et al.，2015）。因此，就营养偏好而言，若个体更加注重食物的营养价值，则有助于增强营养信任对购买行为和支付意愿的影响；就认知偏好而言，个体对藜麦产品的认知能够削弱主观规范对购买行为和支付意愿的影响。研究中提出以下假设并构建分析框架（图 5-1）：营养信任对藜麦产品购买行为和支付意愿具有正向影响；主观规范对藜麦产品购买行为和支付意愿具有正向影响；营养偏好在营养信任对购买行为和支付意愿的影响中存在正向调节作用；认知偏好在主观规范对购买行为和支付意愿的影响中存在负向调节作用。

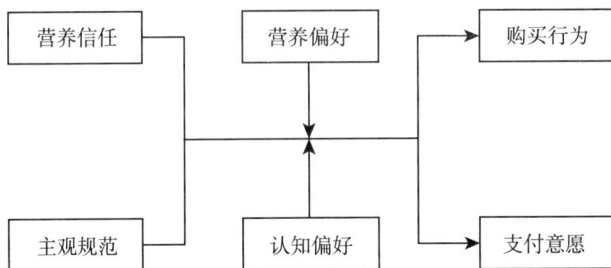

图 5-1 分析框架

三、藜麦产品消费行为的描述性分析

1. 数据来源与样本说明

数据来源于课题组于 2021 年 7 月对上海市 16 个行政区居民开展的网络调

研，剔除数据异常样本后最终获得 1 078 份有效的问卷数据。样本由分布于闵行区、浦东新区、杨浦区、长宁区、嘉定区、徐汇区、普陀区、黄浦区、宝山区、奉贤区、崇明区、静安区、松江区、虹口区、青浦区、金山区的居民填写，对分析城市居民藜麦产品的消费状况具有一定代表性（图 5-2）。

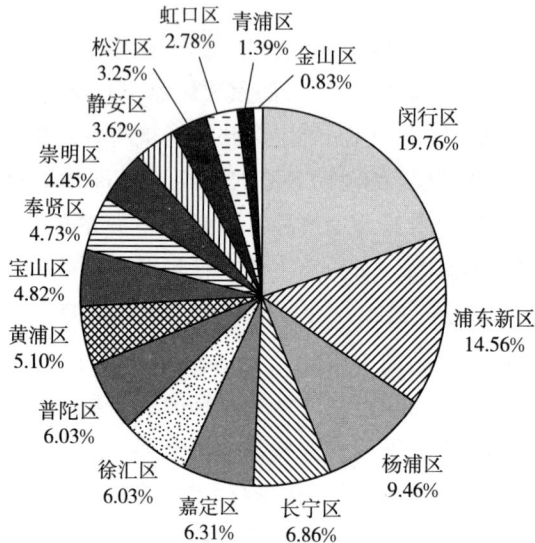

图 5-2 受访者城区分布情况

接下来，对样本特征做进一步说明（表 5-1）。从样本的年龄分布看，受访者主要为 60 岁以下人群，占比为 94.16%，这可能与问卷的网络调研方式有关，其中 30～39 岁的居民占比最大，为总样本的 33.77%；受访者以上海本地户籍居民为主，占比为 66.98%；总体上受访者的受教育程度较高，本科及以上的受访者占比为 73.66%；从职业看，公务员、事业单位或企业员工占总样本的 73.47%；受访者的家庭平均月收入集中于 3 万元及以下，占比为 60.20%；受访者家中均有 1～2 名小孩和老人常住，家庭人口数为 5 人及以下的受访者占比为 80.15%。

表 5-1 样本基本特征

变量	选项	频数（个）	比例（%）	变量	选项	频数（个）	比例（%）
性别	女	667	61.87	受教育程度	小学及以下	3	0.28
	男	411	38.13		初中	54	5.01
户籍	沪籍	722	66.98		中专或高中	85	7.88
	非沪籍	356	33.02		大专	142	13.17

（续）

变量	选项	频数（个）	比例（％）	变量	选项	频数（个）	比例（％）
受教育程度	本科	393	36.46	职业	公务员、事业单位或企业员工	792	73.47
	研究生及以上	401	37.20		非公务员、事业单位或企业员工	286	26.53
家庭平均月收入（万元）	<1	215	19.94	家庭人口数（个）	≤3	379	35.16
	1～3	434	40.26		4	205	19.02
	>3～5	108	10.02		5	280	25.97
	>5～10	84	7.79		6	205	19.02
	>10～15	62	5.75		>6	9	0.83
	>15	175	16.23	家中小孩数（个）	1	550	51.02
年龄（岁）	18～29	183	16.98		2	528	48.98
	30～39	364	33.77	家中老人数（个）	1	511	47.40
	40～49	278	25.79		2	567	52.60
	50～59	190	17.63				
	≥60	63	5.84				

2. 消费者对藜麦产品的认知与态度的描述分析

（1）居民购买农产品时，更多关注农产品的新鲜度、安全与营养价值，消费者对农产品的品质要求较高

具体而言：关于上海居民农产品购买意愿的影响因素，46.29％的受访者认为新鲜度是考虑购买的最主要因素，22.17％的受访者认为安全是影响农产品购买的最主要因素，10.76％的受访者认为营养价值是影响农产品购买的最主要因素，9.46％的受访者认为价格是购买农产品时最主要考虑的因素，将口感、品牌、产地视为购买农产品时最主要考虑因素的消费者占比分别为7.79％、3.06％和0.46％（图5-3）。另外，关于上海居民了解农产品品类、价格等信息渠道选择，69.39％的受访者通过农产品的食品标签去获取相关信息，40.63％的受访者通过购买场所的宣传了解农产品相关信息，36.09％的受访者通过电视及网络平台获取相关信息，通过他人推荐而了解农产品品类、价格等信息的受访者占比为25.79％，仅有9％的受访者是通过报纸杂志去获取农产品的相关信息。

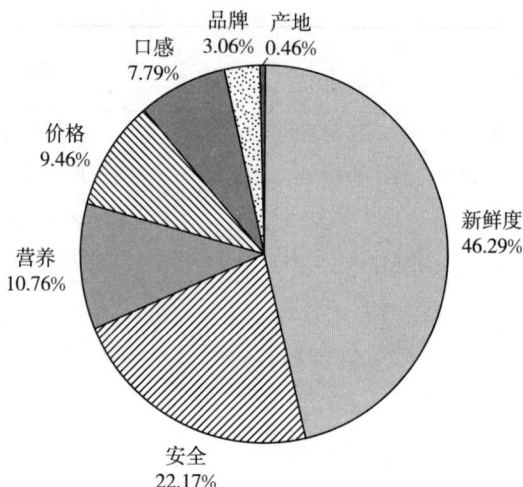

图 5 - 3　消费者购买农产品最主要考虑的因素

（2）居民购买粗粮的种类较为丰富，主要有小米、绿豆、燕麦和黑米等，但藜麦购买仍较少

具体而言：关于上海居民主要购买的粗粮种类，70.78％受访者平时会购买小米，59.83％的受访者平时会选择绿豆，49.81％的受访者平时会购买燕麦，39.98％的受访者会选择黑米作为日常食用的粗粮之一，31.35％的受访者将玉米渣视为选择之一，选择荞麦和藜麦的受访者占比分别为 25.97％和23.19％，11.13％的受访者将高粱米视为粗粮购买时的选择之一。

（3）居民对待营养丰富但是口味不佳的食物，超过三分之一的人愿意经常消费，但也有近三分之一的人不愿意经常消费，反映出口味对农产品消费的重要影响

具体而言：对于消费营养丰富但口味不佳的食物，有 2.6％的受访者表示非常不愿意经常消费该类食物，27.92％的受访者表示不太愿意经常消费该类食物，31.91％的受访者持不确定的态度，30.52％的受访者比较愿意经常消费该类食物，另有 7.05％的受访者对于该类食物持非常肯定的态度，表示非常愿意经常消费该类食物。总体来说，营养价值高但口味不佳的食物还是被消费者接受的。藜麦由于皂苷等成分的存在，较大程度上影响了其口感和味道，这对消费者的持续购买和消费带来较大影响。

（4）居民对藜麦的了解程度不是很高，仅有较少的消费者知道藜麦具有较高的营养价值，了解藜麦食用方法的消费者只有极少一部分人

具体而言：关于上海居民对藜麦了解程度的调查，18.46％的受访者从未

听说过藜麦，28.76%的受访者仅仅听说过藜麦，但是对于藜麦的营养价值及食用方法完全不了解，30.15%的受访者对藜麦的了解程度一般，17.25%的受访者比较熟悉藜麦，并且知道藜麦的营养价值高，仅有5.38%的受访者非常熟悉藜麦，同时也了解它的营养价值和食用方法（图5-4）。此外，大多数消费者并不知道藜麦产品的营养全面性超过任何一种传统的粮食作物。联合国粮农组织（FAO）认为藜麦是唯一一种单体植物即可满足人体基本营养需求的食物，被誉为"最适宜人类的全营养食品"。为促进人类营养健康和食品安全，FAO宣布2013年为"国际藜麦年"（IYQ），旨在让全世界加强对藜麦生物多样性和营养价值的研究与开发利用[①]。71.15%受访者并不知道藜麦产品的营养全面性超过任何一种传统的粮食作物，仅有28.85%的受访者对于藜麦产品的营养价值认知比较正确。

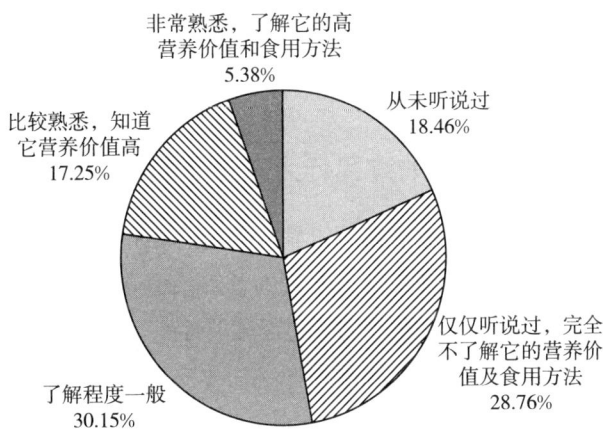

图5-4 消费者对藜麦产品的了解程度

（5）仅有少数居民对藜麦的营养全面性超过任何一种传统粮食作物这一说法持肯定态度，近八成的受访者认为国内生产的藜麦营养全面性与国外进口的差不多

具体而言：关于上海居民对藜麦营养全面性认可度调查，2.60%的受访者很不相信藜麦的营养全面性超过了任意一种传统粮食作物，21.80%的受访者表示不太相信，48.52%的受访者表示不确定，22.08%的受访者表示比较相信藜麦的营养全面性极高，非常相信藜麦营养全面性极高的受访者占比仅为5.01%（图5-5）。关于对国内外藜麦营养全面性的认知，有18.09%的受访

---

① 数据来源：https://www.fao.org/quinoa-2013/press-room/news/detail/zh/。

者认为国内藜麦的营养全面性更好，76.53%的受访者认为国内外藜麦的营养全面性没有差别，仅有5.38%的受访者认为国外进口的藜麦的营养全面性要高于国内藜麦。

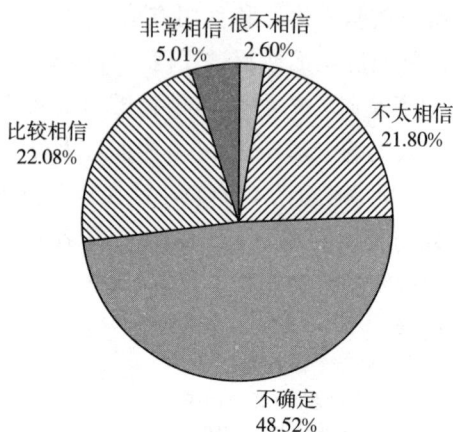

图5-5　消费者对藜麦营养全面性的信任度程度

3. 消费者对藜麦产品的购买行为与意愿的描述分析

（1）三分之一的受访消费者购买过藜麦产品，但持续购买藜麦产品的消费者比例偏低，近五成的受访者是因为藜麦的营养价值全面而选择购买藜麦产品

具体而言：412位受访者表示购买过藜麦产品，占比38.22%。在购买过藜麦产品的666位受访者中，保持高频率购买藜麦产品的消费者所占比重并不高。60.19%的受访者会偶尔购买藜麦产品，23.79%的受访者表示很少购买藜麦产品，仅有16.02%的受访者对藜麦的购买保持较高的频率（图5-6）。在购买过藜麦产品的受访者中，49.51%的受访者是因为藜麦的营养价值全面而

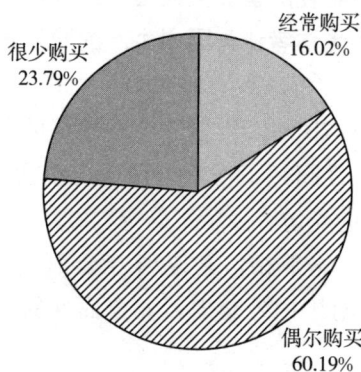

图5-6　消费者对藜麦产品的购买频率

购买，44.42%的受访者购买藜麦是属于尝鲜消费，23.54%的受访者是因为受到了朋友的推荐而选择购买藜麦，20.87%的受访者是因为认为藜麦的营养价值契合家庭特殊的需求而购买，仅有8.5%的受访者是认为藜麦的口感味道好而选择购买。

(2) 超市和电商平台是居民购买藜麦产品的主要场所，大多数受访者都选择购买原生藜麦谷物，居民对藜麦的食用方法主要是单独煮粥或蒸饭、将藜麦与其他谷物混合食用

具体而言：超市和电商平台是居民购买藜麦的主要渠道，52.91%的受访者购买藜麦的主要途径之一是通过超市购买，55.83%的受访者购买藜麦的主要途径之一是通过电商平台购买。将农贸市场和路边摊位作为购买渠道的受访者占比分别为12.14%和1.94%。另外，有10.92%的受访者是经过朋友的推荐而选择购买藜麦产品。目前市场上可供选择的藜麦产品种类并不多，在412位购买过藜麦产品的受访者中，71.60%的受访者主要购买原生藜麦谷物，22.33%的受访者购买过藜麦米粉、饼干、面条等儿童营养食物，24.51%的受访者购买过藜麦麦片、降脂降糖饼干等成人营养食物。购买藜麦饮料的受访者人数较少，所占比例为14.08%。购买藜麦的受访者中，54.13%的受访者选择将藜麦混合其他谷物一起食用，27.18%的受访者选择将藜麦单独煮粥或蒸饭，还有7.04%选择将藜麦搭配其他食材制作特色菜肴，6.07%的购买者将藜麦配制成米糊或米浆进行使用，极少数购买者会将藜麦用作煮汤食材。另外，还有3.88%的购买者会将藜麦制作成藜麦茶饮用（图5-7）。

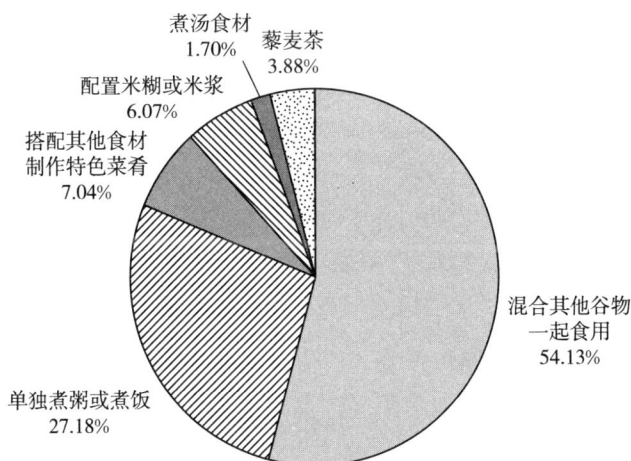

图5-7　消费者对藜麦产品的食用方法

(3) 购买过藜麦产品的消费者中，很少有人对藜麦的消费体验感到不满意，但近四成的消费者并不知道所购买的藜麦产自哪里，消费者对藜麦产品价格合理性的认可度不高

具体而言：通过对 412 位藜麦购买者的消费体验进行分析，发现仅有 1.70％的消费者对藜麦消费体验感到非常不满意，也仅有 1.70％的消费者对藜麦的消费体验感到不太满意。42.72％的消费者认为藜麦的消费体验一般，44.90％的消费者对藜麦消费体验感到比较满意，还有 8.98％的消费者对藜麦消费体验感到非常满意（图 5 - 8）。然而，在购买过藜麦产品的受访者中，40.53％的受访者并不知道自己所购买的藜麦产自哪里，32.04％的受访者认为自己购买的藜麦产品产自甘肃、新疆及内蒙古等西北地区，13.11％的受访者认为自己购买的藜麦产自云南等西南地区，7.04％的受访者认为自己购买的藜麦产自国外，还有 7.28％的受访者未做选择。此外，购买过藜麦产品的受访者中，有 51.46％的人认为市场上出售的藜麦价格不高不低，13.83％的购买者认为藜麦的市场价不太合理，31.31％的购买者认为藜麦的市场价格比较合理。另外，极少数购买者对藜麦的市场定价持有比较绝对的看法，1.46％的购买者认为藜麦的市场价非常不合理，而 1.94％的购买者则认为藜麦的市场定价非常合理。

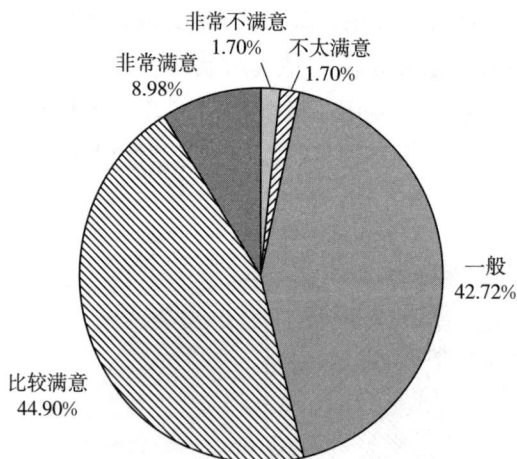

图 5 - 8　消费者对藜麦产品消费的满意度

(4) 藜麦的口感、价格以及营养价值是影响藜麦产品购买消费体验的主要影响因素，大多数购买者在消费藜麦产品后，会选择继续长期消费藜麦产品，且愿意推荐给身边的人

具体而言：在购买过藜麦产品的 412 位受访者中，57.28％的购买者认为口感会影响藜麦的消费体验，55.83％的购买者认为价格是影响藜麦消费体验

的主要影响因素之一，同时藜麦的营养、新鲜度和安全都成为影响藜麦消费体验的重要因素，占比分别为 40.78％、38.83％和 33.50％。相对较少的购买者认为藜麦的产地与品牌会影响藜麦消费体验。总的来说，购买者更加看重藜麦自身的价值，而较少关注品牌、产地等外在因素的影响。另外，在购买过藜麦的受访者中，74.27％的购买者会选择长期消费藜麦产品，25.73％的购买者认为自己不会长期消费藜麦产品。说明藜麦产品的消费黏度还是比较高的，具有一定的市场潜力。在购买过藜麦产品的受访者中，80.34％的购买者会选择将藜麦产品推荐给身边的人，仅有 19.66％的不会选择将藜麦推荐给他人，这说明购买者对藜麦产品价值的认可度较高，同时也说明口碑传播很有可能成为促进藜麦产品消费的重要因素。

(5) 对藜麦及其产品的了解程度不够，是阻碍居民购买藜麦产品最主要的原因；当消费者了解到藜麦产品丰富的营养价值后，大多数消费者表示愿意考虑购买藜麦产品

具体而言：在 666 位没有购买过藜麦的受访者中，85.44％的受访者未购买藜麦的原因是根本不了解藜麦。5.41％的受访者因认为藜麦的价格太高而未购买过藜麦产品，因为不相信藜麦的高营养价值和不喜欢藜麦的口感、味道而选择不消费藜麦的受访者占比分别为 3.15％和 6.01％（图 5 - 9）。然而，对受访消费者进行信息强化后，之前未购买过藜麦产品的受访者中，54.21％的受访者在了解到藜麦富含丰富的营养价值、矿物含量超过小麦的 4 倍、蛋白质含量是纯牛奶的 5 倍后，表示比较愿意考虑购买藜麦产品，14.41％的消费者表

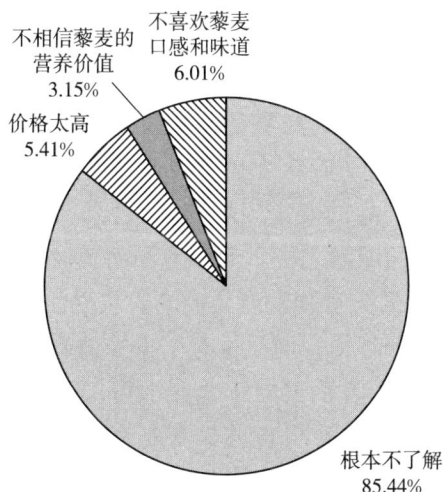

图 5 - 9　消费者没有购买藜麦产品的原因

示非常愿意考虑购买。仅有 6.90％的受访者在知道藜麦的高营养价值后，表示仍不会考虑购买藜麦产品。另外，24.47％的受访者对是否购买该产品持不确定态度（图 5-10）。

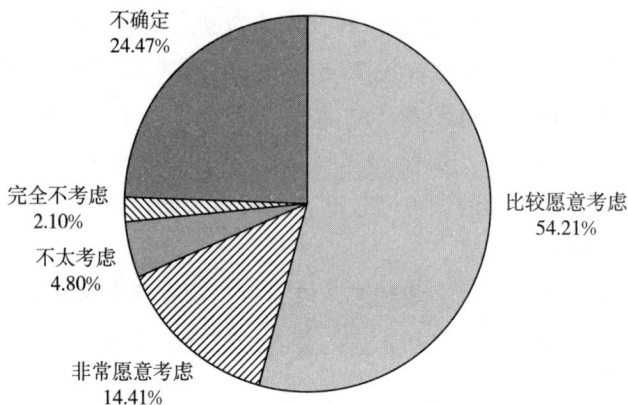

图 5-10　信息宣传强化后消费者购买藜麦产品的意愿

（6）选择大众喜爱的明星或者知名人物代言藜麦产品，会促使一部分消费者选择购买藜麦产品，但藜麦产品的营养、口感和价格是影响其消费行为的关键因素，原生藜麦谷物对未购买人群的吸引力高于藜麦加工产品

具体而言：在未购买过藜麦产品的 666 位受访者中，有 17.72％的受访者表示当自己喜欢的明星或知名人物代言了藜麦产品后，会选择购买该产品。但同时又有 16.37％的消费者表示，并不会因为自己喜爱的名人代言，而选择消费藜麦产品。另外，65.92％的受访者表示，不确定自己是否会受明星效应的影响而购买该产品。此外，在未购买过藜麦产品的受访者中，有 67.42％的受访者表示藜麦的营养价值是其选购藜麦的主要考虑因素。另外，藜麦产品的口感、价格也被超过六成的受访者认为是购买藜麦产品时主要考虑的因素。近一半的受访者认为藜麦产品的安全问题同样重要，45.95％的受访者表示新鲜度是购买时主要考虑的因素之一，而产地和品牌对藜麦消费的影响则相对较小（图 5-11）。在未购买过藜麦产品的 666 位受访者中，有 38.14％的人表示更想尝试原生的藜麦谷物。同时也有不少受访者表示更愿意尝试藜麦加工产品，23.57％的受访者表示偏向于藜麦米粉、饼干、面条等儿童营养食物，28.38％的受访者表示更希望尝试藜麦麦片、降脂降糖饼干等成人营养食物，仅有 6.01％的受访者更偏向于藜麦饮料，还有 3.90％的受访者未做出选择。

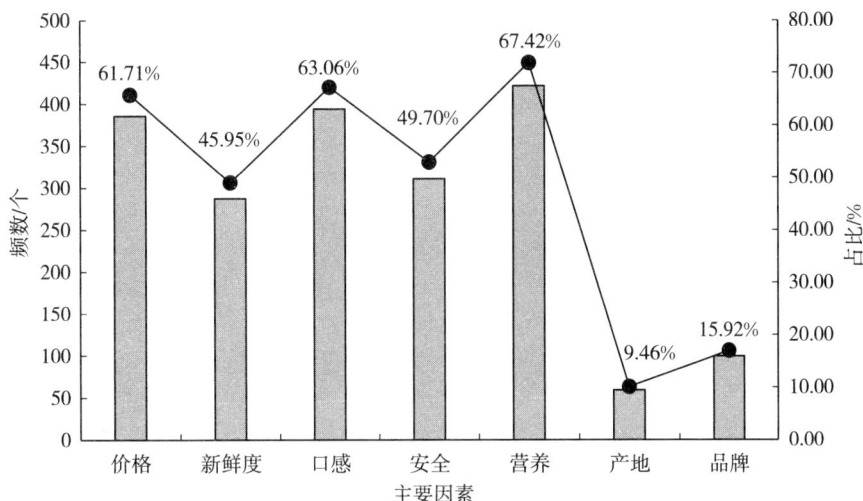

图 5 - 11　影响消费者购买藜麦产品的主要因素

注：影响消费者购买藜麦产品的主要因素为多选，各因素所占比例均为受该因素影响愿意购买藜麦产品的受访者占未购买过藜麦产品的 666 位受访者的比例。

（7）大多数受访者表示可接受的藜麦价格不超过每千克 40 元，大多数受访者表示身边朋友的推荐后会愿意消费藜麦产品，在价格差异不显著的情况下，绝大多数消费者愿意选择购买国内的藜麦产品

具体而言：超过五成的受访者表示可以接受的藜麦的单价在每千克 30 元以下，近三成的受访者能够接受藜麦单价在 30～40 元之间，也有部分受访者表示能够接受相对较高的藜麦价格，但也不超过 80 元，仅有 1.48％的受访者能够接受藜麦的价格在 80 元以上（图 5 - 12）。超过一半的受访者表示如果有朋友推荐了藜麦产品，他们是比较愿意消费藜麦产品的，还有 39.33％的受访者认为朋友的推荐并不会对其购买藜麦产品产生影响。仅有 7.51％的受访者表示在经过朋友的推荐后，仍然不愿意购买藜麦产品。此外，87.11％的受访者表示在价格差异不大的情况下，会选择优先购买国内的藜麦产品，另外的 12.89％的受访者选择优先购买国外的藜麦产品。这说明，绝大多数消费者对于国内农产品的质量比较有信心。在选择优先购买国内藜麦产品的受访者中，大多数受访者更加偏向于国内公司品牌化产品，而对国内散户经营的藜麦产品选择度不高。

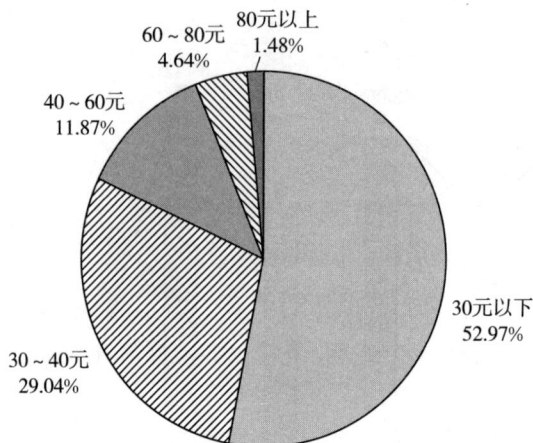

图 5-12 消费者对藜麦产品的支付意愿

(8) 多数消费者未仔细了解藜麦广告的内容，消费者们更加相信专家研究和新闻报道，七成受访者表示愿意接受餐饮行业推出的藜麦养生早晚餐

具体而言：有近一半的受访者在网络、电视等信息媒介上看到过有关藜麦宣传的报道，但是仅有 5.19% 的人仔细了解藜麦广告的内容。面对不同渠道给出的有关藜麦产品的各种评价，专家的研究结论以及新闻报道是构筑消费者对藜麦产品信任的关键渠道。39.98% 的受访者表示会选择相信专家给出的研究结论，30.43% 的受访者选择信任新闻报道。另外，9.65% 的受访者选择相信商家的产品宣传，8.53% 的受访者选择相信网络搜索到的信息，还有少数受访者愿意信任自媒体推介（图 5-13）。居民对藜麦养生早晚餐的接受程度比较高，七成受访者表示愿意接受餐饮行业推出的藜麦养生早晚餐，其中，

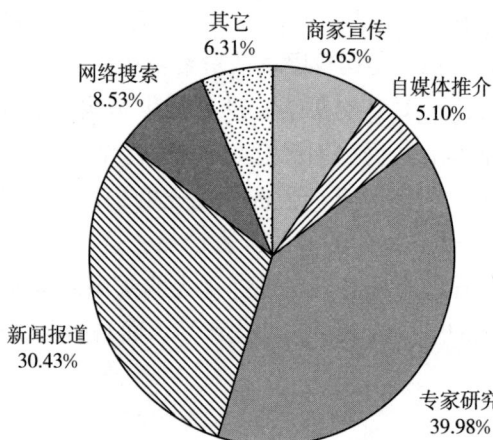

图 5-13 消费者对藜麦产品评价渠道的信任情况

53.90％的受访者表示比较愿意接受藜麦养生早晚餐，17.35％的受访者表示非常愿意尝试藜麦产品的养生早晚餐；还有一部分受访者对藜麦养生早晚餐持不确定的态度；仅有很少一部分受访者表示不愿意尝试藜麦养生早晚餐，其中，不太愿意尝试的占比为3.34％，完全不愿意尝试的占比为1.86％。

从受访者的藜麦产品购买状况看，在1 078名受访者中有412名购买过藜麦产品，占比为38.22％，其中经常购买的占比仅为16.02％。多数受访者考虑藜麦产品的营养价值购买或尝鲜消费，在购买途径上以电商平台和超市为主，占比分别为55.83％、52.91％。受访者购买的藜麦产品多产自甘肃、新疆、内蒙古等西北地区，但仍有40.53％的受访者并不明确产品产地。产品形式上以购买藜麦原生谷物为主，其次是藜麦麦片、降脂降糖饼干等成人营养食物和藜麦米粉等儿童营养食物。在食用方式上，以与其它谷物混合食用和单独煮粥或蒸饭为主。产品的口感、价格、营养和新鲜度是影响消费体验的主要因素，仅有33.25％的受访者认为产品价格较为合理，整体上看超半数的受访者消费体验较好。在购买过藜麦产品的群体中，有74.27％的受访者愿意继续购买藜麦产品，且80.34％的受访者表示愿意推荐他人购买（表5－2）。

表5－2　藜麦产品购买状况

变量	选项	频数（个）	比例（％）
购买行为	购买	412	38.22
	未购买	666	61.78
购买原因	营养价值全面	204	49.51
	尝鲜消费	183	44.42
	朋友推荐	97	23.54
	契合家庭需要	86	20.87
	口感味道好	35	8.50
产品形式	原生藜麦谷物	295	71.60
	藜麦麦片、降脂降糖饼干等成人营养食物	101	24.51
	藜麦米粉、饼干、面条等儿童营养食物	92	22.33
	含藜麦饮料	58	14.08
	其它	20	4.85
食用方式	混合其它谷物食用	223	54.13
	单独煮粥或蒸饭	112	27.18
	搭配其它食材食用	29	7.04
	配制米糊或米浆	25	6.07

（续）

变量	选项	频数（个）	比例（%）
食用方式	藜麦茶	16	3.88
	用作煲汤食材	7	1.7
价格合理性	非常不合理	6	1.46
	不太合理	57	13.83
	一般	212	51.46
	比较合理	129	31.31
	非常合理	8	1.94
是否继续购买藜麦产品	是	306	74.27
	否	106	25.73
是否推荐他人购买	是	331	80.34
	否	81	19.66
购买频率	很少购买	98	23.79
	偶尔购买	248	60.19
	经常购买	66	16.02
购买途径	电商平台	230	55.83
	超市便利店	218	52.91
	农贸市场	50	12.14
	其它	26	6.31
	路边摊位	8	1.94
产品产地	不知道	167	40.53
	甘肃、新疆、内蒙古等西北地区	132	32.04
	云南等西南地区	54	13.11
	国内其他地区	30	7.28
	国外	29	7.04
消费体验	非常不满意	7	1.70
	不太满意	7	1.70
	一般	176	42.72
	比较满意	185	44.90
	非常满意	37	8.98
消费体验的影响因素	口感	236	57.28
	价格	230	55.83
	营养	168	40.78

（续）

变量	选项	频数（个）	比例（%）
消费体验的影响因素	新鲜度	160	38.83
	安全	138	33.5
	品牌	70	16.99
	产地	55	13.35

注：购买原因、购买途径、产品形式和消费体验的影响因素为多选项。

四、都市居民藜麦购买行为及支付意愿影响因素的计量分析

1. 模型构建与变量选择

采用二元 Logit 模型和有序 Logit 模型分别分析消费者藜麦产品购买行为和支付意愿的影响因素，表达式为：

$$Y = \alpha_0 + \alpha_1 NT + \alpha_2 SN + \alpha_3 X_i + \varepsilon \qquad (5-1)$$

其中，Y 为被解释变量，表示购买行为和支付意愿，NT 和 SN 分别表示营养信任和主观规范，X_i 为控制变量组，α_0、α_1、α_2、α_3 为回归系数，ε 为随机误差项。

为进一步检验营养偏好和认知偏好产生的调节效应，分别引入营养偏好与营养信任的交互项和认知偏好与主观规范的交互项，表达式为：

$$Y = \alpha_0 + \alpha_1 NT + \alpha_2 SN + \alpha_4 NUP + \alpha_5 COP +$$
$$\alpha_6 NT \times NUP + \alpha_7 SN \times COP + \alpha_3 X_i + \varepsilon \qquad (5-2)$$

其中，NUP 和 COP 分别表示营养偏好和认知偏好，α_4、α_5、α_6、α_7 为待估参数。

采用消费者的藜麦产品购买行为和支付意愿为被解释变量，核心解释变量为营养信任和主观规范，调节变量为营养偏好和认知偏好。其中营养信任是指消费者对藜麦产品的营养全面性超过任何一种传统粮食作物的信任程度，为虚拟变量；主观规范、营养偏好和认知偏好均采用李克特五分量表测度。此外，在控制变量方面，选取受访者的性别、年龄、户籍、受教育程度和职业 5 个变量衡量个人特征，引入老人小孩数和平均月收入 2 个变量衡量家庭特征。各变量定义及描述性统计见表 5-3。

表 5 - 3　变量定义与描述性统计

变量类型	变量	变量定义及赋值	均值	标准差
被解释变量	支付意愿	您认为每千克藜麦可接受的价格是：＜30 元＝1；＞30～40 元＝2；＞40～60 元＝3；＞60～80 元＝4；＞80 元＝5	1.726	0.945
	购买行为	是否购买过藜麦产品：是＝1；否＝0	0.382	0.486
核心解释变量	营养信任	是否相信藜麦的营养全面性超过任何一种传统粮食作物：比较相信或非常相信＝1；很不相信、不太相信或不确定＝0	0.271	0.445
	主观规范	您周围是否有人消费藜麦产品：几乎没有＝1；很少＝2；一般＝3；较多＝4；很多＝5	1.941	0.840
调节变量	营养偏好	若某种食物营养丰富，但其口味一般，您是否愿意经常消费它：非常不愿意＝1；不太愿意＝2；不一定＝3；比较愿意＝4；非常愿意＝5	3.115	0.979
	认知偏好	您对藜麦的了解程度如何：从未听说过＝1；仅仅听说过，完全不了解＝2；了解程度一般＝3；比较熟悉，知道它营养价值高＝4；非常熟悉，了解它的高营养价值和食用方法＝5	2.623	1.128
控制变量	性别	女＝0；男＝1	0.381	0.486
	年龄	18～29 岁＝1；30～39 岁＝2；40～49 岁＝3；50～59 岁＝4；60 岁及以上＝5	2.616	1.132
	户籍	沪籍＝1；非沪籍＝0	0.670	0.471
	受教育程度	小学及以下＝1；初中＝2；中专或高中＝3；大专＝4；本科＝5；研究生及以上＝6	4.921	1.144
	职业	公务员、事业单位或企业员工＝1；非公务员、事业单位或企业员工＝0	0.735	0.442
	老人小孩数	家庭中 60 周岁以上的老人数和 15 周岁以下的小孩数之和（实际数值）	3.016	0.832
	平均月收入（万元）	家庭平均月收入（税后）：＜1＝1；1～3＝2；＞3～5＝3；＞5～10＝4；＞10～15＝5；＞15 万＝6	2.878	1.720

2. 模型估计结果与分析

在实证分析前对变量进行多重共线性检验，各解释变量的 VIF 值最大为 1.57，平均值为 1.21，即各变量间不存在严重的多重共线性问题；分别采用二元 Logit 模型和有序 Logit 模型分析居民藜麦产品购买行为和支付意愿的影响因素。估计结果见表 5-4。LR 卡方检验值均在 1% 的水平上显著，表明该结果在统计上显著。

在对购买行为的影响方面，营养信任和主观规范均在 1% 的水平上对购买行为产生显著正向影响；在对支付意愿的影响方面，营养信任和主观规范分别在 5% 和 1% 的水平上显著提高消费者的支付意愿。这说明，当消费者越信任藜麦产品的营养价值、越容易受他人行为影响时，越倾向于购买藜麦产品，支付意愿也越高。可能的原因在于：一方面，目前消费者的日常饮食在满足吃饱、吃好的前提下逐渐向吃健康的方向转变，因此在选购食品时愈发关注其营养价值，在此趋势下对食品营养价值的信任就成为促进其购买行为、提高支付意愿的推动力；另一方面，在某类产品并未得到充分的市场推广、消费者对其特性尚不熟悉时，周围人的行为就成为个体决策的重要参考，也更易产生从众行为，若个体社交圈内的亲戚、同事等人购买过藜麦产品，将有助于个体的购买决策。

从控制变量看，当消费者为上海户籍时，对购买行为和支付意愿的正向影响均在 1% 的水平上显著，而老人小孩数仅对支付意愿产生显著正向影响，女性消费者和年龄较大的消费者更倾向于购买藜麦产品。这是由于对几代同堂的家庭而言，其家庭消费决策往往更关注老人和小孩的消费需求，对能够满足老人和小孩需要的产品也更愿意支付更高的价格。在购买行为上，女性消费者对购买行为的正向影响可能是由于家庭的日常消费通常由女性负责。

表 5-4　营养信任与主观规范对购买行为及支付意愿的影响

变量	购买行为		支付意愿	
	系数	标准误	系数	标准误
营养信任	1.202***	0.163	0.315**	0.140
主观规范	1.086***	0.103	0.381***	0.076
性别	−0.500***	0.156	0.201	0.124
年龄	0.149*	0.082	0.036	0.066
户籍	0.526***	0.186	0.382***	0.147

（续）

变量	购买行为		支付意愿	
	系数	标准误	系数	标准误
受教育程度	0.013	0.073	0.047	0.059
职业	0.189	0.190	0.118	0.152
老人小孩数	−0.023	0.089	0.232***	0.072
平均月收入	−0.007	0.044	0.038	0.035
常数项	−3.699***	0.564	—	
观测值	1 078		1 078	
LR chi2	307.33***		68.41***	
Pseudo R^2	0.214 3		0.027 5	

注：*、**、***分别表示在10%、5%、1%的水平上显著。

个体的消费行为是多种因素共同作用的结果，除营养信任和主观规范外，对食物营养的偏好及其特性的了解程度构成个体食品消费行为的内在驱动力，是影响藜麦产品购买行为及支付意愿的重要因素。本部分在对营养信任、主观规范、营养偏好和认知偏好进行变量中心化处理后，分别建立营养偏好与营养信任的交互项和认知偏好与主观规范的交互项，检验营养偏好和认知偏好的调节效应，实证结果见表5-5。

表5-5　偏好异质性的调节效应检验

变量	购买行为				支付意愿			
	模型1		模型2		模型3		模型4	
	系数	标准误	系数	标准误	系数	标准误	系数	标准误
营养信任	1.544***	0.158			0.392***	0.142		
主观规范			0.722***	0.123			0.345***	0.082
营养偏好	0.180**	0.073			0.138**	0.064		
营养偏好×营养信任	0.126	0.155			0.315**	0.137		
认知偏好			1.575***	0.115			0.131**	0.062
认知偏好×主观规范			−0.220*	0.125			0.053	0.062
性别	−0.591***	0.146	−0.296	0.182	0.137	0.123	0.231*	0.125
年龄	0.106	0.076	0.037	0.096	0.021	0.065	0.021	0.066
户籍	0.491***	0.172	0.309	0.214	0.379**	0.147	0.366**	0.148
受教育程度	0.100	0.069	−0.147*	0.084	0.078	0.059	0.023	0.059
职业	0.070	0.177	−0.031	0.221	0.095	0.151	0.099	0.153

（续）

变量	购买行为				支付意愿			
	模型 1		模型 2		模型 3		模型 4	
	系数	标准误	系数	标准误	系数	标准误	系数	标准误
老人小孩数	−0.080	0.084	−0.102	0.104	0.205***	0.072	0.230***	0.072
平均月收入	0.021	0.041	0.037	0.052	0.050	0.035	0.044	0.035
常数项	−1.295***	0.488	−0.047	0.604	—	—	—	—
观测值	1 078		1 078		1 078		1 078	
LR chi2	181.80***		558.84***		54.24**		68.74***	
Pseudo R^2	0.126 8		0.389 7		0.021 8		0.027 6	

注：*、**、*** 分别表示在 10%、5%、1% 的水平上显著。

在引入交互项后，核心解释变量营养信任和主观规范仍对购买行为和支付意愿产生显著正向影响。在购买行为方面，认知偏好与主观规范的交互项在 10% 的水平上显著为负，即认知偏好在主观规范对购买行为的影响中具有负向调节作用。在支付意愿方面，营养偏好与营养信任的交互项系数在 5% 的水平上显著为正，即营养偏好在营养信任对支付意愿的影响中具有正向调节作用。主要原因在于，对于在食品选购过程中更关注食物营养属性的消费者而言，虽然藜麦产品的口感大多较差，但其所具有的高营养价值契合了此类人群的消费需求，能够提高消费者的支付意愿；当消费者对藜麦产品的了解程度较高时，其产品购买行为更依赖根据自身了解到的产品信息进行主观判断，此时个体主观判断的作用将对由他人行为影响造成的从众购买行为产生一定替代作用。

3. 稳健性检验

为保证研究结论的准确性，本章通过替换变量，用购买频率替换购买行为，利用有序 Logit 模型检验偏好异质性的调节效应，其中，购买频率的变量赋值为：未购买＝0；很少购买＝1；偶尔购买＝2；经常购买＝3。更换实证方法，采用有序 Probit 模型分析偏好异质性对支付意愿的调节效应。实证结果见表 5-6。结果表明，认知偏好与主观规范的交互项对购买行为具有显著负向影响，营养偏好与营养信任的交互项对支付意愿具有显著正向影响，且均在 5% 的水平上显著，与上文实证结果基本一致，实证结果稳健。

表 5 − 6   偏好异质性的稳健性检验

变量	购买行为				支付意愿			
	模型 5		模型 6		模型 7		模型 8	
	系数	标准误	系数	标准误	系数	标准误	系数	标准误
营养信任	1.577***	0.147			0.221***	0.083		
主观规范			0.837***	0.116			0.196***	0.048
营养偏好	0.207***	0.071			0.070*	0.037		
营养偏好×营养信任	0.201	0.143			0.178**	0.080		
认知偏好			1.575***	0.096			0.078**	0.036
认知偏好×主观规范			−0.196**	0.093			0.031	0.036
控制变量	已控制		已控制		已控制		已控制	
观测值	1 078		1 078		1 078		1 078	
LR chi2	218.22***		663.25***		54.17***		71.58***	
Pseudo R^2	0.098 8		0.300 3		0.021 8		0.028 4	

注：*、**、*** 分别表示在 10%、5%、1% 的水平上显著。

五、本章小结

本章利用 2021 年 7 月上海市 1 078 份消费者微观调查数据，调查分析都市居民对藜麦产品的认知、态度和购买行为，并重点实证分析营养信任对消费者的藜麦产品购买行为和支付意愿的影响，并进一步探究偏好异质性的调节效应。研究结论如下：都市居民购买农产品时，更关注农产品的新鲜度、安全与营养价值，消费者对农产品的品质要求较高。居民购买粗粮的种类较为丰富，主要有小米、绿豆、燕麦和黑米等，但藜麦购买仍较少。消费者对藜麦的了解程度不是很高，仅有较少的消费者知道藜麦具有较高的营养价值，了解藜麦食用方法的消费者只有极少一部分人。仅有少数受访者对藜麦的营养全面性超过任何一种传统粮食作物这一说法持肯定态度，近八成的受访者认为国内藜麦的营养全面性与国外进口的差不多。三分之一的受访者购买过藜麦产品，但持续购买藜麦产品的消费者比例偏低，近五成的受访者是因为藜麦的营养价值全面而选择购买藜麦产品。超市和电商平台是居民购买藜麦产品的主要场所，大多数受访者都选择购买原生藜麦谷物，藜麦的食用方法主要是单独煮粥或蒸饭、将藜麦与其他谷物混合食用。购买过藜麦产品的消费者中，很少有人对藜麦的消费体验感到不满意，但近四成的消费者并不知道所购买的藜麦产自哪里，消费者对藜麦产品价格合理性的认可度不高。藜麦的口感、价格以及营养价值是影响藜麦产品购买消费体验的主要影响因素，大多数购买者在消费藜麦产品后，会选择继续长期消费藜麦产品，且愿意推荐给身边的人。对藜麦及其产品的了解程度不够，是阻碍居民购买藜麦产品最主要的原因；当消费者了解到藜麦产品丰富的营养价值后，大多数消费者表示愿意考虑购买藜麦产品。选择大众喜爱的明星或者知名人物代言藜麦产品，会促使一部分消费者选择购买藜麦产品，但藜麦产品的营养、口感和价格是影响其消费行为的关键因素，原生藜麦谷物对未购买人群的吸引力高于藜麦加工产品。大多数受访者表示可接受的藜麦价格不超过每千克 40 元，大多数受访者表示身边朋友的推荐后会愿意消费藜麦产品，在价格差异不显著的情况下，绝大多数消费者愿意选择购买国内的藜麦产品。多数消费者未仔细了解藜麦广告的内容，消费者们更加相信专家研究和新闻报道，七成受访者表示愿意接受餐饮行业推出的藜麦养生早晚餐。

此外，分析计量模型估计结果得知：第一，营养信任和主观规范既能促进消费者的购买行为，又能提高消费者对藜麦产品的支付意愿。这说明无论是对产品的支付意愿还是购买行为，消费者主观上对藜麦产品营养价值的信任水平和周围人的行为影响都是不可或缺的影响因素。第二，购买行为与支付意愿均受到偏好异质性的调节作用，消费者的认知偏好会削弱主观规范对购买行为的正向影响，而营养偏好能够强化营养信任对支付意愿的正向影响，且上述研究结论经稳健性检验仍然成立。偏好异质性对购买行为和支付意愿的作用效果差异可能是由于，购买行为作为一种消费者所付诸的实际行动，较之支付意愿面临现实情境下更复杂的因素影响，即使消费者出于食物营养价值的考量愿意支付更高的价格，但由于在购买时还需考虑产品类型、烹饪方法等多种因素，此时消费者对藜麦产品的了解程度和他人的购买行为都会为个体的购买决策提供信息参考，同时自身的认知水平提高在一定程度上能够代替他人行为影响导致的从众消费行为。

第六章
都市居民花卉消费行为分析

近年来，得益于国际化大都市的区位优势，上海花卉产业取得了长足发展，积累了一定的技术成果，逐步形成了良好的产业格局。花卉产业的发展为上海城市发展增添了亮色与活力，美化了环境，陶冶了情操，提高了人们生活的幸福感、获得感和满意度，有助于促进人与自然的和谐。研究影响居民花卉购买行为的因素，了解居民的花卉需求，有助于促进花卉产业持续健康发展。本章基于顾客满意理论，利用上海市 15 个区实地调查的 838 份消费者调研问卷数据，采用二元 Logit 模型，分析顾客满意度对居民花卉购买行为的影响，并探究花卉购买目的对满意度影响的调节作用。

一、研究依据与文献综述

当前中国经济飞速发展，居民家庭收入水平不断提高，人们对高品质生活的追求日益增长，对花卉的需求亦随之增加，花卉消费开始向大众消费、日常消费转变（中国花卉协会，2018）。近年来，我国花卉产业发展迅速，产业链趋于完整，现已成为世界上最大的花卉生产基地、重要的花卉进出口贸易国和花卉消费国。国家林业和草原局的相关数据显示，2021 年，我国花卉种植面积为 159.41 万公顷，销售额达 2 160.65 亿元，较 2020 年分别增长 8.27% 和 6.93%；出口额达 6.8 亿元，较 2020 年增长 3.60%。"十四五"规划中的美丽中国建设对花卉产业提出了巨大需求，此外，交通条件等基础设施的不断改善、资金投入的增加和科学技术的进步，都极大地推动了我国花卉产业的发展。上海作为国际化的大都市，人们对高品质生活的向往和追求相对比较强烈，对花卉产品的需求也更加旺盛。上海市政府十分重视花卉产业的发展，高水平的花卉科研机构和便利的交通条件为花卉产业的快速发展提供了强有力的支撑，花卉产业格局逐渐完善，但缺少对市场需求和消费者行为的关注，不利于进一步满足消费需求（杨德利等，2022）。因此，在上海大力发展花卉产业的背景下，基于消费偏好异质性研究顾客满意度对花卉购买行为的影响，对了解顾客的需求、改善花卉市场提供的产品和服务、促进花卉产业持续健康发展有重要意义。

消费者的购买行为一直是学者们关注的话题，充分了解消费者的购买行为对企业来说至关重要，有助于制定合理有效的销售策略（Schimmenti et al.，2013）。商品购买行为的发生是因为消费者可以从提供的产品和服务中获得满足感（Johnson et al.，1984），消费者在自身需求得到满足的同时，亦会考虑是否对环境产生不良影响，是否会影响后代的需求（Hansen and Schrader，1997）。关于消费者的购买行为，Sheth et al.（1991）提出了消费价值理论，认为五种消费价值（功能价值、社会价值、情感价值、认识价值和条件价值）会影响消费者是否购买以及选择购买哪种产品。Romani et al.（2009）认为消费者的个人行为是个人内部阐述过程的结果，该过程始于消费者对信息刺激的感知，消费者将这种感知储存在记忆中，用来塑造自己的行为，以获得特定的目标。此外，消费者对不同产品的价值观（Ramkissoon et al.，2009）和情绪状态（Schimmenti et al.，2013）也会对购买行为产生影响。

植物可以有效减轻压力，缓和情绪（Matsuo，2008），提高生活质量，其中花卉在满足居民审美需求（Gholap et al.，2016）、传达情感方面（Criley，2008）有着重要作用，比如表达喜爱和感谢，因此选择购买花卉的理由大多是因为其审美价值或情感价值（Oppenheim.，2000），比如美化室内环境、感受自然（Imanishi et al.，2008）或者营造良好的家庭氛围（Oppenheim，1996）。众多学者对影响花卉购买行为的因素进行了研究，Schimmenti et al.（2013）对意大利花卉消费者的偏好进行分析，结果表明女性购买花卉的频率更高，且花卉购买频率随着年龄的增加而增加。对年龄大的人来说，物质对他们来说变得不那么重要了（Roberts and Manolis，2000），他们更渴望在园艺类活动中找到精神上的满足（Behe et al.，2003；Dennis and Behe，2007）。Baourakis et al.（1996）对雅典的花卉市场进行了调研，得出结论：年龄、收入和对花卉的了解程度都正向影响花卉购买行为。花卉品质差、花期短会抑制消费者对花卉的购买（Jowkar et al.，2007）。多数学者的研究表明，在节假日和纪念日，消费者对花卉的需求会明显增加（Özzambak et al.，2009；Junqueira and Peetz，2017），尤其是在母亲节和情人节。

研究影响消费者购买花卉的因素，对了解花卉需求至关重要（Girapun-thong，2002）。现有文献主要研究了顾客的性别、年龄等个人特征以及花卉的特性对花卉购买行为的影响，但鲜有研究顾客满意度对其购买行为的影响，并缺乏对调查样本的异质性分析。基于此，基于上海市 15 个区实地调查的 838 份消费者调研问卷数据，研究中采用二元 Logit 模型，分析顾客满意度对花卉购买行为的影响，并探究购买目的是如何影响满意度对购买行为的作用强度，以期让政府和花卉产业更加了解消费者的花卉需求。

二、理论分析与研究假设

1. 顾客满意度与购买行为

顾客满意理论在市场营销、组织管理等领域被广泛运用，Cardozo 最早将顾客满意的概念引入市场营销领域，随后多位学者对满意度进行了研究，Kotler and Stonish（1991）认为顾客满意是"一个人对某种产品或服务的可感知效果与期望值进行比较后所形成的愉悦或失望的心理状态，受到感知效果和期望差异的影响"，Hunt（1977）将顾客满意度描述为"对期望的检验和对情绪的评估"。企业要想获得长期的收益，就必须获得顾客的满意（Anderson et al.，1994），满意度与顾客的态度（Oliver，1980）、忠诚度（Yeo et al.，2016）、购买意愿和行为（Anderson and Fornell，1994；Cronin and Taylor，1992；Fornell，1992）之间都存在正相关关系，顾客的满意度越高，对产品的态度就越积极，反之则会产生消极的态度。消费者购买花卉的频率和数量会受到消费者对花卉的认知和态度（Demby，1973）等变量的影响，顾客对花卉持消极态度时，购买花卉的频率会显著减少（Huang，2005），无法满足消费者需求，使消费者对花卉产品感到不满，也会减少消费者的购买频率。此外，顾客对商品的总体满意度虽然可以预测顾客的行为和意图，但并不能确定需要改进的具体方面（Garbarino and Johnson，1999），因此本研究将顾客对花卉产品及其购买过程的满意度分解为对花卉品种多样性、品质、包装、服务、价格、购买便捷性及宣传促销方式的满意度，以便商家更好地改善所提供的产品和服务，迎合消费者的需求。据此可认为，顾客满意度会促进居民的花卉购买行为，即各具体方面的满意度越高，越有可能经常购买花卉。

2. 购买目的的调节作用

顾客满意度和购买行为并不是简单的线性关系，有相同满意度的顾客会由于不同的个人特征（Mittal and Kamakura，2001）而表现出不同的购买行为，此外，时间和精力（Feldman and Hornik，1981；Jacoby et al.，1976）、动机和认知能力（Macinnis and Moorman，2007）也会影响顾客的购买行为。与传统的农业食品不同，大多数花卉的属性无法量化，因此消费者从消费中获得的满足感与购买目的密切相关，这也意味着对花卉的需求会受到消费者购买花卉目的的影响。消费者的购买目的不同，在购买时所重视的产品特质就不同：以送人为目的花卉消费者愿意支付更贵的价格在花店购买鲜切花（Batt and Pool，2004），并且更加重视花卉的品质和包装；当购买花卉的是自用时，消费者更注重花束的多样性、价格和颜色（Baourakis et al.，1996）。研究中，将花卉的购买目的分为送人、爱好和装饰三种。其中，爱好是指顾客喜爱花卉，花卉可以使他们得到精神上的满足和放松；装饰指顾客购买花卉是为了美化家居环境、净化空气等。据此可认为，消费者购买花卉的目的会影响满意度对花卉购买行为的作用强度。

综上所述，构建了理论分析框架（图 6-1）。该框架表示顾客对花卉品种多样性、品质、包装、服务、价格、购买便捷性及宣传促销方式的满意度会直接影响顾客的花卉购买行为，同时，顾客购买花卉的目的会影响各个满意度对花卉购买行为的作用强度。

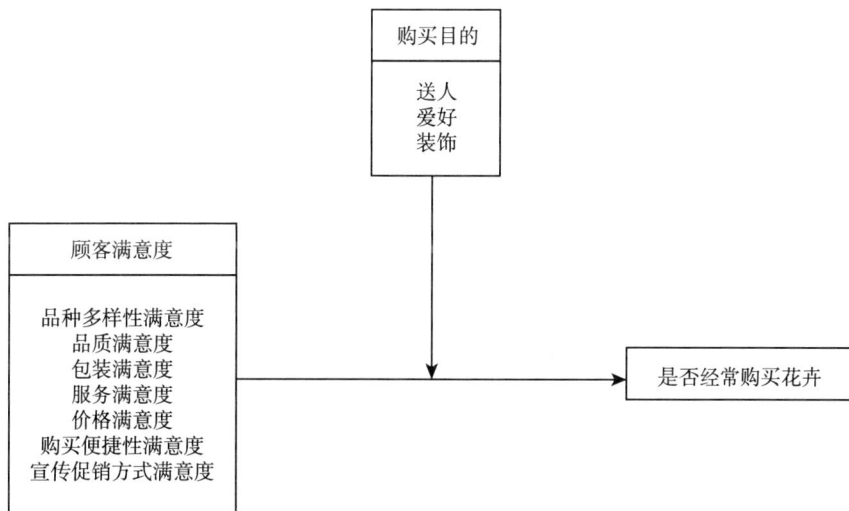

图 6-1　理论分析框架

三、都市居民花卉购买行为描述性分析

1. 数据来源与样本说明

研究所用数据主要来源于 2019 年 12 月对上海市 15 个城区（除崇明）花卉消费者的实地调查所得，经筛选最终获得 838 份有效问卷，为保证调查问卷质量，调查人员均为受过相关培训的研究生，并进行了预调研，采用随机抽样的方法对每位受访者面对面访问。为了使所获得的数据更有代表性，根据上海各区的常住人口比例对其调查数量进行了控制。上海市各城区样本量及所占比例如表 6-1 所示。

表 6-1　上海市各城区样本量及所占比例

城区	频数（个）	比例（％）
宝山	33	3.94
奉贤	60	7.16
虹口	42	5.01
黄浦	23	2.74
嘉定	58	6.92
金山	57	6.80
静安	52	6.21
闵行	108	12.89
浦东	141	16.83
普陀	40	4.77
青浦	51	6.09
松江	41	4.89
徐汇	83	9.90
杨浦	28	3.34
长宁	21	2.51

以下对样本基本特征做一下说明。从性别来看，男性共 358 人，占总样本的 42.72％，女性 480 人，所占比例为 57.28％。从户籍分布来看，外地人员

居多，有 509 人，占样本总量的 60.74％。从年龄来看，26～35 岁的人最多，占总样本的 32.34％，其次是 25 岁及以下、36～45 岁、46～55 岁和 55 岁以上的，分别占总样本的 19.21％、19.09％、15.27％、14.08％。从学历来看，小学及以下学历的人数最少，占总样本的 5.13％，初中学历的有 190 人，所占比例为 22.67％，中专或高中学历的有 182 人，所占比例为 21.72％，专科及以上学历共有 423 人，占总样本的 50.47％。从职业来看，企事业单位员工、公务员和其他职业（个体私营户、农村进城务工人员、无业、失业或半失业人员、学生）的人数相差不大，各占总样本的 44.15％和 55.85％。从样本的家庭人口总数来看，3 口之家占比最大，为 34.13％。在家庭月平均收入方面，样本中 50.72％的家庭月平均收入在 5 000～14 999 元（表 6-2）。

表 6-2　样本说明

项目	类别	频数（个）	比例（％）	项目	类别	频数（个）	比例（％）
性别	男	358	42.72	职业	企事业单位员工、公务员	370	44.15
	女	480	57.28		其他	468	55.85
户籍	本地	329	39.26	家庭人口总数	1 人	58	6.92
	外地	509	60.74		2 人	130	15.51
年龄	25 岁及以下	161	19.21		3 人	286	34.13
	26～35 岁	271	32.34		4 人	163	19.45
	36～45 岁	160	19.09		5 人及以上	201	23.99
	46～55 岁	128	15.27	家庭月平均收入	5 000 元以下	47	5.61
	55 岁以上	118	14.08		5 000～9 999 元	198	23.63
学历	小学及以下	43	5.13		10 000～14 999 元	227	27.09
	初中	190	22.67		15 000～19 999 元	82	9.79
	中专或高中	182	21.72		20 000 元及以上	284	33.89
	专科	152	18.14				
	本科	203	24.22				
	研究生	68	8.11				

2. 上海市居民花卉消费习惯与认知态度分析

(1) 城市居民普遍购买过花卉，但购买并未形成常态，主要是在花店买花，且更偏好购买盆栽植物花卉

调查发现，在所有受访消费者中，89.24％的人购买过花卉，经常购买的

占总样本的比例为 12.99%，偶尔购买花卉的占比为 76.52%，没有购买过的占比 10.76%。在购买花卉的频率上，节假日、纪念日购买花卉的消费者最多，占总样本比重的 26.49%，2~3 月一次的消费者占比为 25.30%，每月 2~3 次和几乎不买的消费者占比分别为 15.27% 和 12.05%，每周一次和每周 2~3 次的消费者占比分别为 10.02% 和 10.86%（图 6 - 2）。认为一次购买花卉可以接受的价格是 50~100 元的消费者占比为 47.61%，50 元以下的消费者占比为 30.79%，>100~300 元的占比为 18.26%，300 元以上的占比为 3.34%。

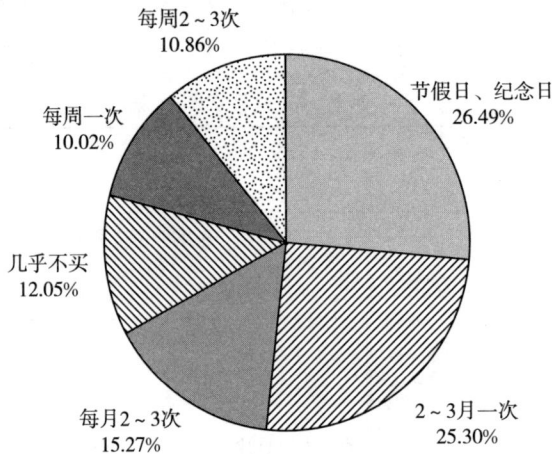

图 6 - 2　消费者购买花卉频率

此外，关于花卉购买场所，大多数受访消费者在花店购买花卉，在专门花卉市场购买的受访者数量也较多，网购和在街边小贩处购买的占比较少。具体而言，调查数据显示，在花店购买花卉的消费者占比为 50.84%，在专门的花卉市场购买的受访者占比为 40.57%，网购和在街边小贩处购买的占比分别为 22.20% 和 20.14%，选择其他的仅占总样本的 5.25%（图 6 - 3）。关于花卉购买类型，受访消费者更倾向于购买盆栽植物，其次是鲜切花，购买干花和其他的占比较少。具体而言，倾向于购买盆栽植物的占总样本比例为 65.87%，购买鲜切花的占比 27.92%，购买干花和其他占比分别为 9.90% 和 6.56%（图 6 - 4）。关于花卉购买包装，受访者中，选择用花盆包装花卉的消费者占比最多，其次是花束和花瓶，选择用单只包装和花篮占比较少。选择用花盆包装花卉的消费者占比为 50.60%，选择花束和花瓶占比分别为 35.32% 和 26.49%，选择单只包装和花篮占比分别为 13.13% 和 14.20%。

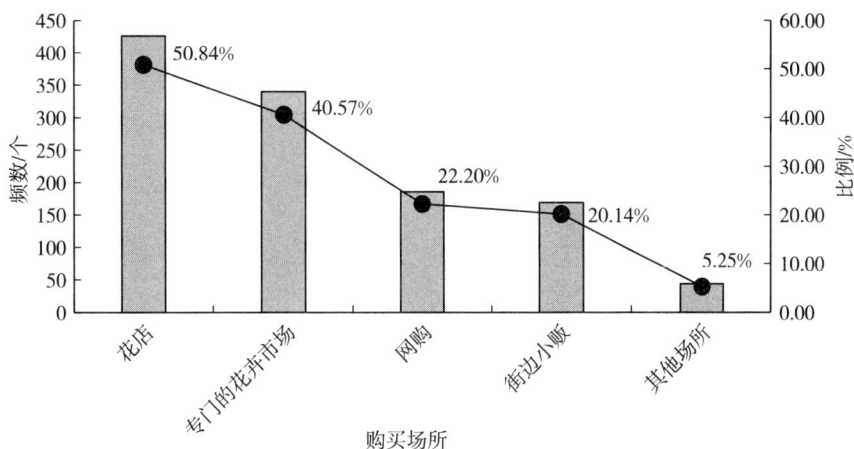

图 6-3　花卉购买场所

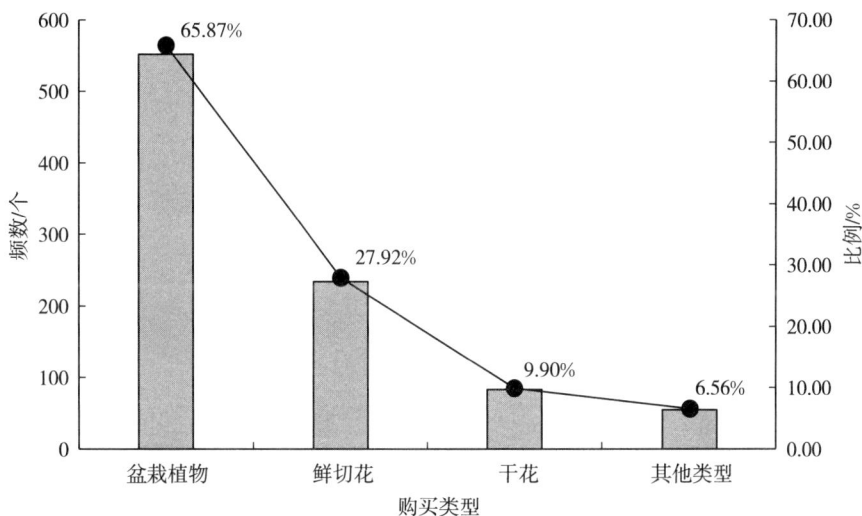

图 6-4　花卉购买类型

（2）城市居民买花的主要目的是用于装饰，购买时主要考虑外观、芳香以及新鲜程度，消费者更希望买到寓意美好、好养护的花卉

关于购买花卉的目的，调查发现，多数受访消费者认为买花的目的是装饰，作为爱好和送人的受访消费者占比也较多。具体而言，受访消费者中认为买花的目的是装饰的占比为 44.63%，作为爱好和送人的分别占 26.97% 和 25.66%，其他的占 8.59%（图 6-5）。调查还显示，消费者希望买到的花卉特色是寓意美好的占比最多，好养护次之，色彩漂亮占比超过三分之一，造型独特和有特殊功能的占比较少。在受访者希望买到的花卉有什么特色的问题

上，寓意美好占比为 48.93%，好养护占比 43.79%，造型独特和有特殊功能的分别占比 27.45% 和 24.11%（图 6 - 6）。

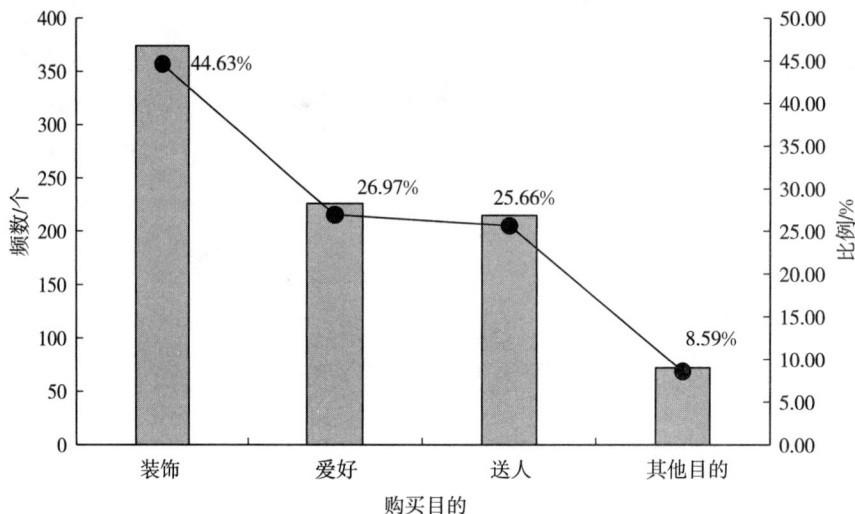

图 6 - 5　花卉购买目的

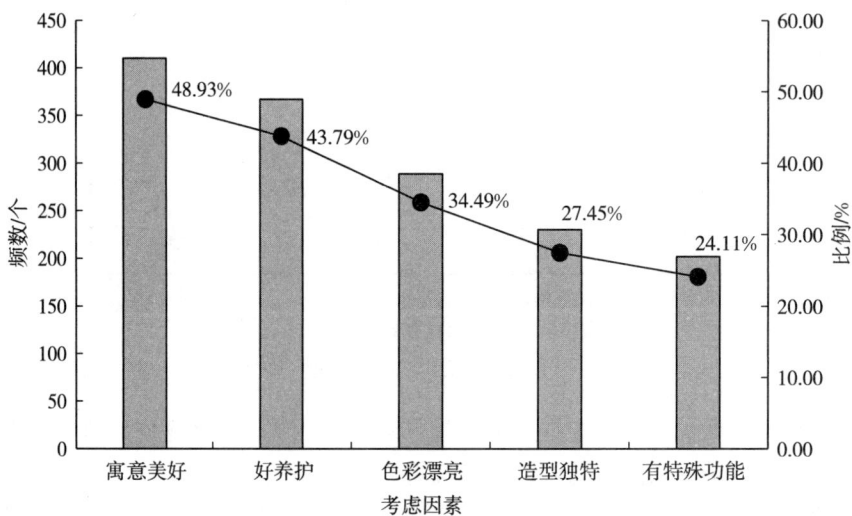

图 6 - 6　购买花卉考虑的因素

关于购买花卉依据，受访者中超过半数的主要考虑外观和芳香，也有较多的消费者考虑新鲜程度，考虑价格和花语的也占相当的比例，考虑购买便捷和养护难易的占比较少，考虑产地的占比最少。具体而言，主要考虑外观和芳香的受访消费者占比为 59.07%，考虑新鲜程度的占总样本数量的 45.11%，考虑价格和花语的占比分别为 33.29％和 24.58％，考虑购买便捷和养护难易的占比分别为 11.46％和 17.54％，考虑产地的占比仅为 8.59％（图 6 - 7）。此外，受访消费者中，认为吸引其购买花卉的主要因素为品种、外观、香味，认为是包装、服务态度、养花技术服务的占比较少，认为是购买环境场所环境的占比最少。具体而言，认为吸引其购买花卉的主要因素为品种、外观、香味的消费者占比为 80.31％，认为是包装、服务态度、养花技术服务的占比分别为 23.99％、23.99％、17.90％，认为是购买场所环境的占比为 9.90％（图 6 - 8）。

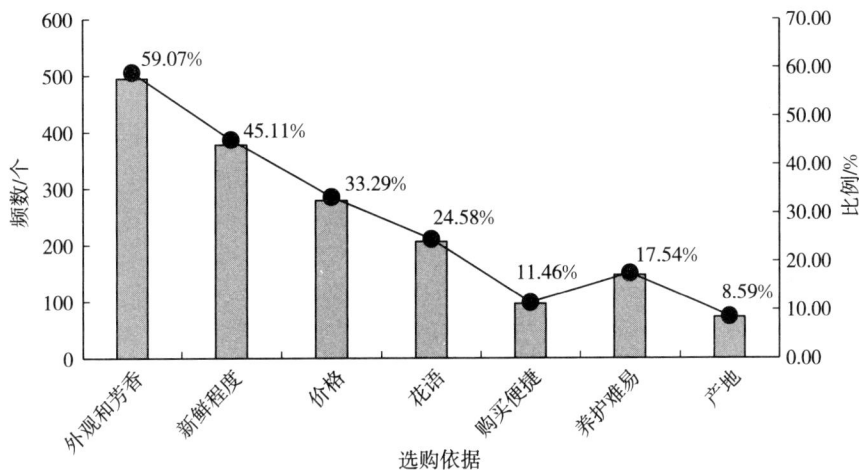

图 6 - 7　花卉选购的依据

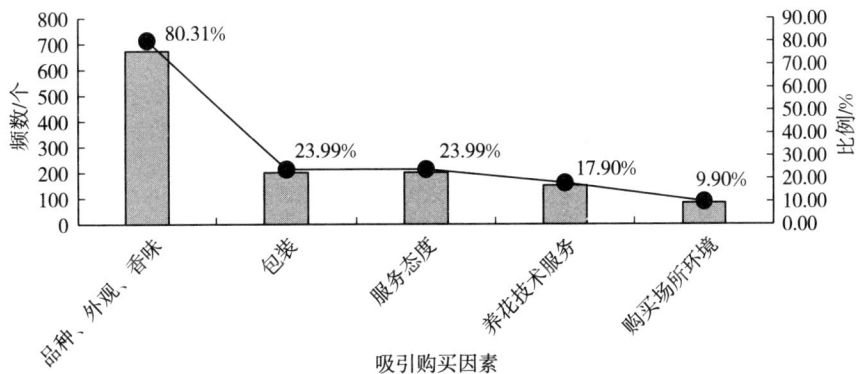

图 6 - 8　吸引居民购买花卉的因素

(3) 消费者购买花卉最担心的是难种植和养活以及新鲜程度，多数人认为当前花卉市场最大的问题是花卉没有统一定价与季节性太强

调查发现，受访消费者中，买花卉时最担心难种植和养活的占比最多，担

心新鲜程度的占比次之，担心搭配方式、价格和送货服务态度的占比都较少。具体而言，买花卉时最担心难种植和养活的占比为 43.79%，担心新鲜程度的占比为 35.20%，担心搭配方式、价格和送货服务态度的占比分别为 16.95%，17.06% 和 11.69%，担心其他的占比为 3.10%（图 6-9）。另外，对于当前的花卉市场，受访消费者中觉得目前最大的问题是没有统一定价的数量最多，其次认为季节性太强的占比较多，服务不到位、质量得不到保证和其他的占比较少。具体而言，觉得目前最大的问题是没有统一定价的受访消费者占比39.86%，认为季节性太强的占比为 36.40%，服务不到位、质量得不到保证和其他的占比分别为 8.59%、15.99% 和 8.83%（图 6-10）。

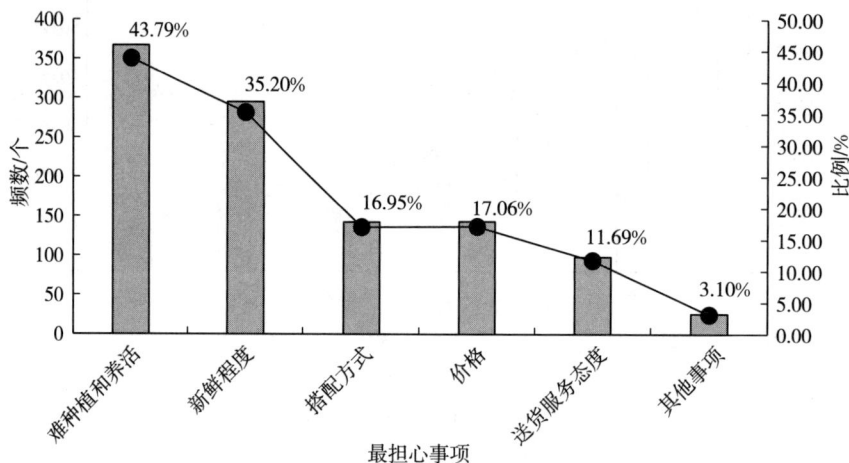

图 6-9 购买花卉最担心的事项

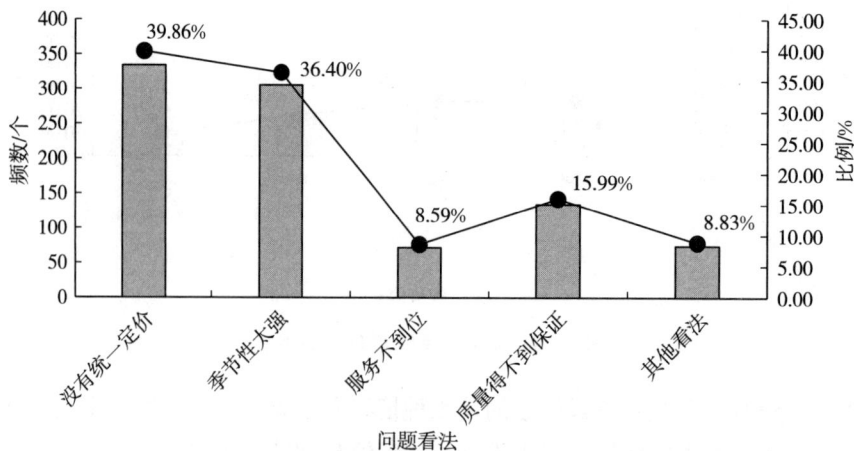

图 6-10 消费者对花卉市场存在问题的看法

关于花卉对生活的影响，受访者中认为花卉对生活影响最大的是调节心情，认为是净化空气和美化家居环境的占比接近，认为是促进情感交流的消费者占比较少，认为是可有可无的消费者占比最少。具体而言，消费者认为花卉对生活的影响是最大的是调节心情的占比为46.30%，认为是净化空气和美化家居环境的消费者所占比重分别为36.75%和41.05%，认为是促进情感交流的消费者占比20.76%，认为是可有可无的消费者仅为2.63%（图6-11）。

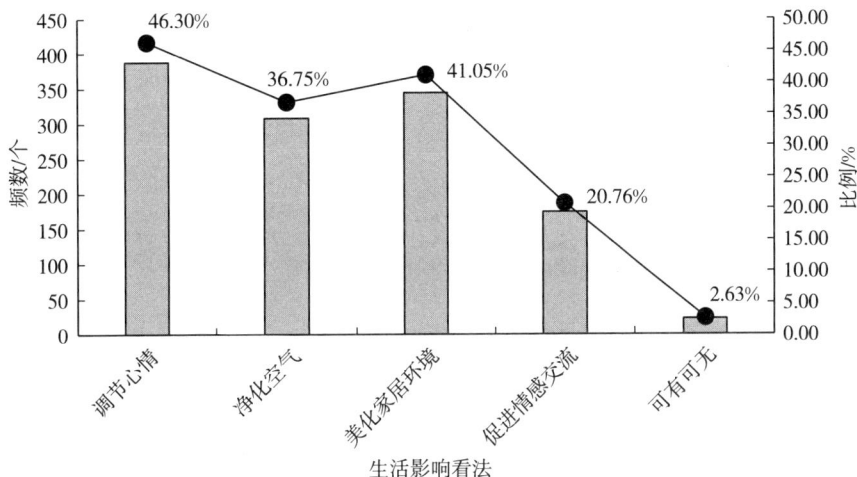

图6-11　消费者对花卉生活影响的看法

（4）多数消费者认为上海发展花卉产业具有较好的市场前景，但当前购买上海地产花卉的比例还偏低，且近一半消费者分不清其所购花卉是否为地产花卉

上海作为国际化大都市，定位为发展都市现代绿色农业，应该优先和重点发展高附加值农业，"什么赚钱种什么"，可大力发展花卉产业，尤其是以销售种苗为目的的种源花卉产业。从消费者自身认知角度看，普遍认为上海农业发展花卉产业的市场前景较好。调查发现，受访消费者认为上海农业发展花卉产业的前景较好的占比最多，认为前景一般的占比近三成，认为前景很好的占比较少，认为前景较差和很差的占比很少。具体而言，受访者中认为上海农业发展花卉产业的前景较好的占比为47.73%，认为前景一般的占比29.95%，认为前景很好的占比19.57%，认为前景较差和很差的占比分别为2.27%和0.48%（图6-12）。

然而，调查发现，当前上海花卉产业的市场份额却不高，发展现状并不乐观。调查数据显示，分不清所购花卉是否为上海地产花卉的消费者占比最多，

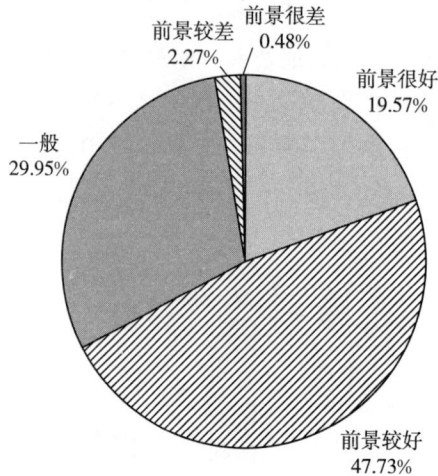

图 6-12　消费者对上海发展花卉产业的看法

购买过上海地产花卉的消费者占比较多，没有购买过的占比最少。具体而言，分不清所购花卉是否为上海地产花卉的受访消费者占比为 40.45%，购买过上海地产花卉的消费者占比为 36.63%，没有购买过的占比为 22.91%（图 6-13）。此外，与非地产花卉相比，受访消费者认为上海地产花卉的质量差不多的比重最大，认为品质更好的消费者占比较多，认为品质更差的消费者占比最少。受访消费者认为上海地产花卉的质量差不多的占比为 63.84%，认为品质更好的消费者占比 33.88%，认为品质更差的消费者占比 2.28%（图 6-14）。

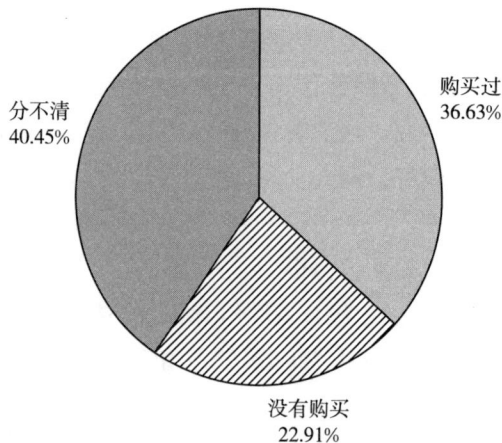

图 6-13　消费者购买上海地产花卉情况

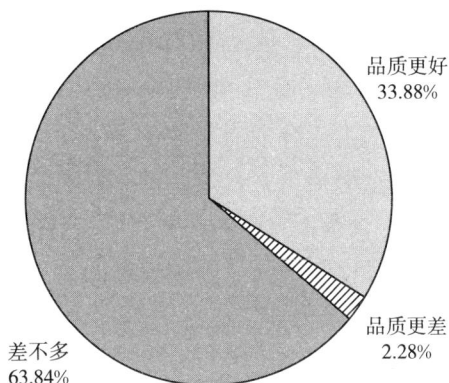

图 6-14　消费者对上海地产花卉与外地产花卉品质的认知差异情况

(5) 当前市场上的花卉基本满足城市居民的消费需求，消费者对花卉品种多样性、品质、包装、服务、购买便捷性的满意度都相对较高，但对花卉价格和宣传促销方式的满意度还相对偏低

调查发现，受访者中认为当前市场上的花卉基本能满足需求的所占比重超过半数以上，认为一般和完全能满足的占比相近，认为不太能满足和根本不能满足的占比最少。具体而言，认为当前市场上的花卉基本满足需求的所占比重为 50.83％，认为一般和完全能满足的占比分别为 23.27％和 21.96％，认为不太能满足和根本不能满足的占比分别为 3.46％和 0.48％（图 6-15）。

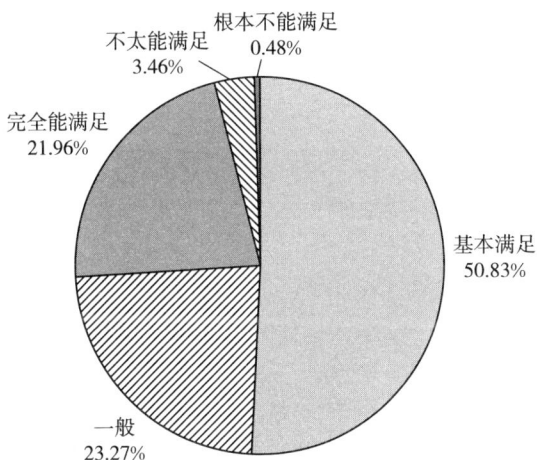

图 6-15　消费者对市场上花卉需求满足程度的看法

调查发现，消费者对市场上花卉的满意度整体较高，如表 6-3 所示，相对于花卉的价格和宣传促销方式来说，消费者对花卉品种多样性、品质、包

装、服务、购买便捷性的满意度较高，有超过一半的消费者对其表示满意。具体而言：关于消费者对当前市场上花卉的品种多样性满意程度，选择比较满意的消费者占50.95％，认为一般和非常满意的占比分别为29.47％和16.47％，认为不太满意和很不满意的占比分别为2.27％和0.84％。关于花卉品质满意程度，认为比较满意的占比为48.57％，认为一般的占比为34.84％，认为非常满意的占比为13.84％，认为不太满意的和很不满意的占比分别为2.15％和0.60％。关于花卉包装满意程度，认为比较满意的占总样本比重的50.84％，认为一般的占比为34.37％，认为非常满意的占比为11.22％，认为不太满意和很不满意的占比分别为2.98％和0.60％。关于花卉服务满意程度，认为比较满意的占比为46.06％，认为一般的占比39.26％，认为非常满意的占比为11.46％，认为不太满意和很不满意的占比分别为2.51％和0.72％。关于花卉价格满意程度，认为一般的占比为48.81％，认为比较满意的占比为36.28％，认为非常满意和不太满意的占比分别为7.28％和7.04％，认为很不满意的占比仅为0.60％。关于购买便捷性满意程度，受访消费者认为比较满意的占比为44.03％，认为一般的占比为37.47％，认为非常满意和不太满意的分别占比为12.41％和5.37％，认为很不满意的仅占比0.72％。关于宣传促销方式满意程度，认为一般的占比为46.42％，认为比较满意的占比为36.16％，认为非常满意和不太满意的占比分别为8.47％和7.76％，认为很不满意的占比为1.19％。

表6-3　消费者对花卉的满意度情况

类型	非常满意		比较满意		一般		不太满意		很不满意	
	频数（个）	比例（％）	频数（个）	比例（％）	频数（个）	比例（％）	频数（个）	比例（％）	频数（个）	比例（％）
品种多样性	138	16.47	427	50.95	247	29.47	19	2.27	7	0.84
品质	116	13.84	407	48.57	292	34.84	18	2.15	5	0.60
包装	94	11.22	426	50.84	288	34.37	25	2.98	5	0.60
服务	96	11.46	386	46.06	329	39.26	21	2.51	6	0.72
价格	61	7.28	304	36.28	409	48.81	59	7.04	5	0.60
购买便捷性	104	12.41	369	44.03	314	37.47	45	5.37	6	0.72
宣传促销方式	71	8.47	303	36.16	389	46.42	65	7.76	10	1.19

四、顾客满意度对花卉购买行为影响的计量分析

1. 模型构建与变量选择

(1) 模型构建

被解释变量只有"是"和"否"两个选择，是典型的二分选择问题，因此选择二元 Logit 模型对其进行研究，模型构建如下。

①顾客满意度对花卉购买行为影响的计量模型为

$$ln\left[\frac{P(Y_i=1)}{1-P(Y_i=1)}\right]=\alpha_0+\sum_{j=1}^{7}\alpha_j X_{ij}+\alpha_8 Z_i+\mu_i \qquad (6-1)$$

模型（6-1）中，Y_i 为被解释变量，表示第 i 个消费者是否经常购买花卉，X_{ij}（$j=1$，$2\cdots\cdots7$）为核心解释变量，表示第 i 个消费者对品种多样性（X_{i1}）、品质（X_{i2}）、包装（X_{i3}）、服务（X_{i4}）、价格（X_{i5}）、购买便捷性（X_{i6}）和宣传促销方式（X_{i7}）的满意度，α_j（$j=1$，$2\cdots\cdots7$）为 X_{ij} 的回归系数，Z_i 为控制变量，α_8 为 Z_i 的回归系数，α_0 为常数项，μ_i 为随机误差。

②购买目的调节顾客满意度对购买行为作用强度的计量模型为

$$ln\left[\frac{P(Y_i=1)}{1-P(Y_i=1)}\right]=\alpha_0+\sum_{j=1}^{7}\alpha_j X_{ij}+\alpha_8 Z_i+\alpha_9 G_{ih}+\sum_{j=1}^{7}\beta_j G_{ih}X_{ij}+\mu_i\ ,h=1,2,3$$

$$(6-2)$$

模型（6-2）在模型（6-1）的基础上，加入调节变量 G_{ih}（$h=1$，2，3），表示消费者购买花卉的动机分别是送人（G_{i1}）、个人爱好（G_{i2}）、装饰（G_{i3}），$G_{ih}X_{ij}$ 表示购买目的和各满意度的交互项，以分析不同购买目的调节顾客满意度对购买行为作用强度的差异，α_9 和 β_j（$j=1$，$2\cdots\cdots7$）分别是 G_{ih}（$h=1$，2，3）和 $G_{ih}X_{ij}$ 的回归系数。

(2) 变量选取

①被解释变量　本章中的被解释变量为"是否经常购买"，采用"购买花卉的频率"这一问题衡量，问卷选项为"每周 1 次""每周 2～3 次""每月 2～3次""2～3 月一次""节假日、纪念日""几乎不买"，将"每周 1 次""每周 2～3 次"定义为经常购买，其余购买频率视为不经常购买。

②核心解释变量　消费者对花卉各特征的满意度是本章的核心解释变量，包括"品种多样性满意度""品质满意度""包装满意度""服务满意度""价格满意度""购买便捷性满意度"和"宣传促销方式满意度"，共 7 个不同维度的

满意度。问卷中对满意度的调查均是采用李克特五级量表来测量，选项为"非常满意""比较满意""一般""不太满意""很不满意"。

③调节变量 将消费者的"购买目的"作为调节变量，采用"买花卉的目的是什么"来衡量，问卷选项为"送人""爱好""装饰"3个离散选项，考虑到该题目为多选题，本章将其设定为3个二元选择变量。

④控制变量 本章的控制变量包括受访者的个人特征和家庭特征，个人特征有性别、年龄、户籍、学历和职业，家庭特征包括家庭月平均收入和常住一起的家庭人口数量。其中职业这一变量在问卷中的选项有"企业员工""公务员""事业单位员工""个体私营户""农村进城务工人员""无业、失业或半失业人员""学生""退休"，为与其他变量类型保持一致，将其分为稳定工作和非稳定工作两类，稳定工作包括"企业员工""公务员""事业单位员工"，其余为非稳定工作。各变量的详细说明见表6-4。

表6-4 变量名称及赋值

变量类型	含义与赋值		均值	标准差
被解释变量	是否经常购买（1＝是；0＝否）		0.21	0.41
核心解释变量	品种多样性满意度（1＝非常满意；2＝比较满意；3＝一般；4＝不太满意；5＝很不满意）		2.20	0.77
	品质满意度（1＝非常满意；2＝比较满意；3＝一般；4＝不太满意；5＝很不满意）		2.27	0.74
	包装满意度（1＝非常满意；2＝比较满意；3＝一般；4＝不太满意；5＝很不满意）		2.31	0.73
	服务满意度（1＝非常满意；2＝比较满意；3＝一般；4＝不太满意；5＝很不满意）		2.35	0.74
	价格满意度（1＝非常满意；2＝比较满意；3＝一般；4＝不太满意；5＝很不满意）		2.57	0.75
	便捷性满意度（1＝非常满意；2＝比较满意；3＝一般；4＝不太满意；5＝很不满意）		2.38	0.80
	宣传促销方式满意度（1＝非常满意；2＝比较满意；3＝一般；4＝不太满意；5＝很不满意）		2.57	0.80
调节变量	购买花卉的目的	送人（1＝是；0＝否）	0.26	0.44
		爱好（1＝是；0＝否）	0.27	0.44
		装饰（1＝是；0＝否）	0.45	0.50
控制变量	性别（1＝男性；0＝女性）		0.43	0.49
	户籍（1＝本地；0＝外地）		0.39	0.49
	年龄（岁）		38.23	13.78
	学历（1＝小学及以下；2＝初中；3＝中专或高中；4＝专科；5＝本科；6＝研究生）		3.58	1.41

（续）

变量类型	含义与赋值	均值	标准差
	职业（1＝企事业单位员工、公务员；0＝其他）	0.44	0.50
控制变量	家庭人口总数（实际数值）	3.48	1.38
	家庭月平均收入（万元）	1.68	1.40

2. 模型估计结果与分析

对模型（6-1）进行多重共线性分析，各变量的方差膨胀系数（VIF）如表6-5所示。各核心解释变量和控制变量的VIF值均小于10，说明不存在多重共线性。

表6-5 多重共线性检验结果

变量名称	品质满意度	包装满意度	品种多样性满意度	服务满意度	购买便捷性满意度	宣传促销方式满意度	价格满意度	控制变量
VIF	2.19	1.99	1.96	1.92	1.73	1.67	1.63	<10

表6-6显示了顾客满意度对居民花卉购买行为影响的实证结果。总体来看，价格满意度和宣传促销方式满意度对花卉购买行为有显著的负向影响，服务满意度对购买行为有显著的正向影响。具体来看，价格满意度负向影响花卉的购买行为，即顾客对花卉的价格越满意，经常购买花卉的概率越大。对消费者来说，价格是为了获得某种产品或服务而放弃的东西（Zeithaml and Nguyen，1988），不仅有客观价格，更重要的是感知价格，对价格的满意度越高，说明顾客认为为了购买花卉所付出的东西是值得的，因此更有可能经常购买花卉。宣传促销方式满意度负向影响消费者的花卉购买行为，即顾客对商家的宣传促销方式越满意，经常购买花卉的概率就越大。根据刺激—机体—反应（Stimulus Organism Response，SOR）模型，商家的宣传促销对消费者来说是一种强有力的外部刺激，在这种刺激下，消费者的心理状态会发生一定的变化，比如对花卉的需求更强烈，进而引起消费者的购买频率的增加（Ji et al.，2018）。服务满意度对花卉购买行为有显著的正向影响，即顾客对商家的服务越满意，经常购买的概率越低。

其余四种顾客满意度对花卉购买行为的影响都不显著，一方面是顾客的购买决定是一个复杂且全面的过程，顾客满意度向购买行为的转化并不是百分百的，还受到产品类型、个人特征、购买动机和购买目的的影响；另一方面，对消费者行为的预测准确率和购买产品相关，对生活必需品购买行为的预测会更加准确，而对其他商品就不那么准确（Chandon et al.，2005）。

表 6-6　满意度对花卉购买行为影响的二元 Logit 模型估计

变量	二元 Logit 模型	
	是否经常购买花卉	
	系数	标准误
品种多样性满意度	0.164 (1.03)	0.16
品质满意度	0.080 (0.47)	0.17
包装满意度	0.118 (0.70)	0.17
服务满意度	0.296* (1.77)	0.17
价格满意度	−0.516*** (−3.34)	0.15
购买便捷性满意度	0.030 (0.20)	0.15
宣传促销方式满意度	−0.412*** (−2.84)	0.15
性别	0.134 (0.75)	0.18
户籍	0.403** (2.14)	0.19
年龄	−0.010 (−1.36)	0.01
学历	−0.205*** (−2.78)	0.07
职业	−0.115 (−0.61)	0.19
家庭人口总数	−0.014 (−0.21)	0.06
月平均收入	−0.014 (−0.21)	0.07
常数项	0.412 (0.65)	0.64
N	838	

注：* 表示 10％水平下显著，** 表示 5％水平下显著，*** 表示 1％水平下显著。

　　核心解释变量和调节变量在进行中心化处理后，按照模型（6-2）对其进行回归，表 6-7 显示了购买目的调节顾客满意度对花卉购买行为作用强度的实证结果。总体来看，当买花的目的是送人时，会减弱包装满意度对花卉购买行为的正向影响，增强购买便捷性满意度对购买行为的正向影响；当购买目的是满足个人爱好时，会减弱品种多样性满意度对花卉购买行为的正向影响和价格满意度的负向影响；当购买花卉是为了装饰环境时，会减弱购买便捷性满意度对购买行为的正向影响。具体来看，买花是用来送人时，消费者会提高对花卉包装的重视，增强其对购买行为的负向影响，即对包装越满意，经常购买花卉的概率就越高，同时增强购买便捷性对购买行为的正向影响，其原因是购买花卉作为礼物送人时，消费者最看重的是其包装是否精美，包装精美的礼物能更好地传达送礼人的情感。与送人不同，为了满足自己对花卉的喜爱，消费者会更偏向花卉的多样性，希望能买到不同品种的花卉，此时，消费者对价格的考虑会减少，导致价格满意度对花卉购买行为的负向影响被减弱。当购买花卉是为了装饰家庭环境时，购买便捷性满意度对购买行为的正向影响被减弱，即顾客更可能由于购买花卉方便而经常购买，其原因是花卉比较容易枯萎，用于装饰家庭的花卉是需要经常更换的，那么，容易购买到花卉对这类消费者来说就显得更加重要。

综上所述，购买目的会影响顾客满意度对花卉购买行为的作用强度。

表6-7　购买目的调节满意度对花卉购买行为影响的二元 Logit 估计

变量	是否经常购买花卉					
	系数	标准误	系数	标准误	系数	标准误
送人 * 品种多样性满意度	0.122 (0.22)	0.55				
送人 * 品质满意度	0.469 (0.85)	0.55				
送人 * 包装满意度	−1.604*** (−3.01)	0.53				
送人 * 服务满意度	−0.078 (−0.15)	0.50				
送人 * 价格满意度	−0.374 (−0.85)	0.44				
送人 * 购买便捷性满意度	0.732* (1.76)	0.42				
送人 * 宣传促销方式满意度	−0.315 (−0.72)	0.43				
爱好 * 品种多样性满意度			−1.037** (−2.44)	0.42		
爱好 * 品质满意度			0.001 (0.00)	0.42		
爱好 * 包装满意度			−0.251 (−0.63)	0.41		
爱好 * 服务满意度			−0.147 (−0.36)	0.42		

（续）

变量	是否经常购买花卉					
	系数	标准误	系数	标准误	系数	标准误
爱好 * 价格满意度			0.836** (2.26)	0.37		
爱好 * 购买便捷性满意度			−0.179 (−0.49)	0.36		
爱好 * 宣传促销方式满意度			−0.289 (−0.79)	0.37		
装饰 * 品种多样性满意度					0.093 (0.29)	0.32
装饰 * 品质满意度					−0.106 (−0.29)	0.36
装饰 * 包装满意度					0.105 (0.30)	0.35
装饰 * 服务满意度					0.246 (0.72)	0.34
装饰 * 价格满意度					−0.096 (−0.30)	0.32
装饰 * 购买便捷性满意度					−0.644** (−2.08)	0.31
装饰 * 宣传促销方式满意度					−0.060 (−0.21)	0.30
常数项	−0.503 (0.25)	0.54	−0.616 (−0.30)	0.55	−0.416 (0.14)	0.53
N	838		838		838	

注：* 表示 10% 水平下显著，** 表示 5% 水平下显著，*** 表示 1% 水平下显著。

3. 稳健性检验

为验证实证结果的稳健性，采用 Probit 回归对上述结果进行检验，其结果如表 6-8 和表 6-9 所示，价格满意度和宣传促销方式满意度均在 1% 的显著水平下对花卉购买行为有显著的负向影响，服务满意度在 10% 的显著水平下对购买行为有显著的正向影响，购买目的具有一定的调节效应，其结果与

Logit 回归结果一致，表明结果稳健。

表 6-8 满意度对花卉购买行为影响的 Probit 估计

变量	是否经常购买花卉	
	系数	标准误
品种多样性满意度	0.094（1.05）	0.09
品质满意度	0.047（0.48）	0.10
包装满意度	0.066（0.68）	0.10
服务满意度	0.167*（1.78）	0.09
价格满意度	-0.294***（-3.34）	0.09
购买便捷性满意度	0.008（0.10）	0.09
宣传促销方式满意度	-0.231***（-2.79）	0.08
性别	0.066（0.65）	0.10
户籍	0.232**（2.13）	0.11
年龄	-0.006（-1.30）	0.00
学历	-0.120***（-2.84）	0.04
职业	-0.065（-0.60）	0.11
家庭人口总数	-0.011（-0.30）	0.04
月平均收入	-0.008（-0.21）	0.04
常数项	0.222（0.60）	0.37
N	838	

注：* 表示 10% 水平下显著，** 表示 5% 水平下显著，*** 表示 1% 水平下显著。

表 6-9 购买目的调节满意度对花卉购买行为影响的 Probit 估计

变量	是否经常购买花卉					
	系数	标准误	系数	标准误	系数	标准误
送人*品种多样性满意度	0.025	0.31				
	(0.08)					
送人*品质满意度	0.301	0.30				
	(0.99)					
送人*包装满意度	-0.942***	0.30				
	(-3.14)					
送人*服务满意度	-0.051	0.28				
	(-0.18)					

（续）

变量	是否经常购买花卉					
	系数	标准误	系数	标准误	系数	标准误
送人 * 价格满意度	−0.231	0.25				
	(−0.94)					
送人 * 购买便捷性满意度	0.426 *	0.24				
	(1.81)					
送人 * 宣传促销方式满意度	−0.142	0.24				
	(−0.59)					
爱好 * 品种多样性满意度			−0.612 **	−2.52		
			(−2.52)			
爱好 * 品质满意度			−0.011	−0.05		
			(−0.05)			
爱好 * 包装满意度			−0.128	−0.56		
			(−0.56)			
爱好 * 服务满意度			−0.120	−0.52		
			(−0.52)			
爱好 * 价格满意度			0.489 **	2.31		
			(2.31)			
爱好 * 购买便捷性满意度			−0.064	−0.32		
			(−0.32)			
爱好 * 宣传促销方式满意度			−0.168	−0.82		
			(−0.82)			
装饰 * 品种多样性满意度					0.034	0.18
					(0.19)	
装饰 * 品质满意度					−0.043	0.20
					(−0.21)	
装饰 * 包装满意度					0.039	0.20
					(0.19)	
装饰 * 服务满意度					0.152	0.19
					(0.79)	
装饰 * 价格满意度					−0.030	0.18
					(−0.17)	
装饰 * 购买便捷性满意度					−0.373 **	0.18
					(−2.11)	

（续）

变量	是否经常购买花卉					
	系数	标准误	系数	标准误	系数	标准误
装饰＊宣传促销方式满意度					−0.042	0.17
					（−0.25）	
常数项	0.094	0.43	−0.113	0.41	0.040	0.41
	（0.23）		（−0.28）		（0.10）	
N	838		838		838	

注：＊表示10％水平下显著，＊＊表示5％水平下显著，＊＊＊表示1％水平下显著。

五、本章小结

本章利用上海市15个区实地调查的838份消费者调研问卷数据，调查分析都市居民对花卉产品的认知、态度和购买行为，重点实证分析顾客满意度对居民花卉购买行为的影响，并探究花卉购买目的对满意度影响的调节作用。调查发现以下结果。都市居民普遍都购买过花卉，但购买并未形成常态，主要是在花店购买，且更偏好购买盆栽植物。城市居民买花的主要目的是装饰，购买时主要考虑外观、芳香以及新鲜程度，消费者更希望买到寓意美好、好养护的花卉。消费者购买花卉最担心的是难种植和养活以及新鲜程度，多数人认为当前花卉市场最大的问题是花卉没有统一定价与季节性太强。多数消费者认为上海发展花卉产业具有较好的市场前景，但当前购买上海地产花卉的比例还偏低，且近一半消费者分不清所购花卉是不是地产花卉。当前市场上的花卉基本能满足城市居民的消费需求，消费者对花卉品种多样性、品质、包装、服务、购买便捷性的满意度都相对较高，但对花卉价格和宣传促销方式的满意度还相对偏低。

此外，分析计量模型结果得知以下信息。第一，价格满意度和宣传促销方式满意度对花卉购买行为有显著的负向影响，服务满意度对购买行为有显著的正向影响，花卉商家应该更重视花卉的价格和宣传促销方式，而其他满意度对居民的花卉购买行为无显著影响的原因可能是顾客满意度向购买行为的转化还受到其他因素的影响。第二，当买花的目的是送人时，包装满意度对花卉购买行为的正向影响被减弱，同时购买便捷性满意度对购买行为的正向影响增强；

当购买目的是满足个人爱好时，品种多样性满意度对花卉购买行为的正向影响和价格满意度的负向影响被减弱；当购买花卉是为了装饰环境时，购买便捷性满意度对购买行为的正向影响会被减弱：这表明消费者的购买目不同时，所重视的产品特质就不同。且上述研究结论经稳健性检验仍然成立。

第三篇

质量信号偏好篇

第七章
地产品牌农产品购买行为分析

近些年，当地生产当地消费的农产品销售模式得到了进一步推广。新冠疫情期间，地产品牌农产品在线上需求火爆，供应链流水线衔接，产销模式的变化正在倒逼农产品行业做出改革。与此同时，消费者对饮食健康安全的关注日益增长，对农产品质量也提出更高要求。然而城市周边地区农民生产出的优质农产品却不受市场青睐、城市消费者想买却买不到优质农产品的情况仍时有发生，地产农产品的推广仍受到来自渠道服务和消费者信任的困扰，在种种因素的催生下，产业化、品牌化的现代地产农产品正在被社会需要。本章以上海市为例，基于消费者实地调查数据，运用二元 Logit 模型，实证分析购买渠道、质量信任对大都市地产农产品购买行为的影响。

一、研究依据与文献综述

地产农产品的购销在近几年中结合互联网形成了新零售业态，以往消费者只能在规定时间内的大众化场所购买大众化产品，但随着电商平台兴起和现代物流发展，今天的消费者更期待在任何时间、任意地点，以任何方式购买农产品。政府长期以来对农产品质量标准宣传不够，公众对农产品可追溯体系建设及标志认证过程了解不深，加上频频出现的生鲜食品安全问题，导致消费者对农产品质量安全疑虑重重。产品品牌、质量合格标志可以为农产品带来附加值，但消费者辨别真伪需查询溯源信息，程序烦琐，易造成其对地产农产品质量安全认证排斥心理。消费者的需求正在发生改变，研究购买渠道和质量信任将为地产农产品的未来发展提供建设性意见。

近年来，国内外学者越来越关注地产品牌农产品的行业发展，已有文献大部分以都市农业为主题、从推广条件和受限制因素等方面进行探讨。不少学者都认同地产品牌农产品发展需要围绕地区居民需求推进（张禄祥等，2005；石嫣等，2011），农业劳动力素质、名牌农产品缺乏、市场结构和产业结构、政府规划和支持、科技、资金、环境以及农业弱质性等诸多因素是限制其发展的重要原因（石嫣等，2011；牛宝俊等，2001；毋青松，2013）。由于食品可追溯体系、绿色食品品牌标志、地理品牌认定等食品安全保证手段普遍存在"叫好不叫座"现象（王锋等，2009；张传统和陆娟，2014；靳明和赵昶，2008），猜测消费者对地产农产品的购买行为或存在更广泛的影响因素。经研究发现，消费者了解当地农产品如何生长以及环境外部性和健康关系后会持续购买和预订地产品牌农产品（周应恒等，2003），办理品牌会员可进一步地提高消费忠诚度（Polimeni et al.，2018）。城市智能、交通系统、商业流程可以促进城市农产品配送快捷方便（Lu and Miller，2019），媒体宣传也会使有机食品销量持续增加数月（Tang et al.，2019），可见地产农产品的销量或与购买渠道、消费者信任程度有关。

上海市近年来一直致力于完善农业区划、打造农产品安全放心区、提高农产品自给率和土地利用效率，第一个将发展都市农业列入国民经济和社会发展"九五"计划与 2010 年远景目标纲要发展规划，并于 2008 年在上海交通大学成立了农业部都市农业（南方）重点开放实验室。目前已培育出包括奉贤黄桃、枫泾猪在内的 15 个地理标志农产品，同时还有几百个其他品种的绿色农产品，种类繁多且能满足市场供应。上海市十分重视农产品质量安全问题，通过向农产品生产企业、生产合作社以及种植户、养殖户发放奖补，鼓励农业生产经营主体向农业农村部申请"三品一标"认证，促进基础农业产业规范化。此外，上海市城镇化率已经高达近 90％的水平，拥有足够的消费人群和超高的消费能力，对新概念产业和新型企业的包容水平也足够高。由此看来，上海市地产品牌农产品发展可作为全国大都市地产品牌农产品发展的一个缩影，以上海市地产农产品为案例，对于探讨大都市地产品牌农产品购买渠道、质量信任与消费者购买之间的关联机制，把握消费者购买地产品牌农产品的决策思维，具有典型意义。

二、理论分析与研究假设

经历了"农改超"和互联网浪潮，我国大中城市的农产品流通渠道由初期的国营菜场迁徙到了今天的农贸市场、超市和电商平台并存发展（Ma et al.，

2019）。现阶段农贸市场、超市和电商平台在生鲜农产品的生产、流通和销售过程中扮演着重要的角色（陈慧娟和张兆同，2012），但由于不同渠道自身存在的优劣势不同，消费者表现的渠道选择也存在差异化，购买环境和购买方式的适宜性、有序性以及便捷性都会影响消费者的购买意愿（Abd，2008；Babin et al.，2004；张传统和陆娟，2014）。人口老龄化和"二孩"政策使得消费者行为习惯发生偏移，购买者因年龄不同而选择的购买渠道也相差甚远。为迎合需求侧产生的新趋势，且得益于我国交通、通信基础设施的完善，农产品流通渠道得到了线上线下的协同发展。尽管渠道多元并进，但并没有一种模式能成为市场"万金油"。鉴于地产品牌农产品的基础重量高、体积大，消费者在采购过程中携带吃力、困难，以及消费者距离实体店较远导致时间耗费大，上班族自由活动时间紧张等问题，电商平台利用全时段购物、送货上门解决了这些问题。与此同时，电商平台并非完全优于实体网点，后者在地产品牌农产品现场展示、产品上新等方面仍无可替代，消费者在线下农贸市场和超市采购时，不仅可以拥有对农产品的直观感受，还可以拓展对农产品的认知范围。因此，为了探寻不同消费渠道对地产品牌农产品总体消费的客观影响和交互机制，结合三种渠道的模型结果展开研究。

除渠道影响以外，消费者信任水平是影响地产品牌农产品购买决策的重要因素。为了验证农产品信任水平对决策心理的影响水平，本研究从总体农产品和地产品牌农产品两个角度出发，将质量安全放心程度与质量信任程度作为自变量纳入到模型中。地产品牌农产品的品牌内涵丰富，包括原产地、绿色、有机、高营养等等，与普通农产品相比具有价格优越性，但由于信息不对称和销售渠道规范化水平低等因素，假冒、以次充好的违法行为在社会上不断出现，导致消费者对农产品质量与价值产生感知风险，进而弱化了购买动机。产品信任水平不高严重影响地产农产品行业的销售绩效，而高信任水平的农产品会得到消费者的重复购买，形成产品忠诚度和美誉度，获得市场销量。消费者信任包括产品信任、技术信任和制度信任，产品信任取决于生产企业的自我约束和社会道德理念，技术信任包括对可追溯信息、大数据追踪、冷链物流等配套设施的认可度，制度信任则来源于食品安全相关法律法规的公平性。已有文献也证明，消费者信心与可追溯技术、企业社会声誉密切相关（Macready et al.，2020），公共治理信任对于拉动产品消费具有显著正向作用（何明钦和刘向东，2020）。研究中将三种信任属性整合为一，以综合信任水平研究此内容帮助政府和企业了解地产品牌农产品信任水平以及信任水平对购买决策的影响程度，多举措保证顾客利益并引导信任的产生和发展。

在建立商品依赖的过程中，消费者需要经历产品辨识、产生购买动机、转化为忠实粉丝三个阶段，因此本章将是否分得清地产品牌农产品、是否购买过地产品牌农产品、是否经常购买地产品牌农产品作为研究的三个因变量。除上述消费渠道和质量信任两个自变量外，还将经典的消费者个性特征、产品内部线索、产品外部线索、消费者情景因素和社会经济因素五个方面纳入到体系中（冯建英等，2006），作为反映大都市地产农产品购买意愿的其他解释变量。根据消费者购买行为理论研究，消费者个性特征包括性别、年龄、职业、学历、收入等变量，由于地产农产品与是否熟悉当地环境和文化关系密切，因此纳入了户籍变量。购买地产品牌农产品的典型偏好来自消费者对原产地的重视程度，而家庭成员组成可能会影响农产品采购，由此向模型中继续加入了原产地重视程度和家庭成员特征。产品内部线索取决于研究对象的自身属性，农产品的价值和使用价值外显为口感和营养，这也是消费者购买地产品牌农产品的主要驱动力。产品外部线索是抛开产品自身属性的其他外部因素，包括价格、安全、质量信任等。因此，产品变量一共添加了购买目的（价格、新鲜度、口感、安全、营养）、质量安全放心程度和质量信任程度。根据庄贵军等人的研究，影响食品购买的显著性情景因素包括滞留时间、店摊数目、经常性和年龄。结合地产品牌农产品的流通属性（庄贵军等，2004），将购买频次、购买渠道便捷性、购买场所（农贸超市、市场、电商平台）作为可能影响消费者购买决策的情景变量。最后，关于社会经济因素，冯建英等总结了刘海军、刘国光的论点，明确市场需求和宏观经济水平会影响消费者购买意愿；用购买需求满足反映市场需求，对于居民即期收入与预期收入存在差距进而影响当期消费的反映，可将这部分影响用购买支出来表达（图7-1）。

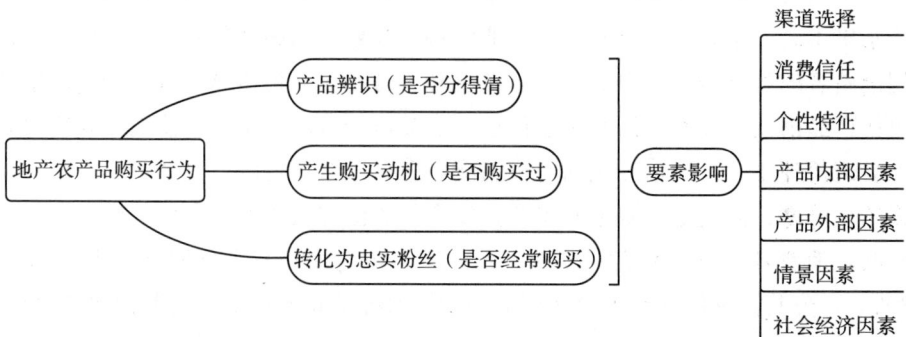

图7-1 理论模型框架

三、地产品牌农产品购买行为的描述性分析

1. 数据来源与样本说明

本章的数据来源于 2019 年 12 月对上海市 15 个城区（除崇明区外）消费者进行的问卷调查，经过筛选最终获得 744 份有效问卷。调查对象的选取采用随机抽样，按照面对面访问的形式进行调查。为确保问卷调查质量，在正式调研之前进行了预调研（表 7－1）。

表 7－1　上海市各城区有效问卷数量与比例

城区	有效问卷数量（份）	所占比例（％）
金山区	55	7.39
奉贤区	72	9.68
闵行区	90	12.10
普陀区	33	4.44
徐汇区	73	9.81
静安区	43	5.78
虹口区	38	5.11
浦东新区	88	11.83
松江区	38	5.11
青浦区	43	5.78
黄浦区	25	3.36
嘉定区	55	7.39
宝山区	34	4.57
长宁区	22	2.96
杨浦区	35	4.70
合计	744	100.00

从性别看，男女比例基本相当，男性占总样本数的 45.30％，女性占总样本数的 54.70％。户籍上，受城市居民结构决定，外地受访者居多，占 59.95％。年龄分布主要在 16～59 岁，其中，16～39 岁的受访者占总样本数的 57.66％，40～59 岁的占总样本数的 31.59％。从学历看，本科及以上的占 34.01％，专科学历的占总样本数的 16.26％，居民平均受教育水平较高。从

职业来看，企业员工、公务员或事业单位员工和退休人员的样本合计超过样本总量的半数以上。收入上，82.53%的家庭月平均收入维持在 5 000～49 999，其中收入为 5 000～9 999 元的占总样本数的 24.46%；收入为 10 000～19 999元的占总样本数的 32.53%；收入为 20 000～49 999 元的占总样本数的25.54%（表 7-2）。

表 7-2　样本基本特征

变量	选项	频数（个）	比例（%）
性别	男	337	45.30
	女	407	54.70
户籍	本地	298	40.05
	外地	446	59.95
年龄	16～39 岁	429	57.66
	40～59 岁	235	31.59
	60 岁及以上	80	10.75
学历	小学及以下	45	6.05
	初中	168	22.58
	中专、高中	157	21.10
	专科	121	16.26
	大学及以上	253	34.01
职业	企业员工	203	27.28
	公务员或者事业单位员工	122	16.40
	个体经营户	76	10.22
	农村进城务工人员	77	10.35
	无业、失业或半失业人员	59	7.93
	学生	53	7.12
	退休	105	14.11
	其他	49	6.59
家庭月平均收入	5 000 元以下	46	6.18
	5 000～9 999 元	182	24.46
	10 000～19 999 元	242	32.53
	20 000～49 999 元	190	25.54
	50 000 元及以上	84	11.29

2. 地产品牌农产品购买行为的描述性分析

在受访的 744 位消费者中，有 112 人无法区别地产品牌农产品，占总样本数的 15.1％，说明大部分消费者可以通过产品包装、外观特征判断其购买的农产品是否为地产品牌农产品。在可区别地产品牌农产品的消费人群里，10.2％的消费者表示没有购买过地产品牌农产品，24.9％的经常购买，49.9％的偶尔购买，可以看出消费者对地产品牌农产品的整体购买水平不高。关于受访人群购买农产品的渠道主要集中在农贸市场（地摊）、超市和电商平台，分别占比 44.60％、59.10％和 20.10％，可知地产品牌农产品的推广不可忽视传统家庭生鲜采购渠道。

在进行样本特征与地产农产品购买频率交叉分析时，先进行了数据处理。通过将交叉表中选项比例减去原样本选项比例得到一个差值，来显示购买频率的样本统计较原样本比例的变化。结果发现，女性消费者没购买过地产品牌农产品的比例增加 7.14％，而男性更容易产生购买地产品牌农产品的动机。户籍地的差异更为明显，经常购买地产品牌农产品的本地人超出样本比例 21.03％，没有购买过地产品牌农产品的消费者中 80％以上是本地人，偶尔购买地产品牌农产品的消费者中外地消费者占 64％左右，说明环境熟悉程度影响了消费者对地产品牌农产品的认知和购买。年龄的影响在经常购买阶段呈倒 V 型，在偶尔购买和没有购买过阶段呈正 V 型，随着年龄增大，消费者购买地产品牌农产品的整体偏好上升。从学历上来看，初中学历的消费者经常购买地产品牌农产品的行为更多，偶尔购买的行为较少，学历为大学及以上的消费群体经常购买的可能性最低，比样本选项比例低了 10.23％。从职业上来看，企业员工经常购买地产品牌农产品的比例上升幅度较大，而学生群体没有购买过的比例上升了 11.55％，这可能与学生购买农产品的频次不多有关。收入高低在经常购买和偶尔购买阶段差异不显著，在没有购买过群体中表现明显。其中月平均收入在 5 000～9 999 元和 20 000～49 999 元的消费群体没有购买过地产品牌农产品的比例下降最多，分别占 8.67％和 7.12％，而月平均收入在 5 000 元以下和 10 000～19 999 元的消费者没有购买过地产品牌农产品的比例均上升近 7％（表 7 - 3）。

表 7-3 消费者地产品牌农产品购买频率的交叉分析

变量	选项	地产农产品购买频率占比超出样本组成百分比（%）			
		经常购买	偶尔购买	没有购买过	无法区别地产品牌农产品
性别	男	2.27	-0.02	-7.14	1.13
	女	-2.27	0.02	7.14	-1.13
户籍	本地	21.03	-4.20	-24.26	-4.34
	外地	-21.03	4.20	24.26	4.34
年龄	16~39 岁	-16.04	5.41	6.81	3.95
	40~59 岁	11.11	-4.10	-5.27	-1.23
	60 岁及以上	4.93	-1.32	-1.54	-2.71
学历	小学及以下	-1.73	1.77	-2.10	-1.59
	初中	7.15	-2.90	7.68	-7.40
	中专或高中	2.68	-0.35	-2.68	-1.46
	专科	2.12	-0.90	-3.10	1.60
	大学及以上	-10.23	2.38	0.20	8.85
职业	企业员工	5.14	2.23	-4.61	3.35
	公务员或事业单位员工	-1.02	1.91	-7.07	5.22
	个体私营户	1.87	-2.30	1.78	-0.31
	农村进城务工人员	-2.11	-0.51	2.98	1.36
	无业、失业或半失业人员	-1.34	0.54	2.74	-0.72
	学生	-3.82	2.17	11.55	0.99
	退休	1.27	-3.18	-8.78	-6.90
	其他	0.00	-0.85	1.41	-2.99
月平均收入	5 000 元以下	-1.32	-0.25	6.98	-1.72
	5 000~9 999 元	-0.68	3.30	-8.67	-3.92
	10 000~19 999 元	1.52	-2.07	6.94	-0.39
	20 000~49 999 元	0.95	-0.47	-7.12	4.82
	50 000 元及以上	-0.48	-0.51	1.87	1.21

通过询问消费者"您是否有便捷的渠道购买到上海地产品牌农产品？"进行消费者购买渠道满意度调查，结果发现，认为渠道不足或一般的消费者共有 556 人，占总样本数的 74.8%，说明消费者普遍认为便捷的购买渠道数量不充足。而经过本章调查发现，绝大部分消费者不限制单一购买渠道，而是多种渠道混合购买，且选择农贸市场（路边摊）、超市、电商平台的居多，分别占总

样本的 65.99%、74.33% 和 22.04%，由此看来，消费者购买农产品时还是以传统渠道为主。

此外，还以"您对地产品牌农产品质量安全和品质的信任度如何？"这一问题来反映消费者信任水平，结果显示有 5.9% 的消费者选择非常信任，有 47% 的消费者选择比较信任。而问到"您对当前农产品质量安全问题的放心程度如何？"时，有 2.2% 的消费者表示非常放心，还有 24.4% 的消费者表示比较放心，两者对比说明消费者对地产品牌农产品的信任水平高于对农产品平均信任水平。而在调查消费者选择购买农产品时最主要的考虑因素时，仍有 40.05% 的消费者选择了安全，说明食品质量仍然是影响消费者购买意愿的重要因素。

四、地产品牌农产品购买行为影响因素的计量分析

1. 模型构建与变量选择

基于前面的理论框架分析，首先选择是否分得清地产品牌农产品、是否购买过地产品牌农产品、是否经常购买地产品牌农产品作为被解释变量，同时选择控制收入水平、购买习惯、认知态度、个体特征、家庭特征等因素作为解释变量。其中每个被解释变量只包含"是""否"两种选择，是典型的二分选择问题。追求效用最大化是消费者做出购买决策的准则。在市场上同时存在非地产品牌农产品和上海地产品牌农产品的情况下，若消费者选择购买地产品牌农产品，则意味着相比非地产农产品，地产品牌农产品能给消费者带来更大效用。据此，构建 3 个二元 Logit 模型。

$$ln\left[\frac{P\ (Y=1)}{1-P\ (Y=1)}\right]=a+bX+\varepsilon \qquad (7-1)$$

上式中，a 为常数项，b 为自变量前系数，ε 为残差项；X 表示影响消费者效用的因素，即影响消费者购买决策的因素（变量定义和描述性统计见表 7-4）。

表 7-4　变量定义与描述性统计

变量		定义	均值	标准差
	性别	男=1；女=0	0.45	0.50
	户籍	本地=1；外地=0	0.40	0.49

（续）

变量		定义	均值	标准差
	年龄	周岁，实际数值	38.61	14.29
	学历	小学及以下＝1；初中＝2；中专、高中＝3；专科＝4；本科＝5；研究生＝6	3.59	1.45
	职业	公务员、事业单位员工＝1；其他＝0	0.18	0.38
	家庭人口数	人数，实际数值	3.48	1.39
	小孩	家庭中小孩（15 周岁以下，常住在一起）：有＝1；没有＝0	0.47	0.50
	老人	家庭中老人（60 周岁及以上长辈，常住在一起）：有＝1；没有＝0	0.47	0.50
	家庭月平均收入	万元；实际数值	2.79	5.50
购买场所	农贸市场	您平常主要在哪里购买农产品：农贸市场、路边摊位＝1；其他＝0	0.56	0.50
	超市	您平常主要在哪里购买农产品：超市、大卖场、购物中心＝1；其他＝0	0.74	0.44
	电商平台	您平常主要在哪里购买农产品：电商平台＝1；其他＝0	0.25	0.43
购买目的	价格	您购买农产品时最主要考虑什么：价格＝1；其他＝0	0.29	0.45
	新鲜度	您购买农产品时最主要考虑什么：新鲜度＝1；其他＝0	0.65	0.48
	口感	您购买农产品时最主要考虑什么：口感＝1；其他＝0	0.17	0.37
	安全	您购买农产品时最主要考虑什么：安全＝1；其他＝0	0.40	0.49
	营养	您购买农产品时最主要考虑什么：营养＝1；其他＝0	0.18	0.38
	购买支出	您每周用于购买农产品的花费：500 元以上＝1；其他＝0	0.32	0.47
	购买频次	您每周购买农产品的频率：4 次以上＝1；其他＝0	0.31	0.46
	购买需求满足	您自认为对优质农产品的需求能否得到满足：完全能满足＝1；基本能满足＝2；一般＝3；不太能满足＝4；根本不能满足＝5	2.38	0.82

（续）

变量	定义	均值	标准差
质量安全放心程度	您对当前农产品质量安全问题的放心程度如何：很不放心＝1；不太放心＝2；一般放心＝3；比较放心＝4；非常放心＝5	3.01	0.84
原产地重视程度	您对所购买农产品的产地看重吗：很不看重＝1；不太看重＝2；一般看重＝3；比较看重＝4；非常看重＝5	2.84	0.93
购买渠道便捷性	您是否有便捷的渠道购买到上海地产农产品：渠道很少，很难买到＝1；渠道较少＝2；一般＝3；渠道较多＝4；渠道很多，很容易买到＝5	2.74	1.20
质量信任程度	您对地产农产品质量安全和品质的信任度如何：非常信任＝1；比较信任＝2；一般＝3；不太信任＝4；很不信任＝5	2.46	0.69

2. 模型估计与结果分析

利用软件 Stata13.0 进行模型估计。其中是否分得清地产品牌农产品、是否购买过地产品牌农产品、是否经常购买地产品牌农产品 3 个被解释变量的影响因素分别通过模型 1、模型 2、模型 3 来进行计量分析。模型估计结果显示似然比检验量 LR 的 P 值小于设定的显著性水平，模型拟合优度和整体显著性良好（表 7-5）。

表 7-5　模型估计结果

变量	模型 1		模型 2		模型 3	
	系数	Z 值	系数	Z 值	系数	Z 值
性别	0.036	0.16	0.208	1.13	0.243	1.24
户籍	0.153	0.61	0.580***	2.77	0.920***	4.44
年龄	−0.006	−0.63	0.000	0.01	0.019**	2.29
学历	−0.202**	−2.16	−0.154**	−2.02	−0.124	−1.46
职业	−0.372	−1.34	−0.051	−0.21	−0.264	−1.00
家庭人口数	0.122	1.19	−0.071	−0.88	0.046	0.55
小孩数	0.247	0.99	0.432**	2.09	0.303	1.37
老人数	−0.020	−0.08	−0.106	−0.51	0.096	0.44
家庭月平均收入	0.014	0.63	0.019	1.03	0.026	1.63

（续）

变量		模型 1		模型 2		模型 3	
		系数	Z 值	系数	Z 值	系数	Z 值
购买场所	农贸市场	−0.510**	−2.12	−0.299	−1.50	−0.273	−1.29
	超市	−0.168	−0.63	−0.024	−0.11	−0.366	−1.53
	电商平台	−0.003	−0.01	0.055	0.24	−0.262	−1.09
购买目的	价格	0.110	0.43	0.367*	1.73	0.525**	2.41
	新鲜度	−0.586**	−2.18	0.088	0.42	0.276	1.26
	口感	0.695	2.00	0.249	0.97	0.439*	1.69
	安全	−0.289	−1.19	0.007	0.04	−0.004	−0.02
	营养	0.028	0.09	0.162	0.63	0.319	1.23
	购买支出	0.036	0.14	0.206	0.98	0.230	1.10
	购买频次	−0.541**	−2.22	−0.452**	−2.20	0.089	0.43
	购买需求满足	−0.352***	−2.58	−0.261**	−2.26	−0.078	−0.61
	质量安全放心程度	−0.248*	−1.82	−0.266**	−2.32	−0.159	−1.32
	原产地重视程度	0.301**	2.34	0.203*	1.95	0.119	1.11
	购买渠道便捷性	0.138	1.39	0.269***	3.26	0.463***	5.49
	质量信任程度	−0.526***	−3.04	−0.426***	−3.02	−0.758***	−4.92
	常数	4.908***	4.44	2.661***	3.03	−1.702*	−1.81
	Pseudo R^2	0.096 5		0.088 2		0.176 2	
	LR chi2	60.81		74.18		147.05	
	Prob	0.000 0		0.000 0		0.000 0	

注：* 、 ** 、 *** 分别表示 10％、5％、1％的显著性水平。

根据模型 1 数据，产生影响的自变量与因变量之间基本呈现负相关关系，其中购买需求满足、质量信任程度在 1％的水平上显著，学历、购买场所——农贸市场、购买目的——新鲜度、购买频次、原产地重视程度在 5％水平上显著，质量安全放心程度在 10％的水平上显著。可以看出，质量信任程度、原产地重视程度、质量安全放心程度对区别地产品牌农产品的影响均是显著的，这 3 个变量结果均反映出消费者渴望地产品牌农产品信息传递的有效性和可靠性。质量信任程度、质量安全放心程度与区别地产农产品能力同向变化，地产品牌农产品的品牌和标志信息的公信力会影响产品的信用属性，质量安全管理系统存在漏洞会使地产农产品信用属性缺失，消费者难以接受绿色、有机标志商品的内在价值，而市场上的假冒伪劣、鱼龙混杂现象让消费者区分地产品牌和非地产品牌农产品的动机不足。消费者原产地重视程度与区别地产农产品水平正向相关，因此生产者要具备产地意识，控制地产农产品的来源并在货物外包装上附上地理标志，增加地产品牌农产品可区分度。购买场所——农贸市场、购买目的——新鲜度、购买频次与辨别地产品牌农产品能力均呈显著负相关，由于大数据时代下的冷链运输减少了食品的在途时间，防潮防腐技术进步也保存了农产品营养和新鲜，因此，单从新鲜度出发区分地产品牌农产品的难度较大，农贸市场以新鲜度高打造的渠道优势也不再明显。关于农贸市场负面影响辨别地产品牌农产品能力的原理主要是农贸市场销售农产品品牌模糊，来源渠道复杂，超市或电商平台销售的地产品牌农产品标识相对比较规范，消费者不需要具备过多辨别地产品牌农产品的时间和能力，仅从商家介绍和平台信息就可判断。目前上海市地产农产品销售已经形成农超对接、农贸对接、农社对接"三对接"和农产品网上直销的销售体系，结果显示农贸对接对于区别地产品牌农产品有显著负面作用。购买频次与区别能力的关系也呈负向，说明存在购买频率低的消费者偏好社区支持农业等模式，依靠与当地合作社联系等习惯于在某一特定场所、依据某一特定标识来单次大量采购，因此能够辨别或者购买过地产品牌农产品的可能性更大。由此，应拓宽特定场所渠道，展示内容上优先突出产品包装标识，提高消费者辨别地产农产品水平。

模型2解释了是否购买过地产品牌农产品的影响因素。根据模型估计结果，户籍、购买渠道便捷性、质量信任程度在1％水平上显著，学历、小孩数、购买频次、购买需求满足、质量安全放心程度在5％的水平上显著，购买目的——价格、原产地重视程度在10％的水平上显著。户籍变量系数为0.580，由于本地居民对当地主要农产品流通渠道的了解程度和认可水平高，加上本地居民对地产品牌农产品有更清晰的认知，因此普及地产品牌农产品的消费渠道和提高消费者消费认知可有效提高外地人员的购买率。购买渠道便捷性对是否购买过地产品牌农产品的影响系数是0.269，如果购买场所足够多元、交通快捷、网上商城服务到家，那么消费者产生购买地产品牌农产品的动机越强烈。购买需求满足的影响系数是−0.261，需求是推动消费的第一动力，理解并满足消费者的需求可以触发或挖掘消费者购买地产品牌农产品的欲望，通过在线下购物场所中为消费者提供更多便利、在线上平台提供产品丰富信息可以提高地产品牌农产品的人均购买率。购买目的——价格的影响系数为0.367，说明价格仍然是此类消费者做出购买决策的重要参考。而根据生活规律，极少有人购物以高价为目标，因此地产品牌农产品一定范围内的降价仍然能引来更多消费者的青睐，但如果价格下降到了消费者对地产品牌农产品的预期最低价格，可能会引起消费者对质量安全的质疑从而拒绝购买，因此渠道价格调整还需适应消费者质量信任和价格公平的心理博弈。质量信任程度的系数为－0.426，地产品牌农产品的信息不可预测性主要来自生产厂家和政府，经济学将生产者与消费者信息不对称、政府与消费者信息不对称的后果称为柠檬市场和信任危机（尹志洁，2008），而提高消费者信任可降低市场模糊行为、增加可预测性，因此，完善农产品质量安全监督体系仍然是最有效的保证消费者放心购买的手段。质量安全放心程度的系数为－0.266，表明公众对农产品安全的放心程度越高，购买过地产农产品的平均水平越低，公众对地产品牌农产品的质量安全信任要高于普通农产品，当市场上的普通农产品解决掉农残、激素类问题后，消费者购买地产品牌农产品的动机会下降。原产地重视程度的影响系数是0.203，生长在不同光照、温度、地理环境下的农产品品质有所不同，但原产地重视程度的影响系数并不是很高，消费者原产地意识参差不齐，因此还应继续宣传优势农产品、加深地理农产品认知，促进消费者更加关注农产品原产地，增强质量保障意识。

模型3解释了消费者频繁购买地产农产品的影响因素。其中户籍、购买渠道便捷性、质量信任程度在1％的显著性水平上影响，年龄、购买目的——价格在5％的显著性水平上影响，购买目的——口感在10％的显著性水平上影响。影响地产品牌农产品销售体量的主要环节发生在频繁购买阶段，而结果显示户籍、购买渠道便捷性和质量信任程度成为此阶段影响程度最大的自变量，由于户籍影响因素因其社会属性而难以改变，凸显渠道建设和质量信任的意义更为重大。根据结果，购买渠道便捷性的系数为0.463，当前全球范围内电子商务发展与全渠道销售趋势推动着消费体验持续优化，伴随着生活节奏的日益加快，大都市人群对地产品牌农产品购买渠道的便捷性有着更突出的需求，提高频繁购买地产农产品比率需要在购销地距离、购买渠道多元、到家运输提拿等过程为消费者实现更多便利。质量信任程度系数为－0.758，绝对值也接近于1，与前人得出的研究一致，即消费者信息不对称会先于收入约束影响购买决策（马骥和秦富，2009）。由于之前食品质量安全事件频现和农残污染尚存隐患等问题的公知，消费者农产品质量信心仍然低迷，提高地产品牌农产品质量信任程度迫在眉睫。户籍的系数为0.920，接近1，说明频繁购买地产品牌农产品的消费群体目前绝大部分仍然是本地人，部分本地人习惯于购买熟悉的农产品，而外地人在选择农产品的时候不愿多花时间放在收集来源信息方面，购买过程快速而简单，因此地产品牌农产品的渠道推广应重视信息传递的简化和凝练，可通过购买展位投放广告等手段向消费者渗透地产农产品特点。购买目的——价格的系数是 0.525，如前分析，价格对消费者起到了表价职能，反映了该农产品的内在社会价值，通过渠道推广当地农产品在营养、等级、规格、品质等方面的优势并建立起具备市场弹性的价格体系，可以稳定并扩大地产农产品的市场份额。购买目的——口感的系数为 0.439，追求口感是人的一种高级体验，地产农产品在口感上优势越大，吸引长期顾客的能力也就越大。

五、本章小结

随着消费者对地产农产品的依赖感加深，了解筛选的自变量在演进过程中起到的推进作用如何，各影响因素在整体系统中的作用方向和大小是否相同，对于改进上海地产品牌农产品生产环境和营商环境有重要意义。总结出以下结论：

第一，户籍、购买渠道便捷性、质量信任程度是影响地产品牌农产品消费行为的重要因素。其中，户籍虽然影响大但可改善空间小，购买渠道便捷性和质量信任程度不仅显著性水平高且影响系数大。购买渠道主要在购买行为发生时产生影响，而不同购买场所对购买行为的影响不显著。质量信任程度是整个模型中最关键的因素，其显著性在是否分得清地产品牌农产品、是否购买过地产品牌农产品、是否经常购买地产品牌农产品三阶段模型中均处于 1％水平，质量安全放心程度在第一、二阶段模型影响较为显著，在第三阶段模型中无显著影响，说明地产品牌农产品自身的信任水平在三个阶段的模型中均起到了显著的推动作用，而总体农产品的信任水平对地产品牌农产品忠实顾客的形成无明显作用。

第二，其他因素也低程度对地产农产品推广产生影响。购买时重视价格心理的影响因素，其在第三阶段模型中显著性和系数值均递增，系数值为正数，证实价格成为消费者衡量农产品价值的主要工具。年龄在第一、二阶段模型中影响不显著，在频繁购买阶段 5％水平显著，但系数不高，说明年龄非地产品牌农产品销售的关键影响因素。学历与居民地产品牌农产品依赖度呈反向影响，在频繁购买阶段不再是显著影响因素。购买频次对地产品牌农产品的忠实粉丝没有明显影响，在第一、二阶段模型中呈显著负向影响，说明购买频率高、周期短的消费者转化为新用户的难度较大。购买需求满足在频繁购买阶段无显著作用，即地产品牌农产品与外地农产品对消费者的吸引力无明显差别。

第八章
质量认证农产品购买行为分析

食品质量认证体现了全面推进农业标准化的要求，不仅有助于食品安全问题的解决，还是解决中国当前严峻的环境问题、走生态农业之路的重要途径。本章以猪肉产品为例，利用在西安市调查的 392 份消费者问卷，通过构建二元 Logit 模型定量分析了偏好异质性约束下消费者的质量认证标签信任水平对其猪肉购买行为影响的差异，重点关注质量安全偏好型和其他偏好类型消费者的质量认证标签信任水平对其猪肉购买行为的影响差异。厘清这些问题一定程度上有助于企业品牌化建设的成功，从而有利于食品质量安全保障和生态环境保护。

一、研究依据与文献综述

企业申请质量认证的动力很大程度上来自市场需求拉动，而研究表明，有机食品等质量认证食品的安全、生态这些内在质量特性具有明显的信任品特征（Smith，2010），这决定了研究消费者质量认证食品购买行为相比于常规食品更复杂（Verhoef，2005）。因此，研究消费者质量认证食品购买行为具有重要现实意义。专门针对食品申请的产品质量认证中既有安全认证又有合格认证，其中对于绿色食品、有机食品和无公害农产品认证，企业可以自愿申请，即不可能要求市场上所有的企业都申请。同时，企业进行食品质量认证需要投入大量成本，这必然反映在产品价格上。上述这些问题意味着，消费者需要在价格更高的绿色食品、有机食品、无公害农产品和价格相对较低，但未通过绿色食品、有机食品、无公害农产品认证的食品之间做出选择。因此，消费者是否接受和购买价格更高的绿色食品、有机食品、无公害农产品？有哪些因素影响消费者的购买行为选择？作为区别是否为质量认证食品的可靠的、易识别的质量认证标签，消费者对其信任水平如何？消费者的信任水平又会对自身购买行为选择产生什么影响？这些都是需要重点回答的问题，厘清这些问题一定程度上有助于企业品牌化建设的成功，从而有利于食品质量安全的保障和生态环境的保护。

质量认证食品的消费问题已成为研究热点，但梳理已有文献还发现以下几点不足。一是关于质量认证食品的消费研究多是针对产品质量认证（如：何坪华等，2009；马骥和秦富，2009），其中又以合格认证即绿色食品、有机食品或无公害农产品认证的研究为主，这主要是基于三类质量认证在食品质量信号甄别方面的突出作用，但很少有文献将这三类质量认证食品归为一类进行综合研究。二是已有研究主要涉及消费者对通过绿色食品、有机食品或无公害农产品认证食品（如：蔬菜、猪肉等）的认知、购买行为、购买意愿的研究（如：靳明和赵昶，2008；青平等，2006；尹世久等，2013；张蓓等，2014；黄季伸等，2007；Gracia and De Magistris，2008；Soler and Sanchez，2002），已有研究成果可以为本章研究提供很好的借鉴。然而，虽然已有研究大多考虑了质量认证食品信任对消费者购买决策的影响，但并未将对质量认证食品的信任定位于质量认证标签上，而质量认证标签作为识别质量认证食品的主要手段才是发挥质量信号甄别作用的关键因素，不能认识到这一点就难以提出有针对性的对策建议。三是已有研究表明消费者对食品的偏好具有异质性，以猪肉为例，有研究者将消费者对猪肉的偏好归为信任危机型、品质偏好型、价格敏感型（张振等，2013），而作者的前期研究也发现消费者购买猪肉时的关注点是不同的，有人主要关注质量安全，有人主要关注高品质，有人主要关注廉价，关注点的不同反映出偏好的不同，总的来说，可以将消费者对猪肉的偏好划分为质量安全偏好型、高品质偏好型和廉价偏好型等。也有研究表明，质量认证作为一种质量安全策略使得质量认证食品信任影响着食品购买决策，遗憾的是，已有研究并未充分认识到质量认证食品在质量安全方面的改进对具有质量安全偏好和其他偏好消费者的意义可能是不同的，而这种不同会反映在对消费者食品购买行为的影响上。上述几点为研究工作提供了一个很好的视角和切入点。

基于此，本章以猪肉产品为例，重点关注质量安全偏好型和其他偏好类型消费者的质量认证标签信任水平对其猪肉购买行为的影响差异。还需要说明两点：一是本章中的质量认证标签特指绿色食品、有机食品和无公害农产品认证标签，质量认证猪肉特指通过绿色食品、有机食品和无公害农产品认证的猪肉，下文不再说明；二是质量认证标签上包含很多信息，其中质量认证标识是区分是否质量认证食品的主要手段，因此本章中消费者对质量认证标签的信任水平其实是对质量认证标签上质量认证标识的信任水平，然而质量认证标识只有附于食品标签上谈是否信任才有意义，因此本章还是采用"质量认证标签信任"的表述，而非"质量认证标识信任"，但对其内在含义作出说明。同时，为了全面考察消费者对质量认证猪肉的购买行为，本章还将收入水平、购买行为习惯、家庭基本特征、个人基本特征等因素纳入分析框架。

二、理论分析与研究假设

如何为偏好异质性约束下质量认证标签信任对消费者猪肉购买行为的影响提供理论解释是很重要的。消费者购买决策过程模型（Consumer decision process model，CDP）可以对此做出有效解释。该理论认为，消费者对商品的购买过程是一个复杂的心理决策过程，消费者的购买行为包括购买动机、信息搜集、购买决策、购后评价四个核心环节（李双双等，2006；Morgan，2003）。在 CDP 模型中，动机和认知是两个关键概念。购买动机是购买行为的起点，而购买动机的产生源于消费者某方面的需求未得到满足，可以说消费者偏好的不同决定了其购买动机的不同。Lancaster 的偏好理论认为商品具有一系列特性，这些特性结合在一起形成影响效用的特性包，商品是作为内在特性的集合来出售的（Lancaster，1966）。就食品而言，食品质量的内涵应该包括满足消费者需求的安全、营养、口感等特性（翁鸣，2003）。这些不同质量特性组合成不同的食品，现实市场上就包括质量安全食品、高品质食品和廉价食品，其中高品质食品可以界定为安全、营养、口感好的食品，通俗一点理解即是"好吃又健康"的食品。可以将上述分类理解为一种简单的市场细分。因此，结合作者前期调研成果，中国消费者的猪肉偏好类型可以划分为质量安全偏好型、高品质偏好型和廉价偏好型，猪肉购买动机主要包括质量安全、高品质和廉价。认知是指人类通过心理活动（如形成概念、知觉、判断或想象）认识客观事物、获得知识的活动。人们对某一事物的认知应该包括认知水平和评价两方面内容（刘增金等，2013）。消费者对质量认证标签的认知水平包括了解的质量认证标签数量和对这些质量认证标签质量安全标准的了解程度；由于质量认证是一种质量安全策略，这使得消费者对质量认证标签的质量安全信任水平决定了是否认可和购买质量认证猪肉，因此本章将消费者对质量认证标签的评价定位于对质量认证标签的质量安全信任水平。

不同偏好条件下质量认证标签信任对消费者猪肉购买行为影响的作用机理

如图 8-1 所示。猪肉质量安全事件时有发生，引起消费者对猪肉质量安全问题的担忧和关注，产生质量安全猪肉购买动机；在动机驱使下搜集猪肉质量安全信息，形成对质量认证猪肉的认知；消费者对质量认证猪肉的购买决策会受到质量认证标签认知的影响，也受到消费者收入水平等约束条件的影响；实际购买质量认证猪肉后，消费者会根据感觉做出评价，并使消费者有新的认知。因此，如果消费者选购猪肉时优先考虑质量安全，即对于质量安全偏好型消费者来说，质量认证标签信任水平高的消费者会对质量认证标签产生更强烈的购买欲望，从而更倾向于购买质量认证猪肉。对于高品质偏好型消费者来说，猪肉质量安全事件的发生同样会引起这部分人对猪肉质量安全问题的担忧和关注，但这部分人对安全、营养、口感好的高品质猪肉产生购买动机，因此，对质量认证标签信任水平低的消费者自然不愿意购买质量认证猪肉，而标签信任水平高的消费者也不见得购买质量认证猪肉，这是由于质量认证更是一种质量安全策略，其并不见得能显著改善猪肉的营养、口感情况，对于这部分消费者而言，是否购买还取决于其对质量认证猪肉营养、口感方面的信任水平。对于廉价偏好型消费者来说，这部分人可能并未感知到猪肉质量安全风险，对所处市场环境中猪肉的质量安全比较放心，也可能根本不看重猪肉的质量安全，因此质量认证标签信任水平的高低对其是否购买质量认证猪肉并没什么影响。

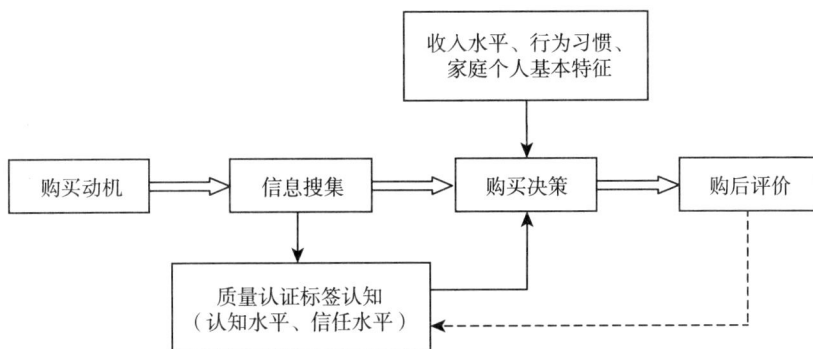

图 8-1　消费者的猪肉购买决策过程模型

三、质量认证农产品购买的描述分析

1. 数据来源与样本说明

研究数据源于 2013 年 8—10 月在西安市调查的消费者问卷。为保证问卷质量，每份问卷采取面对面的访问方式。经过严格筛选，最终获得 392 份有效问卷。调查对象主要针对购买过猪肉的消费者。调查范围包括新城、碑林、莲湖、雁塔、未央、灞桥、阎良、临潼、长安 9 个城区，调查地点主要选择超市及其附近区域。调查人员主要为中国农业大学经济管理学院的硕士研究生。在正式调查之前对调查人员围绕问卷内容、调查技巧、调研安排等内容进行了相关培训，并进行了预调查。

受访者个人基本特征如下。从性别分布来看，女性受访者所占比例较大，为 65.31%。从年龄分布来看，40～49 岁年龄段的受访者所占比例最大，为 29.34%；其次为 60 岁及以上年龄段的受访者，所占比例为 28.06%；再次为 50～59 岁年龄段的受访者，所占比例为 21.17%；30～39 岁和 20～29 岁年龄段的受访者所占比例最小，分别为 13.27% 和 8.16%。从学历分布来看，具有大专学历的受访者最多，所占比例达到 33.42%；其次为高中或中专学历，比例为 30.10%；再次为本科学历和初中及以下学历，比例分别为 18.88% 和 15.31%；具有研究生及以上学历的受访者最少，只有 2.30%（表 8-1）。

表 8-1　受访者样本基本特征

变量	选项	频数（个）	比例（%）
性别	男	136	34.69
	女	256	65.31
年龄	20～29 岁	32	8.16
	30～39 岁	52	13.27
	40～49 岁	115	29.34
	50～59 岁	83	21.17
	60 岁及以上	110	28.06
学历	初中及以下	60	15.31
	高中或中专	118	30.10
	大专	131	33.42
	本科	74	18.88
	研究生及以上	9	2.30

2. 消费者对质量认证猪肉的购买行为

在 392 位受访者中，310 人表示知道"绿色食品、有机食品或无公害农产品"，占总样本数的 79.08%。在这 310 人中，229 位受访者表示选购猪肉时优先考虑质量安全的猪肉，可以称之为质量安全偏好型消费者；另有81位受访者表示选购猪肉时优先考虑高品质（安全、营养、口感好）或者廉价的猪肉，可以称之为高品质偏好型或廉价偏好型消费者。另外，在上述310人中，有124人表示购买过绿色猪肉、有机猪肉或无公害猪肉，这其中有38人的质量认证猪肉购买量占其所有猪肉购买量的一半。

3. 消费者对质量认证标签的认知水平

调查发现，在质量认证标签可见性方面，消费者对绿色食品标签的熟悉程度要远高于有机食品标签和无公害农产品标签，69.68％的受访者表示认识绿色食品（A级）标签，72.90％的受访者表示认识绿色食品（AA级）标签。有机食品标签中，消费者对北京中绿华夏有机食品认证中心有限责任公司（简称北京中绿华夏）认证的有机食品标签的熟悉程度最高，选择人次比例达到25.81％；其次为中国有机产品标签；认识南京国环有机产品认证中心有限公司（简称南京国环）认证的有机认证标签的比例则很低。消费者对无公害农产品标签的熟悉程度比较高，27.10％的受访者表示认识无公害农产品标签。另有18.71％的受访者表示不认识上述任何质量认证标签（图8-2）。

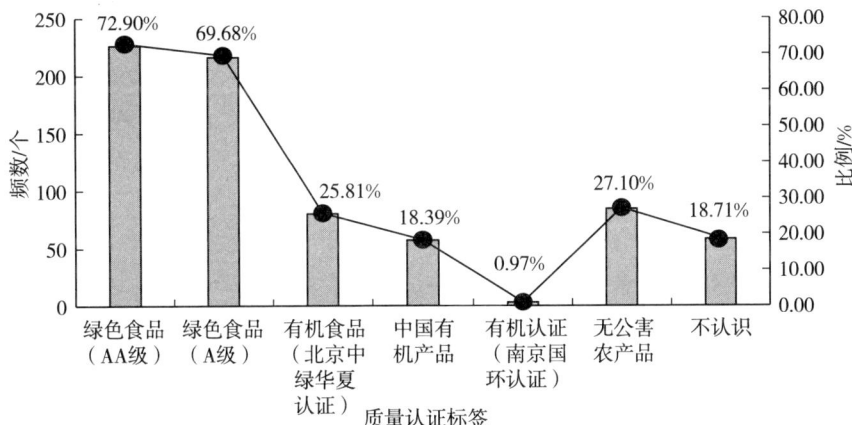

图8-2　质量认证标签的可见性

根据国家相关规定，质量认证食品的质量安全标准由低到高依次为无公害农产品、绿色食品、有机食品；其中，农业农村部又将绿色食品分为A级和AA级，AA级的质量安全标准更高，接近有机食品质量安全标准；此外，根据认证机构的不同，有机食品标签主要有中国有机产品、有机食品、有机认证三种常见的质量认证标签，三者在质量安全标准上没有差异，其中，食品只要在国内有机食品认证机构认证后即可使用中国有机产品标签，而有机食品标签则必须由北京中绿华夏认证后才能使用，有机认证标签必须由南京国环认证后才能使用。因此，上述 6 种质量认证标签按质量安全标准由高到低排序依次为：中国有机产品＝有机食品＝有机认证＞绿色食品（AA 级）＞绿色食品（A 级）＞无公害农产品。

调查发现，消费者并不能有效判别质量认证标签之间的安全性差异，有 206 位受访者认识至少两种质量认证标签，这其中只有 25 人回答正确 1 对安全性关系，32 人回答正确 2 对安全性关系，15 人回答正确 3 对安全性关系。总体来看，受访者基本认识到有机食品的安全性比绿色食品和无公害农产品高，但对两种绿色食品标签之间的安全性以及绿色食品和无公害农产品之间的安全性则很难做出正确判断。图 8-3 显示了消费者对质量认证标签认知水平的得分情况，从结果来看，受访者对质量认证标签认知水平的总得分多集中在 3 分及以下，认知水平有待进一步提高。

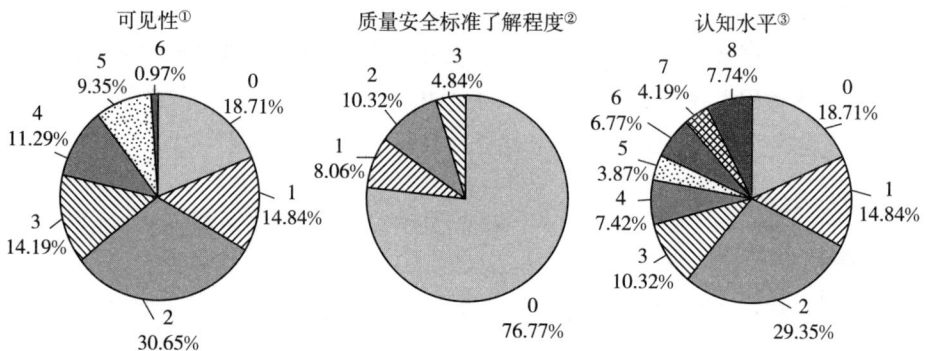

注：①满分为6分；②满分为3分；③满分为8分。

图 8-3　消费者对质量认证标签认知水平的得分情况

4. 消费者对质量认证标签的信任水平

国家对质量认证食品的质量安全标准做出了严格规定，然而现实中不带质量认证标签猪肉的质量安全是否就比带有质量认证标签猪肉的质量安全低，或者说带有质量认证标签的猪肉是否真的严格执行质量安全标准？消费者如何认识该问题会影响其是否购买质量认证猪肉。调查发现，9.35％的受访者表示非常相信"带有绿色食品、有机食品或无公害农产品标签猪肉的质量安全好于不带绿色食品、有机食品或无公害农产品标签的猪肉"，57.74％的人表示比较相信，26.45％的人信任程度一般，5.16％的人表示不太相信，只有 1.29％的人表示很不相信。

另外，由表 8-2 的交叉分析可知，随着受访者对质量认证标签信任水平由很不相信提高至不太相信、一般相信、比较相信、非常相信，购买过质量认证猪肉受访者的比例由 0.00％（该比例是指在表示很不相信的受访者中购买过质量认证猪肉的受访者所占比例）不断提高至 6.25％、23.17％、46.37％、72.41％，明显呈现出上升趋势，反之未购买质量认证猪肉受访者的比例则呈现下降趋势。通过交叉分析可以初步判断消费者对质量认证标签的信任水平影响其质量认证猪肉购买行为，该影响是否显著以及该影响是否具有稳定性还需要通过计量分析来验证。

表 8-2　质量认证标签信任与质量认证猪肉购买行为的交叉分析

质量认证标签信任	购买过质量认证猪肉		未购买过质量认证猪肉	
	频数（个）	比例（％）	频数（个）	比例（％）
很不相信	0	0.00	4	100.00
不太相信	1	6.25	15	93.75
一般相信	19	23.17	63	76.83
比较相信	83	46.37	96	53.63
非常相信	21	72.41	8	27.59
总体情况	124	40.00	186	60.00

四、质量认证标签信任对消费者猪肉购买行为影响的计量分析

1. 模型构建

效用最大化是消费者作出购买决策的准则。消费者选择购买质量认证猪肉即意味着质量认证猪肉比非质量认证猪肉给其带来更大的效用。由于只有消费者知道质量认证食品，分析其是否购买质量认证猪肉才有意义，因此，在计量分析部分的样本量只有 310 个，即只分析表示知道绿色食品、有机食品或无公害农产品的消费者对质量认证猪肉的购买行为。

消费者对质量认证猪肉的购买行为包括"买"和"不买"两种选择，是典型的二分选择问题，适合选用二元 Logit 模型。因此，构建如下模型：

$$ln\left[\frac{P(Y=1)}{1-P(Y=1)}\right] = a + bX + \varepsilon \qquad (8-1)$$

其中，Y 表示消费者的购买行为选择，$Y=1$ 表示购买质量认证猪肉，$Y=0$ 表示购买非质量认证猪肉；X 表示包括质量认证标签认知和收入水平在内的影响消费者效用的因素；ε 为残差项。

2. 变量选择

根据前文的理论分析与研究假设，并参考已有研究成果，可认为消费者对质量认证猪肉购买行为选择的影响因素可归为质量认证标签认知、收入水平、行为习惯、家庭基本特征、个人基本特征这五大类。模型自变量的定义、描述性分析和预期作用方向如表 8-3 所示。

表 8-3　变量定义、描述性分析与预期作用方向

变量		定义	预期作用方向
质量认证标签认知	认知水平	认知水平得分	+
	信任水平	根据信任程度高低从"很不信任"到"非常信任"依次赋值从 1 到 5	+
收入水平	个人月平均收入	实际数值（精确到百位，单位为百元）	+
行为习惯	消费比重	猪肉占家庭肉类消费比重是否达到 50%：是＝1；否＝0	+
	购买场所	超市或专卖店是否为猪肉主要购买场所：是＝1；否＝0	+
家庭基本特征	小孩情况	家庭中是否有 15 周岁以下的小孩：是＝1；否＝0	+
	老人情况	家庭中是否有 60 周岁及以上的老人：是＝1；否＝0	+
个人基本特征	性别	男性＝1；女性＝0	?
	年龄	实际数值	?
	学历	初中及以下＝1；高中或中专＝2；大专＝3；本科＝4；研究生及以上＝5	?

3. 结果与分析

模型估计之前，对自变量之间的相关性进行检验，结果发现大多数变量之间的相关系数不超过 0.3，所有变量之间的相关系数不超过 0.5，基本判断自变量之间不存在严重多重共线性。运用软件 Stata11.0 进行模型估计，结果如表 8-4 所示。通过伪 R^2、LR 似然值及其 P 值可知，三个模型的拟合优度和变量整体显著性都很好。接下来从作用方向和影响程度两方面对变量的影响进行分析。

表 8 - 4　模型估计结果

变量名称	模型一			模型二（质量安全偏好型）			模型三（其他偏好类型）		
	系数	Z值	边际概率	系数	Z值	边际概率	系数	Z值	边际概率
偏好类型	0.388	1.14	0.064	—	—	—	—	—	—
认知水平	0.412***	5.87	0.068	0.362***	4.60	0.063	0.641***	3.39	0.076
信任水平	1.125***	4.59	0.186	1.205***	4.20	0.210	0.891	1.60	0.105
个人月平均收入	0.019*	1.66	0.003	0.024*	1.90	0.004	0.021	0.59	0.002
消费比重	−0.499*	−1.65	−0.083	−0.262	−0.75	−0.046	−1.663**	−2.28	−0.197
购买场所	0.819**	2.20	0.136	0.851*	1.93	0.148	1.104	1.37	0.131
小孩情况	−0.662**	−2.21	−0.110	−0.868**	−2.56	−0.151	0.136	0.17	0.016
老人情况	1.072***	2.93	0.177	0.927**	2.23	0.162	0.979	1.10	0.116
性别	−0.044	−0.14	−0.007	−0.373	−1.02	−0.065	1.336	1.44	0.158
年龄	0.018	1.41	0.003	0.020	1.39	0.003	0.027	0.86	0.003
学历	−0.056	−0.32	−0.009	0.019	0.10	0.003	−0.149	−0.30	−0.018
常数项	−7.590***	−5.33	—	−7.785***	−4.71	—	−7.960**	−2.18	—
Pseudo R^2	0.259 1			0.242 1			0.382 9		
LR chi2	108.11			75.95			37.70		
Prob>chi2	0.000 0			0.000 0			0.000 0		

注：*、**、*** 分别表示 10%、5%、1%的显著性水平；模型一是对 310 位知道绿色食品、有机食品或无公害农产品的受访者样本进行回归，对偏好类型变量的定义是质量安全偏好型赋值为 1，其他偏好类型赋值为 0；模型二是对 229 位具有质量安全偏好的受访者样本进行回归；模型三是对 81 位具有其他偏好的受访者样本进行回归。

由上述模型估计结果可知，在所有样本模型中，质量认证标签信任水平变量正向显著影响消费者对质量认证猪肉的购买行为，这与前文交叉分析结果一致，但在实际应用中通常还关注系数估计值的稳定性，即如果将整个样本分成若干个子样本分别进行回归，是否还能得到大致相同的估计系数，这直接关系到对结果解释和预测的准确性（陈强，2010）。由模型二和模型三的估计结果可知，质量认证标签信任水平变量系数的估计值并不稳定，即质量安全偏好型消费者对质量认证标签信任水平越高，其购买过质量认证猪肉的概率越大，但这种规律并不存在于其他偏好类型消费者中。这很好地验证了本章的研究假设。接下来从作用方向和影响程度两个方面对模型二和模型三的结果进行分析。

由模型二的估计结果可以得出以下几点结论，但结论只对质量安全偏好型消费者成立。

第一，质量认证标签认知水平和信任水平这两个变量都正向显著影响消费者对质量认证猪肉的购买行为，且影响非常显著，这意味着对质量认证标签认知水平越高、对带有质量认证标签猪肉的质量安全信任水平越高的消费者购买质量认证猪肉的概率越大。从影响的边际效果看，当其他条件不变时，受访者对质量认证标签的认知水平得分每提高 1 分，购买通过绿色食品、有机食品或无公害农产品认证猪肉的概率平均增加 0.063；另外，受访者对带有质量认证标签猪肉的信任水平每提高 1 个等级，购买通过绿色食品、有机食品或无公害农产品认证猪肉的概率平均增加 0.210。

第二，个人月平均收入变量正向显著影响消费者对质量认证猪肉的购买行为，但影响不像预期那么显著。从影响的边际效果看，当其他条件不变时，受访者的个人月平均收入每提高 100 元，其购买通过绿色食品、有机食品或无公害农产品认证猪肉的概率平均增加 0.004。

第三，购买场所变量正向显著影响消费者对质量认证猪肉的购买行为，影响的显著性比较高。从影响的边际效果看，当其他条件不变时，主要在超市或专卖店购买猪肉的受访者购买通过绿色食品、有机食品或无公害农产品认证猪肉的概率比主要在其他场所购买猪肉的受访者平均高 0.148。20 世纪 90 年代中期以来，超市在中国迅速发展，它所经营的食品的品种和数量也在不断增加，并且它还成为无公害农产品、绿色食品和有机食品的销售终端（胡定寰，2005）。进入 21 世纪，专卖店在中国逐渐兴起，也成为无公害农产品、绿色食品和有机食品的销售终端，通过绿色食品、有机食品或无公害农产品认证的猪肉主要在超市和专卖店销售，而在批发市场、农贸市场等场所则极少见到。因此，主要在超市或专卖店购买猪肉的消费者见到乃至买到通过绿色食品、有机食品或无公害农产品认证猪肉的概率自然会更高。

第四，小孩情况变量反向显著影响消费者对质量认证猪肉的购买行为，老人情况正向显著影响消费者对质量认证猪肉的购买行为，其中小孩情况变量的作用方向与预期不一致。预期家中有小孩或老人的消费者出于对小孩和老人健康状况的关心和爱护会更倾向于购买质量认证猪肉，但实证研究结果发现并非完全如此。分析通过调研发现的有趣现象，得出其原因之一在于，如今年轻人的生活节奏加快，难有闲暇时间，小孩多由爷爷、奶奶或姥爷、姥姥抚养，老人们往往更倾向于购买孩子们"爱吃的"（比如排骨、里脊等），而对"三品"认证猪肉并没有太强烈的购买欲望。从影响的边际效果看，当其他条件不变时，家庭中有 15 周岁以下小孩的受访者购买通过绿色食品、有机食品或无公害农产品认证猪肉的概率比家庭中没有 15 周岁以下小孩的受访者平均低 0.151，而家庭中有 60 周岁及以上老人的受访者购买通过绿色食品、有机食品或无公害农产品认证猪肉的概率比家庭中没有 60 周岁及以上老人的受访者平均高 0.162。

由模型三的估计结果可以得出以下几点结论，但结论只对其他偏好类型消费者成立。

一是质量认证标签认知水平变量正向显著影响消费者对质量认证猪肉的购买行为，且影响非常显著，这意味着对质量认证标签认知水平越高的消费者购买质量认证猪肉的概率越大。从影响的边际效果来看，当其他条件不变时，受访者对质量认证标签的认知水平得分每提高 1 分，其购买通过绿色食品、有机食品或无公害农产品认证猪肉的概率平均增加 0.076。

二是消费比重变量反向显著消费者对质量认证猪肉的购买行为。作用方向与预期不一致，本章认为可能的原因在于，对于非质量安全偏好型消费者，更有理由相信猪肉占家庭肉类消费比重达到 50％ 的消费者更加追求猪肉品质，借用实地调研中一位受访者的话即"要么不买，要买就买好的"。从影响的边际效果来看，当其他条件不变时，猪肉占家庭肉类消费比重达到 50％ 的受访者购买通过绿色食品、有机食品或无公害农产品认证猪肉的概率比其他受访者平均低 0.197。

需要说明的是，本章并没有深入分析模型二和模型三中除质量认证标签信任水平变量之外其他变量影响差异性背后的原因，这也是需要进一步研究的内容。

五、本章小结

本章以猪肉产品为例，主要研究了质量安全偏好型和其他偏好类型消费者对质量认证标签的质量安全信任水平及其对猪肉购买行为影响的差异。研究得出以下主要结论：79.08％ 的受访者至少知道绿色食品、有机食品或无公害农产品中的一种，31.63％ 的受访者购买过通过绿色食品、有机食品或无公害农产品认证的猪肉；消费者对带有绿色食品、有机食品或无公害农产品标签猪肉的质量安全信任水平高，但对这三种质量认证标签的认知水平有待进一步提高；消费者的猪肉偏好呈现出差异，质量安全偏好型消费者对质量认证标签的质量安全信任水平显著影响质量认证猪肉购买行为，而其他偏好类型消费者对质量认证标签的质量安全信任水平并不显著影响质量认证猪肉购买行为；另外，质量认证标签认知水平、个人月平均收入、购买场所、小孩情况和老人情况这些变量显著影响质量安全偏好型消费者的质量认证猪肉购买行为，质量认证标签认知水平和消费比重变量显著影响其他偏好类型消费者的质量认证猪肉购买行为。

| 第九章 |
可追溯农产品购买行为分析

食品可追溯体系为消费者提供了一个获得更多食品质量安全信息的重要渠道，旨在通过实现溯源为消费者提供真实可靠信息，以缓解信息不对称程度，但少有研究者实证分析消费者对可追溯食品的购买行为。本章以可追溯猪肉为例，利用北京市、西安市实地调查的消费者问卷数据，实证分析信息源信任对消费者可追溯猪肉购买行为的影响，以期为全国猪肉可追溯体系建设的深入推进提供决策依据，也为相关研究提供借鉴。

一、研究依据与文献综述

"民以食为天，食以安为先"，食品安全始终是关系国计民生的大事。食品安全事件的频发极大损害了消费者的切身利益，也对食品行业造成巨大冲击，不利于社会经济的健康发展。根据信息不对称理论，信息不对称被认为是导致食品安全问题的根本原因（Antle，2021；Caswell and Mojduszka，1996），降低信息不对称程度有助于食品安全问题的解决。随着网络信息时代的到来，食品质量安全信息纷繁复杂，在降低信息不对称程度的同时，也带来信息真假难辨的问题。食品消费市场的突出矛盾由消费者对信息的渴望转变为对信息的信任。现代消费者行为学关于信息信任的研究主要围绕信息源的可信度、信息内容的可信度和媒介的可信度展开，其中考察信息源的可信度是探讨信息信任问题的关键之一，消费者通过对信息源的信任可以降低对信息真实可靠性进行辨别的成本。根据消费者在购买商品时所掌握的信息多少以及时间先后次序，商品包括搜寻品、经验品和信任品等三种特性（Nelson，1970；Caswell and Padberg，1992）。信息的获取付出了成本，信息也是一种商品，可认为同时具有上述三种特性。消费者很难获得信息的经验品和信任品特性，对沟通过程中的信息内容本身可信度的考察并没有具体的操作方法，而作为信息传播渠道的媒介在整个过程中仅扮演一个载体的作用。消费者在思考某一条具体的信息是否可信时，他们的思维将首先按照信息传播的过程逆向而上，最终找到信息传播的源头，即信息源，通过对信息源各个因素的综合考察得出对信息可靠性的判断。因此，研究信息源的可信度具有更重要的理论和现实意义。

食品可追溯体系为消费者提供了一个获得更多食品质量安全信息的重要渠道，旨在通过实现溯源为消费者提供真实可靠信息，以缓解信息不对称程度（Hobbs，2004）。已有研究表明，食品可追溯体系可以通过提高消费者信任达到恢复消费者信心的效果（Martinez and Feijoo，2023），特别是在重大食品安全事件背景下，溯源的实现对于重塑行业形象、恢复消费信心具有非常重要的作用。食品可追溯体系的信息源主要包括政府、食品生产加工企业、食品销售商等，在当前食品可追溯体系建设尚不完善的背景下，消费者对追溯信息发布方的信任程度如何，以及信息源信任对消费者食品购买行为产生什么影响，是非常值得关注的问题。目前关于消费信任的研究主要就消费信任的概念内涵、形成机制及影响因素等内容进行理论探讨（金玉芳等，2004；朱虹，2011；史燕伟等，2015），以及围绕消费者对品牌、网购等的信任程度展开实证研究（夏晓平等，2011；萨吉，2013；刘增金等，2016；Han et al.，2015；Yang et al.，2015）。另外，关于可追溯食品消费行为，研究者们更关注消费者对可追溯食品的支付意愿（吴林海等，2014；刘增金等，2015；Zhang et al.，2012；Wu et al.，2015），少有研究者实证分析消费者对可追溯食品的购买行为，更没有专门研究信息源信任对消费者可追溯食品购买行为影响的文献。

北京市和西安市作为商务部肉类流通追溯体系试点建设城市，猪肉可追溯体系建设具备了一定基础，可以较好地满足本研究需要，同时鉴于猪肉产品在我国城镇居民家庭食品消费中的重要地位，本章以可追溯猪肉为例，利用北京市、西安市实地调查的消费者问卷数据，分析信息源信任对消费者可追溯猪肉购买行为的影响，从理论上厘清信息源信任对消费者可追溯猪肉购买行为影响的作用机理，从实证上定量分析信息源信任对消费者可追溯猪肉购买行为影响的作用大小，以期为这两个城市乃至全国猪肉可追溯体系建设的深入推进提供决策依据，也为相关研究提供借鉴。

二、理论分析与研究假设

信息源或信源的定义主要出自网络信息技术、图书馆学、情报学、管理营销学等相关研究中。根据信息论创始人申农的一般通讯系统模型和管理营销学的信息传递模型，信息传递过程包括信息内容、信息源、信道或媒介、信宿、噪声等基本信息传递要素，其中，信息源就是与思想或意见的传递直接或间接相关的人或实体。信息源包括信任度和吸引力两个主要特征（Kardes，1998）。其中，信任度是指一个信息源被感知到的客观性、可靠性、专业性，吸引力是指信息源被感知到的社会价值。一般认为，信息源的两个特征中，信任度是更根本的特征。对消费者而言，信息源信任度的评价标准比信息源吸引力的评价标准更具共性，具有吸引力的信息源不一定可信，但可信的信息源却是具有一定吸引力的（方琦，2009）。在如今社会诚信部分缺失的背景下，高信任度本身就是一种吸引力。关于信息源的分类，已有探讨较多，主要存在两种分类方式：一是分为正式信息源（包括非营利性信息源和商业信息源）和非正式信息源（亲戚、朋友等，也叫意见传播者）；二是分为记忆来源（个人经验及低介入学习形成）、个人来源（朋友、家庭和其他一些人）、独立来源（杂志、消费者组织、政府机构等）、营销来源（销售人员、广告等）、经验来源（检查或使用产品）。

已有研究很重视信息源信任问题，特别是信息源信任的形成机制（李亮等，2015；宋媚等，2015），然而已有研究将更多的关注点放在信息源信任的前置影响因素，比如感知声誉、感知能力等，较少关注信息源信任与消费者行为之间的关系。有研究表明，食品可追溯体系可以通过提高消费者信任达到恢复消费信心的效果，而消费信心的树立有助于提高消费者的消费意图，进而提高消费者购买可追溯食品的可能性。依据信息源信任相关理论和已有研究成果，构建本研究的理论模型（图 9-1）。

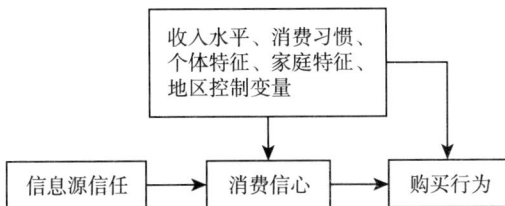

图 9-1 消费者可追溯猪肉购买行为影响因素的理论模型

中国大力推进食品可追溯体系建设，逐步将其上升为国家意志，目前存在政府主导和企业主导两种运行模式（刘增金，2015）。就猪肉而言，政府主导模式是由政府针对普通猪肉建立可追溯系统平台，鼓励支持生猪屠宰加工企业加入，并可实现猪肉相关信息消费终端追溯查询的模式。企业主导模式是由顺应市场需求和响应政府激励的中高档猪肉一体化生产经营企业研发和建立自己的可追溯系统，并可实现猪肉相关信息消费终端追溯查询的模式。不同运行模式下猪肉可追溯体系的信息源呈现多样化，主要包括政府、生猪养殖或屠宰加工企业、猪肉销售商等，并且由于猪肉可追溯体系建设的不完善以及宣传的不到位，导致消费者对追溯信息发布方的信任度也存在差异。消费者通过对信息源的信任可以降低对信息真实可靠性进行辨别的成本，从而达到恢复或增强消费者信心的效果。在当前市场上食品质量安全信息错综复杂、难辨真伪的背景下，消费信心的树立对于增强消费者购买意愿、增加消费者购买行为具有非常重要的作用。在可追溯猪肉市场份额比较小的情况下，消费者对可追溯猪肉质量安全状况的信心如何，直接决定了消费者对可追溯猪肉的购买行为。

基于上述理论分析，可认为，信息源信任正向影响消费者对可追溯猪肉的消费信心；消费信心正向影响消费者对可追溯猪肉的购买行为；信息源信任不直接影响消费者对可追溯猪肉的购买行为，但通过直接影响消费者对可追溯猪肉的消费信心起到间接正向影响消费者可追溯猪肉购买行为的效果。因此，将信息源信任、消费信心纳入了模型分析对消费者可追溯猪肉购买行为的影响。另外，为了全面研究消费者可追溯猪肉购买行为的影响因素，还将收入水平、消费习惯、个体特征、家庭特征等因素纳入模型分析，并加入地区控制变量。

三、可追溯农产品购买行为的描述分析

1. 数据来源与样本说明

本章数据来源于 2013 年 8—10 月对西安市新城、碑林、莲湖、雁塔、未央、灞桥、阎良、临潼、长安 9 个城区的消费者以及 2014 年 6—7 月对北京市海淀、朝阳、东城、西城、丰台、石景山 6 个城区的消费者所做的问卷调查。经过严格筛选，最终获得 913 份有效问卷，其中西安市 418 份、北京市 495 份。为保证问卷质量，问卷调查采取面对面的访问方式。对于出现前后问题回答存在明显逻辑错误或者个别题目漏答情况的问卷予以剔除。调查对象为西安市、北京市常住居民且购买过生鲜猪肉的消费者，因此在正式开始调查之前首先询问受访者是否在该城市居住满一年且在过去一年中是否购买过生鲜猪肉，只有全部回答"是"，才继续调查。调查地点主要选择在超市、农贸市场及其附近。为使样本更具代表性，在调研之前根据西安市和北京市各城区常住人口比重设计了计划调查样本量，并在实际调查过程中严格控制。

从性别看，女性受访者明显居多，占总样本数的 70.43％，虽然样本男女比例差距过大，但这是可以接受的，因为在调查中发现家庭中主要是由女性购买猪肉等日常食品。从年龄看，各年龄段的受访者比例较为均匀，以 40～49 岁年龄段的人群居多，占总样本数的 23.44％。从户籍分布看，所有受访者都是北京或西安常住居民，其中 69.44％的人有本地户籍。从学历看，受访者中以高中或中专学历和大专学历的人群最多，分别占总样本数的 29.68％ 和 23.99％，研究生学历的人数最少，只占总样本数的 4.16％。从职业看，16.21％的受访者是公务员或事业单位人员。从家庭人口数看，3 口之家居多，占总样本数的 45.24％。从小孩情况看，43.04％的受访者家庭中有 15 周岁以下的小孩。从老人情况看，29.24％的受访者家庭中有 60 周岁及以上的老人（指受访者的长辈）。从家庭人均月收入（税后）看，约三分之一的受访者家庭人均月收入在 3 000 元及以上，29.13％和 28.81％的受访者家庭人均月收入（税后）分别在 2 000～2 999 元和 1 000～1 999 元，只有 7.01％的受访者家庭人均月收入（税后）在 1 000 元以下（表 9-1）。

表 9-1　受访者样本基本特征

变量	选项	频数（个）	比例（％）
性别	女	643	70.43
	男	270	29.57
年龄（岁）	20～29	134	14.68
	30～39	191	20.92
	40～49	214	23.44
	50～59	172	18.84
	≥60	202	22.12
户籍	外地	279	30.56
	本地	634	69.44
学历	初中及以下	189	20.70
	高中或中专	271	29.68
	大专	219	23.99

（续）

变量	选项	频数（个）	比例（％）
学历	本科	196	21.47
	研究生	38	4.16
职业	非公务员或事业单位人员	765	83.79
	公务员或事业单位人员	148	16.21
家庭人口数（个）	1	46	5.04
	2	165	18.07
	3	413	45.24
	4	127	13.91
	≥5	162	17.74
小孩情况	没有15周岁以下小孩	520	56.96
	有15周岁以下小孩	393	43.04
老人情况	没有60周岁及以上老人	646	70.76
	有60周岁及以上老人	267	29.24
家庭人均月收入（税后）（元）	<1 000	64	7.01
	1 000～1 999	263	28.81
	2 000～2 999	266	29.13
	3 000～3 999	158	17.31
	≥4 000	162	17.74

2. 可追溯食品认知水平的描述分析

调查发现，在受访的913位消费者中，300人表示知道可追溯食品或食品可追溯体系，占总样本数的32.86％。其中，有115人表示购买过带有追溯标签的猪肉，占总样本数的12.60％，占知道可追溯食品人群的38.33％。由此可知，消费者对可追溯食品的认知度整体不高，购买过可追溯猪肉的比例也不高。关于消费者了解可追溯食品相关信息的渠道，调查发现按照选择人次排在前三位的渠道分别是电视、网络、食品标签，占知道可追溯食品人群的比例分别为53.67％、26.33％和25.33％。由此可知，电视（如以广告、新闻等形式的宣传）是消费者了解可追溯食品的最主要渠道。

通过样本基本特征与消费者可追溯食品认知水平的交叉分析可知（表9-2），从性别看，男性、女性消费者之间的可追溯食品认知水平差异不明显，女性消费者知道可追溯食品的比例只比男性消费者高2个百分点；从年龄看，随着受访者年龄的增加，其知道可追溯食品的比例呈现下降趋势，可见，相对年轻的消费者对可追溯食品的认知水平较高；从户籍看，本地户籍和外地户籍消费者知道可追溯食品的比例几乎无差异；从学历看，随着受访者学历水平的提高，其知道可追溯食品的比例明显逐级递增，可见受教育程度对消费者可追溯食品认知水平影响显著；从职业看，公务员或事业单位人员知道可追溯食品的比例比其他职业消费者高出 10 个百分点；从家庭人口数看，随着受访者家庭人口数的增加，其知道可追溯食品的比例呈现总体上升趋势，另外，家庭中有 15 周岁及以下小孩与没有 15 周岁及以下小孩的消费者知道可追溯食品的比例无差异，而家庭中有 60 周岁及以上老人的消费者知道可追溯食品的比例要明显高于家庭中没有 60 周岁及以上老人的消费者；从收入水平看，随着受访者税后家庭人均月收入的增加，其知道可追溯食品的比例呈现 W 形变化特征，税后家庭人均月收入在 1 000 元以下和 4 000 元及以上对可追溯食品的认知水平相对较高；从地区看，北京市消费者知道可追溯食品的比例要明显高于西安市消费者，这与北京市在国内较早开展食品可追溯体系建设密切关系。总体来说，年龄、学历、职业、家庭人口数、老人情况、收入水平、地区等因素是导致消费者可追溯食品认知水平呈现差异的重要原因。

表 9 - 2　消费者可追溯食品认知水平的交叉分析

变量	选项	可追溯食品认知	
		不知道（％）	知道（％）
性别	女	68	32
	男	66	34
年龄（岁）	20～29	58	42
	30～39	59	41
	40～49	66	34
	50～59	78	22
	≥60	73	27
户籍	外地	66	34
	本地	67	33
学历	初中及以下	80	20
	高中或中专	71	29
	大专	64	36
	本科	57	43
	研究生	47	53

（续）

变量	选项	可追溯食品认知	
		不知道（%）	知道（%）
职业	非公务员或事业单位人员	69	31
	公务员或事业单位人员	59	41
家庭人口数（个）	1	83	17
	2	71	29
	3	68	32
	4	60	40
	≥5	63	37
小孩情况	没有 15 周岁以下小孩	67	33
	有 15 周岁以下小孩	67	33
老人情况	没有 60 周岁及以上老人	70	30
	有 60 周岁及以上老人	60	40
家庭人均月收入（元）	<1 000	58	42
	1 000~1 999	75	25
	2 000~2 999	66	34
	3 000~3 999	70	30
	≥4 000	56	44
地区	西安	74	26
	北京	62	38

3. 可追溯猪肉信息源认知与信任的描述性分析

研究中调查了 300 位表示知道可追溯食品或食品可追溯体系的消费者对可追溯猪肉的信息源信任与消费信心。将消费者对可追溯猪肉的信息源信任用受访者对"您认为当前市场上猪肉追溯信息的发布方是最真实可靠的?"这一问题的回答来反映。调查发现，只有 47.67% 的受访者对该问题给予肯定回答，即认为当前市场上猪肉追溯信息的发布方是最真实可靠的。这说明消费者对猪肉追溯信息发布方的整体信任度并不高。进一步调查得知，24.33% 的人认为市场上查询到的猪肉追溯信息是由销售商发布的，26.00% 的人认为是由生产商发布的，44.00% 的人认为是由政府发布的，18.33% 的人认为是由其他主体发布的，如第三方认证机构等。另外，在大多数消费者看来，由政府发布的猪肉追溯信息是最真实可靠的，占知道可追溯食品人数的 61.33%，而消费者对销售商和生产商发布的猪肉追溯信息的信任度并不高，分别只有5.00%、12.67%的消费者认为由销售商或生产商发布的猪肉追溯信息是最真实可靠的（图9-2）。本章将消费者对可追溯猪肉的消费信心用受访者对"您是否相信'购买带有可追溯标签猪肉比不带可追溯标签猪肉的质量安全更有保障'?"这一问题的回答来反映。调查发现，16.33%的受访者表示"非常相信"，48.00%的受访者表示"比较相信"，26.67%的受访者表示"一般相信"，另有7.33%和1.67%的受访者分别表示"不太相信"和"很不相信"。可见，相比不可追溯猪肉，消费者对可追溯猪肉的消费信心整体是比较高的。

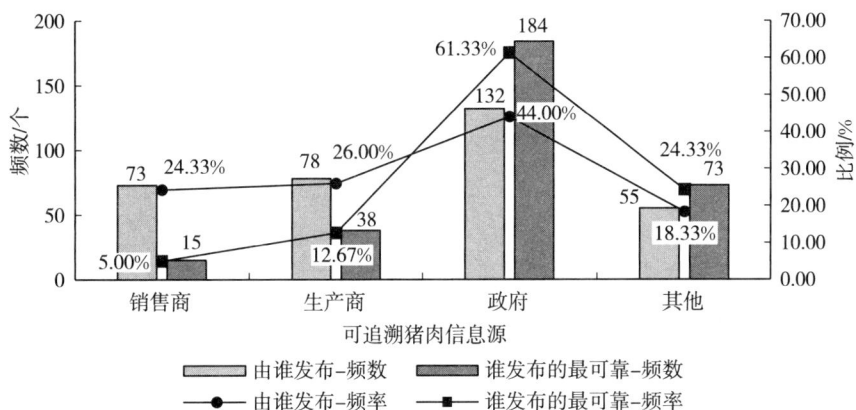

图9-2　消费者对可追溯猪肉信息源的认知与信任

四、购买行为影响因素的计量分析

1. 模型构建

为了考察信息源信任对消费者可追溯猪肉消费信心的影响以及消费信心和其他因素对消费者可追溯猪肉购买行为的影响，根据本研究构建的理论模型，假定模型残差项服从标准正态分布，设立如下两个二元Probit模型，二者构成双变量Probit模型：

$$Y = f_1(C, I, H, G, F, \mu_1) \qquad (9-1)$$

$$C = f_2(T, I, H, G, F, \mu_2) \qquad (9-2)$$

式中，被解释变量Y是消费者可追溯猪肉购买行为，1表示购买过可追溯猪肉，0表示未购买过可追溯猪肉。C是消费者对可追溯猪肉的消费信心，"非常信任""比较信任"用1表示，其他用0表示。其他解释变量中，I是收入水平变量，用税后家庭人均月收入来衡量；H 是消费习惯因素，包括消费比重、购买成员、购买场所 3 个变量；G 是消费者个体特征变量，包括性别、年龄、户籍、学历、职业；F 是家庭特征变量，包括家庭人口数、小孩情况、老人情况 3 个变量；T 是信息源信任变量；μ_1 残差项；μ_2 是残差项。

同时，为了考察消费信心和信息源信任变量对消费者可追溯猪肉购买行为的直接影响，根据本研究的理论分析，假定模型残差项服从标准正态分布，设立如下二元 Probit 模型：

$$Y = f_3(C, T, I, H, G, F, \mu_3) \qquad (9-3)$$

式中，μ_3 是残差项。

2. 变量选择

将信息源信任、消费信心、收入水平、消费习惯、个体特征、家庭特征等因素以及地区控制变量纳入模型，分析其对消费者可追溯猪肉购买行为的影响。模型变量的定义见表 9-3。

表 9-3 变量定义

变量名称	含义与赋值	均值	标准差
消费信心	非常相信、比较相信＝1；一般相信、不太相信、很不相信＝0	0.64	0.48
信息源信任	市场上食品追溯信息的发布方是否最真实可靠：是＝1；否＝0	0.48	0.50
收入水平	实际数值（元）	2 979.64	2 361.68
消费比重	猪肉占家庭肉类消费比重是否达到50%：是＝1；否＝0	0.60	0.49
购买成员	是否是家庭购买猪肉的主要成员：是＝1；否＝0	0.76	0.43
购买场所	是否主要在超市购买猪肉：是＝1；否＝0	0.83	0.37
性别	男＝1；女＝0	0.31	0.46
年龄	实际数值（周岁）	43.58	14.24
户籍	北京＝1；外地＝0	0.69	0.46
学历	本科或大专及以上＝1；高中或中专及以下＝0	0.61	0.49
职业	是否是公务员或事业单位人员：是＝1；否＝0	0.20	0.40
家庭人口数	实际数值（人）	3.43	1.19
小孩情况	家庭中是否有15周岁以下小孩：是＝1；否＝0	0.44	0.50
老人情况	家庭中是否有60周岁及以上老人：是＝1；否＝0	0.36	0.48
地区	北京＝1；西安＝0	0.63	0.48

3. 结果与分析

选用 Stata12.0 软件，运用有限信息极大似然值法对上述双变量 Probit 模型进行估计，运用极大似然值法对上述二元 Probit 模型进行估计（Greene，2011），结果见表 9-4。需要说明的是，考虑到只有消费者知道可追溯食品或食品可追溯体系，分析信息源信任对消费者可追溯猪肉购买行为的影响才有实际意义，显然只有消费者知道可追溯食品，才能就消费者对可追溯猪肉信息源的认知与信任等相关问题做出有效回答，因此模型一和模型二的样本量都为 300。

模型一中 Hausman 检验 $rho=0$ 的似然比检验的卡方值为 0.014 8，达到 5% 的显著性水平，说明式（9-1）和式（9-2）的残差项具有相关性，因此进行联立估计是必要的。Wald 似然值相应的 P 值为 0.000，说明模型整体显著性很好。模型二中伪 R^2 值为 0.075 9，LR 似然值相应的 P 值为 0.011，说明模型拟合优度和整体显著性都比较好。模型估计结果足以支撑进一步的分析。

表 9-4　模型估计结果

变量名称	模型一				模型二	
	购买行为		消费信心		购买行为	
	系数	Z 值	系数	Z 值	系数	Z 值
消费信心	1.798 6***	15.05			0.548 4***	3.09
信息源信任			0.311 1***	2.62	0.105 5	0.67
收入水平	0.000 1**	2.36	−0.000 1	−1.47	0.000 1**	2.07
消费比重	−0.145 8	−1.00	0.355 7**	2.15	0.104 9	0.63
购买成员	0.315 2*	1.81	−0.134 6	−0.67	0.266 5	1.36
购买场所	0.325 1*	1.68	−0.040 1	−0.19	0.531 5**	2.26
性别	−0.231 2	−1.52	0.173 9	1.01	−0.296 2*	−1.69
年龄	−0.006 0	−1.08	0.009 2	1.46	−0.002 5	−0.41
户籍	−0.098 7	−0.57	−0.164 7	−0.80	−0.199 0	−1.03
学历	0.108 7	0.66	0.390 8**	2.06	0.295 5	1.59
职业	−0.329 9*	−1.84	0.224 5	1.12	−0.318 9	−1.53
家庭人口数	0.089 8	1.30	−0.142 9*	−1.80	0.037 0	0.47
小孩情况	−0.071 6	−0.46	−0.088 1	−0.49	−0.208 8	−1.17
老人情况	0.010 7	0.07	−0.051 1	−0.29	0.015 1	0.08

（续）

变量名称	模型一				模型二	
	购买行为		消费信心		购买行为	
	系数	Z值	系数	Z值	系数	Z值
地区	−0.815 6***	−4.33	1.001 7***	4.62	−0.438 7*	−1.99
常数项	−1.414 2***	−3.24	−0.299 2	−0.61	−1.207 6**	−2.40
rho/Pseudo R^2		0.014 8			0.075 9	
Wald chi2/LR chi2		254.58			30.33	
$Prob$>chi2		0.000			0.011	
Number of obs		300			300	

注：*、**、***分别表示10%、5%、1%的显著水平。

（1）信息源信任与追溯农产品购买行为

通过模型一估计结果可知，信息源信任变量正向显著影响消费者对可追溯猪肉的消费信心，消费信心变量正向显著影响消费者对可追溯猪肉的购买行为，即承认当前市场上猪肉追溯信息发布方是真实可靠的消费者更倾向于相信"购买带有追溯标签猪肉比不带追溯标签猪肉的质量安全更有保障"，而相信"购买带有追溯标签猪肉比不带追溯标签猪肉的质量安全更有保障"的消费者更倾向于选择购买可追溯猪肉。

通过模型二估计结果可知，消费信心变量显著影响消费者对可追溯猪肉的购买行为，而信息源信任变量并不显著影响消费者对可追溯猪肉的购买行为，说明信息源信任通过直接影响消费者对可追溯猪肉的消费信心起到间接影响消费者可追溯猪肉购买行为的效果。

为了检验式（9-1）和式（9-2）残差项之间相关性给估计结果带来的偏误，本章将两类估计结果进行了比较。模型一中，在其他条件不变的情况下，相比认为当前市场上猪肉追溯信息发布方不是最真实可靠的消费者，认为当前市场上猪肉追溯信息发布方是最真实可靠的消费者选择购买可追溯猪肉的概率平均高0.109 8，远高于模型二中的概率0.039 8（表9-5）。同样，模型一中，在其他条件不变的情况下，相信"购买带有追溯标签猪肉比不带追溯标签猪肉的质量安全更有保障"的消费者选择购买可追溯猪肉的概率平均高0.338 9，远高于模型二中的概率0.198 9。总体来说，不考虑残差项之间相关性给估计结果带来的偏误，会低估信息源信任和消费信心变量对消费者可追溯猪肉购买行为的影响，但不会改变这两个变量的作用方向。

表9-5 信息源信任变量对消费者购买行为影响的边际概率

变量名称	模型一	模型二
信息源信任	0.109 8	0.039 8
消费信心	0.338 9	0.198 9

(2) 其他因素与追溯农产品购买行为

鉴于模型一充分考虑了残差项之间相关性给估计结果带来的偏误，因此本章利用模型一的估计结果来分析收入水平、消费习惯、个体特征、家庭特征等因素以及地区控制变量对消费者可追溯猪肉购买行为的影响。

第一，收入水平变量正向显著影响消费者对可追溯猪肉的购买行为，即随着消费者家庭人均月收入的不断提高，其选择购买可追溯猪肉的可能性也越高。已有研究和实践表明，猪肉可追溯体系建设投入了更多成本（Tonsor and Schroeder，2006），额外成本会反映在产品价格上，在其他条件不变的情况下，收入水平较高的消费者对可追溯猪肉会有更强的购买能力，购买可追溯猪肉的可能性也就更大。

第二，购买成员变量正向显著影响消费者对可追溯猪肉的购买行为，即作为家庭购买猪肉主要成员的消费者选择购买可追溯猪肉的可能性更大。家庭主要购买成员往往肩负了更多为家人健康考虑的责任，特别是在购买日常食品问题上更是如此，在其他条件不变的情况下，作为家庭主要购买成员的消费者通常会对质量安全相对更有保障的可追溯猪肉表现出更高的购买欲望，购买可追溯猪肉的可能性也就更大。

第三，购买场所变量正向显著影响消费者对可追溯猪肉的购买行为，即主要在超市购买猪肉的消费者购买可追溯猪肉的可能性更大。这与现实情况是一致的，目前北京和西安市场上的可追溯猪肉主要在超市里出售，在批发市场、农贸市场等场所很少见，因此，主要在超市购买猪肉的消费者购买过可追溯猪肉的可能性显然比主要在其他场所购买猪肉的消费者更高。

第四，职业变量反向显著影响消费者对可追溯猪肉的购买行为，即职业为公务员或事业单位人员的消费者选择购买可追溯猪肉的可能性更小，这与预期作用方向不一致。可能的原因在于，当前北京市、西安市的猪肉可追溯体系建设正处于发展初期，还存在消费终端追溯信息查询难以实现以及查询到的信息可信度不高等问题，虽然不能据此说明可追溯猪肉的质量安全状况更差，但职业为公务员或事业单位人员的消费者在这些问题的认识上更加到位，在选择是否购买价格更高的可追溯猪肉问题上会更加理性，因此最终的结果就是这部分消费者反而更不倾向于购买可追溯猪肉。

第五，地区控制变量反向显著影响消费者对可追溯猪肉的购买行为，即在其他条件不变情况下，相比较西安市消费者，北京市消费者选择购买可追溯猪肉的可能性更小。可能的原因在于，北京市消费者对可追溯食品或食品可追溯体系的整体认知水平更高，对可追溯猪肉的认识和购买选择也更加理性，相对而言更容易避免出现跟风购买等情况，因此北京市消费者更倾向于不购买可追溯猪肉。

五、偏好异质性与消费者可追溯猪肉支付意愿

近年来，随着食品安全事件的频发以及社会生活水平的不断提高，食品安全问题越来越引起社会各界的广泛关注，如何解决该问题已成为关系国计民生的大事。研究实践表明，建立食品可追溯体系是解决食品安全问题的重要途径。作为食品质量安全信息的披露工具，食品可追溯体系可以跟踪和追溯产业链各环节的质量安全信息，有助于解决信息不对称问题（Hobbs，2004）。然而，食品可追溯体系建设需要投入大量成本（Tonsor and Schroeder，2006），这必然会反映在产品价格上，因此，消费者是否愿意为可追溯食品支付额外价格决定了食品可追溯体系建设能否顺利推进。消费者是否愿意为可追溯食品支付高价格问题备受关注（吴林海等，2012；Dickinson et al.，2002；Umberger et al.，2003；Angulo et al.，2005）；食品可追溯体系作为一种质量安全策略，使得对可追溯食品质量安全评价高的消费者更倾向于选择购买可追溯食品（王锋等，2009；吴林海等，2010），这主要是因为可追溯食品为消费者提供了一种质量安全信号甄别方式，消费者可以根据追溯标签提供的追溯码查询相关质量安全信息。食品可追溯体系致力于消除食品的信任品特征，但追溯标签本身也具有信任品特征，因此研究消费者对食品追溯标签的信任水平及其对消费者支付意愿的影响更有现实意义。

消费者偏好异质性的存在不管是在理论还是现实中都毋庸置疑，已有研究以猪肉为例分析过消费者偏好异质性问题（张振等，2013），但不同研究者对偏好的分类有所差别。实现对消费者食品偏好的科学划分需要清楚食品的使用价值，即能够满足消费者需求的安全、营养、口感等特性（翁鸣，2003），这也是食品质量的内涵。为满足消费者不同层次的需要，由上述不同特性组合而成的质量安全食品、高品质食品（安全、营养、口感好）和廉价食品应运而生，相应的消费者食品偏好类型则包括质量安全偏好型、高品质偏好型和廉价

偏好型。食品可追溯体系作为一种质量安全策略，就质量安全偏好型消费者而言，对食品追溯标签信任水平高的消费者会更愿意购买可追溯食品，但就高品质偏好型和廉价偏好型消费者而言，由于食品质量安全不再是其单一或者首要看重的因素，对食品追溯标签信任水平高的消费者是否也会更愿意购买可追溯食品，针对这类问题的研究值得关注。

猪肉作为中国城镇居民消费最多的肉类产品，质量安全问题时有发生，为此政府大力推进猪肉可追溯体系建设。西安市被商务部确定为第三批肉类蔬菜流通追溯体系试点建设城市之一，猪肉可追溯体系建设已取得一些成果，可追溯猪肉在部分超市有售；西安市为西部大城市，居民肉类消费特征与中东部城市存在一定差异。因此，在已有研究的基础上，以猪肉产品为例，将可追溯食品认知、收入水平、标的物特征、家庭基本特征、个人基本特征等因素纳入分析框架，重点研究质量安全偏好型消费者和其他偏好类型消费者的猪肉追溯标签信任水平对消费者支付意愿的影响差异，探讨消费者对可追溯猪肉支付意愿的影响因素，提出有针对性的改进和完善食品可追溯体系的对策建议，这对完善西部地区猪肉可追溯体系建设具有现实意义和指导作用。

1. 理论分析与研究假设

如何为偏好异质性约束下食品追溯标签信任对消费者支付意愿的影响提供理论解释是很重要的，消费者购买决策过程模型（Consumer Decision Process Model，CDP 模型）可以对此做出有效分析。该理论认为，消费者对商品的购买过程是一个复杂的心理决策过程，包括购买动机、信息搜集、购买决策、购后评价四个核心环节（李双双等，2006）。在 CDP 模型中，动机和认知是两个关键概念。其中，购买动机是购买行为的起点，源于消费者的需求未得到满足，反映了消费者的偏好，购买动机的不同体现了偏好的异质性。

国外应用最广泛的食品购买动机量表是英国学者 Steptoe 等开发的 FCQ（Food Choice Questionnaire）（Steptoe et al.，1995），其研究结果显示消费者的食品购买动机包括健康、情绪、便利、感官、自然、价格、体重控制、熟悉与道德关注动机 9 个维度。由于学术界目前还没有一个普适性的食品选择动机量表（Prescott et al.，2002；Eertmans et al.，2006），更没有专门界定安全食品的购买动机量表，因此学者们通常是在借鉴 Steptoe 等的 FCQ 基础上，结合文化特点和具体食品类型，来确定消费者的食品购买动机。参考已有研究成果并充分考虑食品质量内涵，本章将消费者的食品购买动机划分为质量安全动机、高品质动机和廉价动机，相应地食品偏好划分为质量安全偏好型、高品质偏好型和廉价偏好型。认知是指人类通过心理活动认识客观事物、获得知识的活动。人们对某一事物的认知应包括认知水平和评价两方面内容（刘增金等，2013）。由于食品可追溯体系是一种质量安全策略，这使得消费者对食品追溯标签的信任水平决定了其是否认可和购买可追溯食品，因此本章将消费者对食品追溯标签的评价定位于对食品追溯标签的信任水平。

　　以猪肉产品为例，分析不同偏好条件下食品追溯标签信任对消费者支付意愿影响的作用机理（图 9-3）。对质量安全偏好型消费者来说，猪肉质量安全事件的发生会引起这部分人的担忧和关注，产生质量安全猪肉购买动机；在动机驱使下搜集猪肉质量安全信息，形成对可追溯猪肉的认知，包括对可追溯猪肉的认知水平和对猪肉追溯标签的信任水平；消费者对可追溯猪肉的支付意愿受到可追溯猪肉认知的影响，也受到收入水平等约束的影响，其中对猪肉追溯标签信任水平高的消费者对可追溯猪肉的购买欲望会更强烈，会更愿意购买可追溯猪肉。对高品质偏好型消费者来说，猪肉质量安全事件的发生也会引起这部分人的担忧和关注，但这部分人对安全、营养、口感好的高品质猪肉产生购买动机，因此，对猪肉追溯标签信任水平低的消费者自然不愿意购买可追溯猪肉，而对猪肉追溯标签信任水平高的消费者也不见得愿意购买，这是由于猪肉可追溯体系是一种质量安全策略，实施可追溯并不能显著改善猪肉的营养、口感情况。对廉价偏好型消费者来说，这部分人可能并未感知到猪肉质量安全风险，对所处市场环境中的猪肉质量安全比较放心，也可能不看重猪肉质量安全，因此猪肉追溯标签信任水平的高低对消费者是否愿意购买可追溯猪肉没有影响。

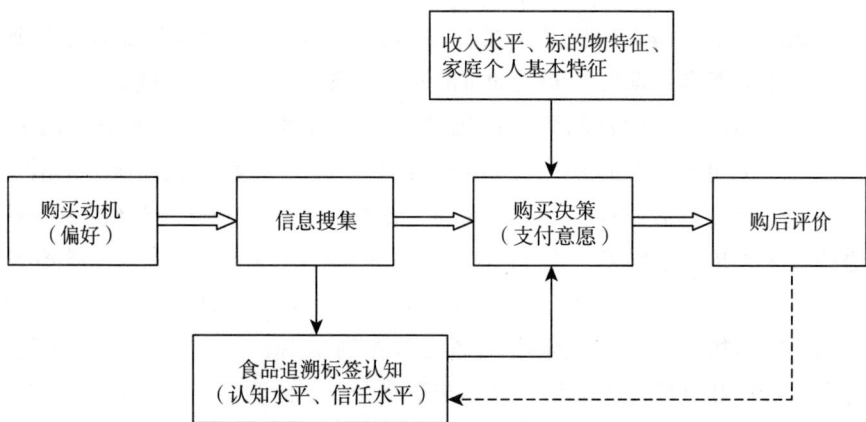

图 9-3　消费者的猪肉购买决策过程模型

基于上述分析，提出如下研究假设：不同偏好条件下猪肉追溯标签信任对消费者支付意愿的影响不同，质量安全偏好型消费者对猪肉追溯标签的信任水平会影响消费者对可追溯猪肉的支付意愿，其他偏好类型消费者对猪肉追溯标签的信任水平不会影响消费者对可追溯猪肉的支付意愿。另外，消费者对可追溯猪肉的支付意愿还受到收入水平和行为习惯等约束的影响，其中收入水平反映消费者的支付能力，行为习惯则被一些研究者作为新变量纳入分析以增强对个体行为倾向和实际行为的解释力（段文婷等，2008）。此外，个体特征影响消费信息的获取及消费行为也早已被公认（王志刚，2003）。上述均为研究中需要关注的影响因素。

2. 追溯农产品购买意愿的描述分析

（1）方案设计

采用假想价值评估法（CVM）研究消费者对可追溯猪肉的偏好，围绕CVM研究过程中可能存在的有效性、可靠性问题设计了研究方案，主要包括情境描述和引导技巧两方面内容。

情境描述包括对选购情境、产品原始状态和变化的描述，这是CVM问卷的重要组成部分。生鲜猪肉可以看作是由品牌、质量认证、追溯、分割肉部位等一系列特性组成的商品，政府主导模式下的可追溯猪肉多是未获得无公害农产品、绿色食品和有机食品认证的品牌猪肉，并且为适应消费者需求，猪肉被细化分割出五花肉、后腿肉、前腿肉、里脊、排骨等。因此，选取有品牌、未获得质量认证（特指未获得无公害农产品、绿色食品和有机食品认证）、政府主导模式下的可追溯五花肉或后腿肉作为标的物，测度消费者对可追溯猪肉的支付意愿，以避免不同特性间的交互影响。例如，问卷中B卷（A卷为后腿肉，B卷为五花肉）设计的具体情境为："假设在您购买猪肉的主要场所，出售一种可追溯五花肉：它能让您明显识别出猪肉品牌，但并未获得无公害农产品、绿色食品和有机食品认证；和其他普通品牌猪肉在外观、口感及营养成分等方面没有差别，但对生猪养殖、流通、屠宰加工和猪肉销售等环节的相关质量安全信息进行跟踪记录并通过政府可追溯系统平台发布，您可通过猪肉购买场所的终端查询机、网络等渠道查询。"另外，为减小假想偏差和防止范围效应的降低（蔡志坚等，2011），还向消费者展示西安市场上已有的可追溯食品标签，增强可见性，尽可能降低消费者对可追溯食品真实存在性的怀疑。

选用二分选择法来引导消费者表达对可追溯猪肉的支付意愿。二分选择法只需受访者对不同价格下的商品做出"愿意"或者"不愿意"的回答，即询问受访者"您是否愿意为这种可追溯猪肉支付 X 元/千克的价格?"针对不同的子样本给予不同的投标价格(26 元/千克、30 元/千克、34 元/千克、40 元/千克、50 元/千克五个价格水平),以便验证随着标的物价格提高,回答愿意的比例不断下降。投标价格设置尽可能考虑消费者和生产经营者都可接受的现实市场情况,即尽可能保证消费者愿意购买可追溯猪肉的同时又使可追溯猪肉价格不低于市场上同类型不可追溯猪肉的价格。实地调研期间,西安市同类型不可追溯五花肉大概为 24 元/千克,同类型不可追溯后腿肉大概为 26 元/千克。

(2) 数据来源与样本说明

数据源于 2013 年 8—10 月对西安市新城、碑林、莲湖、雁塔、未央、灞桥、阎良、临潼、长安 9 个城区的消费者所做的问卷调查。经过严格筛选,最终获得 392 份有效问卷,其中 A 卷 186 份,B 卷 206 份;投标价格为 26 元/千克的问卷 75 份,30 元/千克的 77 份,34 元/千克的 82 份,40 元/千克的 76 份,50 元/千克的 82 份。

从性别分布来看,女性受访者所占比例较大,为 65.31%。从年龄分布来看,40～49 岁年龄段的受访者所占比例最大,为 28.83%;其次为 60 岁及以上年龄段的受访者,所占比例为 27.04%;再次为 50～59 岁年龄段的受访者,所占比例为 21.17%;30～39 岁和 20～29 岁年龄段的受访者所占比例最小,分别为 14.03% 和 8.93%。从学历分布来看,具有大专学历的受访者最多,所占比例达到 33.42%;其次为高中或中专学历,比例为 30.10%;再次为本科学历和初中及以下学历,比例分别为 18.88% 和 15.31%;具有研究生及以上学历的受访者最少,只有 2.30%(表 9 - 6)。

表 9 - 6　样本基本特征

变量	选项	频数(个)	比例(%)
性别	男	136	34.69
	女	256	65.31
年龄(岁)	20～29	35	8.93
	30～39	55	14.03
	40～49	113	28.83
	50～59	83	21.17
	≥60	106	27.04
学历	初中及以下	60	15.31
	高中或中专	118	30.10

（续）

变量	选项	频数（个）	比例（%）
	大专	131	33.42
学历	本科	74	18.88
	研究生及以上	9	2.30

（3）可追溯猪肉认知与支付意愿的描述性分析

263 位受访者表示选购猪肉时优先考虑质量安全猪肉，占总样本数的 67.09%；100 位受访者优先考虑高品质猪肉（安全、营养、口感好），占总样本数的 25.51%；29 位受访者优先考虑廉价猪肉，占总样本数的 7.40%。在质量安全偏好型受访者中，面临投标价格表示愿意的人数比例为 66.16%；在高品质偏好型和廉价偏好型受访者中，面临投标价格表示愿意的人数比例为 62.02%。由此可见，质量安全偏好型消费者选择购买可追溯猪肉的比例比其他偏好型消费者高，但差异不大。另据调查得知，有 75 位受访者知道可追溯食品，占总样本数的 19.13%，这其中只有 27 人表示购买过可追溯食品，占总样本数的 6.88%。消费者了解可追溯食品的渠道主要有电视、网络和报纸杂志，分别占知道可追溯食品人数的 49.33%、32.00%、30.67%。

信息强化之后，通过受访者对"带有追溯标签的猪肉比不带追溯标签的同类型猪肉更能保障猪肉质量安全"信任程度的回答来反映消费者对猪肉追溯标签的信任水平。通过猪肉追溯标签信任水平与消费者可追溯猪肉支付意愿的交叉分析发现（图 9-4），对于质量安全偏好型消费者来说，随着消费者对猪肉追溯标签信任水平的提高，消费者表示"愿意"的比例由 27.27% 变化为

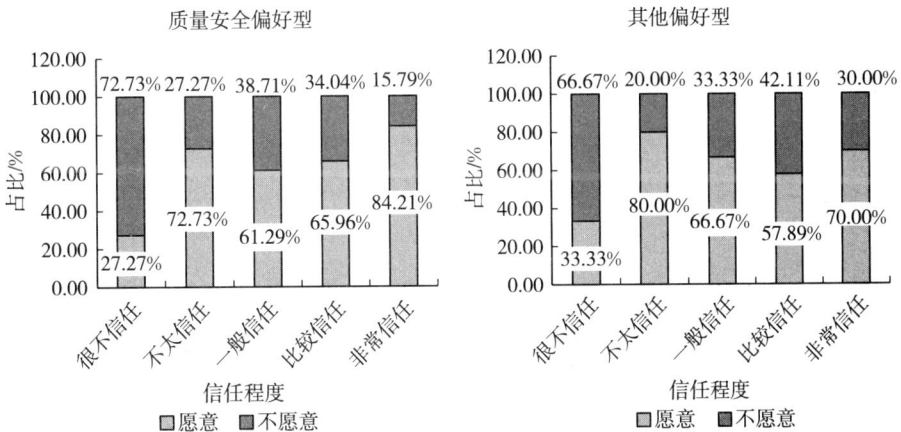

图 9-4　不同偏好下猪肉追溯标签信任与消费者可追溯猪肉支付意愿的交叉分析

72.73%、61.29%、65.96%、84.21%，大体呈现出上升趋势；但对于高品质偏好型和廉价偏好型消费者来说，这种变化特征则不存在，并且没有明显的规律可循。交叉分析的结果初步验证了本章的研究假设，但仍有必要通过计量分析进一步验证。

3. 追溯标签信任与追溯农产品支付意愿的计量分析

(1) 模型构建

消费者对可追溯猪肉的支付意愿有"愿意购买"和"不愿意购买"两种选择，是典型的二分选择问题。追求效用最大化是消费者做出购买决策的准则。在市场上同时存在可追溯猪肉和不可追溯猪肉并且消费者认识到这一点的情况下，若消费者选择购买可追溯猪肉，则意味着相比不可追溯猪肉，可追溯猪肉能给消费者带来更大效用。据此，构建二元 Logit 模型并运用软件 Stata13.0 进行估计：

$$ln\left[\frac{P\ (Y=1)}{1-P\ (Y=1)}\right]=a+bZ+cTP+\varepsilon \qquad (9-4)$$

式中：a 为常数项，b 为自变量前系数，ε 为残差项，TP 表示可追溯猪肉价格；Z 表示影响消费者效用的因素，即影响消费者购买决策的因素，除了可追溯猪肉认知和收入水平两类因素外，还包括标的物特征、家庭基本特征和个人基本特征三类因素。通过模型估计结果可以求出消费者对可追溯猪肉的平均支付意愿［E（WTP）］，计算公式为（周应恒等，2006）：

$$E\ (WTP)\ =-\frac{a+bZ}{c} \qquad (9-5)$$

(2) 变量选择

消费者可追溯猪肉支付意愿的影响因素可概括为可追溯猪肉认知和收入水平两类。同时，考虑到标的物不同以及消费者的个体差异，又纳入了标的物特征、家庭基本特征、个人基本特征三类控制变量（表 9-7）。

可追溯猪肉认知包括可追溯食品认知水平和猪肉追溯标签信任水平两个变量。这两个变量之间并不存在必然联系，认知水平高并不意味着信任水平就一定高或低，因此将二者同时纳入模型。预期可追溯食品认知水平正向影响消费者对可追溯猪肉的支付意愿；预期质量安全偏好型消费者对猪肉追溯标签的信任水平正向影响消费者对可追溯猪肉的支付意愿，非质量安全偏好型消费者对猪肉追溯标签的信任水平并不影响消费者对可追溯猪肉的支付意愿。

收入水平是研究消费者行为的重要变量，用个人月平均收入代表。收入水平越高，消费者对可追溯猪肉购买能力越强。因此，预期个人月平均收入正向影响消费者对可追溯猪肉的支付意愿。

标的物特征包括价格、分割肉部位、分割肉部位偏好三个变量。可追溯猪肉价格用投标价格表示，包括 26 元/千克、30 元/千克、34 元/千克、40 元/千克和 50 元/千克。可追溯猪肉价格越高，消费者对可追溯猪肉购买能力越弱，因此，预期可追溯猪肉价格反向影响消费者对可追溯猪肉的支付意愿。分割肉部位包括后腿肉和五花肉。分割肉部位偏好通过受访者是否平常主要购买五花肉或后腿肉反映。

家庭基本特征包括小孩情况和老人情况两个变量。个人基本特征包括性别、年龄、学历三个变量。家庭和个人基本特征则是学者们在相关实证研究中经常考虑的因素，却往往无法对消费者购买行为做出很好解释。可以认为这些变量的影响可能是多方面的，将这些变量作为控制变量纳入模型是很有必要的。因此，将上述变量纳入模型，但并不对这两类控制变量的作用方向做预期。

表 9-7 变量定义及预期作用方向

变量类型	变量名称	变量含义	变量赋值	预期作用方向
可追溯猪肉认知	认知水平	是否知道可追溯食品	1：知道；0：不知道	＋
	信任水平	根据信任程度高低从"很不信任"到"非常信任"	依次赋值从 1 到 5	＋
收入水平	个人月平均收入	被调查者月平均收入水平	实际数值（单位百元）	＋
标的物特征	价格	可追溯猪肉价格	实际数值	－
	分割肉部位	后腿肉或者五花肉	1：后腿肉；0：五花肉	？
	分割肉部位偏好	标的物是否是其主要购买的猪肉种类	1：是；0：否	？
家庭基本特征	小孩情况	家庭中是否有 15 周岁以下的小孩	1：是；0：否	？
	老人情况	家庭中是否有 60 周岁及以上的老人	1：是；0：否	？
个人基本特征	性别	男性或者女性	1：男性；0：女性	？
	年龄	被调查者年龄状况	实际数值	？
	学历	根据学历高低依次为初中及以下、高中或中专、大专、本科、研究生及以上	依次赋值从 1 到 5	？

(3) 结果与分析

模型估计结果如表 9-8 所示。由模型的伪 R^2、LR 似然值及其 P 值可知，三个模型的拟合优度和变量整体显著性都较好。

表 9-8 模型估计结果

变量	模型一		模型二		模型三	
	系数	Z 值	系数	Z 值	系数	Z 值
偏好类型	−0.098	−0.37	—	—	—	—
认知水平	0.004	0.01	0.424	0.91	−0.942	−1.27
信任水平	0.363**	2.32	0.574***	3.02	−0.083	−0.25
个人月平均收入	0.041***	3.23	0.036***	2.58	0.052*	1.68
价格	−0.272***	−7.77	−0.234***	−5.83	−0.384***	−4.93
分割肉部位	0.078	0.31	−0.106	−0.34	0.415	0.84
分割肉部位偏好	−0.003	−0.01	−0.068	−0.22	−0.120	−0.24
小孩情况	−0.546**	−2.01	−0.807**	−2.42	0.267	0.49
老人情况	−0.170	−0.54	0.034	0.09	−0.812	−1.25
性别	−0.229	−0.85	−0.119	−0.36	−0.331	−0.61
年龄	0.034***	2.80	0.017	1.21	0.071***	2.93
学历	0.455***	2.90	0.340*	1.79	0.778**	2.48
常数项	0.768	0.78	0.542	0.46	1.453	0.76
Pseudo R^2	0.226		0.214		0.323	
LR chi2	114.91		72.04		55.29	
$Prob > $chi2	0.000		0.000		0.000	

注：*、**、*** 分别表示 10%、5%、1% 的显著水平。

模型一的估计结果显示，偏好类型变量影响并不显著。但在计量分析中，我们常常关心系数估计值是否稳定，即如果将整个样本分成若干个子样本分别进行回归，是否还能得到大致相同的估计系数，这直接关系到对结果解释和预测的准确性。通过对模型二和模型三估计发现，在不同偏好下，各变量对消费者可追溯猪肉支付意愿的影响并不完全一致。在质量安全偏好下，猪肉追溯标签信任水平、个人月平均收入、可追溯猪肉价格、小孩情况、学历显著影响消费者对可追溯猪肉的支付意愿；而在其他偏好下，个人月平均收入、价格、年龄、学历显著影响消费者对可追溯猪肉的支付意愿，猪肉追溯标签信任水平的影响则不显著。这验证了本章提出的研究假设。

进一步对不同偏好下消费者对可追溯猪肉的平均支付意愿进行计算发现，质量安全偏好型消费者的平均支付意愿为 43.64 元/千克，其他偏好型消费者的平均支付意愿为 40.40 元/千克，前者比后者高 8.02%。从生产经营者角度来说，调研期间西安市场上同类型不可追溯猪肉的价格大概为 24 元/千克（五花肉）或 26 元/千克（后腿肉），消费者对可追溯猪肉追溯特性的平均支付意愿为 10~20 元/千克，这样的支付意愿可以弥补生产经营者参与猪肉可追溯体系所增加的额外成本。从消费者角度来说，平均支付意愿结果也是合理的，调研期间西安市场上通过无公害农产品、绿色食品、有机食品认证的品牌猪肉价格一般不低于 50 元/千克，认证猪肉不仅品质好，质量安全也更有保障，因此，消费者对仅是质量安全方面有所改进的可追溯猪肉的平均支付意愿不太可能高于认证猪肉的价格。

除了关注变量的影响显著性和作用方向，变量的影响程度即边际效果也需要特别注意。

对质量安全偏好型消费者来说，当其他条件不变时，消费者对猪肉追溯标签的信任水平每提高 1 个等级，表示愿意的概率平均增加 0.118（表 9-9），该部分消费者对猪肉追溯标签信任水平均值为 3.70，这意味着猪肉追溯标签信任水平还有较大提升空间。消费者个人月平均收入每提高 1 个等级，表示愿意的概率平均增加 0.007，从边际概率的绝对值来看，其影响程度是所有显著变量中最小的，这与收入的计量单位（百元）有很大关系。可追溯猪肉价格每增加 1 元，消费者表示愿意的概率平均降低 0.048。家庭中有 15 周岁以下小孩的消费者表示愿意的概率比没有 15 周岁以下小孩的消费者平均低 0.168，实证研究中学者们通常认为家庭中有小孩的消费者会出于对小孩的关爱从而倾向于购买价格更高的可追溯食品，但研究结果往往并非如此，小孩情况变量呈现出反向作用或者虽然影响不显著却呈现出负相关（韩杨等，2009；吴林海等，2010；刘增金等，2013）。本章认为可能的原因在于家庭中有小孩的消费者并非不关注小孩的饮食安全问题，相反正是出于对小孩饮食安全问题的格外关注，消费者更倾向于选购安全又营养的食品，而对只是质量安全方面有所改进且市场上并不常见的可追溯食品的购买欲望并不强烈，从而不愿意为可追溯猪肉支付高价格，至于在非质量安全偏好下小孩情况变量的影响为何不显著，其原因还有待进一步研究；当其他条件不变时，消费者的学历每提高 1 个等级，其表示愿意的概率平均增加 0.070。

表 9 - 9　变量影响的边际效果

变量	边际概率	
	模型二	模型三
信任水平	0.118	—
个人月平均收入	0.007	0.012
价格	−0.048	−0.085
小孩情况	−0.168	—
年龄	—	0.016
学历	0.070	0.172

注：变量影响的边际效果除以上变量，其他变量不变。

　　对其他偏好类型消费者来说，当其他条件不变时，消费者的个人月平均收入每提高 1 个等级，表示愿意的概率平均增加 0.012，这一数值要明显大于质量安全偏好下个人月平均收入影响的边际概率。可追溯猪肉价格每增加 1 元，表示愿意的概率平均降低 0.085，这一数值同样明显大于质量安全偏好下可追溯猪肉价格影响的边际概率，这可能是由于质量安全偏好下可追溯猪肉对消费者来说更加具有必需品特性，可追溯猪肉的收入弹性和价格弹性都相对较小。消费者的年龄每提高 1 个等级，表示愿意的概率平均增加 0.016，关于在质量安全偏好下年龄变量的影响为何不显著，其原因有待进一步研究。消费者的学历每提高 1 个等级，表示愿意的概率平均增加 0.172，这一数值比质量安全偏好下学历影响的边际概率大很多，其原因有待进一步研究。

六、本章小结

　　本章以可追溯猪肉为例，利用北京市、西安市实地调查的消费者问卷数据，实证分析信息源信任对消费者可追溯猪肉购买行为的影响，主要得出以下结论。

　　第一，消费者对可追溯食品的认知度整体不高，只有 32.86% 的消费者知道可追溯食品或食品可追溯体系，购买可追溯猪肉的更少，只有 12.60% 的消费者购买过可追溯猪肉，电视、网络、食品标签是消费者了解可追溯食品相关信息的 3 种主要渠道，年龄、学历、职业、家庭人口数、老人情况、收入水平、地区等因素是导致消费者可追溯食品认知水平呈现差异的重要原因。消费者对猪肉追溯信息发布方的整体信任度不高，只有 47.67% 的消费者认为当前市场上猪肉追溯信息的发布方是最真实可靠的，消费者对可追溯猪肉的消费信心整体较高，64.33％的消费者相信购买带有追溯标签猪肉比不带追溯标签猪肉的质量安全更有保障。

第二，信息源信任变量正向显著影响消费者对可追溯猪肉的消费信心，消费信心变量正向显著影响消费者对可追溯猪肉的购买行为，信息源信任通过直接影响消费者对可追溯猪肉的消费信心起到间接影响消费者可追溯猪肉购买行为的效果，另外忽略两个方程残差项之间的相关性会低估信息源信任和消费信心变量对消费者可追溯猪肉购买行为的影响，但不会改变这两个变量的作用方向。收入水平、购买成员、购买场所、职业、地区等变量显著影响消费者对可追溯猪肉的购买行为。具体而言，高收入、作为家庭购买猪肉主要成员、主要在超市购买猪肉、非公务员和事业单位人员、地处西安市的消费者选择购买可追溯猪肉的可能性更大。

第三，消费者的猪肉偏好按选择人数由高到低依次为质量安全偏好型、高品质偏好型、廉价偏好型，其中质量安全偏好型消费者占67.09％。在质量安全偏好下，猪肉追溯标签信任水平、个人月平均收入、可追溯猪肉价格、小孩情况、学历显著影响消费者对可追溯猪肉的支付意愿；而在其他偏好下，个人月平均收入、可追溯猪肉价格、年龄、学历显著影响消费者对可追溯猪肉的支付意愿，猪肉追溯标签信任水平的影响则不显著。质量安全偏好型消费者和其他偏好型消费者对可追溯猪肉的支付意愿分别为43.64元/千克和40.40元/千克，前者比后者高8.02％。

第十章

基于耦合监管的农产品消费行为分析

近年来，随着中国城镇居民收入水平的不断提高，消费者对安全而营养的健康食品的需求与日俱增。然而，食品供需双方之间严重的信息不对称使得食品安全问题日益突出，多起严重损害消费者利益的重大食品安全事件相继发生，在给消费者身心带来极大伤害的同时，通过媒介放大效应对整个食品行业产生巨大冲击。为了解决食品市场中的供需矛盾，政府可以从源头着手，大力推进食品企业的品牌化建设，或者在食品上添加认证标签，这也是向消费者传递食品品质信息的有效方式。此外，构建"追溯＋信用"耦合监管格局也是一种农产品质量安全监管新思路。本章以猪肉为例，利用北京市和上海市的问卷调查数据，探究品牌和认证可追溯性信任对农产品消费的影响，以及消费者对信用追溯猪肉的支付意愿及其影响因素。

一、研究依据与文献综述

食品质量安全事关人民群众的健康和生命安全。由于信息不对称和责任不可追溯造成的食品安全问题以及市场失灵不仅损害了消费者和参与追溯的食品企业的利益，同时也阻碍了整个食品行业的发展（Van Den Berg et al.，2008）。政府解决食品安全问题的思路主要有两种：一是溯源追责策略，明确责任，加大惩治力度；二是产品差异化策略，实施质量认证，实现优质优价（王秀清等，2002）。可追溯体系作为一种解决农产品安全问题的重要手段，其保障农产品安全的作用还有待提高。一般观点认为，降低或缓解食品质量安全信息不对称、解决食品质量安全问题有两种思路：一是加强监管、明确责任、加大惩治力度，实现路径包括可追溯体系、HACCP 等质量体系认证；二是实施产品差异化策略，实现路径包括绿色食品、有机食品等产品质量认证。该思路与手段同样适用于解决猪肉、蔬菜等农产品质量安全问题，二者突出反映了政府监管激励和市场声誉激励的作用。目前我国农产品质量安全监管思路主要以加强监管、明确责任、加大惩治力度为主，即通过加强政府监管激励力度来达到规范产业链利益主体质量安全行为的作用。绿色食品认证等产品差异化策略在解决农产品质量安全问题方面也发挥了重要作用，但通常是中高端产品才采取这种策略，面临覆盖面有限的问题，难以保障市场上全部农产品质量安全。纵观国际经验，食品安全管理逐渐从以最终产品为中心，更多地依赖后期处理（例如食品召回）的系统发展为更加依赖风险评估的预防性系统。由于数字信息技术的进步，食品可追溯系统已成为确保食品安全并解决食品安全领域信息不对称的关键支柱之一。近些年，中国政府在加强监管方面做了诸多努力，一个重要思路和手段就是建设农产品可追溯体系。

理论上，农产品可追溯体系建设有助于降低或缓解信息不对称程度，从而有助于解决农产品质量安全问题。现实中，农产品可追溯体系的质量安全保障作用主要体现在通过实现溯源追责来加强对农产品产业链各环节利益主体质量安全行为的监管，农产品可追溯体系作为一种信息披露工具，目的就是对农产品供应链条中各个环节的产品安全信息进行跟踪与追溯，通过上下游各成员行为主体的信息共享和紧密合作，形成集成化供应链，弥补单一控制方法的不足，为供应链条内的各行为主体、消费者、行业机构及监管者提供产品安全信息，满足消费者的知情权和选择权。中国自 2000 年初开始探索建设农产品可追溯体系，尤其是 2009 年以来，商务部启动肉类蔬菜流通追溯体系试点建设、农业农村部（原农业部）推动农垦农产品质量追溯系统建设，农产品可追溯体系建设进入快车道。在政府大力推动下，中国农产品可追溯体系建设取得显著成效，但也面临全产业链追溯难以实现、追溯信息真实可靠性有待提高等诸多问题，而且单靠追溯体系无法改善农产品安全问题，在生产过程中按批次跟踪农产品，除非跟踪系统与有效的安全控制系统相连接，否则不会提高安全性。追溯系统也不会创造信誉属性，它们只是验证其存在。由此亟待探索一种新的农产品质量安全监管思路，以期在深入推动农产品可追溯体系建设的同时，更能激发可追溯体系的作用。由此可知，寻求品牌、认证、信用与追溯体系的耦合监管，是进一步完善我国农产品质量安全管理机制的新思路。

为了解决食品市场中的供需矛盾，政府采取的一个重要举措就是从源头着手，大力推进食品企业的品牌化建设（Yue et al.，2010）。品牌使得产品来源或者说生产者得以被区分，据此，顾客可以分清某个制造商或分销商的责任。

品牌的这种特征很好地体现了产品的"可追溯性"。在当前食品消费市场机制不完善的大环境下，不管是企业品牌，还是产品品牌、区域品牌，作为一种信号甄别机制，皆可通过不同程度地增强食品的可追溯性来降低或缓解供需双方的信息不对称问题，从而有效降低食品安全事故的发生概率，有利于食品安全问题的解决（Rao et al.，1999）。即使质量安全事故发生，也会由于品牌责任主体明确和便于追溯而将消费者的损失降到最小（Wall，2010）。此外，传递产品质量信息的质量信号在一定程度上可以减少产品市场上的信息不对称性，其中标签信号是最能快速有效传递真实质量信息的工具（Sanford，1992），因此，在食品上添加认证标签是向消费者传递食品品质信息的有效方式（Gamboni and Moscatelli，2015）。获得消费者对食品质量认证标签的信任有助于缓解信息不对称问题（Rousseau and Vranken，2013）。认证食品的"信任品"特征使得消费者在购买后无法准确判断其品质，因此消费者是否购买的关键在于是否信任（Darby and Karni，1973）。近几年发生的食品认证造假事件侵害了消费者合法权益的同时引发了严重的认证信任危机，已有研究表明，第三方认证机构更易获得消费者信任并激发其更大的购买意愿，但在认证过程中，缺乏溯源追责对象（认证责任人）影响了食品安全认证的效果。因此应该积极推进认证食品实现可追溯以加强监管，从而改善认证食品市场环境（陈雨生等，2015）。总的来说，我国农产品可追溯体系建设取得显著成效，但也面临诸多问题，亟待探索一种新的农产品质量安全监管思路，以期在深入推动农产品可追溯体系建设的同时，更能激发可追溯体系的作用。2021年中央一号文件提出支持市县构建域内共享的涉农信用信息数据库，用3年时间基本建成比较完善的新型农业经营主体信用体系。农业经营主体信用体系是加强农产品质量安全监管的新探索和重要抓手。新形势下构建"追溯＋信用"耦合监管格局，通过实现责任主体信用等级等质量信息的追溯查询，既可充分发挥政府监管作用，还可充分发挥市场声誉作用，从而更好发挥农产品安全组合监管效能，这是当前亟须的一种农产品质量安全监管新思路。鉴于此，适时研究品牌与追溯耦合、认证与追溯耦合、农业经营主体信用评价与农产品可追溯体系耦合监管机制，具有重大的学术理论价值和实践指导意义。

企业的品牌培育和推广不仅可以激励其不断提高产品质量，而且可以提高消费者对品牌的信任程度，有助于建立安全而透明的食品消费市场。因此，品牌化建设对食品供需双方都能产生激励作用，有利于食品市场的"去柠檬化"（Jensen et al.，2006；Brakus et al.，2009）。但是，打造和维护品牌需要生产者持续投入——这意味着品牌食品的价格一般比非品牌食品的价格高（Alvarez and Casielles，2006；Matzler et al.，2008），且消费者通常需要花费更多的时间和精力搜集和了解品牌食品的相关信息。国外研究表明：消费者的品牌信任能提高其对信任品牌食品的质量安全信心和评价，从而增加其对信任品牌食品的忠诚度和购买行为（Vazifehdoost et al.，2014；Lassoued and Hobbs，2015）；提高消费者对品牌食品的信任程度和对政府监管能力的信赖程度，可以显著减少消费者因自身知识不足而对食品安全的担忧（Brexendorf et al.，2004）。不过，国内鲜有研究将消费者的品牌信任纳入对消费者消费行为差异的分析中，为数不多的关于品牌信任的研究主要侧重于对品牌信任的内涵、形成机制和影响因素进行理论探讨（于春玲等，2004；马明峰等，2006；金玉芳等，2004），很少将品牌信任作为一个独立变量定量分析其对消费者消费行为的作用。关于品牌信任的已有实证研究发现，随着品牌信任程度的提高，消费者购买品牌食品的倾向更加明显，购买品牌食品的消费者比例显著增加（张振等，2014）。

食品质量安全事关人民群众的健康和生命安全。由于信息不对称和责任不可追溯造成的食品安全问题以及市场失灵不仅损害了消费者和参与追溯的食品企业的利益，同时也阻碍了整个食品行业的发展（Van Rijswijk et al.，2008）。传递产品质量信息的质量信号在一定程度上可以减少产品市场上的信息不对称性，其中标签信号是最能快速有效传递真实质量信息的工具（Grossman，1992），因此，在食品上添加认证标签是向消费者传递食品品质信息的有效方式（Moschitz et al.，2010）。获得消费者对食品质量认证标签的信任有助于缓解信息不对称问题（Rousseau et al.，2013）。认证食品的"信任品"特征使得消费者在购买后无法准确判断其品质，因此，消费者是否购买的关键在于是否信任（Darby，1973）。近几年发生的食品认证造假事件侵害了消费者合法权益的同时引发了严重的认证信任危机，已有研究表明，第三方认证机构更易获得消费者信任并激发其更大的购买意愿，但在认证过程中，缺乏溯源追责对象（认证责任人）影响了食品安全认证的效果。因此应该积极推进认证食品实现可追溯以加强监管，从而改善认证食品市场环境（陈雨生等，2015）。我国逐渐形成了无公害农产品、绿色食品和有机食品"三位一体、整体推进"的"三品"发展格局，但因起步较晚，我国的农产品认证体系仍处于初级阶段（马爱国，2004）。在该背景下，消费者是否对带有"三品"认证标签的食品更为信任？消费者对"三品"认证食品可追溯性的信任程度对其购买行为影响如何？对上述问题的深入分析是研究的重点。

国外围绕认证食品的消费行为展开了大量研究。其中，"有机"作为一个强有力的因素决定了消费者对有机认证食品的态度，进而影响消费者对有机食品的购买行为。大量研究表明：个体特征、家庭特征、收入水平、认证知识水平、认证食品价格水平和信任程度是影响消费者认证食品购买行为的主要因素（Verhoef，2005；Kuhar and Juvancic，2005；Tsakiridou et al.，2006；Azucena and Tiziana，2008；Briz and Ward，2009）。也有一些学者发现，欧洲各国消费者对有机食品需求有所差异是因为消费者对有机食品标签信任程度的不同（Henson and Northen，2000；Torjusen et al.，2004）。已有关于可追溯属性与消费者支付意愿的研究中，只有少数文献关注了认证属性对食品消费行为的影响，更是鲜有研究将消费者的认证可追溯性信任纳入对消费者食品消费行为差异的分析之中，为数不多的关于认证可追溯性信任的文献也主要侧重于消费者对认证食品的认知、信任及其影响因素的独立分析（王二朋等，2011；尹世久，2013；张彩萍等，2014），很少将认证可追溯性信任作为一个独立变量来定量分析其对消费者食品消费行为的影响。

此外，将信用机制理念引入农产品可追溯体系是一种较为理想的完善农产品质量安全监管机制的设计。当前随着国民素质的不断提高，我国具备了建设信用社会的条件，在完善农产品质量安全监管机制上完全可以引入信用机制，它能最大程度地解决企业与其他主体的信息不对称，能为企业经营创造重复博弈的条件，从而能使企业的守信收益大于守信的成本。传统的农产品可追溯体系保障农产品质量安全的作用机理，主要体现在通过实现溯源追责来加强对农产品产业链各环节利益主体质量安全行为的监管。附加信用机制的农产品可追溯体系对农产品质量安全的保障作用还将体现在产品差异化策略方面。该种可追溯体系机制设计带来的产品差异化主要体现在对企业声誉的影响上，可追溯体系通过引入企业信用并可实现消费终端追溯查询，这在一定程度上维护和提高了企业的声誉，对于一个建立长期经营目标、希望增加未来预期收入的企业来说，这种可追溯体系还会通过声誉机制起到规范其质量安全行为的作用。总之，经营主体信用评价与农产品可追溯体系的耦合监管，一方面从根本上使农产品质量安全信息更加对称，使农产品质量信息和经营主体质量信用信息让消费者知晓，有助于实现优质优价和优胜劣汰，另一方面将对农产品的监管更直接转向对经营主体的监管，明确责任主体。

实践中，随着涉农信用信息大数据的不断积累，农业经营主体信用监管成为可能。数字化、大数据、区块链等新形势新变化给追溯体系顶层设计和建设带来更大机遇和挑战。国内各省份在农产品可追溯体系、信用评价结合方面积累了一些经验做法。海南、广西等地已将农产品"追溯＋信用"机制建设纳入

"十四五"规划；上海的农产品可追溯体系建设在国内处于领先水平，同时探索应用了将"申农分"等农业经营主体信用评价手段付诸农产品质量安全监管实践；浙江、四川等多地围绕农产品质量安全信用体系建设，积极探索实践，逐步在信用监管、信用应用等领域探索出一系列行之有效的农产品质量安全信用管理办法和发展模式；河南部分地区以大米为核心产品，打造"信用＋农产品追溯体系"，形成完善的来源可追溯、去向可查证、责任可追究的农产品安全管理闭环。然而，各省份在经营主体信用评价与农产品可追溯体系的耦合监管上还存在差距。上海等地区在农产品合格证上贴有追溯码，一定程度实现了追溯和信用的有效结合，但这仅是经营主体信用评价与农产品可追溯体系耦合监管的初级形式，并未实现对经营主体的动态质量信用体系评价。鉴于此，适时研究经营主体信用评价与农产品可追溯体系耦合监管机制，具有重大的实践指导意义。

农产品质量安全是复杂的社会信用问题，仅仅通过加强抽检、监察等行政手段，难以有效阻止此类问题的发生。因此，需要建设农产品质量安全信用体系，对农产品质量安全信用进行评价，以便更好地发挥信用奖惩机制作用，进而强化社会监督，增加失信成本，减少失信所得，逐步引导农产品市场及全行业健康发展（李留义和罗月领，2020；薛钦源等，2021）。目前，国内外关于农产品质量安全信用机制的研究还相对较少，更多停留在农产品质量安全信用的概念内涵界定（薛钦源等，2021）、影响因素（万俊毅等，2011）、指标体系构建（莫鸣和王品入，2019）、信用档案和数据库（文晓巍等，2012）、监管模式（李留义和罗月领，2020；左新敏等，2010；孟庆杰，2020）等方面。关于农产品质量安全信用的概念内涵，是指农产品生产经营主体能够遵从农产品质量安全标准要求，不发生有损农产品质量安全的失信行为。相比农产品质量安全问题，农产品质量安全信用问题的研究范畴更加广阔（于仁竹，2018）。农产品质量安全问题侧重于农产品本身，而农产品质量安全信用问题更加侧重于对农产品生产经营主体特征及其行为的研究（薛钦源等，2017）。关于农产品质量安全信用评价体系，农产品质量安全信用评价是以农产品生产经营主体为评价对象，通过全面梳理影响农产品生产经营主体提供质量安全农产品的因素，对其产生失信（或守信）行为的可能性进行多维度、动态、综合描述的过程。有学者从质量信用意愿、质量信用能力、质量信用表现三个方面构建基于食品生产企业的质量信用评价指标（莫鸣等，2019），还有研究从农产品生产经营主体的基本素质、财务状况、信誉记录、质量控制水平、投入品管理和政治经济环境等六个方面构建信用评价指标体系（薛钦源等，2017）。总的来说，经营主体信用评价与农产品可追溯体系耦合监管机制研究具有重要的理论和现实意义。随着食品质量安全越来越引起社会各界的广泛关注，相关研究也越来越多，国内外学者从不同角度对此进行了较为深入的研究。鉴于农产品质量安全在国计民生中的重要地位，关于农产品安全问题的研究也越来越多，但通过对本研究核心关键词及相关具体关键词的国内外文献检索发现，国内外直接关于经营主体信用评价与农产品可追溯体系耦合监管机制的研究极少。因此，本章节还将实证分析都市居民对信用追溯猪肉的支付意愿及其影响因素，以便更好地从消费端探索如何完善经营主体信用评价与农产品可追溯体系耦合监管机制。

二、品牌可追溯性信任、认证可追溯性信任与农产品消费

1. 描述分析

(1) 数据来源与样本说明

研究中数据源于 2014 年 6—7 月对北京市 6 个城区（海淀区、朝阳区、东城区、西城区、丰台区、石景山区）的消费者所做的问卷调查。为了保证问卷质量，采取面对面访问方式进行问卷调查。剔除前后问题答案存在明显逻辑错误或个别题目漏答的问卷。由于本次问卷调查的对象为北京市常住居民且购买过生鲜猪肉的消费者，因此在开始正式调查前先询问受访者是否在北京市居住满一年且在过去一年中是否购买过生鲜猪肉，只有全部回答"是"才继续调查。调查地点主要是超市、农贸市场及其附近，具体包括 13 家连锁超市和 4 家社区农贸市场。为使样本更具代表性，调查前根据北京市 6 个城区的常住人口比重设计出各城区的计划调查样本量，并在实际调查过程中严格控制。最终获得调查问卷 501 份，其中有效问卷 495 份，问卷有效率为 98.80%。

表 10-1 显示了样本的基本特征。从性别分布看：女性受访者明显居多，虽然男女样本比例差距过大，但是这是可以接受的，因为调查中发现家庭中主要是女性购买猪肉等日常食品。从年龄分布看，各年龄段的受访者比例较为均匀，其中 30～39 岁年龄段的受访者居多。从学历分布看：具有高中/中专学历的受访者最多，具有本科及以上学历的受访者次之，具有初中学历和大专学历的受访者人数再次之，具有小学及以下学历的受访者最少。从职业分布看：企业员工数量最多；退休人员次之，这部分群体多为 60 岁以上的老年人，有较

充裕的时间购物。从户籍分布看，所有受访者都是北京常住居民，其中52.53%的受访者具有北京户籍。另外，在所有购买猪肉的受访者中，80.40%的受访者是家庭中购买猪肉的主要成员，69.09%的受访者表示猪肉占家庭肉类消费的比例达到50%及以上。

表 10-1　样本的基本特征

变量	选项	频数（个）	比例（%）	变量	选项	频数（个）	比例（%）
性别	男	126	25.45		企业员工	160	32.32
	女	369	74.55		公务员	18	3.64
年龄	20~29 岁	97	19.6		事业单位员工	52	10.51
	30~39 岁	131	26.46	职业	个体私营者	48	9.7
	40~49 岁	96	19.39		农村务工人员	32	6.46
	50~59 岁	82	16.57		无业、半失业人员	28	5.66
	60 岁及以上	89	17.98		退休	125	25.25
学历	小学及以下	36	7.27		其他	32	6.46
	初中	87	17.58	猪肉购买成员	是家庭主要购买成员	398	80.4
	高中或中专	147	29.7		不是家庭主要购买成员	97	19.6
	大专	82	16.57	猪肉消费比例	占家庭肉类消费比例达到 50%及以上	342	69.09
	本科及以上	143	28.89				
户籍	北京	260	52.53		占家庭肉类消费比例不到 50%	153	30.91
	外地	235	47.47				

（2）消费者对品牌猪肉的购买行为

为了让消费者对猪肉产品品牌有比较清晰的认识、避免消费者对品牌猪肉产品认识模糊而影响调查结果的准确性，调查问卷专门列举了北京市场上销售的 15 种主要的猪肉产品品牌，让消费者根据其购买经验或主观判断回答自己对品牌猪肉的购买行为和对品牌的信任程度。调查发现，73.74%的受访者表示购买过可以明确识别品牌的猪肉，其中 71.51%的受访者购买的品牌猪肉占个人所购猪肉总量的 50%及以上，该样本数占总样本数的 52.73%。由此看出，整体上消费者倾向于购买可以明确识别品牌的猪肉，且大多数消费者一旦购买过可以明确识别品牌的猪肉之后便倾向于将之转化为一种可持续的行为习惯。需要说明的是，在当前商家品牌宣传铺天盖地的市场环境下，消费者也很容易偶尔尝试购买品牌猪肉。这种持续购买行为对于企业品牌化建设和猪肉质量安全改进具有更加重要的现实意义，我们更想知道哪些因素影响消费者经常购买品牌猪肉的行为。为此，将"购买的品牌猪肉占个人所购买猪肉总量的50%及以上"的情况界定为"经常购买品牌猪肉"。

(3) 消费者对品牌可追溯性的信任及其与消费者品牌猪肉购买行为的关系

将品牌猪肉和非品牌猪肉在可追溯性方面的差异界定为"出现质量安全问题时对可以明确识别品牌的猪肉比不能明确识别品牌的猪肉更容易追查到相关责任人"。在回答"您是否相信'出现质量安全问题时对可以明确识别品牌的猪肉比不能明确识别品牌的猪肉更容易追查到相关责任人'"这一问题时，23.23%的受访者表示"非常相信"，39.19%的受访者表示"比较相信"，19.60%的受访者表示"一般相信"，13.33%和4.65%的受访者分别表示"不太相信"和"很不相信"。可见，消费者对品牌可追溯性的整体信任程度还是比较高的。

为了研究品牌可追溯性信任与消费者品牌猪肉购买行为的关系，并对二者之间关系有一个直观认识，先要对品牌可追溯性信任与消费者品牌猪肉购买行为进行交叉分析，结果见图10-1。具体而言，随着消费者对猪肉产品品牌可追溯性信任程度的提高，消费者对品牌猪肉产品的接受程度越来越高，经常购买品牌猪肉的消费者比例表现为：对猪肉品牌可追溯性"很不信任"时占4.35%、"不太信任"时占27.27%、"一般信任"时占45.36%、"比较信任"时占62.89%、"非常信任"时占66.09%。

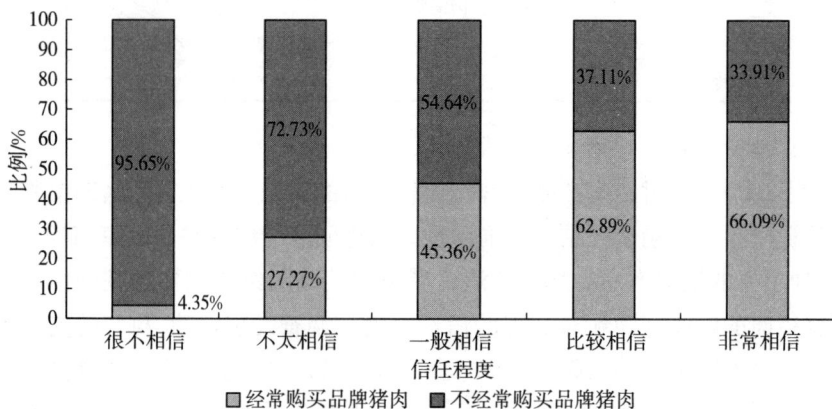

图10-1　品牌可追溯性信任与消费者品牌猪肉购买行为的交叉分析

(4) 消费者对质量认证食品的信任程度与认证食品购买行为

调查发现，有455人知道"绿色食品、有机食品或无公害农产品"，占总样本数的91.92%。另外有242名受访者购买过带上述标签的猪肉，其中154名受访者购买的带认证标签的猪肉量占所有猪肉购买量的50%及以上。消费者对认证猪肉的信任是影响消费者购买认证猪肉的重要因素，本研究通过询问消费者对"三品"认证猪肉的认知判断来研究消费者对认证猪肉的信任。在回答"您是否相信'出现质量安全问题时，带有绿色食品、有机食品或无公害农产品标签的猪肉比不带标签的猪肉更容易追查到相关责任人'"这一问题时，21.41％的被调查者表示"非常相信"，38.38％的被调查者表示"比较相信"，17.97％的被调查者表示"一般相信"，12.72％的受访者表示"不太相信"。只有0.6％的受访者表示"很不信任"。

为了研究质量认证信任与消费者认证猪肉购买行为之间的关系，进行交叉分析。由图10-2可知，购买过认证猪肉的受访者中，"很不信任"认证标签的消费者比例为0.00％，"不太信任"的消费者比例为10.33％，"一般信任"的消费者比例为17.36％，比较信任的消费者比例为43.80％，"非常信任"的消费者比例为28.51％。由此可见，随着消费者对质量认证猪肉的信任水平越高，购买"三品"认证猪肉的消费者人数也就呈上升趋势。

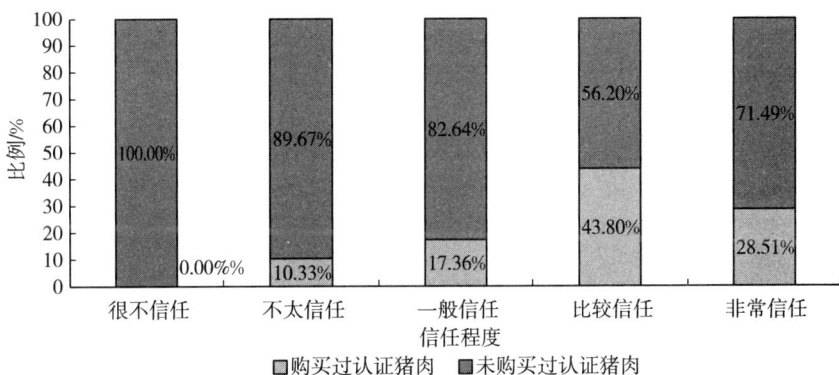

图10-2　"三品"认证可追溯性信任与消费者认证猪肉购买行为的交叉分析

2. 品牌可追溯性信任对农产品消费影响的计量分析

(1) 模型构建与变量选择

前文就消费者对品牌可追溯性的信任程度与消费者品牌猪肉购买行为的关系进行了统计分析，但是这些相关分析没有控制其他因素的影响，并不能说明品牌可追溯性信任变量显著影响消费者的购买行为。以下通过计量模型进行定量检验。

效用最大化是消费者做出购买决策的准则。假设消费者对品牌猪肉的购买决策由潜在的效用水平变量 U 决定，在某个效用水平 U^* 以上，消费者会选择购买能明确识别品牌的猪肉；在该效用水平以下，消费者会选择购买不能明确识别品牌的猪肉。综上，消费者的购买行为可用如下概率模型表示：

$$Probit\ (Y=1)\ =Probit\ (U>U^*)\ ;\qquad(10-1)$$

$$Probit\ (Y=0)\ =Probit\ (U\leqslant U^*)\ 。\qquad(10-2)$$

潜在效用水平变量由消费者对品牌可追溯性的信任程度、对食品安全的风险感知程度、消费习惯、追责意识以及个体特征和家庭特征等因素共同决定，即：

$$U=\beta_0+XB+\mu\qquad(10-3)$$

其中，X 表示影响消费者效用的因素，也是影响消费者购买行为的因素。模型概率函数采用标准正态分布函数形式，即：

$$Probit\ (Y)\ =\phi\ (\beta_0+XB)\qquad(10-4)$$

因此需要估计的模型可转变成如下二元 Probit 模型：

$$Y=f_1(T,I,C,H,P,F,\mu_1)\qquad(10-5)$$

式（10-5）中：被解释变量 Y 是消费者的品牌猪肉购买行为，1 表示经常购买能明确识别品牌的猪肉，0 表示不经常购买能明确识别品牌的猪肉；T 是消费者对品牌可追溯性的信任程度，用 1 表示"非常信任"和"比较信任"，用 0 表示其他。关于消费者食品消费的已有研究大多选用消费者的收入水平、风险感知、消费习惯（包括购买成员、购买场所、消费比重等）、个人特征（包括性别、年龄和学历等）、家庭特征（包括家庭人口结构、健康状况进而居住地区）等因素解释导致消费者行为差异的原因（王志刚，2003；周洁红，2005；黄季焜 等，2006；周应恒 等，2006；钟甫宁 等，2008；吴林海 等，2010；刘增金 等，2014；郑志浩，2015）。对于消费者食品消费行为差异的影响因素，学者们已达成一个共识，即上述因素都不同程度地影响消费者的食品消费行为。其他解释变量包括：I 是消费者收入水平，用家庭人均月收入水平衡量；C 是消费者对食品安全的风险感知程度；H 是消费习惯，包括购买成员、消费比重和追责意识；P 是个人特征变量，包括性别、年龄、户籍和学历；F 是消费者家庭特征变量，包括家庭人口数、小孩情况、老人情况、家庭人均月收入水平；μ_1 是残差项。

"品牌可追溯性信任"变量可能存在内生性问题，因此直接采用二元 Probit 模型进行估计，可能得到有偏和非一致的结果（Wooldridge，2002）。Hausman 检验结果也显示，"品牌可追溯性信任"变量确实存在内生性问题，且这种内生性可能是遗漏解释变量和联立内生性引起的。研究者们选择合适的工具变量并采用有限信息的最大似然估计法（LIML）解决内生性问题（仇焕广 等，2007；威廉，2011）。为此，需要再设立如下模型：

$$T = f_2(IV, I, C, H, P, F, \mu_2) \qquad (10-6)$$

式（10-5）和式（10-6）构成了双变量 Probit 模型。式（10-6）中，IV 是选取的解决"品牌可追溯性信任"变量的 3 个工具变量，包括"三品"认证认知、追溯体系认知和"放心肉"工程认知；μ_2 是残差项。选取工具变量是困难的，而选出一个强工具变量更难。不过，若能选出两个及以上显著影响内生性变量的因素，则能有效避免弱工具变量问题。这 3 个工具变量对消费者的购买行为没有直接影响，但可能通过影响消费者对品牌可追溯性的信任从而间接影响消费者购买行为。另外，有限信息最大似然估计较两阶段最小二乘估计对弱工具变量问题更不敏感，且结合后面的估计结果可知，选取的 3 个工具变量的影响是显著的，因此它们是有效的。

模型变量的含义与基本统计分析如表 10-2 所示。

表 10-2 变量的含义与基本统计分析

变量名称	含义与赋值	均值	标准差
品牌可追溯性信任	非常相信、比较相信＝1；一般相信、不太相信、很不相信＝0	0.624	0.485
家庭人均月收入	实际数值（元）	3 695.230	5 141.783
风险感知	非常放心、比较放心＝1；一般放心、不太放心、很不放心＝0	0.644	0.479
购买成员	是否家庭购买猪肉的主要成员：是＝1；否＝0	0.804	0.397
消费比重	猪肉占家庭肉类消费比例是否达到50%：是＝1；否＝0	0.691	0.463
追责意识	购买的猪肉出现安全问题是否会追查责任人：会＝1；不会＝0	0.404	0.491
性别	男＝1；女＝0	0.255	0.436
年龄	实际数值（周岁）	43.594	14.678
户籍	北京＝1；外地＝0	0.525	0.500
学历	本科或大专及以上＝1；高中或中专及以下＝0	0.455	0.498
家庭人口数	实际数值（个）	3.271	1.350
小孩情况	家庭中是否有15周岁以下小孩：是＝1；否＝0	0.420	0.494
老人情况	家庭中是否有60周岁及以上老人：是＝1；否＝0	0.220	0.415
"三品"认证认知	是否知道绿色食品、有机食品、无公害农产品：知道＝1；不知道＝0	0.875	0.331

（续）

变量名称	含义与赋值	均值	标准差
追溯体系认知	是否知道食品可追溯体系或可追溯食品：知道＝1；不知道＝0	0.384	0.487
"放心肉"工程认知	是否知道"放心肉"工程：知道＝1；不知道＝0	0.410	0.492

（2）结果与分析

运用 Stata11.0 软件对上述双变量 Probit 模型进行估计，结果见表10-3。

表 10-3 模型的估计结果

变量名称	品牌可追溯性信任		购买行为	
	系数	Z值	系数	Z值
"三品"认证认知	0.597 ***	3.25		
追溯体系认知	0.247 *	1.93		
"放心肉"工程认知	0.486 ***	3.55		
品牌可追溯性信任			1.418 ***	4.07
家庭人均月收入	0.000 001	－0.05	0.000 003	－0.21
风险感知	0.400 ***	3.03	－0.052	－0.38
购买成员	－0.058	－0.36	0.412 **	2.59
消费比重	0.488 ***	3.56	－0.025	－0.18
追责意识	0.217	1.65	－0.082	－0.64
性别	－0.314 **	－2.20	0.240 *	1.75
年龄	0.008	1.50	0.012 **	2.26
户籍	0.389 ***	2.79	0.176	1.08
学历	0.106	0.71	0.069	0.48
家庭人口数	－0.061	－1.09	－0.043	－0.78
小孩情况	0.006	0.04	0.264 *	1.88
老人情况	0.143	0.89	0.065	0.42
常数项	－1.445 ***	－3.83	－1.746 ***	－5.40
rho		3.054 *		
Wald chi2		223.99		
Prob＞chi2		0.000 0		

注："＊""＊＊""＊＊＊"分别表示10％、5％、1％的显著性水平。

为了检验"品牌可追溯性信任"变量的内生性，要进行 Hausman 检验，即检验模型（10-5）和模型（10-6）的残差项是否显著相关。检验结果显示：rho=0 的似然比检验的卡方值为 3.054，达到 10％的显著性水平，说明该变量具有较强的内生性。选取的 3 个工具变量都显著影响消费者对品牌猪肉可追溯性的信任程度。具体而言：知道绿色食品、有机食品和无公害农产品、知道食品可追溯体系或可追溯食品、知道"放心肉"工程的消费者更倾向于相信"出现质量安全问题时对可以明确识别品牌的猪肉比不能明确识别品牌的猪肉更容易追查到相关责任人"。已有研究表明，食品质量认证标识并不专属于某一产品，只有内嵌于品牌才能对消费者的购买行为产生显著影响（夏晓平等，2011），而质量认证标识能够提升消费者的品牌信任程度（杨晓燕等，2008；张立胜等，2010）。研究结果证实了知道绿色食品、有机食品和无公害农产品的消费者对品牌猪肉可追溯性的信任程度更高。目前北京市大力推进食品可追溯体系建设，先后实施"放心肉"工程和肉类蔬菜流通追溯体系，旨在提高猪肉的溯源能力。本章的研究结果证实了政府和企业的努力确实有效果，即知道食品可追溯体系或可追溯食品、知道"放心肉"工程的消费者对品牌猪肉可追溯性的信任程度更高。另外，对自己所购买猪肉的质量安全状况放心、猪肉占家庭肉类消费比例达到 50％及以上、女性、具有北京户籍的消费者更倾向于相信"出现质量安全问题时对可以明确识别品牌的猪肉比不能明确识别品牌的猪肉更容易追查到相关责任人"。

与前面的统计分析结论一致，消费者对品牌猪肉可追溯性的信任程度正向显著影响消费者对品牌猪肉的购买行为，即对品牌猪肉可追溯性信任程度高的消费者更倾向于经常购买可以明确识别品牌的猪肉。为了检验忽略"品牌可追溯性"变量的内生性给估计结果带来的偏误，将两类估计结果进行了比较（表 10-4）。结果显示，忽略"品牌可追溯性"变量的内生性会明显低估该变量对消费者品牌猪肉购买行为的影响——这与已有相关研究的结论一致（仇焕广等，2007）。在控制其他变量影响的情况下，考虑内生性问题时，"品牌可追溯性信任"变量对消费者购买行为影响的边际概率为 0.331；不考虑内生性问题时，该变量对消费者购买行为影响的边际概率只有 0.264。边际概率为 0.331 的经济意义是：若消费者对品牌猪肉可追溯性的信任程度从 0 提高至 1，即由不相信（"很不信任""不太信任""一般信任"）提高到相信（"比较信任""非常信任"），那么其经常购买可明确识别品牌的猪肉的概率平均增加 0.331。

表 10 - 4　品牌可追溯性信任变量的内生性对估计结果的影响

变量名称	模型一		模型二	
	边际概率	Z 值	边际概率	Z 值
品牌可追溯性信任	0.331***	4.07	0.264***	5.17

注："*""**""***"分别表示 10%、5%、1%的显著性水平。模型一是考虑内生性问题的回归，模型二是不考虑内生性问题的回归。

　　关注不同追责意识条件下品牌可追溯性信任变量对消费者品牌猪肉购买行为的影响差异，模型的估计结果见表 10 - 5。在对两个模型进行估计时，考虑品牌可追溯性变量的内生性问题，均选用工具变量法和有限信息最大似然法以避免内生性问题对估计结果的不利影响。结果发现：对于具有追责意识的消费者来说，品牌可追溯性信任变量对其品牌猪肉购买行为的影响不管是作用显著性还是作用程度都明显高于不具有追责意识的消费者。具体而言，对于所购猪肉出现安全问题时会追查责任人的消费者，若其对品牌猪肉可追溯性的信任程度由不相信（"很不信任""不太信任""一般信任"）提高到相信（"比较信任""非常信任"），则消费者经常购买可明确识别品牌的猪肉的概率平均增加0.437；对于所购猪肉出现安全问题时不会追查责任人的消费者，若其对品牌猪肉可追溯性的信任程度由不相信（"很不信任""不太信任""一般信任"）提高到相信（"比较信任""非常信任"），则消费者经常购买可明确识别品牌的猪肉的概率平均仅增加0.253。显然，品牌可追溯性的提高对于具有追责意识的消费者具有更大意义和价值。

表 10 - 5　不同追责意识条件下品牌可追溯性信任变量的影响

变量名称	模型一		模型二	
	边际概率	Z 值	边际概率	Z 值
品牌可追溯性信任	0.437***	4.07	0.253*	1.85

注："*""**""***"分别表示 10%、5%、1%的显著性水平；模型一是基于 200 位具有追责意识的受访者样本进行回归；模型二是基于 295 位不具有追责意识的受访者样本进行回归。

　　另发现，购买成员、性别、年龄、小孩情况等变量显著影响消费者对品牌猪肉的购买行为。一是作为家庭猪肉主要购买成员的消费者经常购买品牌猪肉的可能性更大。家庭中购买猪肉的主要成员往往肩负更大的、为家人健康考虑的责任，且因购习惯往往只购买固定一个或几个品牌的猪肉，因此，其经常购买品牌猪肉的可能性更大。二是男性消费者经常购买品牌猪肉的可能性更大——这与夏晓平等的研究结果一致（夏晓平等，2011），即男性消费者更倾向于购买品牌肉类产品。可能的原因是，相对于女性，男性消费者对价格的敏感程度更低，他们更注重产品能否带来更高质量的消费体验。三是年龄越大的消费者经常购买品牌猪肉的可能性越大——这与预期的作用方向不一致，但与张振等（2014）的研究结果一致。可能的原因是：在当今网络媒体高速发展的大环境下，品牌已不再是一个新概念，年纪大的消费者对品牌概念也并不陌生，反而会出于健康安全考虑更倾向于购买品牌猪肉。四是家庭中有 15 周岁以下小孩的消费者经常购买品牌猪肉的可能性更大。关于小孩情况对消费者食品购买行为的影响，学者们的认识是基本一致的（周应恒等，2006），即孩子属脆弱人群，更易遭受食品安全风险，消费者往往出于为小孩安全考虑而更倾向于购买安全的、更有保障的食品——这同样适用于消费者品牌猪肉购买。

3. 认证可追溯信任对农产品消费影响的计量分析

（1）模型构建与变量选择

鉴于消费者的质量认证猪肉购买行为包括"够买过"和"未购买过"两种选择，这是典型的二分选择问题，适合选用二元 Logit 模型。构建如下二元 Logit 模型：

$$ln \frac{P(Y=1)}{1-P(Y=1)} = \alpha + \beta(T,I,Z) + e \qquad (10-7)$$

式（10-7）中：被解释变量 Y 是消费者认证猪肉购买行为，1 表示购买过带有认证标签的猪肉，0 表示未购买过；T 是消费者对质量认证可追溯性的信任程度。因此，在其他解释变量中，I 是消费者收入水平，用税后的家庭人均月收入来衡量；Z 是包括消费者对食品可追溯体系和"放心肉"工程的认知水平、对食品安全的风险感知程度、消费习惯、个人特征、家庭特征等在内的影响因素；e 是残差项。

模型变量的含义与描述统计特征如表 10-6 所示。

表 10-6 变量选择、基本含义和描述统计

变量名称	含义与赋值	均值	标准差
认证可追溯性信任	非常相信、比较相信＝1；一般相信、不太相信、很不相信＝0	0.651	0.477
家庭人均月收入	实际数值（元）	3 789.408	5 317.602
风险感知	非常放心、比较放心＝1；一般放心、不太放心、很不放心＝0	0.635	0.481
购买成员	是否是家庭购买猪肉的主要成员；是＝1；否＝0	0.796	0.403
消费比重	猪肉占家庭肉类消费比例是否达到 50%；是＝1；否＝0	0.681	0.466

（续）

变量名称	含义与赋值	均值	标准差
追责意识	购买的猪肉出现安全问题是否会追查责任人：会＝1；不会＝0	0.400	0.490
性别	男＝1；女＝0	0.253	0.435
年龄	实际数值（周岁）	43.202	14.599
户籍	北京＝1；外地＝0	0.543	0.498
学历	本科或大专及以上＝1；高中或中专及以下＝0	0.479	0.500
家庭人口数	实际数值（个）	3.251	1.312
小孩情况	家庭中是否有15周岁以下小孩：是＝1；否＝0	0.415	0.493
老人情况	家庭中是否有60周岁及以上老人：是＝1；否＝0	0.220	0.414
追溯体系认知	是否知道食品可追溯体系或可追溯食品：知道＝1；不知道＝0	0.413	0.492
"放心肉"工程认知	是否知道"放心肉"工程：知道＝1；不知道＝0	0.431	0.495

（2）结果与分析

运用 Stata11.0 软件对模型进行估计，结果见表 10-7。

表 10-7　模型估计结果

变量名称	系数	标准误差	Z 值	P 值	边际概率
认证可追溯性信任	0.588 4	0.223 4	2.63	0.008 ***	0.145 8
家庭人均月收入	0.000 08	0.000 04	1.92	0.055 *	0.000 02
追溯体系认知	0.362 5	0.210 0	1.73	0.084 *	0.089 5
"放心肉"工程认知	0.753 2	0.215 1	3.50	0.000 ***	0.183 9
追责意识	0.172 1	0.213 9	0.80	0.421	0.042 6
风险感知	0.065 0	0.220 5	0.30	0.768	0.016 2
购买成员	0.652 7	0.270 3	2.41	0.016 **	0.161 7
消费比重	−0.409 7	0.224 5	−1.82	0.068 *	−0.100 6
性别	0.132 7	0.242 6	0.55	0.584	0.032 8
年龄	−0.020 6	0.008 8	−2.34	0.019 **	−0.005 1
户籍	0.243 7	0.229 2	1.06	0.288	0.060
学历	−0.079 8	0.242 72	−0.33	0.742	−0.019 8
家庭人口数	0.112 4	0.095 7	1.17	0.24	0.027 9
小孩情况	0.050 5	0.239 2	0.21	0.833	0.012 5
老人情况	0.019 3	0.266 4	0.07	0.942	0.004 8
常数项	−0.969 6	0.587 24	−1.65	0.099	—

Number of obs ＝455

Pseudo R^2＝0.092 8

LR chi2（15）＝58.31

$Prob$＞chi2＝0.000 0

注："*""**""***"分别表示 10%、5%、1%的显著性水平。

由表 10-7 可知，模型拟合优度和整体显著性都较好，认证可追溯性信任、家庭人均月收入、可追溯体系认知、"放心肉"工程认知、猪肉购买成员、年龄、猪肉消费比重等变量显著影响消费者对"三品"认证猪肉的购买行为。

第一，认证可追溯性信任正向显著影响消费者对"三品"认证猪肉的购买行为，且显著性很高（$P<0.01$），即对"三品"认证标签信息信任程度越高的消费者购买"三品"认证猪肉的可能性越大。在其他因素固定的条件下，受访者对"三品"认证标签信息的信任程度每提高一个等级，其选择购买"三品"认证猪肉的概率平均高出 0.145 8。从实际情况来看，认证食品实现可追溯后，当出现问题食品时就能快速追查到相关负责人或机构进而解决问题食品，使消费者的权益得到维护，消费者对认证可追溯性的信任程度也会得到提高，从而激发其购买认证食品的意愿。

第二，家庭人均月收入正向显著影响消费者对"三品"认证猪肉的购买行为，但该变量的显著性一般。当家庭人均月收入水平越高时，其购买"三品"认证猪肉的可能性越大。当其他因素固定不变时，受访者家庭人均月收入水平每提高一个等级，其选择购买"三品"认证猪肉的概率平均增加 0.000 02。对大部分家庭而言，消费水平与收入水平成正比，高收入者往往更偏好有安全、健康保障的食品。

第三，消费者对食品可追溯体系的认知水平正向显著影响其对"三品"认证猪肉的购买行为，即消费者对追溯体系的认知水平越高，其选择购买"三品"认证猪肉的可能性越大。当其他因素不变时，知道"可追溯食品"或"食品可追溯体系"的消费者比不知道"可追溯食品"或"食品可追溯体系"的消费者选择购买"三品"认证猪肉的概率平均高出 0.089 5。这个结论与大多数研究发现相一致。

第四，"放心肉"工程认知正向显著影响消费者对"三品"认证猪肉的购买行为，且显著性很高，即知道放心肉工程的受访者比不知道放心肉工程的消费者购买"三品"认证猪肉的可能性要大。当其他因素固定不变时，知道"放心肉"工程的受访者比不知道"放心肉"工程的消费者选择购买"三品"认证猪肉的概率平均增加 0.183 9。"放心肉"是指加盖了检验检疫部门印章的可放心食用的肉类，对"放心肉"工程有所认知的消费者往往更倾向有机、绿色或无公害等具有认证保障的猪肉。

第五，购买成员正向显著影响消费者对"三品"认证猪肉的购买行为，即家庭中购买猪肉的主要成员选择购买"三品"认证猪肉的可能性更大。其主要原因是家庭中购买猪肉的主要成员更关注猪肉的品质安全，他们希望通过提高所购猪肉的质量改善家庭成员的饮食营养，所以对"三品"认证猪肉的消费意愿就更强。

第六，消费比重反向显著影响消费者对"三品"认证猪肉的购买行为，即猪肉占家庭肉类消费的比重越高，消费者购买"三品"认证猪肉的可能性越小。当其他因素固定不变时，猪肉占家庭肉类消费的比重越高，消费者购买"三品"认证猪肉的概率越低，平均降低 0.100 6。本章认为这一现象可能发生的原因是认证猪肉价格往往高于普通猪肉，当消费者购买猪肉的频率很高时会更看重猪肉的性价比，当消费者偶尔购买猪肉时更注重猪肉的品质和营养价值。

第七，消费者年龄反向显著影响其对"三品"认证猪肉的购买行为，即年龄越大的消费者购买"三品"认证猪肉的可能性越小。当其他因素固定不变时，受访者年龄每增加一个等级，其选择购买"三品"认证猪肉的概率平均降低 0.005 1。作者认为可能的原因是年长者出于身体状况考虑选择购买肉类的次数不会太多，购买猪肉等肉类食品时也更看中价格是否实惠，因此他们选择购买价格高于普通猪肉的"三品"认证猪肉的可能性偏小。

三、信用追溯农产品的消费者支付意愿

1. 信用追溯体系建设与机制设计

"十四五"以来，随着乡村振兴战略的深入实施，国家着力发展高质量农业，农产品质量安全面临着新要求、新挑战，亟须贯彻新理念、重塑新机制、升级新手段。为推进生产者落实农产品质量安全主体责任，农业农村部于2020 年在全国试行食用农产品合格证制度。食用农产品合格证是食用农产品生产者对所销售的食用农产品自行开具的质量安全合格承诺证，可以认为是信用监管的一种特殊形式。2021 年中央一号文件提出，支持市、县构建域内共享的涉农信用信息数据库，用 3 年时间基本建成比较完善的新型农业经营主体信用体系。农业农村部印发的《"十四五"全国农产品质量安全提升规划》提出，要创新监管制度机制，推进信用监管，创新信用场景应用，探索"信用＋合格证""信用＋产品认证"等模式。食用农产品合格证制度和信用监管都是加强农产品质量安全监管的新探索和重要抓手。为充分释放数字化发展红利，国务院印发的《国务院关于加强数字政府建设的指导意见》明确，根据企业信用实施差异化监管。同时，2022 年中央一号文件提出完善全产业链质量安全追溯体系，对农产品可追溯体系建设提出更高要求。2023年中央一号文件进一步提出加强食用农产品产地质量安全控制和产品检测，提升"从农田到餐桌"全过程食品安全监管能力。理论上，农产品可追溯体系是降低信息不对称程度的重要手段；农产品质量信用作为一种质量甄别信号，有助于实现农业经营主体优胜劣汰。新形势下构建"信用评价＋追溯体系"耦合监管格局，通过实现责任主体信用等质量信息的追溯查询，既可充分发挥政府监管作用，还可充分发挥市场声誉作用，从而更好发挥农产品安全组合监管效能，这是当前亟须的一种农产品质量安全监管新思路。

　　经营主体信用评价与农产品可追溯体系的耦合监管，不是信用机制与追溯体系的简单叠加，而是二者的有机糅合，是附加质量信用信息的追溯体系，是可以实现追溯查询的信用机制。应该认识到，不管是追溯体系，还是信用评价，都可以通过政府契约监管和市场声誉激励，起到保障农产品质量安全的作用。然而，追溯体系可以查询到的质量信息通常只能达成溯源的效果，而且是事后溯源，对于产品质量的甄别不够，也就是主要通过溯源追责发挥政府契约监管作用，不利于充分发挥市场声誉激励作用。信用评价可以用一套较为全面可靠的质量信用评价指标体系区分经营主体和产品质量的优劣程度，有助于加强政府监管，但并未将质量信用信息有效传递给消费者，也就很难发挥市场声誉激励作用。经营主体信用评价与农产品可追溯体系的耦合监管的成效主要体现在：一是由对产品的监管更多直接转向对人的监管，使对责任主体的监管更容易；二是让消费者知晓产品质量和经营主体信用，让质量信息更加对称；三是既可以更好地事后溯源追责和召回问题农产品，还可以事前评估发现和预防农产品质量安全风险；四是更加细分市场，有助于实现优质优价，且可以尽可能避免单一经营主体不规范行为带来的"株连效应"；此外，包括HACCP等质量体系认证和绿色食品等产品质量认证在内的农产品质量监管系统主要是针对具有一定规模的企业主体以及中高端农产品，难以兼顾小农户和低端农产品质量安全监管，而小农户生产经营的农产品质量安全风险较高，"信用评价＋追溯体系"耦合监管是一种可以覆盖包括小农在内所有经营主体的监管策略和机制设计。因此，新形势下构建"信用评价＋追溯体系"耦合监管格局，即附加质量信用信息的追溯体系、实现追溯查询的信用机制，既可以更好发挥政府契约监管的作用，也可以更好发挥市场声誉激励作用，从而更好发挥农产品安全组合监管效能，这是当前亟须且可以有效实现的一种农产品质量安全监管新思路和机制设计。

2. 实验设计与数据说明

采用假想价值评估法（CVM）研究消费者对信用追溯农产品的支付意愿（WTP），考虑到不少消费者对信用追溯农产品的认知不高，首先对受访者进行信息强化和情境描述：在您经常购买猪肉的场所，同时出售"信用追溯农产品"和"普通农产品"，信用追溯农产品和普通农产品的区别在于，信用追溯农产品对农产品种养植、包装加工、销售等生产全程的质量信息以及农业经营主体质量安全信用评价信息进行跟踪、记录，追溯信息通过政府可追溯系统平台发布，消费者可以利用购物小票或产品标签上的追溯码，并通过购买场所的查询机、网络等渠道，实现包括农产品合格证（农业生产者自我承诺质量合格）在内的质量安全信息和农业经营主体质量信用等级（优、良、一般）信息的追溯查询。

本章以猪肉为例，选用二分选择法来引导消费者对信用追溯猪肉的支付意愿。二分选择法只需受访者对不同价格下的商品做出"愿意"或者"不愿意"的回答，即询问受访者"相比普通猪肉，您是否愿意为信用追溯猪肉额外支付X元/千克的价格？"针对不同的子样本给予不同的投标价格（2元/千克、4元/千克、6元/千克、10元/千克、20元/千克、30元/千克六个价格水平），以便验证随着标的物价格提高，回答愿意的比例不断下降。在669份有效问卷中，投标价格为2元/千克、4元/千克、6元/千克、10元/千克、20元/千克的问卷各111份，30元/千克的114份。

本章数据资料主要源于2020年10月对上海市15个城区（崇明区除外）进行的实地调研，最终获得669份有效问卷。在有效问卷中，宝山区36份；奉贤区68份；虹口区26份；黄埔区30份；嘉定区80份；金山区6份；静安区25份；闵行区76份；浦东新区134份；普陀区48份；青浦区6份；松江区66份；徐汇区32份；杨浦区13份；长宁区23份。调查对象的选取采用随机抽样，按照面对面访问的形式进行调查。正式调研之前进行了人员培训和预调研。

受访者样本基本特征如表10-8所示。从性别看，男性受访者稍多，占总样本数的52.62%。从年龄看，30岁及以下的占总样本数的50.22%，31~40岁的占26.31%，41~50岁的占9.12%，51~60岁的占6.58%，60岁以上的占到7.77%。从学历看，受访者大多数具有大专及以上学历，其中大专学历的占13.90%，本科学历的占39.16%，研究生学历的占29.30%。从籍贯看，上海本地户籍的受访者占总样本数的50.82%。从收入看，26.76%的受访者家庭月平均收入（税后）在 1 万元以下，34.23％的收入在 1 万～5 万元，10.46％的收入在 6 万～10 万元，9.27％的收入在 11～15 万元，15 万元以上的占总样本数的 19.28％。

表 10-8 样本基本特征

变量	选项	频数（个）	比例（％）
性别	男	352	52.62
	女	317	47.38
年龄	30 岁及以下	336	50.22
	31～40 岁	176	26.31
	41～50 岁	61	9.12
	51～60 岁	44	6.58
	61 岁及以上	52	7.77
学历	小学及以下	9	1.35
	初中	41	6.13
	中专、高中	68	10.16
	大专	93	13.90
	本科	262	39.16
	研究生	196	29.30
籍贯	上海	340	50.82
	外地	329	49.18
家庭月平均收入（税后）	1 万元以下	179	26.76
	1 万～5 万元	229	34.23
	6 万～10 万元	70	10.46
	11 万～15 万元	62	9.27
	15 万元以上	129	19.28

3. 信用追溯农产品支付意愿的描述性分析

调查发现，488 位消费者表示购买过带信息追溯码的农产品，占总样本的 72.94％。在 669 位受访者中，有 60.69％的人表示主要是依据购买场所来判定猪肉的质量安全状况，其次是依据外观、气味来判断，占总样本的 49.93％，依据认证标签或可追溯标签来判定猪肉的质量安全状况的人分别有 322 人和 232 人，各占总样本的 48.13％、34.68％，说明这种判断方式还不够普及。如图 10 - 3 所示，随着投标价格的增加，愿意为信用追溯猪肉额外支付的消费者越少，当投标价格为 2 元/千克时，94.59%的消费者表示愿意为信用追溯猪肉支付额外价格，而当投标价格为 30 元/千克时，愿意支付的消费者仅有 10.53%。

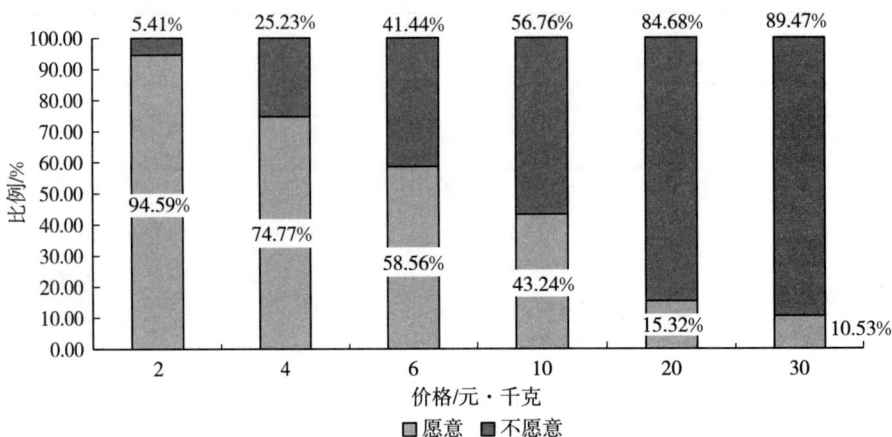

图 10 - 3　不同投标价格下消费者的支付意愿分析

4. 信用追溯农产品对消费者支付意愿影响的计量分析

(1) 模型构建与变量选择

消费者对信用追溯猪肉的支付意愿有"愿意"和"不愿意"两种选择，是典型的二分选择问题。追求效用最大化是消费者做出购买决策的准则。在市场上同时存在普通猪肉和信用追溯猪肉的情况下，若消费者选择购买信用追溯猪肉，则意味着相比普通猪肉，信用追溯猪肉能给消费者带来更大效用。据此，构建二元 Logit 模型并运用软件 Stata13.0 进行估计：

$$ln\left[\frac{P\ (Y=1)}{1-P\ (Y=1)}\right]=a+bZ+cTP+\varepsilon \qquad (10-8)$$

式中：a 为常数项，b 为自变量前系数，ε 为残差项，TP 表示信用追溯猪肉投标价格；Z 表示影响消费者效用的因素，即影响消费者购买决策的因素（表 10 - 9）。通过模型估计结果可以求出消费者对信用追溯猪肉的平均支付意愿，计算公式如下

$$E\ (WTP) =-\frac{a+bZ}{c} \qquad (10-9)$$

模型变量及其定义如表 10 - 9 所示。

表 10 - 9　变量定义与统计分析

变量	变量定义	变量赋值	均值	标准差
投标价格	投标价格：2元；4元；6元；10元；20元；30元（单位：千克）	实际数值	6.04	5.00
购买经历	您是否购买过带信息追溯码的农产品？①购买过；②没有购买过	购买过＝1；没有购买过＝0	0.73	0.44
信任程度	您是否相信"带信息追溯码农产品比不带信息追溯码农产品的质量安全更有保障"？	很不相信＝1；不太相信＝2；一般相信＝3；比较相信＝4；非常相信＝5	3.88	0.86
猪肉关注程度	您平常选购猪肉时对猪肉的质量安全状况是否关注？	很不关注＝1；不太关注＝2；一般关注＝3；比较关注＝4；非常关注＝5	3.92	0.99
猪肉放心程度	您对自己所购买猪肉的质量安全是否放心？	很不放心＝1；不太放心＝2；一般放心＝3；比较放心＝4；非常放心＝5	3.61	0.95
猪肉质量安全状况	您是否会依据认证标签来判定猪肉质量安全状况？	会＝1；不会＝0	0.35	0.48
判定依据	您是否会依据可追溯标签来判定猪肉质量安全状况？	会＝1；不会＝0	0.30	0.46
购买场所	大型超市	是＝1；否＝0	0.60	0.49
	专卖店	是＝1；否＝0	0.15	0.36
	农贸市场或批发市场	是＝1；否＝0	0.54	0.50
	网络平台	是＝1；否＝0	0.16	0.37
猪肉消费比重	猪肉消费量在您家庭畜禽肉类消费中所占比重是？	10%以下＝1；10%～29%＝2；30%～49%＝3；50%～69%＝4；70%及以上＝5	2.55	1.17
月平均购买量	您家庭的猪肉月平均购买量是多少？	0～2千克＝1；3～4千克＝2；5～6千克＝3；7～8千克＝4；9千克及以上＝5	2.52	1.24
购买价格	您家庭主要购买什么价格的猪肉（单位：千克）？	30元及以下＝1；31～40元＝2；41～50元＝3；51～60元＝4；61元及以上＝5	3.58	1.16
地产猪肉购买习惯	您是否刻意选择购买上海地产品牌猪肉？	会＝1；不会＝0	0.70	0.46

（续）

变量	变量定义	变量赋值	均值	标准差
性别	性别：①男；②女	男＝1；女＝0	1.47	0.50
年龄	年龄：单位周岁。	实际数值	34.71	14.08
学历	学历：①小学及以下；②初中；③中专或高中；④大专；⑤本科；⑥研究生及以上	按学历程度由高到低赋值1到6	4.71	1.24
籍贯	籍贯：①上海本地；②外地	上海本地＝1；其他＝0	1.49	0.50
家庭人口数	家庭人口总数（住在一起）	实际数值	3.57	2.67
孩子情况	家中是否有小孩（15周岁及以下）：①是；②否	是＝1；否＝0	1.64	0.48
老人情况	家中是否有老人（60周岁及以上，指长辈）：①是；②否	是＝1；否＝0	1.70	0.46
收入水平	您家庭月平均收入（税后）是（元)？	1万以内＝1；1万～3万＝2；4万～5万＝3；6万～10万＝4；10万以上＝5	2.60	1.46

(2) 信用追溯猪肉支付意愿的影响因素

研究中利用 Stata13.0 软件对模型进行估计，估计结果如表 10 - 10 所示。由模型的伪 R^2、LR 似然值及其 P 值可知，模型的拟合优度和变量整体显著性都很好。

表 10 - 10　模型估计结果

变量	系数	Z 值	边际概率
投标价格	−0.319 ***	−10.22	−0.05
追溯购买经历	0.973 ***	4.02	0.15
追溯信任程度	0.221 *	1.71	0.03
猪肉安全关注程度	−0.217 *	−1.85	−0.03
猪肉安全放心程度	−0.231 *	−1.89	−0.03
认证标签	0.089	0.38	0.01
可追溯标签	−0.182	−0.74	−0.03
大型超市购买	−0.148	−0.69	−0.02
专卖店购买	0.640 **	2.09	0.10
农贸市场或批发市场购买	−0.052	−0.24	−0.01

（续）

变量	系数	Z 值	边际概率
网络平台购买	−0.177	−0.62	−0.03
猪肉消费比重	0.052	0.53	0.01
月平均购买量	0.125	1.31	0.02
购买价格	0.086	0.93	0.01
地产猪肉购买习惯	0.419*	1.84	0.06
性别	0.472**	2.27	0.07
年龄	0.006	0.65	0.00
学历	−0.203**	−2.19	−0.03
籍贯	−0.101	−0.44	−0.02
家庭人口数	0.005	0.1	0.00
小孩情况	−0.048	−0.2	−0.01
老人情况	0.149	0.6	0.02
收入水平	0.067	0.92	0.01
常数项	0.755	0.57	−0.05
Pseudo R^2		0.336 2	
LR chi2		311.79	
$Prob > $chi2		0.000 0	

由模型估计结果可知，投标价格、追溯购买经历、追溯信任程度、猪肉安全关注程度、猪肉安全放心程度、购物场所、地产猪肉购买习惯、性别、学历等 9 个变量显著影响消费者对信用追溯猪肉的支付意愿。第一，投标价格反向显著影响消费者对信用追溯猪肉的支付意愿，即随着投标价格的不断提高，消费者愿意购买信用追溯猪肉的可能性不断降低，从边际效果来看，投标价格每增加一个等级，消费者愿意购买信用追溯猪肉的可能性平均降低 0.05；第二，消费者的购买经历正向显著影响消费者对信用追溯猪肉的支付意愿，购买过带信息追溯码农产品的消费者更愿意为信用追溯猪肉支付额外的价格，从边际效果来看，相对于没有购买过带信息追溯码农产品的消费者来说，购买过带信息追溯码农产品的消费者愿意为信用追溯猪肉支付额外价格的可能性平均高 0.15；第三，消费者对信息追溯码的信任程度正向显著影响消费者对信用追溯猪肉的支付意愿，即消费者越相信"带信息追溯码农产品比不带信息追溯码农产品的质量安全更有保障"，越愿意为信用追溯猪肉支付额外的价格，从边际效果看，消费者的信任程度每提高一个等级，愿意购买信用追溯猪肉的可能性

平均高 0.03；第四，消费者对自己所购买猪肉质量安全的关注程度和放心程度均反向显著影响消费者对信用追溯猪肉的支付意愿，即关注程度和放心程度越低的消费者，愿意为信用追溯猪肉支付额外价格的可能性更大，这在一定程度上也反映了消费者对信用追溯猪肉的质量安全放心程度比较高，从边际效果来看，消费者对猪肉质量安全关注程度及放心程度每降低一个等级，消费者愿意为信用追溯猪肉支付额外价格的可能性都平均提高 0.03；第五，通常在专卖店购买猪肉的消费者更愿意为信用追溯猪肉支付额外价格，在专卖店购买猪肉的消费者对猪肉的质量安全要求更高，因此愿意为信用追溯猪肉支付额外价格的可能性更大，从边际效果看，比不在专卖店购买猪肉的消费者愿意为信用追溯猪肉支付额外价格的可能性都平均提高 0.10；第六，平常刻意选择购买上海地产猪肉的消费者愿意为信用追溯猪肉支付额外价格的可能性更高，从边际效果来看，相比不刻意选择购买地产猪肉的消费者，刻意选择购买地产猪肉的消费者愿意为信用追溯猪肉支付额外价格的可能性平均高 0.06；第七，消费者的性别和学历也会影响消费者的支付意愿，男性以及学历较低的消费者愿意为信用追溯猪肉支付额外价格的可能性更高。

(3) 消费者对信用追溯猪肉支付意愿水平的群组差异

根据平均支付意愿计算公式，本研究计算出消费者对信用追溯猪肉的平均支付意愿。可知，相比普通猪肉，消费者愿意为信用追溯猪肉额外支付 8.48 元/千克。除了计算所有消费者对信用追溯猪肉的平均支付意愿，还关注和计算不同消费群体对信用追溯猪肉支付意愿的群组差异，包括追溯购买经历、追溯信任程度、对猪肉质量安全的关注及放心程度、猪肉消费比重、性别、学历、籍贯、收入，详见表 10 - 11。虽然某些变量影响不显著，但信用追溯猪肉支付意愿仍可能呈现出较大差异。结果显示：购买过带信息追溯码农产品的消费者愿意为信用追溯猪肉额外支付 9.18 元/千克，略高于没有购买过带信息追溯码农产品消费者愿意额外支付的价格。对"带信息追溯码农产品比不带信息追溯码农产品的质量安全更有保障"信任程度不同的消费者愿意为信用追溯猪肉额外支付的金额差别较大，具体来说，"很不相信"的消费者仅愿意额外支付 5.66 元/千克，而"非常相信"带信息追溯码农产品的质量安全更有保障的消费者愿意为信用追溯猪肉额外支付 10.64 元/千克，差额为 4.98 元/千克，且随着消费者信任程度的增加，愿意额外支付的金额也在逐渐增加。平常选购猪肉时对猪肉的质量安全状况很不关注的消费者愿意为信用追溯猪肉额外支付 7.82 元/千克，不太关注的愿意额外支付 6.6 元/千克，一般关注的愿意额外支付 8.30 元/千克，比较关注的愿意额外支付 8.20 元/千克，非常关注的愿意额外支付 9.36 元/千克，总体上呈现越关注猪肉的质量安全，愿意为信用追溯猪肉额外支付的金额越高。会刻意购买上海本地猪肉的消费者对信用追溯猪肉的平均支付意愿比不刻意购买的消费者高 2.02 元/千克。此外，不同性别、学历、籍贯以及家庭月平均收入的消费者之间对信用追溯猪肉的平均支付意愿差异都不大。

表 10-11　不同变量类别下消费者平均支付意愿的差异

变量	选项	频数（个）	比例（%）	支付意愿水平（元/千克）
购买经历	购买过	488	72.94	4.59
	没有购买过	181	27.06	4.01
信任程度	很不相信	6	0.90	2.83
	不太相信	36	5.38	3.31
	一般相信	148	22.12	3.86
	比较相信	319	47.68	4.00
	非常相信	160	23.92	5.32
猪肉关注程度	很不关注	11	1.64	3.91
	不太关注	50	7.47	3.30
	一般关注	143	21.38	4.15
	比较关注	245	36.62	4.10
	非常关注	220	32.88	4.68
地产猪肉购买习惯	会刻意购买本地猪肉	467	69.81	4.54
	不会刻意购买本地猪肉	202	30.19	3.53
性别	男	352	52.62	4.07
	女	317	47.38	4.42
学历	中专或高中及以上	118	17.64	4.18
	大专及以上	551	82.36	4.25
收入水平（元）	3 万及以下	408	60.99	4.00
	3 万以上	261	39.01	4.61
户籍	上海	340	50.82	4.19
	外地	329	49.18	4.29

四、本章小结

本章以猪肉产品为例，利用北京市消费者的问卷调查数据，实证研究了品牌可追溯性信任及认证可追溯性信任对消费者食品消费行为的影响，利用上海市消费者的问卷调查，研究了信用追溯农产品的消费者支付意愿。所得主要结论如下：

第一，消费者普遍倾向于购买可以明确识别品牌的猪肉，且大多数消费者倾向于将之转化为一种可持续的行为习惯，多数购买过可以明确识别品牌猪肉的消费者的品牌猪肉购买量占猪肉总购买量的比例较高；消费者对品牌可追溯性的整体信任程度比较高，多数消费者相信出现质量安全问题时，可以明确识别品牌的猪肉比不能明确识别品牌的猪肉更容易追查到相关责任人；消费者对品牌猪肉可追溯性的信任程度正向显著影响消费者对品牌猪肉的购买行为，即对品牌猪肉可追溯性信任程度高的消费者更倾向于经常购买可以明确识别品牌的猪肉；忽略"品牌可追溯性"变量的内生性，会明显低估该变量对消费者品牌猪肉购买行为的影响；知道绿色食品、有机食品和无公害农产品，知道食品可追溯体系或可追溯食品，知道"放心肉"工程的消费者更倾向于相信可以明确识别品牌的猪肉比不能明确识别品牌的猪肉更容易追查到安全事件问题责任人；对于具有追责意识的消费者来说，品牌可追溯性信任变量对消费者品牌猪肉购买行为的影响不管是作用显著性还是作用程度都明显高于不具有追责意识的消费者；购买成员、性别、年龄、小孩情况等变量显著影响消费者对品牌猪肉的购买行为，即家庭猪肉主要购买成员、男性、年龄大、家庭中有 15 周岁以下小孩的消费者经常购买品牌猪肉的可能性更大。

第二，消费者对无公害农产品、绿色食品、有机食品认证标签的认知水平很高，91.92%的消费者知道"绿色食品、有机食品或无公害农产品"，其中超过一半的消费者购买过"三品"认证猪肉。消费者对"三品"认证猪肉标签的信任程度、可追溯体系认知、"放心肉"工程认知和购买成员均正向显著影响消费者购买"三品"认证猪肉的可能性，消费比重和消费者年龄反向显著影响消费者购买"三品"认证猪肉的可能性。

第三，构建"信用评价＋追溯体系"耦合监管格局，即附加质量信用信息的追溯体系、实现追溯查询的信用机制，既可以更好发挥政府契约监管的作用，也可以更好发挥市场声誉激励作用，从而更好发挥农产品安全组合监管效能，是当前亟须且可以有效实现的一种农产品质量安全监管新思路和机制设计。投标价格、追溯购买经历、追溯信任程度、猪肉安全关心程度、猪肉安全放心程度、专卖店购买、地产猪肉购买习惯、性别、学历等 9 个变量显著影响消费者对信用追溯猪肉的支付意愿。相比普通猪肉，消费者愿意为信用追溯猪肉额外支付 8.48 元/千克。不同特征的消费者对信用追溯猪肉的支付意愿存在差异。

第十一章
低碳农产品支付意愿分析

习近平总书记在党的十九大报告中指出：绿水青山就是金山银山。农业发展不能以牺牲环境为代价，发展低碳农业是未来农业发展的主要方向，农业应该朝着低能耗、低污染、低排放方向发展。低碳农业的发展势必会在一定程度上直接或间接增加农业生产成本，同时由于尽可能少地使用化肥、农药等投入品，农产品品质也会更好。因此，作为低碳农业最终价值表现形式的低碳农产品，研究消费者是否认可低碳农产品，以及对低碳农产品的支付意愿如何，对发展低碳农业和生产低碳农产品具有重要意义。本章以蔬菜产品为例，选择上海市为调查研究地区，利用12个城区532份消费者调查问卷数据，选用假想价值评估法设计问卷，实证分析了大都市消费者对低碳绿叶菜的支付意愿及其影响因素。

一、研究依据与文献综述

改革开放以来，我国实现从传统的低能耗、低污染精耕细作向机械化、科技化现代农业生产发展，施用农家肥、轮种、套种等传统技术基本被化肥、农药、农膜和机械化取代。这种高投入、高产出的生产方式，有利于提高生产率、实现增产，但化肥、农药、农膜、机械的大量使用造成土壤板结硬化、肥力下降、酸碱度失衡、有毒物质超标以及温室气体过量排放等问题（刘星辰等，2012）。随着全球气候变暖，天气的异常变化增多和人们对环境质量要求的提高，我们需要重新思考农业的发展转型。蔬菜产业作为农业的重要组成部分，随着城镇化的进一步推进，规模化、机械化、设施化蔬菜生产基地成为主流生产方式，如果没有科学生产经营理念和措施的指导以及来自市场需求端的正确引导，必然会走向高碳化的发展模式（周专政等，2011）。低碳农业的发展势必会在一定程度上直接或间接增加农业生产成本，同时由于尽可能少地使用化肥、农药等投入品，农产品品质也会更好。因此，作为低碳农业最终价值表现形式的低碳农产品，研究消费者是否认可低碳农产品，以及对低碳农产品的支付意愿如何，对发展低碳农业和生产低碳农产品具有重要意义。

目前专门的关于低碳农业或低碳农产品的研究不多，更多相关研究是分析全国或地区层面的农业碳排放问题（吴贤荣等，2014；李波等，2011；李国志等，2010），很少对低碳农业进行归纳总结并将其上升到一种产业形态。已有的研究主要集中在低碳农业的科学内涵、发展模式和生产技术等方面（张晓青等，2013；郑恒等，2011；张莉侠等，2011；许广月，2010；罗吉文等，2010；王冰林等，2010），极少从消费端入手研究低碳农产品的市场需求问题。如，Dan et al.（2010）利用选择消费实验研究了信息的获得方式与带有碳标签的食品在消费者心目中的价值互动关系，认为在消费者主动搜寻信息的条件下，消费者的支付意愿显著高于消费者被动接受信息的条件下的支付意愿，低碳产品中所含的环保信息有利于在消费者心目中创立价值。张露等（2014）运用多元线性回归方法，分析了消费者低碳农产品消费行为的决定因素，结果表明，宣传教育、消费者认知与消费者偏好三者显著影响中国消费者低碳农产品消费行为，进而运用独立样本 T 检验方法，比较不同类型消费者在低碳消费行为及行为决定因素各个维度的差异。庞晶等（2011）首先对低碳产品的消费偏好进行了分析，构建了低碳产品效用函数，然后根据低碳产品效用函数给出了低碳产品的一般需求模式，结合低碳产品置信度变量的引进，构建了一个具体的低碳产品需求函数，并对低碳产品需求函数进行分析，揭示了低碳产品需求的一些基本性质。周应恒等（2012）基于南京市城市消费者的调查数据，运用条件价值评估法估算消费者对低碳猪肉的支付意愿水平，并且进一步分析影响消费者对低碳猪肉支付意愿的因素，结果表明，消费者对低碳猪肉的平均支付意愿为 3.95 元，这与应瑞瑶等（2012）的计算结果很相近，低碳猪肉价格、消费者低碳农产品认知度、家庭收入、家庭人口、受教育程度等对消费者支付意愿均有显著影响。

通过文献综述发现，已有的研究在消费者对低碳农产品的支付意愿方面有所欠缺，这也反映了本章研究的创新性和价值。基于此，本研究以低碳蔬菜产品为例，选择上海市为调查研究地区，运用假想价值评估法设计问卷，实证分析消费者对低碳绿叶菜的支付意愿及其影响因素，并深入分析不同环保意识约束下生态环境保护变量对消费者支付意愿的影响差异；同时，计算消费者的平均支付意愿，并全面分析不同消费群体对低碳绿叶菜支付意愿的群组差异，从而有助于更全面深入认识和理解消费者对低碳绿叶菜的支付意愿，并提出对策建议。之所以选择上海市绿叶菜产品为例，是因为上海作为国际化大都市和我国四大直辖市之一，是我国经济金融中心，在我国社会经济发展大格局中具有重大的战略地位。上海应该在代表我国未来农业发展主要方向的低碳农业上有所作为，当好排头兵和先行者。虽然上海农业比重小，但农业作为基础产业的战略地位却不容忽视。另外，蔬菜在上海市民日常饮食中占有重要地位，上海市民喜爱蔬菜，尤其偏好绿叶菜。确保蔬菜特别是绿叶菜的有效供给，对上海市社会经济稳定和保证居民生活质量具有重要意义。近几年，上海市绿叶菜的自给率稳定在90%左右，上海地产蔬菜中供应上海市场的数量稳定在320万吨左右，其中绿叶菜160万吨左右，约占地产蔬菜的50%。因此，研究上海市消费者对低碳绿叶菜的支付意愿及其影响因素，对促进上海乃至全国蔬菜产业发展以及低碳农产品消费问题的相关研究都具有很好的借鉴意义。

二、理论分析与研究假设

1. 概念界定

要厘清低碳食品或低碳农产品的概念，追踪溯源首先要弄清何为低碳农业。关于低碳农业的概念，目前学术界尚未给出统一界定。结合低碳经济的定义，可将低碳农业理解为在农业生产领域推广节能减排与生物固碳，并开发生物质能源与可再生能源，将传统农业改造成具有"三低"（低能耗、低排放、低污染）特性的一种新型农业发展模式（郑恒等，2011）。有学者进一步综合归纳，形成一个较为系统的概念，低碳农业是指在满足社会需求的基本前提下，科技、政策、管理等多种措施并举，以达到农资投入降低、碳排放减少、面源污染控制的目的，进而提高农用物资的转化利用率、农业生产的经济效益及生态效益（碳汇），最终实现生产全过程（包括产前、产中、产后）温室气体排放（含直接排放和间接排放）最小化的一种农业生产系统（高文玲等，2011）。可以说，低碳特性应该是低碳农产品的核心特征，是指通过控制农业生产资料生产过程的石化能源消耗、农业生产过程中不合理使用化肥农药等生产资料、农产品加工流通包装物的能耗和农业废弃物的不合理处理等碳排放源，实现最少的温室气体排放所带来的减缓气候变暖的环保价值（周应恒等，2012）。

通过梳理已有文献可以发现，低碳农业追求的不仅仅是种养殖环节的低能耗、低排放、低污染，而应该延伸和拓展到整个产业链，低碳食品和低碳农产品应该是一个覆盖农产品全产业链的概念，是从产前、产中、产后乃至消费的产业链全过程。低碳农产品是由具有最小温室气体输出的从田头到餐桌覆盖农产品生产、加工、包装、流通到消费全过程的整个体系链中所加工生产的农产品。农产品生产的温室气体排放主要来自农业种养殖环节，主要包括农药、化肥、农膜的大量使用，粗放不合理的耕作方式，水电石油等能源的大量消耗，以及废弃物的不当处理等造成的温室气体过量排放（张志斌，2010）。而农产品加工、包装、流通、消费环节也会产生大量能耗和污染问题，包括水电石油的过度消耗、过度包装以及过度消费和浪费等造成的温室气体过量排放。就蔬菜产品而言，市场上的低碳蔬菜应该是指蔬菜从种植到销售环节通过改进生产方式和工艺，尽可能实现更少的碳排放，在蔬菜种植过程中很少使用甚至不使用农药、化肥和地膜，改施有机肥，使用绿色防虫技术；储运过程中使用尽可能降低碳排放的冷链运输，少使用甚至不使用防腐剂或保鲜剂，减少储运的能源消耗；销售过程通过减少包装物的使用等实现低能耗、低物耗。

2. 消费者对低碳绿叶菜支付意愿的影响因素分析

依据效用理论、消费者行为理论、计划行为理论以及已有文献的实证研究结果，本章选取了价格、收入、意识、评价、认知、行为态度、主观规范、知觉行为控制、行为习惯、消费偏好、个体特征、家庭特征等 12 个方面因素，以求更全面分析影响消费者低碳蔬菜支付意愿的因素以及更准确得出平均支付意愿的计算结果。

(1) 价格和收入因素的影响

一是价格因素，包括投标价格变量。价格是影响消费者是否愿意购买低碳蔬菜的主要因素。价格弹性取决于该商品的替代品的数目及其相关联（即可替代性）的程度、该商品在购买者预算中的重要性和该商品的用途等因素。就绿叶菜本身而言，上海居民偏好绿叶菜，难以用其他蔬菜或肉类去替代，绿叶菜价格的整体上涨会降低消费者福利，但不会使绿叶菜需求有较大幅度的下降，具有低需求价格弹性。但就低碳绿叶菜而言，低碳绿叶菜价格的上涨会使消费者转而购买普通绿叶菜或者绿色、有机绿叶菜，具有较高的需求价格弹性。因此，预期价格越高，消费者愿意购买低碳绿叶菜的可能性越高。二是收入因素，包括个人月平均收入变量。收入是影响消费者是否愿意购买低碳蔬菜的重要因素。预期消费者个人月平均收入越高，愿意购买低碳绿叶菜的可能性越高。但考虑到绿叶菜对上海居民具有强烈的生活必需品特征，即当消费者收入增加时，消费者对某种商品的需求量增加，但是需求量增加的幅度小于收入增加的幅度，具有低需求收入弹性，因此也不排除个人月平均收入变量并不显著影响消费者对低碳绿叶菜的支付意愿。

（2）意识、评价和认知因素的影响

一是意识因素，包括环保意识变量。发展低碳蔬菜产业的一个重要价值在于有助于生态环境保护，因此预期有环保意识的消费者更倾向于购买低碳绿叶菜。但同时应该认识到，对于具有环保意识的消费者来说，低碳蔬菜在保护生态环境方面的改进会增加消费者对低碳蔬菜的购买意愿，而对于不具有环保意识的消费者来说，低碳蔬菜在保护生态环境方面的改进却不见得增加消费者对低碳蔬菜的购买意愿。二是评价因素，包括质量安全放心程度变量。发展低碳蔬菜产业的另一个重要价值在于有助于保障产品质量安全，因此预期对自己所购买蔬菜质量安全放心程度不高的消费者更倾向于购买低碳绿叶菜。三是认知因素，包括低碳认知变量。该变量对消费者低碳蔬菜支付意愿的影响应该是不可预期的，这取决于消费者之前所了解的"低碳"蔬菜是否真正起到减少"碳排放"的作用，这种"先入为主"容易影响消费者对低碳蔬菜的支付意愿。

（3）行为态度、主观规范、知觉行为控制因素的影响

消费者决策是一个复杂的心理过程，不少学者将心理学理论引入消费者行为研究中，显著提高了消费者行为的解释力，计划行为理论就是学者们非常推崇且应用较广泛的一个理论。计划行为理论是以行为倾向来预测行为，行为倾向越强，行为发生的可能性越大，个体行为倾向不仅受行为态度和主观规范影响，还受到个体对行为的意志力控制影响，该理论的提出者 Ajzen 将其称为知觉行为控制（Ajzen，1985；Ajzen，1991）。一是行为态度因素，包括生态环境保护、质量安全保障、价格预期变量。一般而言，低碳蔬菜在生产经营过程中追求低能耗、低排放、低污染，因此有助于生态环境保护；同时，低碳蔬菜在种植过程中很少使用甚至不使用农药、化肥，改施有机肥以及使用绿色防虫技术，也有助于保障蔬菜质量安全；由于农药、化肥施用量的减少和有机肥施用量的增加，在其他条件不变的情况下，势必会造成产量的降低或成本的上升，从而导致价格的上升。因此，消费者对生态环境保护、质量安全保障、价格预期三个方面的认识会影响其对低碳蔬菜的支付意愿。预期认为低碳蔬菜有助于生态环境保护、质量安全保障以及认为低碳蔬菜价格更高的消费者更倾向于购买低碳绿叶菜。二是主观规范因素，包括消费潮流、政府号召变量。个体行为会受到外在环境和重要他人或团体的影响，消费者低碳蔬菜购买行为同样如此。预期将购买低碳蔬菜作为一种消费潮流和一种响应政府号召表现的消费

者更倾向于购买低碳绿叶菜。三是知觉行为控制因素，包括行为控制变量。知觉行为控制是指个体感知到执行某特定行为容易或困难的程度。预期在购买低碳蔬菜这件事上处事果断的消费者更倾向于购买低碳绿叶菜。

(4) 行为习惯和消费偏好因素的影响

一是行为习惯因素，包括地产蔬菜购买习惯、购买成员变量。行为习惯是长期形成的自动化了的动作或行为，也包括思维的、情感的内容，具有稳定、不易改变的特点。随着上海市城镇居民经济生活水平的提高，人们对蔬菜质量安全和品质等方面的需求逐渐提高，由于上海市对蔬菜质量安全监管相对更加严格和完善，人们对地产蔬菜呈现出更强的信任和偏好，因此平常刻意购买地产蔬菜的消费者通常更加看重蔬菜的质量安全和品质，并且上海地产蔬菜基本都是自产自销，从整个产业链角度看也更容易实现"低碳"，因此预期平常刻意购买地产蔬菜的消费者更倾向于购买低碳绿叶菜。另外，在家庭购买蔬菜扮演的角色（即是不是主要购买成员）也会影响消费者对低碳绿叶菜的支付意愿，但可能正向作用，也可能负向作用。二是消费偏好因素，包括蔬菜消费比重和绿叶菜消费比重变量。蔬菜消费额在家庭食品支出中所占比重可以反映出消费者对蔬菜的偏好，绿叶菜消费额在家庭蔬菜支出中所占比重则可以反映出消费者对绿叶菜的偏好，预期偏好蔬菜和绿叶菜的消费者更倾向于购买低碳绿叶菜。

(5) 个体特征和家庭特征因素的影响

个体特征和家庭特征是消费者行为实证研究中被广泛考虑和纳入模型分析的因素，一方面可以对消费者行为起到较好的解释作用，另一方面也可作为控制变量尽可能降低模型估计的偏误。一是个体特征因素，包括性别、年龄、学历、籍贯变量。已有研究结果就表明，受教育程度对消费者低碳农产品的支付意愿具有显著影响（张露等，2015；应瑞瑶等，2012），不同性别、年龄的消费者群体在低碳农产品消费行为方面呈现出差异（张露等，2014）。二是家庭特征因素，包括家庭人口数、小孩情况、老人情况变量。同样有研究表明，家庭人口数对消费者低碳农产品的支付意愿具有显著影响，且呈现出负相关关系（周应恒等，2012）。

三、描述性分析

1. 方案设计

本章采用假想价值评估法（CVM）研究消费者对低碳绿叶菜的支付意愿

（WTP），考虑到不少消费者对低碳蔬菜的认知不高，首先对受访者进行信息强化和情境描述：在您经常购买蔬菜的场所，同时出售"常规绿叶菜"和"低碳绿叶菜"，这两类蔬菜的品种、外观是一致的，区别在于：低碳绿叶菜比常规绿叶菜的碳排放（即一氧化二氮、二氧化碳和甲烷等温室气体的排放量）更少，种植过程中很少使用甚至不使用农药、化肥和地膜，改施粪肥和有机肥，使用绿色防虫技术；储运过程中使用尽可能降低碳排放的冷链运输，少使用甚至不使用防腐剂或保鲜剂，减少储运的能源消耗；销售过程通过减少包装物的使用等实现低能耗、低物耗；总之，低碳绿叶菜的碳排放明显低于常规绿叶菜。

本章选用二分选择法来引导消费者对低碳绿叶菜的支付意愿。由于二分选择法让被调查者对"是"或"不是"进行回答，这比让他们直接说出最大支付意愿更能模拟市场定价行为（弗里曼，2002；张志强等，2004），使得二分选择法得到广泛应用。二分选择法只需受访者对不同价格下的商品做出"愿意"或者"不愿意"的回答，即询问受访者"相比普通绿叶菜，您是否愿意为低碳绿叶菜额外支付 X 元/千克的价格？"。针对不同的子样本给予不同的投标价格（0.5 元/千克、1 元/千克、2 元/千克、4 元/千克、6 元/千克 5 个价格水平），以便验证随着标的物价格提高，回答愿意的比例不断下降。在 532 份有效问卷中，投标价格为 0.5 元的问卷 105 份，1 元的 105 份，2 元的 105 份，4 元的 105 份，6 元的 112 份。

2. 数据来源与样本说明

研究的数据资料主要源于 2016 年对上海市宝山、奉贤、虹口、黄浦、嘉定、静安、闵行、浦东、普陀、徐汇、杨浦、长宁等 12 个城区进行的调研。总共发放 550 份问卷，最终获得 532 份有效问卷。在有效问卷中，宝山区 10份；奉贤区 34 份；虹口区 19 份；黄埔区 27 份；嘉定区 20 份；静安区 68 份；闵行区 42 份；浦东新区 91 份；普陀区 58 份；徐汇区 67 份；杨浦区 63 份；长宁区 33 份。调查对象的选取采用随机抽样，按照面对面访问的形式进行调查。正式调研之前进行了人员培训和预调研。

受访者样本基本特征如表 11-1 所示。从性别看，女性受访者稍多，占总样本数的 51.88%。从年龄看，30 岁及以下的占总样本数的 22.37%，31~40岁的占 30.08%，41~50 岁的占 12.97%，51~60 岁的占 20.49%，60 岁以上的占到 9.77%。从学历看，受访者大多数具有高中及以上学历，其中高中或中专学历人群占总样本数的 21.05%，大专学历的占 17.86%，本科学历的占

26.88%，研究生学历的占 8.83%，同时 25.38%的人只具有初中及以下学历。从籍贯看，上海本地户籍的受访者占总样本数的 63.91%。从职业看，受访者中以企业员工居多，占总样本数的 28.57%；事业单位人员也相对较多，占到总样本数的 19.55%；公务员、个体私营户、农村进城务工人员、无业失业或半失业人员则较少，分别占总样本数的 7.52%、7.71%、5.83%、2.07%。从收入看，10.15%的受访者个人月平均收入（税后）在 0~2 999 元，36.65%的收入在 3 000~4 999 元，39.66%的收入在 5 000~9 999 元，10.34%的收入在 10 000~19 999 元，达到 20 000 元及以上的人很少，只占总样本数的 3.20%。从家庭人口数看，受访者为 3~5 口之家居多，占总样本数的 72.94%。

表 11-1　样本基本特征

变量	选项	频数（个）	比例（%）
性别	男	256	48.12
	女	276	51.88
年龄	30 岁及以下	119	22.37
	31~40 岁	160	30.08
	41~50 岁	69	12.97
	51~60 岁	109	20.49
	61~70 岁	52	9.77
	71 岁以上	23	4.32
学历	小学及以下	39	7.33
	初中	96	18.05
	中专、高中	112	21.05
	大专	95	17.86
	本科	143	26.88
	研究生	47	8.83
籍贯	上海	340	63.91
	外地	192	36.09
职业	企业员工	152	28.57
	公务员	40	7.52
	事业单位员工	104	19.55
	个体私营户	41	7.71
	农村进城务工人员	31	5.83

（续）

变量	选项	频数（个）	比例（％）
职业	无业、失业或半失业人员	11	2.07
	退休	116	21.80
	其他	37	6.95
收入	0～2 999 元	54	10.15
	3 000～4 999 元	195	36.65
	5 000～9 999 元	211	39.66
	10 000～19 999 元	55	10.34
	20 000 元及以上	17	3.20
家庭人口总数	1 人	17	3.20
	2 人	73	13.72
	3 人	160	30.08
	4 人	100	18.80
	5 人	128	24.06
	6 人及以上	54	10.15

3. 消费者对低碳蔬菜认知的描述分析

调查发现，61.28％的受访消费者表示知道或听说过"低碳""碳排放""碳足迹"等概念。可见，消费者对低碳概念的整体认知水平比较高，这与当前国家大力倡导生态文明建设、发展生态农业有密切关系。接下来分析消费者对低碳蔬菜的认知情况。考虑到部分受访者并不知道低碳概念，更不会对低碳蔬菜有所了解，因此首先对受访者进行强化。强化信息为：低碳蔬菜的碳排放（即一氧化二氮、二氧化碳和甲烷等温室气体的排放量）很少，种植过程中很少使用甚至不使用农药、化肥和农膜，改施粪肥和有机肥，使用绿色防虫技术；储运过程中使用尽可能降低碳排放的冷链运输，少使用甚至不使用防腐剂或保鲜剂，减少储运的能源消耗；销售过程通过减少包装物的使用等实现低能耗、低物耗；总之，低碳蔬菜的碳排放明显低于常规蔬菜。

调查结果表明（表 11-2），21.43％和51.88％的受访者对"购买低碳蔬菜比购买常规蔬菜更有利于生态环境保护"的陈述表示"非常同意"和"比较同意"，即多数消费者认为低碳蔬菜比常规蔬菜更有利于生态环境保护；19.17％和40.60％的受访者对"购买低碳蔬菜比购买常规蔬菜在质量安全方面会更有保障"的陈述表示"非常同意"和"比较同意"，即多数消费者认为低碳蔬菜的质量安全会明显高于常规蔬菜；此外，多数消费者认为低碳蔬菜的价格会明显高于常规蔬菜，认为购买低碳蔬菜是一种消费潮流，并且认为购买低碳蔬菜是响应政府号召。另外调查发现，在询问受访者对"如果市场上有低碳蔬菜销售，我会果断购买"的看法时，15.23％的人表示"非常同意"，40.41％的人表示"比较同意"，33.08％的人表示"一般同意"，另有5.83％和5.45％的人表示"不太同意"和"很不同意"。

表 11-2　消费者对低碳蔬菜的认知情况

选项	购买低碳蔬菜比购买常规蔬菜更有利于生态环境保护		购买低碳蔬菜比购买常规蔬菜在质量安全方面会更有保障		低碳蔬菜在价格方面会明显高于常规蔬菜		购买低碳蔬菜是一种消费潮流		购买低碳蔬菜是响应政府号召	
	频数（个）	比例（％）	频数（个）	比例（％）	频数（个）	比例（％）	频数（个）	比例（％）	频数（个）	比例（％）
很不同意	15	2.82	24	4.51	6	1.13	15	2.82	17	3.20
不太同意	40	7.52	31	5.83	61	11.47	47	8.83	76	14.29
一般同意	87	16.35	159	29.89	109	20.49	170	31.95	149	28.01
比较同意	276	51.88	216	40.60	253	47.56	209	39.29	217	40.79
非常同意	114	21.43	102	19.17	103	19.36	91	17.11	73	13.72

四、低碳农产品支付意愿的计量分析

1. 模型构建

消费者对低碳绿叶菜的支付意愿有"愿意"和"不愿意"两种选择，是典型的二分选择问题。追求效用最大化是消费者做出购买决策的准则。在市场上同时存在普通绿叶菜和低碳绿叶菜的情况下，若消费者选择购买低碳绿叶菜，则意味着相比普通绿叶菜，低碳绿叶菜能给消费者带来更大效用。据此，构建如下二元 Logit 模型并运用软件 Stata13.0 进行估计：

$$ln\left[\frac{P\ (Y=1)}{1-P\ (Y=1)}\right]=a+bZ+cTP+\varepsilon \qquad (11-1)$$

式中：a 为常数项，b 为自变量前系数，ε 为残差项，TP 表示低碳绿叶菜投标价格；Z 表示影响消费者效用的因素，即影响消费者购买决策的因素。通过模型估计结果可以求出消费者对低碳绿叶菜的平均支付意愿，计算公式如下（Hanemann，1984；周应恒等，2012）

$$E(WTP) = -\frac{a+bZ}{c} \qquad (11-2)$$

2. 变量选择

模型变量及其定义如表 11-3 所示。

表 11-3 变量定义与统计分析

变量	变量定义	变量赋值	均值	标准差
投标价格	投标价格：0.5 元；1 元；2 元；4 元；6 元（单位：千克）	实际数值	2.74	2.06
收入水平	个人月平均收入（税后）：单位元	实际数值	6 836.03	12 765.75
环保意识	我具有强烈的环保意识：①很不同意；②不太同意；③一般同意；④比较同意；⑤非常同意	按照同意程度由低到高赋值为 1 到 5	4.04	0.90
蔬菜放心程度	您对所购买蔬菜的质量安全是否放心？①非常放心；②比较放心；③一般放心；④不太放心；⑤很不放心	按照放心程度由高到低赋值为 1 到 5	2.69	0.91
低碳认知	本次调查之前，您是否知道或听说过"低碳""碳排放""碳足迹"等概念？①知道（听说过）；②不知道（未听说过）	知道＝1；不知道＝0	0.61	0.49
生态环境保护	购买低碳蔬菜比购买常规蔬菜更有利于生态环境保护：①很不同意；②不太同意；③一般同意；④比较同意；⑤非常同意	按照同意程度由低到高赋值为 1 到 5	3.82	0.95
质量安全保障	购买低碳蔬菜比购买常规蔬菜在质量安全方面会更有保障：①很不同意；②不太同意；③一般同意；④比较同意；⑤非常同意	按照同意程度由低到高赋值为 1 到 5	3.64	1.00
价格预期	低碳蔬菜在价格方面会明显高于常规蔬菜：①很不同意；②不太同意；③一般同意；④比较同意；⑤非常同意	按照同意程度由低到高赋值为 1 到 5	3.73	0.94
消费潮流	购买低碳蔬菜是一种消费潮流：①很不同意；②不太同意；③一般同意；④比较同意；⑤非常同意	按照同意程度由低到高赋值为 1 到 5	3.59	0.97

（续）

变量	变量定义	变量赋值	均值	标准差
政府号召	购买低碳蔬菜是响应政府号召：①很不同意；②不太同意；③一般同意；④比较同意；⑤非常同意	按照同意程度由低到高赋值为 1 到 5	3.48	1.00
行为控制	如果市场上有低碳蔬菜销售，我会果断购买：①很不同意；②不太同意③一般同意；④比较同意；⑤非常同意	按照同意程度由低到高赋值为 1 到 5	3.54	1.00
地产蔬菜购买习惯	您平常是否会刻意选择购买上海地产蔬菜？①会；②不会	会＝1；不会＝0	0.37	0.48
购买成员	您是否是家庭中购买蔬菜的主要人员？①是；②否	是＝1；否＝0	0.74	0.44
蔬菜消费比重	蔬菜消费额在您家庭食品支出中所占比重	50%及以上＝1；其他＝0	0.21	0.41
绿叶菜消费比重	绿叶菜消费额在您家庭所有蔬菜支出中所占比重	50%及以上＝1；其他＝0	0.59	0.49
性别	性别：①男；②女	男＝1；女＝0	0.48	0.50
年龄	年龄：单位周岁	实际数值	44.06	14.44
学历	学历：①小学及以下；②初中；③中专、高中；④大专；⑤本科；⑥研究生	按学历程度由高到低赋值 1 到 6	3.66	1.46
籍贯	籍贯：①上海本地；②外地	上海本地＝1；外地＝0	0.64	0.48
家庭人口数	家庭人口总数（住在一起）	实际数值	3.81	1.40
小孩情况	家中是否有小孩（15 周岁及以下）：①是；②否	是＝1；否＝0	0.56	0.50
老人情况	家中是否有老人（60 周岁及以上，指长辈）：①是；②否	是＝1；否＝0	0.36	0.48

3. 消费者对低碳绿叶菜支付意愿影响因素的计量分析

研究中利用 Stata13.0 软件对模型进行估计，估计结果如表 11－4 所示。由模型的伪 R^2、LR 似然值及其 P 值可知，模型的拟合优度和变量整体显著性都很好。

表 11-4　模型估计结果

变量	系数	Z 值	P 值	边际概率
投标价格	−0.769 8***	−9.56	0.000	−0.191 2
收入水平	0.000 003	−0.43	0.667	0.000 001
环保意识	−0.141 5	−0.79	0.430	−0.035 2
质量安全放心程度	0.545 8***	3.91	0.000	0.135 6
低碳认知	−0.029 6	−0.12	0.908	−0.007 4
生态环境保护	0.414 9**	2.44	0.015	0.103 1
质量安全保障	−0.065 6	−0.37	0.713	−0.016 3
价格预期	−0.146 6	−0.88	0.377	−0.036 4
消费潮流	−0.208 7	−1.44	0.151	−0.051 8
政府号召	−0.096 8	−0.64	0.523	−0.024 1
行为控制	0.585 2***	3.51	0.000	0.145 4
地产蔬菜购买习惯	0.676 6***	2.67	0.008	0.167 3
购买成员	1.030 1***	3.46	0.001	0.242 5
蔬菜消费比重	−0.288 2	−1.01	0.311	−0.070 9
绿叶菜消费比重	−0.182 8	−0.75	0.454	−0.045 4
性别	0.405 4	1.63	0.102	0.100 4
年龄	−0.020 6*	−1.87	0.061	−0.005 1
学历	0.150 8	1.61	0.107	0.037 5
籍贯	0.169 8	0.66	0.508	0.042 0
家庭人口数	−0.121 1	−1.09	0.275	−0.030 1
小孩情况	−0.119 5	−0.42	0.673	−0.029 7
老人情况	0.031 8	0.11	0.916	0.007 9
常数项	−0.961 9	−0.87	0.383	
Pseudo R^2		0.355 1		
LR chi2		261.78		
Prob>chi2		0.000 0		

注：*、**、***分别表示10%、5%、1%的显著性水平。

由模型估计结果可知，投标价格、质量安全放心程度、生态环境保护、行为控制、地产蔬菜购买习惯、年龄、购买成员等7个变量显著影响消费者对低碳绿叶菜的支付意愿。具体而言：第一，投标价格反向显著影响消费者对低碳绿叶菜的支付意愿，即随着投标价格的不断提高，消费者愿意购买低碳绿叶菜的可能性不断降低，从边际效果来看，投标价格每增加一个等级，消费者愿意购买低碳绿叶菜的可能性平均降低 0.191 2；第二，对所购买蔬菜的质量安全放心程度越低的消费者，愿意为低碳绿叶菜支付额外价格的可能性更大，这在一定程度上也说明消费者对低碳绿叶菜的质量安全放心程度比较高，从边际效果来看，消费者对蔬菜质量安全放心程度每降低一个等级，消费者愿意为低碳绿叶菜支付额外价格的可能性平均提高 0.135 6；第三，认为低碳蔬菜比常规蔬菜越有利于生态环境保护的消费者，愿意为低碳绿叶菜支付额外价格的可能性越大，从边际效果看，消费者对"购买低碳蔬菜比购买常规蔬菜更有利于生态环境保护"的同意程度每提高一个等级，消费者愿意为低碳绿叶菜支付额外价格的可能性平均增加 0.103 1；第四，对低碳蔬菜购买意愿强烈的消费者更倾向于愿意为低碳绿叶菜支付额外价格，从边际效果看，消费者对"如果市场上有低碳蔬菜销售，我会果断购买"的同意程度每提高一个等级，消费者愿意为低碳绿叶菜支付额外价格的可能性平均提高 0.145 4；第五，平常刻意选择购买上海地产蔬菜的消费者愿意为低碳绿叶菜支付额外价格的可能性更高，从边际效果来看，相比不刻意选择购买地产蔬菜的消费者，刻意选择购买地产蔬菜的消费者愿意为低碳蔬菜支付额外价格的可能性平均高 0.167 3；第六，作为家庭蔬菜主要购买成员的消费者愿意为低碳绿叶菜支付额外价格的可能性更大，从边际效果来看，相比家庭蔬菜购买的次要成员，作为家庭蔬菜主要购买成员的消费者愿意为低碳绿叶菜支付额外价格的可能性平均高 0.242 5；第七，年龄越大的消费者愿意为低碳绿叶菜支付额外价格的可能性越大，从边际效果来看，消费者年龄每增加 10 岁，其愿意为低碳绿叶菜支付额外价格的可能性平均降低 0.005 1。

本章模型估计结果还蕴含了以下含义：一是价格变量显著影响消费者对低碳绿叶菜的支付意愿，但收入水平变量的影响不显著，估计结果显示，投标价格越高，消费者愿意购买低碳绿叶菜的可能性越低，但同时上海市居民喜爱绿叶菜，绿叶菜自给率在所有农产品中最高，达到 90% 左右，作为生活必需品，收入的高低不是影响消费者是否愿意为低碳绿叶菜支付额外价格的主要影响因素；二是生态环境保护变量显著影响消费者对低碳绿叶菜的支付意愿，但质量安全保障变量的影响不显著，这也揭示出消费者愿意为低碳绿叶菜支付额外价格主要是出于生态环境保护考虑，低碳绿叶菜在保障质量安全方面的作用并不能使消费者愿意支付额外价格，在保障质量安全方面，消费者有品牌、质量认证等信号甄别机制可以选择。

4. 不同环保意识约束下生态环境保护变量对消费者支付意愿的影响差异

从表 11-4 的模型估计结果可知，环保意识变量并不显著影响消费者对低碳绿叶菜的支付意愿，但却不能忽视环保意识对消费者低碳绿叶菜支付意愿产生的潜在和间接影响。由表 11-5 的模型估计结果可知，对于具有环保意识的消费者，生态保护变量显著影响消费者对低碳绿叶菜的支付意愿，但对于不具有环保意识的消费者，生态保护变量的影响并不显著。从边际效果看，对于具有环保意识的消费者，消费者对"购买低碳蔬菜比购买常规蔬菜更有利于生态环境保护"的同意程度每提高一个等级，消费者愿意为低碳绿叶菜支付额外价格的可能性平均增加 0.122 0；而对于不具有环保意识的消费者，生态环境保护变量的边际概率降至 0.081 5。这是一个易于理解的结果，显然低碳绿叶菜在保护生态环境方面的作用对不具有环保意识的消费者没有太大价值，其也就不愿意为其支付额外价格。这也正凸显了加强消费者环保意识宣传的必要性，有利于低碳绿叶菜的价值体现。需要说明的是，本章将对"我具有强烈的环保意识"这一问题回答"非常同意""比较同意"界定为"具有环保意识"，否则为"不具有环保意识"，区分较为简单但却是较为合理且易于理解。

表 11-5 不同环保意识条件下生态环境保护变量的影响

变量名称	模型 1		模型 2	
	边际概率	Z 值	边际概率	Z 值
生态环境保护	0.122 0**	2.42	0.081 5	1.34

注：*、**、*** 分别表示 10%、5%、1% 的显著性水平；模型 1 表示具有环保意识的估计，模型 2 表示不具有环保意识的估计；限于篇幅，此处不列出其他变量的模型估计结果。

5. 消费者对低碳绿叶菜支付意愿水平的群组差异

根据平均支付意愿计算公式，计算出消费者对低碳绿叶菜的平均支付意愿。可知，相比常规绿叶菜，消费者愿意为低碳绿叶菜额外支付 2.536 7 元/千克。目前上海市定位发展都市现代农业，生态农业是实现农业现代化的重要抓手和主要方向。通过研究结果发现，消费者对低碳蔬菜具备一定认知，并且愿意为安全性更高、更有利于环境保护的低碳绿叶菜支付额外价格。这说明，在上海发展生态农业、生产低碳农产品，是有市场需求的，政府应坚持以市场需求为导向，继续加快生态农业发展，加大低碳农产品生产的宣传和支持力度。

　　除了计算所有消费者对低碳绿叶菜的平均支付意愿，我们还关注和计算了不同消费群体对低碳绿叶菜支付意愿的群组差异，包括收入水平、环保意识、低碳认知、购买成员、蔬菜偏好、个体特征，详见表 11-6。虽然某些变量影响不显著，但低碳绿叶菜支付意愿仍可能呈现出较大差异。结果显示：首先，具有不同环保意识的消费者之间以及作为家庭蔬菜主要和次要购买成员的消费者之间对低碳绿叶菜的平均支付意愿的差异很大，具体而言，具有环保意识的消费者群体愿意为低碳绿叶菜额外支付 2.691 4 元/千克，不具有环保意识的消费者群体只愿意为低碳绿叶菜额外支付 1.291 0 元/千克，二者相差 1.400 4元。此外，作为家庭蔬菜主要购买成员的消费者群体愿意为低碳绿叶菜额外支付 2.861 7，作为家庭蔬菜次要购买成员的消费者群体只愿意为低碳绿叶菜额外支付 1.677 3 元/千克，二者相差 1.184 4 元。其次，个人月平均收入变量虽然不显著影响消费者低碳绿叶菜支付意愿，但收入在 5 000 元及以上的消费者对低碳绿叶菜的平均支付意愿比 5 000 元以下的消费者高 0.307 9 元，同样知道"低碳""碳排放""碳足迹"的消费者对低碳绿叶菜的平均支付意愿比不知道的消费者高 0.327 1 元。再次，男性消费者比女性消费者、老年消费者比中青年消费者、大专或本科及以上学历消费者比高中及以下学历消费者对低碳绿叶菜的平均支付意愿分别高 0.296 3 元、0.358 5 元、0.431 1 元。最后，不同蔬菜偏好消费者之间以及不同籍贯消费者之间对低碳绿叶菜的平均支付意愿差异不大。

表 11-6　不同变量类别下消费者平均支付意愿的差异

变量	选项	频数（个）	比例（%）	支付意愿水平（元/千克）
收入水平	5 000 元以下	249	46.80	2.343 7
	5 000 元及以上	283	53.20	2.651 6
环保意识	不具有环保意识	111	20.86	1.291 0
	具有环保意识	421	79.14	2.691 4
低碳认知	不知道	206	38.72	2.256 6
	知道	326	61.28	2.583 7
购买成员	不是家庭主要购买成员	138	25.94	1.677 3
	是家庭主要购买成员	394	74.06	2.861 7
蔬菜偏好	蔬菜消费额占家庭食品支出＜50%	419	78.76	2.593 1
	蔬菜消费额占家庭食品支出≥50%	113	21.24	2.440 0

（续）

变量	选项	频数（个）	比例（％）	支付意愿水平（元/千克）
蔬菜偏好	绿叶菜消费额占家庭蔬菜支出＜50％	219	41.17	2.493 9
	绿叶菜消费额占家庭蔬菜支出≥50％	313	58.83	2.558 6
个体特征	女性	276	51.88	2.338 0
	男性	256	48.12	2.634 3
	中青年（60 岁以下）	432	81.20	2.485 1
	老年（60 岁及以上）	100	18.80	2.843 6
	高中及以上	247	46.43	2.276 8
	大专或本科及以上	285	53.57	2.707 9
	外地	192	36.09	2.551 7
	上海本地	340	63.91	2.508 5

五、本章小结

本章以蔬菜产品为例，利用上海市 12 个城区 532 份消费者调查问卷数据，选用假想价值评估法设计问卷，实证分析了消费者对低碳绿叶菜的支付意愿及其影响因素。主要得出以下研究结论。

第一，消费者对低碳概念的整体认知度比较高，但有待进一步提升，61.28％的消费者表示知道或听说过"低碳""碳排放""碳足迹"等概念。就低碳蔬菜的概念对消费者进行信息强化之后，多数消费者认同低碳蔬菜比常规蔬菜更有利于生态环境保护和质量安全保障的观点，21.43％和 51.88％的受访者对"购买低碳蔬菜比购买常规蔬菜更有利于生态环境保护"的陈述表示"非常同意"和"比较同意"，19.17％和 40.60％的受访者对"购买低碳蔬菜比购买常规蔬菜在质量安全方面会更有保障"的陈述表示"非常同意"和"比较同意"。

第二，投标价格、质量安全放心程度、生态环境保护、行为控制、地产蔬菜购买习惯、年龄、购买成员等变量显著影响消费者对低碳绿叶菜的支付意愿。具体而言，随着投标价格不断提高，消费者愿意购买低碳绿叶菜的可能性不断降低；对所购买蔬菜的质量安全放心程度越低、认为低碳蔬菜比常规蔬菜越有利于生态环境保护、对低碳蔬菜购买意愿越强烈、年龄越大的消费者愿意为低碳绿叶菜支付额外价格的可能性越大。此外，平常刻意选择购买上海地产蔬菜、作为家庭蔬菜主要购买成员的消费者愿意为低碳绿叶菜支付额外价格的可能性更高。

第三，环保意识变量并不显著影响消费者对低碳绿叶菜的支付意愿，但却不能忽视环保意识对消费者低碳绿叶菜支付意愿产生的潜在和间接影响，具体表现在：对于具有环保意识的消费者，生态保护变量显著影响消费者对低碳绿叶菜的支付意愿；但对于不具有环保意识的消费者，生态保护变量的影响并不显著。另外，通过计算平均支付意愿得出，相比常规绿叶菜，消费者愿意为低碳绿叶菜额外支付 2.536 7 元/千克。消费者对低碳绿叶菜的支付意愿具有群组差异，其中，具有环保意识的消费者群体对低碳绿叶菜的平均支付意愿比不具有环保意识的消费者群体高 1.400 4 元/千克，作为家庭蔬菜主要购买成员的消费者群体对低碳绿叶菜的平均支付意愿比作为家庭蔬菜次要购买成员的消费者群体高出 1.184 4 元/千克。

第四篇

疫情冲击篇

第十二章
非洲猪瘟疫情与猪肉消费行为

中国是猪肉生产和消费大国，猪肉在人们日常生产生活中占有重要地位，但自非洲猪瘟疫情（简称"猪瘟疫情"）暴发以来，生猪产业和猪肉消费受到巨大冲击，供需缺口明显增加，亟须引起关注。本章介绍了猪瘟疫情对城市居民猪肉消费的影响与机制，并识别了不同质量安全识别方式下的差异。在理论分析作用机制的基础上，利用 2017 年、2018 年、2020 年对上海 13 个城区 2 197 位消费者问卷调查的三期数据进行了实证检验。

一、研究依据与文献综述

中国猪肉产量约占全球猪肉总产量的 50%，猪肉年产量稳定在 5 000 多万吨。自 2018 年 8 月猪瘟疫情传入中国以来，全国 31 个省份先后发生猪瘟疫情，对生猪产业和猪肉消费造成巨大冲击。猪瘟疫情大范围爆发的直接后果就是生猪供求缺口大幅增加。统计数据显示，2019 年全国猪肉产量只有 4 255 万吨，比上年下降 21.3%（国家统计局，2020）。根据农业农村部网站公布数据计算得知，2019 年猪瘟疫情带来的猪肉缺口估计在 1 050 万吨。2019 年全国居民猪肉人均消费量由前一年的 22.8 千克降为 20.3 千克（国家统计局，2020）。由于居民偏好猪肉的消费习惯长期稳定不易改变，且持续刚性增加，2015—2018 年的全国猪肉年人均消费量基本稳定在 20 千克左右（国家统计局，2019）。因此，猪瘟疫情造成的猪肉供需缺口扩大是因为供给不足还是需求下降尚缺乏证据支撑。

已有研究表明，面临猪瘟疫情、环保等新形势挑战，中国生猪产业的生产、消费结构、猪肉贸易、价格周期等发生深刻变革。从供给端分析，猪瘟疫情对生猪产业的影响，主要聚焦在猪瘟疫情对中国生猪价格（Liu，2021）、产业结构（朱增勇等，2019；黄洪武和郭会勇，2019）及政策扶持（Liu，2021；Ma et al.，2021；孙永健，2020）等方面。在影响国内产出水平上，Niemi（2020）的研究发现，猪瘟疫情暴发可以在短期内和中期内降低猪肉产量、出口量和全国生猪存栏量。Mason-D'Croz 等（2020）研究认为疫情发生后导致全球猪肉价格上涨，价格上涨在减少猪肉需求量的同时，也刺激了世界其他地区的生产。也有研究认为，生猪产量的下降，来自环保政策和生猪周期变动的影响约占 15%，更多来自非洲猪瘟疫情的冲击（王济民等，2021）。在猪肉价格波动与企业收益影响方面，猪瘟疫情暴发以来到 2020 年底，猪肉价格普遍上涨了近 30 元/千克，涨幅接近 150%。Li 等（2021）发现猪瘟疫情对猪肉、鸡肉、牛羊肉价格的影响大小、方向和持续时间存在一定差异，且具有明显的时间变异性和异质性特征。有研究表明，猪肉价格的上涨，来自生猪周期变动的影响仅占不到三成，更多来源于非洲猪瘟疫情的冲击（王济民等，2021）。Xiong 等（2021）结合我国相关上市公司股票收益数据，分析发现猪瘟疫情暴发的公告对生猪企业股票收益有显著影响。产业结构变动与猪肉贸易方面，由于相关疫苗近期上市商用的前景不够明朗，生猪复养难以成功（陈光华，2019），猪瘟疫情导致中国生猪供求失衡的局面将使生猪和猪肉价格两年内居高不下（胡浩和戈阳，2020）。猪瘟导致中国生猪养殖模式向适度规模转变，"公司＋农户"成为主要发展模式，屠宰产能由销区向产区转移，管理和防疫成本提高，生猪产能恢复速度较缓慢，猪肉消费加速向冷鲜肉转变，猪肉消费在肉类消费结构中的比重将进一步下降，未来猪肉进口保持较高水平将成为常态（朱增勇等，2019）。此外，在应对以上冲击的举措建议上，有学者提出在建立和完善监测预防系统和猪肉可追溯体系、提高消费者意识、保障养殖户利益、注重产业链整合与延伸、加强基层队伍建设等方面防控猪瘟以及其他类似重大疫病发生（聂赟彬和乔娟，2019）。

从需求端看，既有文献就猪瘟疫情对消费者猪肉消费行为的影响给出了判断，但系统分析猪瘟疫情对城市居民猪肉消费的影响与机制的文献较少。朱佳等（2019）通过对沈阳市消费者问卷调查，研究发现，猪瘟爆发可能会产生人畜交叉传染的感知风险，从而导致消费者猪肉购买行为显著下降。朱宁等（2020）研究发现非洲猪瘟疫情影响下，其他畜产品替代猪肉消费态势明显。闫振宇等（2014）调查发现，50%以上的被访者认为目前市场上的猪肉不太安全，动物疫情发生后，消费者对健康损失维度的风险认知最高。事实上，我国猪肉质量安全问题在总体上尚未得到有效解决。大量的研究与实践已证实，猪肉供应链各环节都存在质量安全隐患（Frezal et al.，2021；王建华等，2019；刘增金等，2018）。猪瘟疫情暴发后的一段时期内，不仅影响生猪产业的发展，也影响消费者对猪肉质量安全的关注度和放心程度。因此，在探讨猪瘟疫情对消费者行为影响的同时，关注质量安全识别如何缓解猪瘟疫情的影响显得很有必要。为此，先提出问题：一是猪瘟疫情对城市居民猪肉消费的影响是什么？价格效应和安全效应将发挥怎样的作用？二是价格、信息标签、销售场所等不同质量安全识别方式的作用是否存在差异？

　　基于此，本研究选择上海市这一超大城市开展消费者问卷调查，通过不同时间段的调查，实证分析猪瘟疫情对城市居民猪肉消费的影响，并重点探究不同质量安全识别方式的调节效应，以寻求猪瘟疫情对城市居民猪肉消费影响作用机制的一种解释。相对于同类研究，有两点边际贡献：一是系统研究了不同时期猪瘟疫情对城市居民猪肉消费的影响与机制，特别是分析了价格效应和安全效应的差异，与讨论不同质量安全认同方式的调节效应；二是从质量安全识别视角讨论质量安全认同对猪瘟疫情下城市居民猪肉消费的影响，并实证检验价格识别、信息标签识别、销售场所识别调节猪瘟疫情影响的差异。结合当前发展新形势，选择上海作为研究区域，分析猪瘟疫情发生以来城市居民猪肉消费行为的变化及其背后的深层次机制，有一定的现实意义。一方面，有助于厘清猪瘟疫情致使城市居民猪肉消费减少的内在原因，对于指导当前阶段如何恢复猪肉消费、促进猪肉产业健康发展具有重要现实意义；另一方面，上海作为国际大都市和猪肉主销区，本研究对于理解猪瘟疫情对我国猪肉消费的影响也具有很强的借鉴参考价值。

二、理论分析与研究假设

　　要考察猪瘟疫情对猪肉消费的影响，首先要厘清影响猪肉消费的主要因素。根据消费者行为理论，影响猪肉消费的主要因素可归纳为收入水平、价格水平、消费习惯、社会人口因素等（吴林海等，2017；Tonnesen and Grunert，2021；吴林海等，2020；王建华等，2018；Verbeke and Liu，2014）。基于此，本研究将猪肉价格水平、家庭收入水平、猪肉消费习惯（主要包括猪肉质量安全识别）、社会人口因素（包括个人特征、家庭特征）、城区，纳入影响城市居民猪肉消费因素分析，在此基础上重点考察分析非洲猪瘟疫情对城市居民猪肉消费的影响。

　　总体来看，猪瘟疫情的暴发对城市居民猪肉消费有显著的影响。猪瘟疫情影响城市居民猪肉消费，主要通过猪肉价格和猪肉安全感知起作用，当控制猪肉价格或在猪肉价格不变的条件下，非洲猪瘟疫情对城市居民猪肉消费的影响，主要是猪肉安全感知在起作用，即猪肉价格不变时猪瘟疫情对城市居民猪肉消费的影响主要是安全效应在发挥作用。

"十四五"期间，动物疫病频发及突发公共卫生事件对我国畜牧产品的有效供给造成一定影响（王明利，2020）。疫病暴发对当期猪肉需求量的影响是直接的，而对当期猪肉供给量的影响是间接的（肖琦和周杨，2019）。在一定阈值水平下，生猪疫情对猪肉价格波动具有显著正向作用（苏贵芳等，2021），而价格、质量安全等因素会显著影响消费者的农产品价格支付意愿（刘李峰等，2007）。因此，非洲猪瘟对猪肉消费的影响，是由其对生产端冲击传导导致的，且主要通过影响消费者的消费数量和消费结构，进而对消费产生影响。

食品安全风险感知会显著增进消费者对风险控制感的寻求和对定制化信息的需求（张宇东等，2019）。食品质量安全信息是消费者选择、购买食品的重要依据，消费者在选择、购买不同食品时，关注的质量安全信息不同（韩杨等，2014）。消费者的感知风险与利得主要包括产品与信息利得、查询利得、时间与财务风险、功能风险，消费者感知风险越大，购买意愿越低（文晓巍和李慧良，2012）。同时，对产品质量安全感知能力的提高会显著影响其对产品的消费量（孙艺等，2018）。基于此，提出以下研究假设。

假设1：猪瘟疫情对城市居民猪肉消费有显著的负向影响，但不同时期的影响程度与方式存在异质性。

非洲猪瘟疫情影响城市居民猪肉消费，不仅影响猪肉购买量，还影响猪肉消费比重，即总体上非洲猪瘟疫情的暴发降低了城市居民的猪肉购买量和猪肉在肉类消费中的比重。此外，基于非洲猪瘟疫情不同阶段形势的不同，本研究认为，非洲猪瘟疫情初期和常态防控期对城市居民猪肉消费的影响存在差异，即相比非洲猪瘟疫情暴发前，非洲猪瘟疫情暴发初期主要是安全效应发挥作用，价格效应的作用不显著，此时猪肉购买量不会有显著下降，非洲猪瘟疫情常态防控期主要是价格效应和安全效应共同发挥作用，此时猪肉购买量和猪肉消费比重都下降。

假设2：猪瘟疫情对城市居民猪肉消费的影响包括价格效应和安全效应，猪肉价格升高，或城市居民对猪肉质量安全感知下降，均会对猪肉消费产生负向影响。

猪瘟疫情暴发后，消费者质量安全识别会对其猪肉消费行为产生影响。猪瘟疫情发生以来，生猪病死率大幅上升，问题猪肉销售现象的不时发生，降低了消费者对猪肉质量安全的放心程度，尤其是猪瘟疫情暴发初期，猪肉消费恐慌严重。随着猪瘟疫情进入常态防控期，由于政府对猪瘟猪肉安全性的大力科普宣传，以及病死猪无害化处理补贴政策的完善等，问题猪肉流入市场的风险降低，猪瘟疫情给民众带来的猪肉安全恐慌情绪可能得到一定程度缓解甚至消除。中国消费者越来越关注食品安全，近年来媒体对食源性疾病暴发的大量报道证明了这一点。已有研究普遍认为，产品价格（吴林海等，2020；李文瑛等，2018；Resano et al.，2011）、购买场所（Wu et al.，2015）、产品标签（Lai et al.，2018；应瑞瑶等，2016）作为消费者鉴别猪肉质量安全的主要渠道和信号，有助于降低和消除信息不对称，从而有助于为非洲猪瘟疫情带来的消费者猪肉安全恐慌和担忧提供一种风险规避手段。消费者会转而通过产品价格、购买场所、产品标识等方式鉴别猪肉质量安全和规避猪肉安全风险。

质量安全识别可能通过三个方面，改变消费者对猪肉质量的识别判断结果，进而在猪瘟疫情对猪肉消费的影响过程中起到调节作用。一是在价格识别方面，从市场规律来看，追求物美价廉往往需要消费者付出更多的时间成本去搜集相关质量信息。价格被公认为是判别产品质量的一般依据，包括猪肉产品也是如此。但也有文献指出，价格并不能有效反映产品质量。二是在标签识别方面，产品标签，如品牌、可追溯信息、检验检疫合格证明等，作为一种甄别猪肉质量安全的重要信号，也被不少学者广泛纳入影响猪肉消费行为的重要因素考虑（Lusk et al.，2018；Wang et al.，2018；Denver et al.，2017；刘增金等，2015）。有研究表明，消费者不仅能从产品标签中获得最大的效用，而且还表明某种产品特性存在潜在需求，国内外猪肉生产商都能从中受益（Lai et al.，2018）。三是在销售场所识别方面，有研究和实践表明，不同农产品购买场所的质量安全规范程度有差异，因此消费者对购买场所的信任程度也有不同，部分消费者倾向于通过购买场所来判别猪肉质量安全。也有研究指出猪瘟疫情的暴发有利于消费者因食品安全担忧转而购买可追溯猪肉，购买场所和产品原产地的习惯更是激发了对可追溯猪肉的积极购买态度（Dang and Tran，2021）。

假设3：信息标签识别能显著缓解猪瘟疫情对城市居民猪肉消费的负向影响，尤其是具有品牌、可追溯等信息。

假设4：销售场所识别能显著缓解猪瘟疫情对城市居民猪肉消费的负向影响，尤其是超市、网络平台等场所。

三、计量经济模型构建与数据

1. 模型构建

以下是猪瘟疫情对城市居民猪肉消费行为影响的计量经济模型：

$$Y_{it} = \alpha_0 + \alpha_1 Ye18_{it} + \alpha_2 Ye20_{it} + \alpha_3 Z_{it} + \alpha_4 X_{it} + \varepsilon_{it} \quad (12-1)$$

$$Y_{it} = \beta_0 + \beta_1 Ye18_{it} + \beta_2 Ye20n_{it} + \beta_3 Z_{it} + \beta_4 X_{it} + \sigma_{it}$$

$$(12-2)$$

模型（12-1）（12-2）中，被解释变量 Y_{it} 表示居民 i 第 t 时期的猪肉消费行为，分别采用平均每月猪肉消费比重和猪肉消费数量衡量。模型（12-1）关键解释变量 $Ye18_{it}$、$Ye20_{it}$ 分别表示猪瘟疫情初期和猪瘟疫情防控期。模型（12-2）关键解释变量 $Ye20n_{it}$ 表示猪瘟疫情防控期与初期影响的差异。

Z_{it} 是一组反映居民猪肉消费安全识别行为的变量，包括价格识别、信息标签识别、销售场所识别三类质量安全识别行为。变量具体解释参见后文"变量测度与解释"。

X_{it} 是一组控制变量，包括居民个人特征变量、家庭特征变量以及地区虚拟变量。个人特征变量包括性别、年龄、受教育程度、户籍；家庭特征变量包括是否与 15 岁以下小孩子同住、是否与 60 岁以上老人同住、家庭年收入；地区虚拟变量，以控制地区间不可观测且不随时间变化因素的影响。ε_{it}、σ_{it} 为扰动项。

另外，在模型（12-1）（12-2）设定的基础上，增加居民对猪肉质量安全认同，各地区超市和农贸市场猪肉、鸡肉、牛肉平均销售价格等变量，以考察猪瘟疫情对城市居民猪肉消费影响的安全效应和价格效应。

以下为质量安全识别调节作用的计量经济模型：

$$Y_{it} = \alpha_0 + \alpha_1 Ye18_t \times Z_{it} + \alpha_2 Ye20_t \times Z_{it} + \alpha_3 Ye18_t +$$

$$\alpha_4 Ye20_t + \alpha_5 Z_{it} + \alpha_6 X_{it} + \varepsilon_{it} \quad (12-3)$$

$$Y_{it} = \beta_0 + \beta_1 Ye18_t \times Z_{it} + \beta_2 Ye20n_t \times Z_{it} +$$

$$\beta_3 Ye18_t + \beta_4 Ye20n_t + \beta_5 Z_{it} + \beta_6 X_{it} + \sigma_{it} \quad (12-4)$$

在模型（12-3）（12-4）的基础上，关键解释变量增加价格识别、信息标签识别、销售场所识别与猪瘟疫情不同时期的交互项（$Z_t * Year18_{it}$、$Z_t * Year20_{it}$、$Z_t * Year20n_{it}$），以考察不同安全识别行为对不同时期猪瘟疫情调节作用的差异。

2. 变量测度与解释

（1）被解释变量测度

①猪肉消费比重　采用"当前阶段每月猪肉消费量在您家庭畜禽肉消费中所占比重"问题衡量。问卷选项为"10％及以下""11％～29％""30％～49％""50％～69％""70 及以上"5 个离散选项，研究中通过提取各选项数值中位数将其调整为连续变量，例如"10％及以下"取值"5％"，"11％～29％"取值"20％"，以此类推。

②猪肉消费数量　采用"当前您家的猪肉月平均购买量是多少"问题衡量。问卷选项为"0～2 千克"">2～4 千克"">4～6 千克"">6～8 千克"">8～10 千克""10 千克以上"6 个离散选项，与猪肉消费比重处理方式相同，研究中通过提取各选项数值中位数将其调整为连续变量，例如"0～2 千克"取值"1 千克"。

（2）关键解释变量测度

①猪瘟疫情　根据猪瘟疫情暴发时间（2018 年 8 月）和调查数据获取的时间，将 2017 年设定为猪瘟疫情暴发前期，2018 年设定为猪瘟疫情暴发初期，2020 年设定为猪瘟疫情常态防控期。然后，设定两类虚拟变量以便分析猪瘟疫情不同时期的影响，具体如下：一类是直接分别分析猪瘟疫情初期的影响和防控期的影响，此时将 2017 年的猪瘟疫情暴发前期作为基准组，猪瘟疫情初期影响定义为"1＝2018 年，0＝2017 年"，猪瘟疫情防控期影响定义为"1＝2020 年，0＝2017 年"；另一类比较分析猪瘟疫情防控期与初期影响的差异，定义为"1＝2020 年，0＝2018 年"。

②非洲猪瘟疫情的安全效应和价格效应　采用"当前您平常选购猪肉时对猪肉的质量安全状况是否关注"问题衡量安全效应。采用各地区超市、农贸市场猪肉平均价格衡量价格效应，并采用鸡肉、牛肉价格控制居民消费猪肉的替代效应。

（3）调节变量测度

①价格识别　采用"当前家庭主要购买每千克多少元的猪肉"问题衡量。问卷选项为"40 元以下""41～59 元""60 元及以上"3 个离散选项，研究中将每千克 60 元以下的归为一类，最终将变量设定为"是否选择低于 60 元/千克的猪肉"。

②信息标签识别　采用"您主要依据什么来判定猪肉质量安全状况"问题衡量。问卷选项为"品牌""认证标签""追溯标签""检疫图章"4 个离散选

项，考虑到 4 类标签在保障食品安全功能方面存在交叉且难以剥离，因此本研究将其设定为 4 个二元选择变量，并在后续回归中分别检验其调节作用。

③销售场所识别　采用"您主要在什么场所购买猪肉"问题衡量。问卷选项为"超级市场""超市、便利店、专卖店""农贸市场""网络平台"4 个离散选项，设定方式与标识识别相同。

3. 数据来源

本章所用数据来自 2017 年 6—7 月、2018 年 9—10 月、2020 年 9—10 月 3 个时间段，分别界定为猪瘟疫情暴发前期、初期、常态防控期。通过 2018 年与 2017 年、2020 年与 2017 年、2020 年 9—10 月与 2018 年城市居民猪肉消费行为的比较，分别研究爆发初期、常态防控期的猪瘟疫情对城市居民猪肉消费行为变化的影响及其作用机制。对上海市黄浦、静安、徐汇、浦东、长宁、杨浦、虹口、普陀、闵行、嘉定、宝山、奉贤、松江 13 个城区（未包括金山、青浦、崇明三个远郊城区）的城市居民开展问卷调查，三次调查分别获得 586 份、500 份、1 111 份有效问卷，合计获得 2 197 份有效样本的数据。调查地点主要选择上海各城区的社区和购物中心周边区域，并充分考虑了各城区人口分布情况。变量基本统计情况见表 12-1。

表 12-1　样本特征描述

	变量	变量赋值	均值	标准差	最大值	最小值
被解释变量	猪肉消费比重	%	36.87	23.84	85	5
	猪肉消费数量	千克	4.24	2.62	20	1
核心解释变量	疫情前期	是＝1；否＝0	0.27	0.44	1	0
	疫情初期	是＝1；否＝0	0.23	0.42	1	0
	疫情防控期	是＝1；否＝0	0.5	0.5	1	0
价格识别	选择低于 60 元/千克的猪肉	是＝1；否＝0	0.88	0.32	1	0
信息标签识别	选择品牌	是＝1；否＝0	0.45	0.5	1	0
	选择认证	是＝1；否＝0	0.27	0.45	1	0
	选择可追溯	是＝1；否＝0	0.17	0.38	1	0
	选择检疫图章	是＝1；否＝0	0.34	0.47	1	0
销售场所识别	选择超级市场	是＝1；否＝0	0.63	0.48	1	0
	选择超市或便利店	是＝1；否＝0	0.29	0.45	1	0
	选择农贸市场	是＝1；否＝0	0.55	0.5	1	0
	选择网络平台	是＝1；否＝0	0.09	0.29	1	0
	猪肉质量安全认同	是＝1；否＝0	0.62	0.49	1	0
	地区猪肉价格	元/千克	51.33	16.59	78.86	31.32
	地区鸡肉价格	元/千克	25.27	4.05	19.6	33.68
	地区牛肉价格	元/千克	93.89	14.43	68.06	125.6

（续）

变量		变量赋值	均值	标准差	最大值	最小值
	性别	男＝1；女＝0	0.41	0.49	1	0
	年龄	岁	35.63	13.73	95	16
	户籍	本地＝1；外地＝0	0.41	0.49	1	0
控制变量	受教育程度	小学及以下＝1； 初中＝2； 中专或高中＝3； 大专＝4；本科＝5； 研究生＝6	4.13	1.42	6	1
	与 15 岁以下小孩同住	是＝1；否＝0	0.38	0.49	1	0
	与 60 岁以上老人同住	是＝1；否＝0	0.33	0.47	1	0
	家庭年收入 10 万以下	是＝1；否＝0	0.31	0.46	1	0
	家庭年收入 10～50 万	是＝1；否＝0	0.53	0.5	1	0
	家庭年收入 50 万以上	是＝1；否＝0	0.17	0.37	1	0
样本量			2 197			

四、描述统计分析

1. 猪瘟疫情与城市居民猪肉消费行为

表 12-2 描述了 2017—2020 年猪瘟疫情不同时期城市居民猪肉消费比重和消费数量的变化。猪瘟疫情暴发以来，城市居民猪肉消费比重呈下降趋势，尤其是从猪瘟疫情初期进入防控期时，猪肉消费比重下降幅度进一步加大。相同的是，城市居民猪肉消费数量在猪瘟疫情防控期出现大幅下跌；不同的是，城市居民猪肉消费数量在猪瘟疫情初期出现略微提升。具体来看，与 2017 年相比，2018 年城市居民猪肉消费比重下降 3.18%，猪肉消费数量变化较小；2020 年城市居民猪肉消费比重和消费数量分别下降 12.76% 和 0.67 千克/月。通过对比猪瘟疫情防控期（2020 年）和初期（2018 年）城市居民猪肉消费行为发现，猪肉消费比重和消费数量分别降低 9.58% 和 0.73 千克/月。可见，猪瘟疫情与城市居民猪肉消费行为呈现比较明显的负相关，但是否存在因果关系尚需通过计量经济模型检验。

表 12 - 2   2017—2022 年城市居民猪肉消费情况及比较

变量		猪肉消费比重		猪肉消费数量	
猪瘟疫情不同时期	2017 年	44.04	(24.85)	4.56	(2.66)
	2018 年	40.86	(23.06)	4.63	(2.73)
	2020 年	31.28	(22.23)	3.89	(2.50)
T 检验	(1)	3.18**	(2.18)	−0.06	(−0.39)
	(2)	12.76***	(10.79)	0.67***	(5.11)
	(3)	9.58***	(7.91)	0.73***	(5.28)

注：a. T 检验中（1）表示 2017 VS 2018，（2）表示 2017 VS 2020，（3）表示 2018 VS 2020；b. 猪瘟疫情发生不同时期的括号内为标准差，T 检验的括号内为 t 值；c. ***、**、* 分别表示 1%、5%、10%的显著水平。

表 12 - 3 描述了 2017—2020 年猪瘟疫情不同时期城市居民对猪肉质量安全认同的变化与猪肉、鸡肉、牛肉销售价格的变化。猪瘟疫情暴发以来，城市居民对猪肉质量安全的认同呈先下降后上升趋势，尤其是从猪瘟疫情初期（2018 年）进入防控期（2020 年）后，居民对猪肉质量安全认同的比例大幅上升。同时，在疫情暴发初期，市场猪肉价格略有下降，鸡肉和牛肉价格提高，但在疫情进入防控期后，猪肉、鸡肉、牛肉价格均明显提高，月销售单价分别增加 33.81 元/千克、3.79 元/千克、21.48 元/千克。

表 12 - 3   2017—2020 年城市居民对猪肉质量安全认同与市场肉类价格情况及比较

变量		猪肉质量安全认同		地区猪肉价格		地区鸡肉价格		地区牛肉价格	
猪瘟疫情不同时期	2017 年	0.59	(0.49)	36.00	(1.24)	22.85	(2.21)	79.21	(5.93)
	2018 年	0.54	(0.50)	33.59	(1.77)	23.53	(2.60)	84.42	(4.71)
	2020 年	0.67	(0.47)	67.40	(4.26)	27.32	(4.27)	105.90	(9.22)
T 检验	(1)	0.05	(−1.62)	2.42***	(26.40)	−0.69***	(−4.72)	−5.21***	(−15.83)
	(2)	−0.09***	(−3.50)	−31.39***	(−1.7×10²)	−4.47***	(−23.75)	−26.69***	(−63.47)
	(3)	−0.13***	(−5.21)	−33.81***	(−1.7×10²)	−3.78***	(−18.35)	−21.48***	(−49.27)

注：a. T 检验中（1）表示 2017 VS 2018，（2）表示 2017 VS 2020，（3）表示 2018 VS 2020；b. 猪瘟疫情发生不同时期的括号内为标准差，T 检验的括号内为 t 值；c. ***、**、* 分别表示 1%、5%、10%的显著水平。下同。

2. 猪瘟疫情与城市居民猪肉消费质量安全识别行为

表 12 - 4 描述了 2017—2020 年猪瘟疫情不同时期城市居民价格、信息标签、销售场所三种质量安全识别行为的变化。从价格识别看，与 2017 年相比，

2018 年城市居民消费猪肉价格选择没有明显变化，但在 2020 年城市居民选择购买价格便宜猪肉的比例增加 17％。一般而言，价格越高的商品的品质越有保障，那购买高价格猪肉是否能削弱猪瘟疫情与居民猪肉消费行为的负向关系？还是因为猪瘟疫情导致猪肉价格抬高，使居民被动接受高价猪肉？这都需要进一步做计量检验。

从标签识别看，与 2017 年相比，2018 年城市居民偏好选择具有品牌、认证或检疫图章的猪肉，人数占比分别增加 9％、5％和 8％；2020 年城市居民偏好选择具有认证、可追溯或检疫图章的猪肉，人数占比分别增加 14％、18％和 11％。与 2018 年相比，2020 年城市居民偏好选择具有认证、可追溯的猪肉，人数占比分别增加 10％、18％，对品牌猪肉的选择回归到疫情发生之前的消费水平。可见，在疫情发生期间，能够反映猪肉安全品质的标签可能是保证城市居民猪肉消费水平的重要因素。

从销售场所看，与 2017 年相比，2018 年城市居民在超市或便利店、农贸市场、网络平台消费猪肉的比例明显增加，分别为 8％、9％和 5％；2020 年城市居民猪肉消费主要集中在超市和网络平台，分别增加 5％和 15％，而在超级市场购买猪肉降低 6％。与 2018 年相比，2020 年城市居民猪肉消费场所基本稳定在超市和网络平台，在超级市场和农贸市场消费的比例明显下降 8％和 13％。可见，在猪瘟疫情发生期间，居民可能更倾向于在生活区周边的超市和网络平台消费猪肉。

表 12 - 4　2017—2020 年城市居民猪肉消费安全识别选择情况及比较

Part Ⅰ：价格识别

变量		选择低于 60 元/千克的猪肉	
猪瘟疫情不同时期	2017 年	0.97	(0.18)
	2018 年	0.98	(0.15)
	2020 年	0.80	(0.40)
T 检验	(1)	−0.01	(−0.98)
	(2)	0.17***	(9.56)
	(3)	0.18***	(9.55)

Part Ⅱ：信息标签识别

变量		选择品牌		选择认证		选择可追溯		选择检疫图章	
猪瘟疫情不同时期	2017 年	0.42	(0.49)	0.19	(0.39)	0.08	(0.27)	0.27	(0.44)
	2018 年	0.51	(0.50)	0.24	(0.43)	0.08	(0.27)	0.34	(0.48)

（续）

Part Ⅱ：信息标签识别								
变量	选择品牌		选择认证		选择可追溯		选择检疫图章	
猪瘟疫情不同时期	2020 年	0.45	(0.50)	0.33	(0.47)	0.26	(0.44)	0.38	(0.49)
T 检验	(1)	−0.09 ***	(−2.91)	−0.05 *	(−1.95)	0.00	(−0.01)	−0.08 ***	(−2.79)
	(2)	−0.03	(−1.26)	−0.14 ***	(−6.42)	−0.18 ***	(−8.88)	−0.11 ***	(−4.72)
	(3)	0.06 **	(−2.08)	−0.10 ***	(−3.97)	−0.18 ***	(−8.30)	−0.04	(−1.38)

Part Ⅲ：销售场所识别								
变量	选择超级市场		选择超市或便利店		选择农贸市场		选择网络平台	
猪瘟疫情不同时期	2017 年	0.65	(0.48)	0.24	(0.43)	0.55	(0.50)	0.01	(0.09)
	2018 年	0.67	(0.47)	0.33	(0.47)	0.64	(0.48)	0.05	(0.22)
	2020 年	0.59	(0.49)	0.29	(0.46)	0.52	(0.50)	0.16	(0.37)
T 检验	(1)	−0.02	(−0.76)	−0.08 ***	(−3.00)	−0.09 ***	(−3.10)	−0.05 ***	(−4.45)
	(2)	0.06 **	(2.22)	−0.05 **	(−2.17)	0.03	(1.32)	−0.15 ***	(−9.77)
	(3)	0.08 ***	(2.95)	0.03	(1.31)	0.13 ***	(4.75)	−0.10	(−5.90)

注：a. T 检验中（1）表示 2017 VS 2018，（2）表示 2017 VS 2020，（3）表示 2018 VS 2020；b. 猪瘟疫情发生不同时期的括号内为标准差，T 检验的括号内为 t 值；c. ***、**、* 分别表示 1%、5%、10% 的显著水平。

五、计量经济分析结果

1. 猪瘟疫情对城市居民猪肉消费行为的影响

表 12-5 显示非洲猪瘟疫情对城市居民猪肉消费影响的估计结果。总体来看，猪瘟疫情初期会显著降低城市居民猪肉消费比重，这一趋势在猪瘟疫情防控期继续显著扩大，但对猪肉消费数量的负面影响仅出现在猪瘟疫情防控期。具体来看，模型（5-1）（5-2）显示，与 2017 年相比，2018 年城市居民每月猪肉消费比重下降 4.54%，2020 年每月猪肉消费比重下降 10.73%，参数统计检验均达到 1% 的显著水平。与猪肉消费比重指标不同，城市居民猪肉消费数量在 2018 年并未出现明显下降，但 2020 年每月猪肉消费数量下降 0.50 千克，参数统计检验均达到 1% 的显著水平。进一步，模型（5-3）（5-4）

反映了 2020 年与 2018 年相比，城市居民每月猪肉消费比重下降 6.19%，消费数量下降 0.41 千克，参数统计检验均达到 1% 的显著水平。可见，猪瘟疫情会对城市居民猪肉消费产生负面影响，但在不同时期和不同指标反映上存在差异。尤其值得关注的是，猪瘟疫情防控期猪肉消费比重和猪肉消费数量都减少，但猪肉疫情初期只有猪肉消费比重下降，猪肉消费数量却没有显著变化，这也意味着替代肉类消费数量可能明显增加。

表 12-5 猪瘟疫情对城市居民猪肉消费行为影响的估计结果

变量	消费比重	消费数量	消费比重	消费数量
	(5-1)	(5-2)	(5-3)	(5-4)
初期	-4.537 0***	-0.080 7	-4.537 0***	-0.080 7
	(-2.842 4)	(-0.445 4)	(-2.842 4)	(-0.445 4)
防控期	-10.725 2***	-0.495 4***		
	(-7.547 2)	(-3.251 5)		
防控期与初期相比			-6.188 2***	-0.414 7**
			(-4.214 3)	(-2.542 4)
选择 60 元/千克以下的猪肉	-3.861 6**	-0.255 1	-3.861 6**	-0.255 1
	(-2.458 9)	(-1.455 4)	(-2.458 9)	(-1.455 4)
选择品牌	-1.442 0	0.014 4	-1.442 0	0.014 4
	(-1.365 9)	(0.122 5)	(-1.365 9)	(0.122 5)
选择认证	-1.959 8*	-0.268 8**	-1.959 8*	-0.268 8**
	(-1.736 2)	(-2.096 0)	(-1.736 2)	(-2.096 0)
选择可追溯	-0.399 0	0.435 0***	-0.399 0	0.435 0***
	(-0.294 4)	(2.810 3)	(-0.294 4)	(2.810 3)
选择检疫图章	1.496 2	0.281 7**	1.496 2	0.281 7**
	(1.369 1)	(2.289 5)	(1.369 1)	(2.289 5)
选择超级市场	-0.018 1	0.250 4**	-0.018 1	0.250 4**
	(-0.016 4)	(2.101 2)	(-0.016 4)	(2.101 2)
选择超市或便利店	0.877 8	0.304 8**	0.877 8	0.304 8**
	(0.781 4)	(2.434 3)	(0.781 4)	(2.434 3)
选择农贸市场	3.488 8***	0.438 1***	3.488 8***	0.438 1***
	(3.328 8)	(3.816 0)	(3.328 8)	(3.816 0)
选择网络平台	2.373 5	-0.110 0	2.373 5	-0.110 0
	(1.462 8)	(-0.583 5)	(1.462 8)	(-0.583 5)
性别	-1.070 5	0.127 1	-1.070 5	0.127 1
	(-1.060 0)	(1.149 1)	(-1.060 0)	(1.149 1)

（续）

变量	消费比重	消费数量	消费比重	消费数量
	(5-1)	(5-2)	(5-3)	(5-4)
年龄	0.101 2**	0.002 2	0.101 2**	0.002 2
	(2.072 4)	(0.422 0)	(2.072 4)	(0.422 0)
户籍	−1.148 3	−0.238 6**	−1.148 3	−0.238 6**
	(−1.016 2)	(−1.969 5)	(−1.016 2)	(−1.969 5)
受教育水平	−1.271 9***	−0.210 3***	−1.271 9***	−0.210 3***
	(−2.801 0)	(−4.029 4)	(−2.801 0)	(−4.029 4)
与15岁以下小孩同住	2.458 5**	0.622 5***	2.458 5**	0.622 5***
	(2.231 9)	(5.172 0)	(2.231 9)	(5.172 0)
与60岁以上老人同住	2.193 2*	0.205 1	2.193 2*	0.205 1
	(1.824 3)	(1.560 6)	(1.824 3)	(1.560 6)
家庭年收入10万以下	0.263 3	−0.517 4***	0.263 3	−0.517 4***
	(0.220 7)	(−4.010 4)	(0.220 7)	(−4.010 4)
家庭年收入50万以上	−1.465 2	0.090 5	−1.465 2	0.090 5
	(−1.083 2)	(0.557 7)	(−1.083 2)	(0.557 7)
地区虚拟变量	已控制	已控制	已控制	已控制
常数项	47.905 1***	4.673 5***	47.905 1***	4.673 5***
	(11.693 7)	(10.238 9)	(11.693 7)	(10.238 9)
观测值	2 197	2 197	2 197	2 197
模型拟合优度	0.096 0	0.078 5	0.096 0	0.078 5
F值	7.712***	6.515***	7.712***	6.515***

注：a. 括号内为t值；b. ***、**、*分别表示1%、5%、10%的显著水平。

2. 猪瘟疫情对城市居民猪肉消费行为影响的价格效应和安全效应

表12-6显示猪瘟疫情对城市居民猪肉消费影响的安全效应与价格效应的估计结果。为识别安全效应和价格效应，在表12-5的回归中增加居民对猪肉质量安全认同与各地区猪肉、鸡肉、牛肉销售价格等变量。总体来看，在控制价格和对猪肉质量安全的认同后，非洲猪瘟疫情初期会显著减少城市居民猪肉消费比重，但非洲猪瘟疫情防控期显示这一负面影响被弱化。对于猪肉消费数量，猪瘟疫情初期并未出现显著下降，相反在猪瘟疫情防控期还出现显著上升。具体来看，模型（6-1）（6-2）显示，与2017年相比，2018年城市居

民每月猪肉消费比重下降 5.73%，参数统计检验均达到 1% 的显著水平；2020 年城市居民每月猪肉消费数量上升 1.83 千克，参数统计检验均达到 5% 的显著水平。进一步，模型（6-3）（6-4）反映了 2020 年与 2018 年相比，城市居民每月猪肉消费比重回升，消费数量增加 2.15 千克，参数统计检验均达到 5% 的显著水平。

上述内容与表 12-4 结果存在较大差异，主要的原因是猪瘟疫情对城市居民猪肉消费行为的影响存在价格效应和安全效应，猪肉价格的增加或是居民对猪肉质量安全的不认同，均会显著抑制居民猪肉消费行为。一方面，在疫情初期，猪肉供给和价格变化小，短期内居民消费猪肉数量没有明显变化，但出于对猪肉质量安全担忧，消费者增加鸡肉、牛肉等其他替代肉类消费，导致猪肉消费比重下降。另一方面，在疫情防控期，猪肉价格大幅下降抑制了居民猪肉消费，但由于居民对猪肉质量安全认同的提高，以及鸡肉、牛肉等可替代肉类价格上涨，反而促使居民消费更多猪肉。

表 12-6　猪瘟疫情对城市居民猪肉消费行为影响价格效应和安全效应的估计结果

| 变量 | 消费比重 | 消费数量 | 消费比重 | 消费数量 |
	(6-1)	(6-2)	(6-3)	(6-4)
初期	−5.725 2***	−0.323 5	−5.725 2***	−0.323 5
	(−3.227 2)	(−1.559 2)	(−3.227 2)	(−1.559 2)
防控期	0.468 7	1.829 5**		
	(0.059 5)	(2.164 7)		
防控期与初期相比			6.193 9	2.153 0**
			(0.742 2)	(2.376 5)
猪肉质量安全认同	2.298 6**	0.223 0**	2.298 6**	0.223 0**
	(2.250 5)	(1.977 2)	(2.250 5)	(1.977 2)
地区猪肉价格	−0.406 8*	−0.081 3***	−0.406 8*	−0.081 3***
	(−1.648 0)	(−2.974 5)	(−1.648 0)	(−2.974 5)
选择60元/千克以下的猪肉	−3.676 9**	−0.260 0	−3.676 9**	−0.260 0
	(−2.332 6)	(−1.476 6)	(−2.332 6)	(−1.476 6)
选择品牌	−1.483 1	0.009 9	−1.483 1	0.009 9
	(−1.405 1)	(0.085 1)	(−1.405 1)	(0.085 1)
选择认证	−1.920 9*	−0.260 4**	−1.920 9*	−0.260 4**
	(−1.703 0)	(−2.030 7)	(−1.703 0)	(−2.030 7)

（续）

变量	消费比重	消费数量	消费比重	消费数量
	(6-1)	(6-2)	(6-3)	(6-4)
选择可追溯	-0.372 7	0.433 5***	-0.372 7	0.433 5***
	(-0.274 4)	(2.796 1)	(-0.274 4)	(2.796 1)
选择检疫图章	1.436 6	0.279 4**	1.436 6	0.279 4**
	(1.312 5)	(2.269 2)	(1.312 5)	(2.269 2)
选择超级市场	-0.166 4	0.239 4**	-0.166 4	0.239 4**
	(-0.150 6)	(2.013 2)	(-0.150 6)	(2.013 2)
选择超市或便利店	0.819 1	0.290 1**	0.819 1	0.290 1**
	(0.726 2)	(2.325 8)	(0.726 2)	(2.325 8)
选择农贸市场	3.592 7***	0.449 6***	3.592 7***	0.449 6***
	(3.420 7)	(3.923 5)	(3.420 7)	(3.923 5)
选择网络平台	2.518 9	-0.071 8	2.518 9	-0.071 8
	(1.551 2)	(-0.383 4)	(1.551 2)	(-0.383 4)
性别	-1.100 4	0.120 3	-1.100 4	0.120 3
	(-1.089 6)	(1.089 6)	(-1.089 6)	(1.089 6)
年龄	0.099 5**	0.002 5	0.099 5**	0.002 5
	(2.029 8)	(0.489 2)	(2.029 8)	(0.489 2)
户籍	-1.299 2	-0.252 2**	-1.299 2	-0.252 2**
	(-1.141 8)	(-2.070 4)	(-1.141 8)	(-2.070 4)
受教育水平	-1.235 2***	-0.207 2***	-1.235 2***	-0.207 2***
	(-2.703 3)	(-3.946 3)	(-2.703 3)	(-3.946 3)
与15岁以下小孩同住	2.435 1**	0.622 8***	2.435 1**	0.622 8***
	(2.208 1)	(5.198 8)	(2.208 1)	(5.198 8)
与60岁以上老人同住	2.203 1*	0.207 6	2.203 1*	0.207 6
	(1.834 4)	(1.582 1)	(1.834 4)	(1.582 1)
家庭年收入10万以下	0.239 9	-0.533 1***	0.239 9	-0.533 1***
	(0.200 5)	(-4.133 5)	(0.200 5)	(-4.133 5)
家庭年收入50万以上	-1.520 9	0.078 2	-1.520 9	0.078 2
	(-1.123 5)	(0.482 5)	(-1.123 5)	(0.482 5)

（续）

变量	消费比重	消费数量	消费比重	消费数量
	(6-1)	(6-2)	(6-3)	(6-4)
地区鸡肉价格	0.275 4	0.089 9***	0.275 4	0.089 9***
	(0.910 1)	(2.741 9)	(0.910 1)	(2.741 9)
地区牛肉价格	0.006 6	−0.007 0	0.006 6	−0.007 0
	(0.070 1)	(−0.666 4)	(0.070 1)	(−0.666 4)
地区虚拟变量	已控制	已控制	已控制	已控制
常数项	54.691 0***	6.043 7***	54.691 0***	6.043 7***
	(4.524 6)	(4.722 9)	(4.524 6)	(4.722 9)
观测值	2，197	2，197	2，197	2，197
模型拟合优度	0.096 5	0.081 4	0.096 5	0.081 4
F 值	7.050***	6.339***	7.050***	6.339***

注：a. 括号内为 t 值；b. ***、**、* 分别表示 1%、5%、10%的显著水平。

3. 质量安全识别对猪瘟疫情的调节效应

表 12 - 7 为价格识别行为对猪瘟疫情调节作用的估计结果。结果显示，城市居民消费猪肉的价格识别行为的调节作用不显著，可能的原因是猪瘟疫情产生的价格效应相对较大，市场猪肉商品价格普涨，多数居民依据价格识别猪肉质量的经济成本过高，只能相对被动地接受市场价格。也就是说，现有价格水平下，多数居民猪肉边际质量支付意愿是递减且为负的。

表 12 - 7　价格识别行为对猪瘟疫情影响的调节效应估计结果

变量	消费比重	消费数量	消费比重	消费数量
	(7-1)	(7-2)	(7-3)	(7-4)
初期 * 价格	5.179 7	−0.019 8	5.179 7	−0.019 8
	(0.619 6)	(−0.024 6)	(0.619 6)	(−0.024 6)
防控期 * 价格	−0.169 4	−0.623 3		
	(−0.027 8)	(−1.062 1)		
防控期与初期相比 * 价格			−5.349 1	−0.603 4
			(−0.866 9)	(−0.980 4)
控制变量	已控制	已控制	已控制	已控制
地区虚拟变量	已控制	已控制	已控制	已控制
观测值	2 197	2 197	2 197	2 197

注：a. ***、**、* 分别表示 1%、5%、10%的显著水平；b. 括号内为 t 值；c. 因文章篇幅有限，本部分回归中关键变量的原项、控制变量、模型拟合优度、F 值等信息均以省略，感兴趣的读者可以向作者索取。

表12-8显示信息标签识别行为对猪瘟疫情调节作用的估计结果。总体来看，具有品牌的猪肉和拥有可追溯信息的猪肉受到城市居民青睐。具体来看，模型（8-3）（8-4）显示，与2018年相比，在品牌的作用下，2020年城市居民每月猪肉消费比重提高6.20%，猪肉消费数量提高0.53千克，参数统计检验分别达到5%和10%的显著水平。在可追溯信息的作用下，2020年城市居民每月猪肉消费比重提高7.61%，猪肉消费数量提高0.76千克，参数统计检验分别达到5%和10%的显著水平。可见，拥有品牌或可追溯信息的猪肉可以帮助居民建立猪肉消费的信心，促使猪肉消费在猪瘟疫情防控期回归常态。

表12-8　信息标签识别行为对猪瘟疫情影响的调节效应估计结果

变量	消费比重	消费数量	消费比重	消费数量
	(8-1)	(8-2)	(8-3)	(8-4)
初期 * 品牌	-2.535 8	-0.265 9	-2.535 8	-0.265 9
	(-0.889 3)	(-0.826 9)	(-0.889 3)	(-0.826 9)
防控期 * 品牌	3.668 1	0.261 3		
	(1.500 7)	(0.977 7)		
防控期与初期相比 * 品牌			6.203 9**	0.527 2*
			(2.549 2)	(1.890 2)
初期 * 认证	0.433 6	-0.260 2	0.433 6	-0.260 2
	(0.133 3)	(-0.694 3)	(0.133 3)	(-0.694 3)
防控期 * 认证	4.028 6	0.165 9		
	(1.477 4)	(0.533 3)		
防控期与初期相比 * 认证			3.595 0	0.426 1
			(1.316 8)	(1.380 8)
初期 * 可追溯	-4.174 3	-0.491 7	-4.174 3	-0.491 7
	(-0.897 0)	(-0.937 6)	(-0.897 0)	(-0.937 6)
防控期 * 可追溯	3.433 4	0.271 5		
	(0.949 4)	(0.690 6)		
防控期与初期相比 * 可追溯			7.607 7**	0.763 2*
			(2.118 8)	(1.803 4)
初期 * 检疫图章	-0.258 5	0.311 4	-0.258 5	0.311 4
	(-0.083 8)	(0.893 2)	(-0.083 8)	(0.893 2)
防控期 * 检疫图章	-2.832 0	0.024 1		
	(-1.073 3)	(0.083 2)		

（续）

变量	消费比重	消费数量	消费比重	消费数量
	(8-1)	(8-2)	(8-3)	(8-4)
防控期与初期相比＊检疫图章			−2.573 5	−0.287 3
			(−1.005 1)	(−0.971 8)
控制变量	已控制	已控制	已控制	已控制
地区虚拟变量	已控制	已控制	已控制	已控制
观测值	2 197	2 197	2 197	2 197

注：a. 本部分涉及的每种标识别行为均对应一个回归，考虑阅读方便进行整合；b. 因文章篇幅所限，本部分回归中关键变量的原项、控制变量、模型拟合优度、F 值等信息均已省略，有需要的读者可以向作者索取；c. ***、**、* 分别表示 1％、5％、10％的显著水平。

表 12-9 显示销售场所识别行为对猪瘟疫情调节作用的估计结果。总体来看，超市、便利店或网络平台成为城市居民在猪瘟疫情期间猪肉消费的主要场所，农贸市场被逐渐替代。具体来看，模型（9-1）（9-2）显示，与 2017 年相比，2020 年城市居民通过超市或网络平台消费猪肉的行为显著增加，每月猪肉消费比重分别增加 5.54％和 20.31％，每月猪肉消费数量分别增加 0.59千克和 1.45 千克，参数统计检验均达到 5％的显著水平。进一步，模型（9-3）（9-4）反映了 2020 年与 2018 年相比，城市居民通过农贸市场消费猪肉比重下降 4.64％，参数统计检验达到 10％的显著水平。城市居民通过超市消费猪肉比重和数量分别增加 5.93％和 0.70 千克，通过网络平台消费猪肉数量增加 1.62 千克，参数统计检验均在 5％的显著水平以上。可见，在非洲猪瘟疫情期间居民更偏好在超市和网络平台购买猪肉。出现这种现象的原因可能有三个方面，一是农贸市场卫生安全水平较低，被其他猪肉消费场所替代；二是超市一般在生活区范围内且卫生安全有保障，受到周边居民消费偏好；三是2020 年暴发的新冠疫情降低了居民去人流密集场所的意愿。

表 12-9 销售场所识别行为调节猪瘟疫情影响的调节效应估计结果

变量	消费比重	消费数量	消费比重	消费数量
	(9-1)	(9-2)	(9-3)	(9-4)
初期＊农贸市场	1.932 8	0.205 5	1.932 8	0.205 5
	(0.656 2)	(0.627 9)	(0.656 2)	(0.627 9)
防控期＊农贸市场	−2.709 1	0.134 4		
	(−1.114 3)	(0.504 9)		

（续）

变量	消费比重	消费数量	消费比重	消费数量
	(9-1)	(9-2)	(9-3)	(9-4)
防控期与初期相比＊农贸市场			−4.641 9*	−0.071 1
			(−1.850 9)	(−0.248 4)
初期＊超市	−0.390 5	−0.103 1	−0.390 5	−0.103 1
	(−0.126 0)	(−0.298 6)	(−0.126 0)	(−0.298 6)
防控期＊超市	5.537 0**	0.592 0**		
	(2.072 9)	(2.016 7)		
防控期与初期相比＊超市			5.927 5**	0.695 0**
			(2.244 7)	(2.366 3)
初期＊超级市场	−0.271 4	−0.394 8	−0.271 4	−0.394 8
	(−0.085 9)	(−1.160 2)	(−0.085 9)	(−1.160 2)
防控期＊超级市场	−4.410 9*	−0.330 7		
	(−1.701 8)	(−1.196 7)		
防控期与初期相比＊超级市场			−4.139 5	0.064 1
			(−1.570 1)	(0.220 0)
初期＊网络平台	14.563 0	−0.269 2	14.563 0	−0.269 2
	(1.637 1)	(−0.383 6)	(1.637 1)	(−0.383 6)
防控期＊网络平台	20.307 9**	1.447 9**		
	(2.457 5)	(2.428 4)		
防控期与初期相比＊网络平台			5.745 0	1.717 1***
			(1.396 8)	(3.624 0)
控制变量	已控制	已控制	已控制	已控制
地区虚拟变量	已控制	已控制	已控制	已控制
观测值	2 197	2 197	2 197	2 197

六、本章小结

为系统探究猪瘟疫情对城市居民猪肉消费的影响，本章选择上海市开展消费者问卷调查，通过不同时间段的调查，实证分析非洲猪瘟疫情对城市居民猪肉消费的影响与机制，并重点探究质量安全识别对猪瘟疫情影响的调节效应。主要得出以下结论。一是猪瘟疫情在不同时间段对猪肉消费的影响存在一定异同：一方面，在疫情防控期，其使得猪肉消费数量显著减少，但在猪瘟疫情初期，却未有显著影响；另一方面，其在以上两个阶段都使得城市居民猪肉消费比重显著下降。二是在分离价格效应和安全效应后，猪瘟疫情在不同时期影响存在较大差异：在疫情暴发初期，居民对猪肉质量安全预期较低进而以其他畜禽肉替代，降低了猪肉消费比重；在疫情常态防控期，居民对猪肉质量安全预期回到疫情发生前的水平，但由于猪瘟疫情的价格效应显现，所有肉类价格均出现大幅上涨，反而促使居民消费恢复购买猪肉，这使得疫情对于猪肉消费的比重减少作用被弱化，这一点结论可以在猪肉消费数量变化影响上得到一定程度地印证，即猪瘟疫情初期并未出现显著下降，相反在猪瘟疫情防控期还出现显著上升。三是质量安全识别显著影响了非洲猪瘟疫情对城市居民猪肉消费的作用强度。具体而言，信息标签识别上，具有品牌的猪肉和拥有可追溯信息的猪肉受到城市居民青睐，可以帮助居民建立猪肉消费的信心，促使猪肉消费在猪瘟疫情防控期回归常态；销售场所识别上，超市或网络平台成为城市居民在猪瘟疫情期间猪肉消费的主要场所，农贸市场被逐渐取代，即在猪瘟疫情期间居民更偏好在超市和网络平台购买猪肉。

第十三章

新冠疫情与农产品购买方式

新冠疫情对居民的消费行为和消费习惯产生了巨大的影响。本章以中国上海为案例地，基于2022年上海新冠疫情期间，对全市各城区城市居民的问卷调查，实证分析影响消费者农产品购买方式选择、疫情发生前后购买方式转变的因素，并探究其背后的作用机理。研究结果表明，城市居民对农产品数量保障、卫生安全等基础属性的重视程度相对提升，并且会根据家庭及管理需要，调整农产品消费方式。相对于商超购买方式而言，社区团购和电商平台在数量和质量保障更能满足疫情防控期间农产品消费形势。消费者商品属性偏好在安全评价对购买方式转变正向影响过程中的调节效应是显著的。总体而言，线上电商平台、社区团购在新冠疫情期间保障居民所需物资方面发挥了重要作用，而本轮新冠疫情带来的城市居民农产品购买方式变化是不是长期的或者得以固化，仍有待进一步调查研究。

一、研究依据与文献综述

农产品能够为人类提供生活所必需的物质和能量。通常，人们可以在超市、农贸市场等场所获取所需要的农产品。随着互联网的发展，人们也可以通过线上电商平台、社区团购（社区支持农业、合作社配送等）等方式方便快捷地获取所需要的食品。随着各类购买渠道的增多，消费者根据自己的经验、偏好选择某种农产品购买方式。在正常情况下，消费者会结合购物的便利性、天气等客观因素选择某一种购买方式（Venkatesh et al.，2021；Wiese et al.，2012）。但是2020年新冠疫情暴发，对世界各地人们的生产生活带来巨大影响，尤其是很大程度上改变了人们的农产品购买行为（Habib et al.，2021）。就世界范围来看，新冠疫情的冲击对消费者的农产品购买行为产生了重大影响。中国政府为保障人们生命健康安全，对疫情地区施行严格的疫情防控措施，疫情防控成效显著，更是改变了中国消费者尤其是城市消费者的农产品购买方式。近些年，中国网络电商平台的迅猛发展，很大程度上缓解了新冠疫情期间城市居民农产品购买难题，为城市居民购买农产品带来诸多便捷。新冠疫情期间，城市居民在购买农产品时有诸多不便，对农产品安全评价也产生变化，线上电商平台和社区团购可以实现"在线平台预订、支付货款，到指定地点取货，全程'无接触'"，在助力市民生活物资保障方面能够发挥积极作用（Ivanov et al.，2021）。因此，探究城市居民在新冠疫情冲击下农产品购买方式选择、新冠疫情前后购买方式转变的影响因素，对疫情防控期间保障农产品供应和疫情后时代进一步稳定农产品供销市场至关重要。

不同的购物方式可以带给消费者不同的购物体验。消费者在有限的选择下暴露出的消费偏好反映了其选择某种购买方式的原因，同时也从侧面反映出各类购买方式在特殊时期保障供给的优劣势。在超市购物过程中，消费者可以通过亲身触摸生鲜农产品、观察其外观颜色等衡量该产品的品质。线上购物平台能够根据人们的消费习惯偏好，准确快速地为消费者推送需要的相关产品（Jiang et al.，2000）。线上电商平台通过不断完善购物体系，根据顾客喜好推荐相关产品，消费者可以更直接、更高效地获得所需要的产品（Robina-Ramírez et al.，2020；Mirhoseini et al.，2021）。此外，网络在线购物平台的配送服务更节省购物时间，其配送服务质量也显著影响消费者的购买意愿（Long，2020）。但是网络购物的消费者只能通过在线平台展示的有限的图片、文字等获取产品信息，感知风险较大（Yang et al.，2021）。一些消费者排斥在线购物的重要原因之一是消费者害怕对产品的实际质量安全感知与其心中的高期望存在较大的差距（He and Mikkelsen，2014；Zhang，2015）。社区团购依托"电商＋社交"的模式，团长通过组建社区微信群，及时发布团购信息，将具有相同需求的社区中的消费者聚集起来；居民在线通过应用程序以较大的折扣购买产品（Shui et al.，2020）。团长一般是由社区中公信力比较高的人担任，这有助于解决生鲜农产品在线销售过程中产品质量不合格的问题（Zhang，et al.，2022）。

研究表明，消费者的个人特征、家庭特征、购买体验、购买动机、所购买产品的属性以及购买平台提供的服务都可能影响其购买方式的选择（Feichtinger et al.，2021；Kokkoris et al.，2021；Kim et al.，2018；Taragola et al.，2010；Guo et al.，2022）。消费者在网上购买农产品的意愿受性别和教育水平的影响（Ren，2018）。消费者的年龄、收入、是否已婚也影响消费者在网上购买农产品的意愿（Hu et al.，2020；Kim et al.，2018）。对购买生鲜农产品的消费者来说，电商平台的产品质量、物流质量显著影响消费者的购买意愿（Zheng et al.，2020；Spruit and Almenar，2021）。消费者对网站的熟悉程度也影响其线上购买意愿（Shin et al.，2013；Baber et al.，2016）。此外，随着人们对健康食品的追求，产品本身是否属于健康食品也影响着人们购物方式的决策（Zatz et al.，2021）。消费者在购买农产品过程中十分关注农产品的质量，绿色、具有第三方认证标签的农产品更容易被消费者选择（Shih，2004；Clements et al.，2008；Liang et al.，2011；Lin et al.，2012）。

2022 年 3 月，上海市大范围爆发新冠疫情，为防控新冠疫情，上海进入全域静态管理状态。在此背景下，调查研究国际大都市——上海城市居民农产品购买方式变化及其原因，非常有意义和价值。基于此，以中国上海为案例地，基于本轮上海新冠疫情期间，对全市各城区城市居民展开问卷调查，揭示城市居民在新冠疫情冲击下农产品购买方式、购买方式转变，实证分析影响消费者农产品购买方式选择的因素主要有哪些、哪些因素会影响消费者在疫情发生前后转变其购买方式，以及探究其背后的作用机理。本研究的贡献在于发现了新冠疫情带来的城市居民农产品购买方式变化现象并解释了原因，还重点从农产品安全评价角度做了解释。至于说，新冠疫情带来的城市居民农产品购买方式变化是不是长期的或者得以固化，仍有待进一步调查研究。

二、理论分析

影响消费者购买方式的选择的因素有很多，在新冠疫情期间，消费者购买方式选择的决策过程不仅受其个人特征比如性别、年龄、受教育程度的影响（Augsburger et al.，2020），可供挑选的农产品种类、农产品的质量、配送时间等均可能是消费者作出购买方式选择决策的关键因素。因为在紧急情况下，消费者的行为会与以往不同，为避免未来食品短缺或者价格上涨情况，许多消费者会通过各种购物方式做出大量购买产品的囤积行为以满足其日常需要（Wang et al.，2020）。通常，在线促销优惠在影响消费者购买行为方面发挥着关键的作用（Singh et al.，2018；Gupta et al.，2022）。而在疫情防控期间，居民收入的变化、农产品价格的变化也可能影响消费者购买方式的选择。此外，社区静态管理时长、政府提供帮助的及时性也影响消费者的购买方式选择。

20世纪60年代，美国学者Lee（1996）提出迁移理论，将影响人口迁移的因素分为推力和拉力两种。推力是因为迁出地较高的生活成本以及税赋等产生的，属于一种消极因素。拉力是因为迁入地较低的生活成本以及税赋等产生的，属于一种积极因素。此外，在人口迁移过程中居民会因为周围人群的决策产生从众心理，也会因为迁移的成本维持现状，这些因素被称为"锚定力"。该理论被提出之后得到广泛应用，尤其是应用到消费者行为的研究上（Steinfield et al.，2002）。新冠疫情前后，上海城市居民农产品购买方式转变构成了一种消费者迁移行为。

一般来说，便利性是消费者购物方式选择的重要导向之一（Furst et al.，1996）。消费者之所以会转变购买方式很大程度上是因为便利性和销售价格（马红，2019）。也有学者指出，尽管消费者可以通过在线渠道轻松购买商品，商超等实体商店仍然成为消费者的首选购买方式（Bhargave et al.，2016）。但是在新冠疫情期间，物资供应紧张（Hassen et al.，2021），居民出于对家中没有足够的食物的担忧、可供选择购买的食物品种很少等方面的考虑，其选择转变购买方式的决策过程存在着推力。即"安全评价"（保障家庭物资的供应）形成了迫使居民购买方式转变的"推力"。消费偏好是个人购买的产品或服务的主观感受和判断，影响消费者购买意向（Dam，2020；Pebriani et al.，2018）。Cang et al.（2021）的研究表明不同类型的消费者对生鲜农产品本身的质量、物流服务质量、网络口碑、网站信息的准确性十分关注。特别是新冠期间，一方面由于社区管控出行不便，另一方面出于安全的考虑，越来越多的居民不愿意外出冒险购买必需品，消费者农产品购买方式转变为有物流配送保障的在线购物（Habib et al.，2021）。居民在新冠疫情期间的"消费偏好"形成了其购买方式转变的拉力。除此之外，消费者购买方式的转变也需要一定的"成本"（王金丽等，2017），即购买方式转变过程中的"锚定力"。年龄、受教育程度影响居民在线购物（Hu et al.，2020），不会网络操作、对在线购物平台不熟悉的居民需要花费大量的时间成本学习相关操作（张大龙，2020）。因此，年龄、受教育程度等因素影响居民购物方式的转变。

所以，本章结合消费者偏好理论、迁移理论、风险感知理论及相关领域已有的研究，综合考虑新冠疫情期间影响上海城市居民农产品购买方式选择、疫情前后购买方式转变的因素，构建如图13-1的理论模型框架。

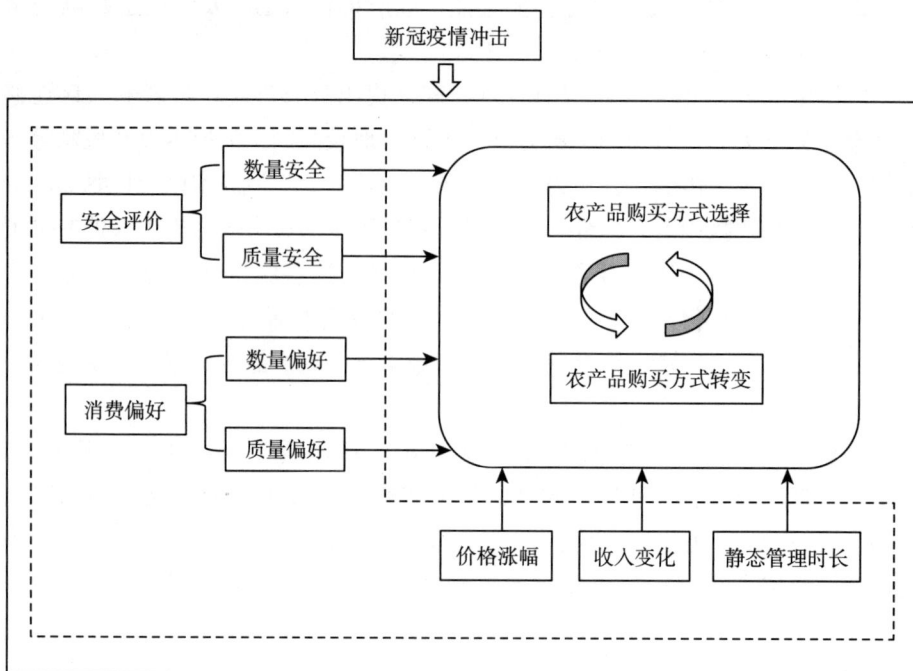

图 13-1　理论模型框架

三、模型构建

1. MProbit 模型

传统的 Probit 回归模型通常针对二分类因变量，多分类 Probit 回归模型适用于因变量的取值超过两种以上的情况。多分类 Probit 回归模型分为两种，分别是：无序多分类 Probit 回归模型（Multinomial Probit Regression，MPR）和有序多分类 Probit 回归模型（Ordinal Probit Regression，OPR）。结合本章的因变量属性特征，由于消费者选择的农产品购买方式之间并未有逻辑上的大小、高低等次序关系，但考虑到它们之间各扰动项可能存在相关性，采用MPR 进行联合估计：

$$Y_j^{1*} = \beta_{1,i} * x_i + \varepsilon_1$$
$$Y_j^{2*} = \beta_{2,i} * x_i + \varepsilon_2 \qquad Y = \begin{cases} 1 & if \quad Y_j^{1*} > Y_j^{2*}, \ Y_j^{3*} \\ 2 & if \quad Y_j^{2*} > Y_j^{1*}, \ Y_j^{3*} \quad (13-1) \\ 3 & if \quad Y_j^{3*} > Y_j^{1*}, \ Y_j^{2*} \end{cases}$$
$$Y_j^{3*} = \beta_{3,i} * x_i + \varepsilon_3$$

具体来说，疫情防控期间购买方式主要有"商超""电商平台""社区团购直供"三种行为（$m=1$、2、3），式（13-1）中的 Y_j^{1*}、Y_j^{2*}、Y_j^{3*} 分别对应以上三种行为的潜变量，j 可取值1、2、3，对应选择的对照组。根据本章研究兴趣与关注重点，选定以"商超"为参照组（$j=1$），两两配对，构成三个二元 Probit 模型：

$$f_m = ln\left(\frac{H\ (Y=m)}{H\ (Y=j)}\right) = x'_i * \beta_{mj} \qquad (13-2)$$

此时 $\beta_{1,i}$ 对应为 0，$\beta_{2,i}$、$\beta_{3,i}$ 为待估参数，x_i（$i=1\cdots11$）表示为农产品购买方式的影响因素与控制变量，ε 为对应的残差项，假设服从多元正态分布，H（）为对应 Y 值下表达式。求解式（13-2）的 m 个方程即可得到每种选择的预测概率。

2. Probit 模型

为探究某具体购买方式转变形式的影响机制，假设其转变行为发生与否由一个潜在的效用水平 $U*$ 决定，当效用水平 U 低于或等于 $U*$ 时，消费者不会出现这种购买方式转变，反之，则会出现这种转变。

$$Probit\ (Y_n = 1)\ = Probit\ (U_n > U_n^*)$$
$$Probit\ (Y_n = 1)\ = Probit\ (U_n \leqslant U_n^*) \qquad (13-3)$$

效用水平潜变量由安全评价等影响因素共同决定，即：

$$U_n = \beta_0 + X_i\beta_{n,i} + \mu_n \qquad (13-4)$$

在假定服从正态分布的前提下，其对应概率密度函数为：

$$Probit\ (Y_n)\ = \phi\ (\beta_0 + X_i\beta_{n,i}) \qquad (13-5)$$

每种购买方式转变下的 Probit 模型为：

$$Y_1 = f\ (x_i,\ \mu_1),\ Y_2 = f\ (x_i,\ \mu_2),\ Y_3 = f\ (x_i,\ \mu_3) \qquad (13-6)$$

其中，Y_n（$n=1$、2、3）分别对应"商超转向电商平台""商超转向社区团购直供""电商平台转向社区团购直供"。

变量定义与基本统计特征如表 13-1 所示。

表 13-1　变量的设置与含义

变量	变量解释	变量赋值	均值	标准差
农产品购买方式选择	疫情防控期间农产品主要购买方式	主要购买方式为：商超=1；电商平台=2；社区团购直供=3	2.432	0.759

（续）

变量	变量解释	变量赋值	均值	标准差
农产品购买方式转变	是否为"商超"转变为"电商平台"	是＝1；否＝0	0.154	0.361
	是否为"商超"转变为"社区团购直供"	是＝1；否＝0	0.401	0.490
	是否为"电商平台"转变为"社区团购直供"	是＝1；否＝0	0.079	0.270
安全评价	数量安全	静态管理期间，您担心过您家庭将没有足够的食物：非常不符合＝1；不符合＝2；比较不符合＝3；一般符合＝4；比较符合＝5；符合＝6；非常符合＝7	5.427	1.424
	质量安全	静态管理期间，您的家庭所能获得的食物品种选择很少：非常不符合＝1；不符合＝2；比较不符合＝3；一般符合＝4；比较符合＝5；符合＝6；非常符合＝7	5.141	1.642
价格涨幅	农产品价格涨幅	您所购买的农产品价格较平时普遍上涨多少？低于10％＝1；11％～19％＝2；20％～29％＝3；30％～49％＝4；50％～99％＝5；100％及以上＝6	3.211	1.508
收入变化	家庭收入水平变化	静态管理期间，您的家庭收入变化情况：降低很多＝1；少了一些＝2；没有变化＝3；多了一些＝4；多了很多＝5	1.868	0.744
静态管理时长	所受静态管理时长	0天＝1；1～10天＝2；11～20天＝3；21～30天＝4；31～40＝5天；40天以上＝6	3.778	1.491
消费偏好	数量偏好	静态管理期间，购买农产品是否考虑"发货快，有保障"因素？是＝1；否＝0	0.563	0.496
	质量偏好	静态管理期间，购买农产品是否考虑"卫生安全"因素？是＝1；否＝0	0.781	0.414

（续）

变量	变量解释	变量赋值	均值	标准差
性别		您的性别：男＝1；女＝2	1.503	0.500
年龄	您的年龄（周岁）	实际年龄数（取整）	36.162	9.120
受教育程度	学历	您的受教育程度为：小学＝1；初中＝2；高中（中专）＝3；大学本科＝4；硕士及以上＝5	4.675	0.820
政府保障	政府与社区机构帮助及时性	当您遇到生活上的困难时；能够得到社区的帮助：非常不认同＝1；不认同＝2；比较不认同＝3；一般认同＝4；比较认同＝5；认同＝6；非常认同＝7	4.875	1.435

四、数据来源与描述性统计分析

1. 数据来源与样本特征

本章数据来源于课题组 2022 年 4—5 月就新冠疫情防控期间的上海城市居民的农产品消费情况进行的线上调研，借助问卷星小程序开展问卷调查，共收集问卷 1 055 份，在进行逻辑校对等处理后，最终获得有效问卷 1 046 份，问卷有效率为 99.15%。调研样本的基本特征如表 13-2 所示。从性别来看，受访者男女比例相对均衡，均在 50% 左右。年龄构成上，受访者以中青年为主，20～39 岁的青年群体和 40～59 岁的中年群体占比分别为 54.22%、41.42%。受教程度上，受访者平均学历相对较高，大学本科及以上学历占比为 72.13%，这在一定程度上体现了上海作为特大城市对于高素质人才的吸纳能力。家庭方面，以已婚人口为主，占比为 80.95%；家中有小孩的占比也较多，为 67.49%。

表 13-2 样本基本特征

变量	选项	比例（%）	变量	选项	比例（%）
性别	男	49.86	受教育程度	小学	0.28
	女	50.14		初中	1.80
年龄	20 岁以下	3.70		高中或中专	7.77
	20～39 岁	54.22		大学本科	64.55

（续）

变量	选项	比例（%）	变量	选项	比例（%）
	40～59 岁	41.42		硕士及以上	7.58
	60 岁及以上	0.66	收入变化	降低很多	33.27
婚姻情况	未婚	19.05		少了一些	48.06
	已婚	80.95		没有变化	17.44
小孩情况	是	67.49		多了一些	0.95
	否	32.51		多了很多	0.28

2. 疫情冲击下城市农产品消费基本特征与购买方式变化情况

在农产品消费与供应方面，从相关问卷数据中进行分析，可得到以下两个方面的特征。一方面，新冠疫情确实对农产品供应市场存在一定冲击。具体表现为：一是农产品价格普涨，涨幅水平在 10%～49% 的占比为 65.68%；二是电商平台服务承压明显，超过 50% 的受访者表示经常遇到"抢菜难"等问题；三是出现农产品供应紧张或不足现象，在蔬菜和水果上出现较多，占比为 80.95%。另一方面，受静态管理等必要举措影响，农产品消费方式发生短期（疫情前后）明显改变，出现"消费降级"现象。具体表现为：一是线下购买方式占比迅速缩小（图 13-2），较疫情前主要通过线下方式购买农产品的占比由过去的 68.62% 降至 15.23%；二是社区团购直供、电商平台购买等占比增幅明显（图 13-2），分别由过去的 14.41%、16.78%，增至 55.03%、21.84%；三是消费者对于商品属性的偏好，从疫情前的高层次需要（味道可口度、新鲜度等方面），在现实约束下，降低为追求数量、到货保障、安全卫生等基础属性。

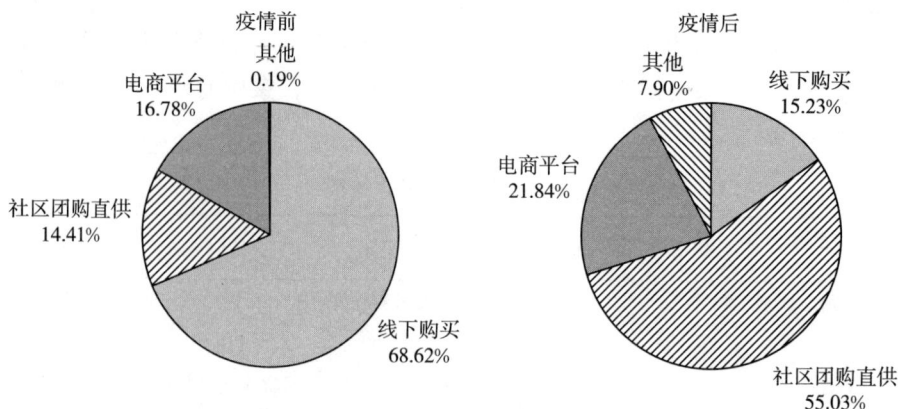

图 13-2　新冠疫情前后居民家庭最主要农产品购买方式变化

五、模型估计结果与分析

本部分主要从农产品购买方式选择及购买方式转变两个方面，关注新冠疫情下安全评价与偏好异质性对于农产品消费的影响。结合前文提到的模型选取、变量设置、描述性统计等结果，使用 Stata16 软件选取极大似然准则对以下两部分涉及的多元无序 Probit 及二元 Probit 模型进行估计。

1. 安全评价等因素对消费者疫情防控期间农产品购买方式选择的影响

由表 13-3 的估计结果可知，模型整体显著性较好。在以商超为基准组且考虑政府与社区帮助及时性等控制变量的前提下，解释变量在电商平台与社区团购直供这两类不同购买方式的显著性上存在一定差异。从变量作用方向上看，相较于购买方式为商超，农产品居民消费群体选择使用电商平台，主要受到数量安全评价、疫情下家庭收入变化、静态管理时长、性别的显著正向影响，商品质量属性偏好的显著负向影响。电商平台在满足消费者对农产品质量的需求上依然存在问题。相较于购买方式为商场，农产品居民消费群体选择使用社区团购直供，主要受到质量安全评价、农产品价格涨幅、商品数量属性偏好、静态管理时长的显著正向影响。从变量作用程度上看，由于非线性回归方程相较于线性回归方程的特殊性，结合文章的关注重点，仅就部分变量的边际效应平均值去分析比较，以上显著性变量在作用程度上是比较相近的，并未有太明显差异，作用方向上与前述估计结果较为一致。

表 13-3　**Mprobit 模型回归结果**（以商超为参照组）

变量		电商平台＝2	社区团购直供＝3
安全评价	数量安全	0.111* (0.058)	0.056 (0.054)
	质量安全	0.059 (0.051)	0.100** (0.048)
消费偏好	数量偏好	0.125 (0.150)	0.302** (0.141)
	质量偏好	−0.437** (0.182)	−0.169 (0.176)
	价格涨幅	−0.002 (0.061)	0.099* (0.057)
	收入变化	0.174* (0.101)	−0.159 (0.097)
	静态管理时长	0.229*** (0.053)	0.360*** (0.050)
	年龄	0.012 (0.008)	0.032*** (0.008)
	性别	0.295* (0.150)	0.580*** (0.141)

（续）

变量		电商平台＝2	社区团购直供＝3
消费偏好	受教育程度	0.111（0.089）	0.240***（0.085）
	政府与社区帮助及时性	0.074（0.057）	0.086（0.054）
Wald chi2（22）		174.170	
Prob＞chi2		0.000	

注：括号外数字为估计系数，括号中数字为标准误；*** 、** 、* 分别表示在1%、5%、10%的水平上显著。

因此，可以在一定程度上推断出，相较商超而言，在疫情背景下居民群体消费农产品过程中，社区团购直供与电商平台都在农产品数量、价格等方面展现出了竞争优势。此外，为使上述选择购买行为研究结果更加明晰，在安全评价与偏好视角下去进一步开展具有代表性（占样本比例较大的几种类型）购买方式转变的组内影响机制实证研究是十分必要的。

2. 安全评价等因素对疫情防控期间消费者具体购买方式转变的影响机制分析

由表13-4估计结果可知，商品属性偏好在安全评价影响某具体购买方式转变的过程中的调节作用均是相对显著的，其他因素在影响具体某一具体转变方式的显著性上也存在一定异质性。当购买方式从商超转变为电商平台时，商品数量属性偏好与数量安全评价的交互项是正向显著的，这表明在这一具体转变过程中，相较之前从商超购买农产品，消费者改用电商平台的目的主要是应对疫情带来的农产品数量上的短缺与不足。或者是说，更能较快满足家庭特殊时期的食物数量储备策略。同时，新冠疫情期间家庭收入变化对这一转变也有一定的显著影响。疫情冲击下，经济形势产生一定变化，造成了就业、经营等方面的暂时性问题，使居民群体的家庭收入波动加剧且多数呈下降态势，所以消费能力发生短暂变化。这使得部分消费者的农产品需求层次可能发生转变，而电商平台相比商超能为消费者提供更为丰富的农产品品类选择与价格组合。

表13-4 Probit 模型回归结果

变量		商超转电商平台	商超转社区团购直供	电商平台转社区团购直供
安全评价	数量安全	0.058（0.041）	−0.029（0.034）	0.069（0.058）
	质量安全	−0.029（0.039）	0.027（0.033）	0.119**（0.051）
	价格涨幅	−0.044（0.038）	0.020（0.032）	0.087*（0.049）

（续）

变量		商超转电商平台	商超转社区团购直供	电商平台转社区团购直供
安全评价	收入变化	0.178*** (0.067)	−0.157*** (0.058)	0.172* (0.086)
	静态管理时长	−0.043 (0.035)	0.065** (0.030)	0.149*** (0.050)
	年龄	−0.004 (0.006)	0.011** (0.005)	0.005 (0.008)
	性别	−0.057 (0.096)	0.061 (0.081)	0.591*** (0.130)
	受教育程度	0.038 (0.062)	0.074 (0.052)	0.088 (0.084)
	政府与社区帮助及时性	0.038 (0.037)	−0.009 (0.030)	0.042 (0.045)
调节效应	数量安全 * 数量偏好	0.032* (0.018)	0.049*** (0.015)	−0.030 (0.022)
	质量安全 * 质量偏好	0.018 (0.023)	0.027 (0.018)	−0.053** (0.024)
LR chi2 (11)		22.46**	59.21***	63.49***
Pseudo R^2		0.025	0.042	0.110

注：括号外数字为估计系数，括号中数字为标准误；***、**、*分别表示在1%、5%、10%的水平上显著。

当购买方式从商超转变为社区团购直供时，商品数量属性偏好对于数量安全评价的正向调节作用依然显著，家庭收入增加越多对商品质量偏好越多，居民出于对社区团购商品质量的不信任，更愿意保持原来在商超购买农产品的消费习惯。此外，静态管理时长对这一转变方式产生了显著的正向影响。静态管理的时间增加，会增加居民群体选择社区团购直供农产品的可能性。结合地区农产品供应水平与管理要求分析，这可能与疫情冲击下农产品短期需求陡增、市场满足方式减少，而电商平台服务能力相对有限这一现象有关。

为直观地解释这一结论并全面比较疫情下市民群体选择电商平台与社区团购直供购买方式的动机，我们进一步分析了购买方式从电商平台转变为社区团购直供的影响机制。首先，质量安全评价、农产品价格涨幅、家庭收入变化、静态管理时长对这一转变方式均有显著的正向影响。所以，社区团购直供在质量安全上更能满足居民消费者的需要，这与社区团购直供在缓解信息不对称上的作用密切相关。社区工作者及以社群关系纽带为基础的团购组织者为社区团购直供背书，为消费者购买农产品提供了更多的信任保障。这也相应提高了团购组织者的背德成本、信誉激励等，使其对于农产品的供给质量监督得到强化。同时，社区团购直供对消费者自身素质的要求相较电商平台而言，更为宽松友好。

除此之外，疫情冲击下，农产品短期供应紧张、价格普涨。面对这一现象，部分居民消费者是在有限的价格涨幅差距下，更倾向于选择社区团购直供，结合家庭收入变化，平衡自身对农产品质量属性的需要。与此同时，随着静态管理时长的增加，社区内成员有了更多的共事与交流机会，也为进一步强化社群关系提供了可能。在面对群体共性需求在有限市场供给不能充分满足的局面下，社区内成员组成互助式的团购组织的意愿与行为会不断增加。此外，为提升静态管理服务保障，社区工作者也会协调组织社群关系中的重要个体，建立公益性团购小组。这就使得居民群体选择社区团购直供购买方式的可能性随着静态管理时长的增加而增加。其次，商品属性偏好对于安全评价的调节作用方向发生显著改变，不同于前述中的数量属性偏好，在这一转变方式下，质量属性偏好在质量安全评价的正向影响过程中，起到显著且轻微的负向弱化作用。

六、本章小结

本章主要从新冠疫情防控期间农产品购买方式选择与转变的角度出发，结合 2022 年上海市新冠疫情期间的 1046 份问卷数据，对疫情冲击下安全评价、偏好异质性等对城市居民农产品消费的影响进行了理论分析与实证验证。得到几点研究结论。一是疫情冲击下，农产品消费受到一定影响。城市居民农产品消费出现"降级"现象，对农产品数量保障、卫生安全等基础属性的重视程度相对提升，并且会根据家庭及管理需要，调整农产品消费方式。二是疫情防控期间农产品购买方式选择方面，相对于商超购买方式而言，社区团购直供和电商平台在数量和质量保障等方面更具竞争优势，更能适应农产品消费形势，迎合消费者偏好。但后两者在被消费者选择的过程中发挥显著影响的因素存在一定差异。三是疫情防控期间农产品购买方式转变方面，结合三种主要购买方式分析，消费者商品属性偏好在安全评价对购买方式转变正向影响过程中的调节效应是显著的。由电商平台转向社区团购直供模式的原因是，后者更能在静态管理时长、家庭收入变化、农产品价格涨幅等显著影响下，进一步满足消费者的商品质量属性偏好，更能以互助或志愿等形式有效满足社区群体共同需求，缓解疫情对家庭农产品消费的冲击。

| 第十四章 |

新冠疫情与农产品浪费行为

近年来，随着城市化的加速发展以及经济水平的提高，越来越多的人开始意识到食物浪费的严重问题。食物浪费不仅是资源的浪费，更是对环境的破坏和社会不公的表现（吴晓蓉，2007）。尽管越来越多的城市居民开始关注并采取行动减少食物浪费，但仍存在许多人对此问题持漠视态度的现象。因此，研究食物浪费态度对城市居民农产品浪费行为的影响，对于制定有效的政策和行动计划以减少食物浪费具有重要意义。本章旨在探究食物浪费态度对城市居民农产品浪费行为的影响，并提出相应的政策建议。为了达成这一目标，本章采用问卷调查的方法，调查城市居民对于食物浪费的态度和农产品的浪费行为。同时，还考察了个体的社会经济状况、家庭环境以及教育背景等因素对于食物浪费态度和农产品浪费行为的影响。通过加强对食物浪费问题的宣传教育，提高城市居民的食物浪费意识，政府可以采取措施推动城市居民减少农产品的浪费行为。同时，通过加强资源回收和再利用的建设，政府可以提供更多的便利设施，帮助居民更好地处理剩余食物，减少食物的浪费程度。

一、研究依据与文献综述

根据联合国粮食及农业组织测算，全球生产的食物中三分之一被浪费或损耗（侯彩霞等，2022）。我国消费端的食物浪费不容忽视。根据中国科学院相关课题组对北京、上海、成都等城市餐饮业的调查显示，餐饮业食物浪费率高达12%（刘晓洁等，2020）。这不仅对经济、社会、环境造成影响，更对我国粮食安全构成了风险（世界自然基金会（WWF）与中国科学院地理科学与资源研究所，2020）。在COVID-19大流行的影响下，全球正面临着前所未有的粮食安全挑战。为了解全球粮食形势，有学者分析了世界和中国粮食供应形势及粮食安全应对策略，并提出了保障中国粮食安全的策略，并发现全球粮食生产总体稳定，符合预期，抗冲击能力较强（罗秀丽等，2021）。中国主要粮食供应得到保障，但进口商品，如大豆受到一定影响（王晓梅等，2021）。新型冠状病毒疫情除了造成健康不良和死亡之外，还导致了生产中断和收入损失，其在福利方面造成的最严重后果之一可能就是粮食获取机会的减少（Mogues，2020）。

有研究结果显示：与疫情前常态情况相比，居民居家防疫期间过度饮食性食品浪费量减少了 10 065.26 吨/天；疫情前在外就餐与在家用餐共丢弃食品 4 521.68吨/天，居家防疫期间食品丢弃集中于在家用餐，数量为 3 295.25 吨/天，结构由疫情前的剩余型浪费、储存型浪费持平转向储存型浪费为主；居家防疫期间剩余型浪费量与储存型浪费量的影响因素相异（赵丽娜等，2023）。也有研究表明，食物浪费是全球关注的重大现实问题。自 2019 年新冠疫情的突袭与蔓延让世界各国食物浪费形势变得更为严峻，部分国家出现粮食危机。为制止食物浪费、推动食物节约，制定或出台规范性文件成为联合国、欧盟及诸多国家的共同选择（黄锡生和饶能，2021）。与此同时，全球新冠疫情的肆虐使得全球粮食生产和流通出现变数，全球面临饥饿的人口继续上升，而 2022 年 2 月爆发的俄乌冲突使世界粮食问题进一步加剧（徐志军，2022）。

综上所述，研究表明，新冠疫情对农产品浪费产生了一定的影响。封锁措施、运输限制和经济不稳定等因素导致了农产品的滞销和浪费现象的增加。然而，一些研究也指出，在疫情防控期间，人们对食品购买和消费更加谨慎，食品浪费有所减少。因此，研究人员呼吁采取措施来加强食品供应链的稳定性和适应性，以减少农产品浪费。本章主要对上海居民在疫情防控期间的食物浪费行为的影响做系统的研究。

二、理论分析

食物浪费是一个广泛存在的问题，选取食物浪费态度为影响食物浪费行为的核心影响因素，选取疫情预期，农产品数量安全、质量安全以及价格稳定作为调节变量，调节效应在促使人们减少浪费行为方面可能起到重要作用。事实上，调节效应模型广泛应用于各类学科（方杰等，2015），如经济学、心理学等。关于调节效应，方杰等学者从显变量的调节效应、潜变量的调节效应、多层数据的调节效应、基于两层回归模型的单层调节分析、纵向数据的调节效应、调节和中介的整合模型 6 个主题系统总结了国内调节效应的方法学研究的发展（方杰等，2022）。

Aguinis et al.（2005）的研究结果表明，有必要最大限度地减少人为因素的影响，因为人为因素会导致观察到的效应大小出现向下偏差，这也对使用调节效应大小的传统定义提出了质疑。Fairchild 和 MacKinnon（2009）在研究中介绍了一种同时估算中介效应和调节效应的通用模型，并说明了将这些效应合并到一个模型中的效用，并解释了模型中可能存在的相关效应，以及评估这些效应的统计方法。本章选取疫情预期、数量安全、质量安全以及价格稳定四个非人为因素作为食物浪费态度影响食物浪费行为的调节变量，在一定程度上减少了人为因素的影响。

结合以上理论分析，提出以下假设：

假设 1：食物浪费态度对食物浪费行为有显著正向影响。食物浪费是消费者行为选择的结果，而消费者的行为在很大程度上受到描述性规范的影响（Zhang et al.，2018）。消费环节是食物浪费的重要组成部分，且日益严重（Zhang et al.，2019）。性别、生活成本、对食物浪费的基本态度、食物口味评价、"空盘行动"参与度和体重感知对大学生食堂食物浪费的频率和比例有显著影响（王庆叶等，2022）；而也有学者经研究分析，结果呈现出主观规范与知觉行为控制减少食物浪费意图呈显著正向影响，态度的影响则不显著（郭育齐和张琼婷，2022）；Chen et al.（2021）通过调查问卷结果分析，显示参与者倾向于高估他人的食物浪费行为和他人对浪费行为的认可，而这两种错误认知对食物浪费都有显著的正向影响，这意味着这些错误认知不仅存在，而且会进一步促进人们的食物浪费行为。例如，朋友聚餐以及其他公共环境中消费的食物剩余量均明显高于普通日常就餐，点菜过多和口味与想象不符是产生剩余的重要原因，而学历、年龄较低的消费者更容易产生食物浪费（张孟蓉等，2021）。全球资源紧缺的大环境下，人们对食物浪费的态度就会显得尤为重要，而且食物浪费是来自生活各方面的影响。

假设 2：疫情预期、数量安全、质量安全以及价格稳定对食物浪费态度影响食物浪费行为有明显的调节作用，其中，疫情预期调节作用最为显著。在新冠疫情背景下，公共卫生事件对游客食物浪费行为的影响也是值得关注的重要方面（李群绩等，2022）。我国粮食供需长期处于紧平衡状态，消费环节浪费粮食问题突出（宋知远和王志君，2022）。新冠疫情已使国际粮食供应链发生异常，我国要保障 14 亿人的粮食安全，必须防患于未然（沈镭等，2020）。2020 年我国新冠疫情集中暴发时，正处于春播时节，粮食生产受到影响；同时，中美关系的进一步恶化也限制了我国从美国进口粮食（黄季焜和解伟，2022）。这也为人们对于疫情预期提供了部分参考，使疫情预期这一调节变量更客观。因此，稳定粮食生产、稳定粮食价格、稳定社会预期，为疫情时代中国粮食安全提供保障（叶凌萱和王杰森，2022），对粮食浪费行为可能起到减少作用。

图 14-1 所示为食物浪费态度以及疫情下食物安全状态影响食物浪费行为的调节效应理论分析框架。需要解答的问题是：疫情预期、数量安全、质量安全以及价格稳定对食物浪费态度影响食物浪费行为程度增强与否。

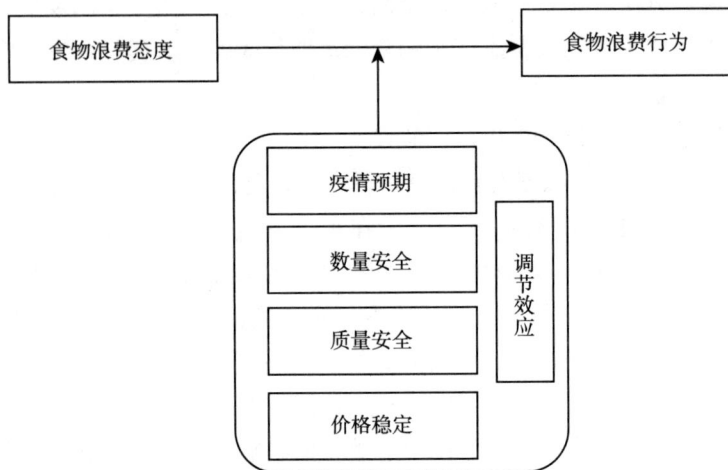

图 14-1 理论分析框架

三、模型构建与变量选择

1. 模型设定

由于食物浪费行为是多元有序变量，因而选择多元有序 Probit 模型予以估计。为了检验食物浪费态度对食物浪费行为的影响，建立模型如下：

$$Y = \alpha_0 + \alpha_1 Ati + \alpha_2 Exp + \alpha_3 Sup + \alpha_4 Qua + \alpha_5 Pri + \sum \beta_i X_i + \varepsilon_1$$

$$(14-1)$$

为了估计疫情预期、供给保障、质量安全、价格稳定在食物浪费态度对食物浪费行为影响的调节效应，在（14-1）式的基础上建立包括食物浪费态度和疫情预期、食物浪费态度和供给保障、食物浪费态度和质量安全、食物浪费态度和价格稳定交互项的回归模型，模型如下：

$$Y = \alpha_0 + \alpha_1 Ati + \alpha_2 Exp + \alpha_3 Sup + \alpha_4 Qua + \alpha_5 Pri + \alpha_6 Ati \times Exp +$$
$$\alpha_7 Ati \times Sup + \alpha_8 Ati \times Qua + \alpha_9 Ati \times Pri + \sum \beta_i X_i + \varepsilon_2$$

$$(14 - 2)$$

在（14-1）式和（14-2）式中，Y 为食物浪费行为，Ati 表示食物浪费态度，Exp 表示疫情预期，Sup 表示食物供给保障放心程度，Qua 表示农产品质量安全放心程度，Pri 表示本地农产品价格稳定程度，$Ati \times Exp$ 为食物浪费态度与疫情预期交互项，$Ati \times Sup$ 表示食物浪费态度与食物供给保障放心程度交互项，$Ati \times Qua$ 表示食物浪费态度与食物质量安全放心程度交互项，$Ati \times Pri$ 表示食物浪费态度与本地农产品价格稳定程度交互项，X_i 为一系列控制变量，α_1、α_2、α_3、α_4、α_5、α_6、α_7、α_8、α_9 分别为食物浪费态度、疫情预期、食物供给保障放心程度、农产品质量安全放心程度、本地农产品价格稳定程度食物浪费态度×疫情预期、食物浪费态度×食物供给保障放心程度、食物浪费态度×农产品质量安全放心程度以及食物浪费程度×本地农产品价格稳定程度的估计系数，α_0 为常数项，ε_1 和 ε_2 为随机误差项。

2. 变量选择

根据研究主题，本章选择食物浪费严重程度为因变量；核心自变量为食物浪费态度；调节变量包括疫情预期、食物供给保障放心程度、农产品质量安全放心程度以及农产品价格稳定程度；控制变量为性别、年龄、户籍、学历、家庭人口数量、家庭中小孩数量、家庭中老人数量和家庭收入。表14-1对各个变量以及变量描述进行了统计。

表 14 - 1　变量说明与描述性统计

变量	变量设定及赋值	均值	标准差
食物浪费严重程度	绝不浪费＝1；基本不浪费＝2；有些浪费＝3；浪费较严重＝4；浪费很严重＝5	2.17	0.72
食物浪费态度	无所谓＝1；自己花了钱，随便处理＝2；少量浪费在能够接受范围之内＝3；浪费可耻＝4	3.32	0.70
未来疫情预期（疫情预期）	担心＝1；不担心＝0	0.64	0.48
本地市场农产品供给保障放心程度（数量安全）	放心＝1；不放心＝0	0.88	0.32
本地市场农产品安全放心程度（质量安全）	放心＝1；不放心＝0	0.88	0.32

（续）

变量	变量设定及赋值	均值	标准差
所在地农产品价格稳定程度（价格安全）	稳定＝1；不稳定＝0	0.73	0.44
疫情下倡导节约食物必要性	完全没有必要＝1；没太大必要＝2；一般＝3；比较有必要＝4；很有必要＝5	0.44	0.88
性别	男性＝1；女性＝0	0.50	0.50
年龄	实际年龄（岁）	32.94	13.51
户籍	本地＝1；外地＝2	1.57	0.50
学历	小学及以下＝1；初中＝2；中专或高中＝3；大专＝4；本科＝5；研究生＝6	4.68	1.23
家庭人口数	家庭实际人口数（人）	3.38	1.34
家庭中小孩数量	家庭中的小孩数量（人）	1.69	0.46
家庭中老人数量	家庭中的老人数量（人）	0.88	0.44
家庭收入（元）	1万以内＝1；1万～3万＝2；4万～5万＝3；6万～10万＝4；11万～15万＝5；15万以上＝6	2.62	1.65

四、数据来源与描述分析

1. 数据来源

本章数据来源于课题组 2020 年 10 月就新冠疫情防控期间的上海市各城区居民的食物浪费情况进行的实地调研，共收集问卷 1 141 份问卷，经过严格筛选，获得有效问卷 1 030 份。调研样本的基本特征如表 14－2 所示：从性别来看，受访者男性比例为 55.24％，女性比例为 44.76％，相对较为均衡。年龄构成上，受访者以青年为主，20～39 岁的青年群体占比为73.40％。户籍方面，受访者本地与外地户籍的占比分别为 47.38％ 和52.62％。在受教育程度上，主要以本科和研究生，所占比例分别为44.27％ 和 30.10％。月平均收入方面，以 1 万以内和 1 万～3 万为主，占比分别为 32.43％ 和 47.57％。

表 14 - 2　调研样本基本特征

变量	选项	比例（%）	变量	选项	比例（%）
性别	男	55.24	受教育程度	高中或中专	10.62
	女	44.76		大专	13.81
年龄	20 岁以下	7.17		本科	40.35
	20～39 岁	69.82		研究生及以上	27.43
	40～59 岁	15.13	家庭月平均收入（元）	1 万以内	29.56
	60 岁及以上	7.79		1 万～3 万	33.98
户籍	上海	47.38		>3 万～5 万	9.38
	外地	52.62		>5 万～10 万	9.82
受教育程度	小学及以下	1.06		>10 万～15 万	6.02
	初中	6.64		15 万以上	11.24

2. 新冠疫情期间消费者农产品浪费认知、态度与行为的描述分析

（1）粮食等主食更容易产生浪费，近三成消费者存在较严重的食物浪费现象

问卷调查结果显示，71.46％的受访者认为粮食等主食更容易出现浪费现象，其次，47.57％的受访者认为蔬菜更容易出现浪费现象，此外分别有20.58％、27.96％的受访者认为水果和禽肉鱼蛋类更容易出现浪费现象。相比较而言，认为奶和奶制品、零食小吃易出现浪费现象的人则较少。关于农产品浪费行为情况，60.44％的受访者表示基本不浪费农产品，仅13.19％的受访者表示绝不浪费，另外还有23.45％的受访者表示有些浪费，1.77％和1.15％的受访者分别表示浪费较严重和浪费很严重。由此也可以看出，七成消费者认为基本不存在农产品不浪费问题。关于农产品浪费的主要原因，61.26％的受访者表示主要原因是不好保鲜储存，容易变质；56.99％的受访者表示主要原因是购买过多，变质后只能扔掉；另外分别有47.28％、24.66％的受访者表示主要原因是做饭过多，吃不完以及工作太忙或在家时间太少，忘记吃；还有极少数（13.69％）受访者表示做的饭菜不好吃是农产品浪费的主要原因（图14 - 2、图 14 - 3、图 14 - 4）。

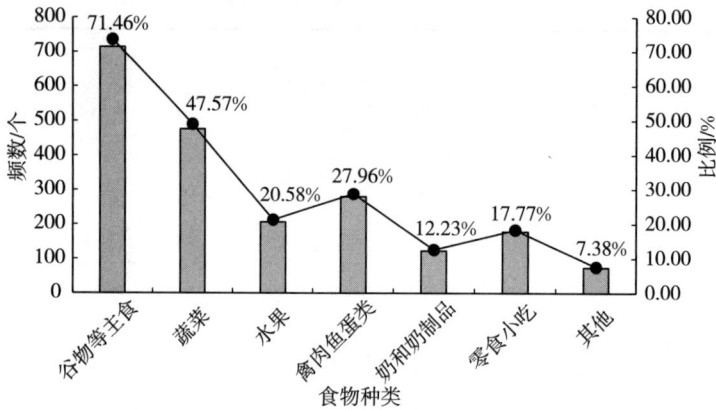

图 14-2 容易出现浪费的食物种类

注：容易出现食物浪费的食物种类为多选，各食物种类所占比例均为该食物种类占总样本的比例。

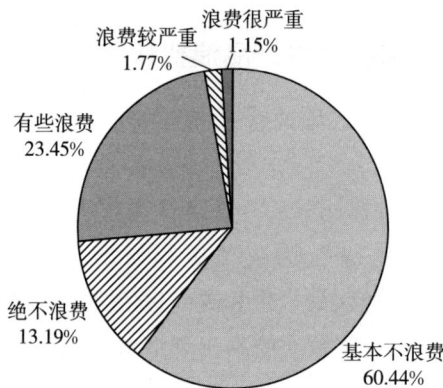

图 14-3 农产品浪费行为情况

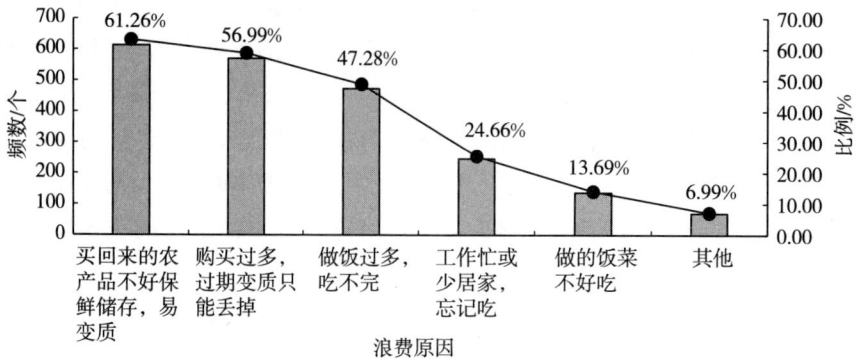

图 14-4 农产品浪费的主要原因

注：农产品浪费的主要原因为多选，各原因所占比例均为该原因占总样本的比例。

　　(2) 绝大多数消费者不支持浪费食物，且多数人认为在新冠疫情背景下倡导节约食物有必要

　　问卷调查结果显示，关于消费者对食物浪费的态度情况，50.40%的受访者表示少量浪费在能够接受范围之内，42.25%的受访者表示浪费可耻，但仍然有3.10%的受访者表示无所谓，4.25%的受访者表示自己花了钱，随便处理。由此可见，虽然超过九成受访者表示"少量浪费在能够接受范围之内""浪费可耻"，但现实中受制于各种原因，还是有近三成受访者表示"有些浪费""浪费较严重""浪费很严重"。此外，关于新冠疫情期间倡导节约食物的必要性情况，64.78%的受访者表示在新冠疫情期间倡导节约食物"很有必要"，20.71%的受访者表示"比较有必要"，9.91%、3.63%、0.97%的受访者分别表示倡导节约食物"一般""没太大必要""完全没有必要"。由此可见，超过八成受访者认为新冠疫情下倡导节约食物是有必要的（图14-5、图14-6）。

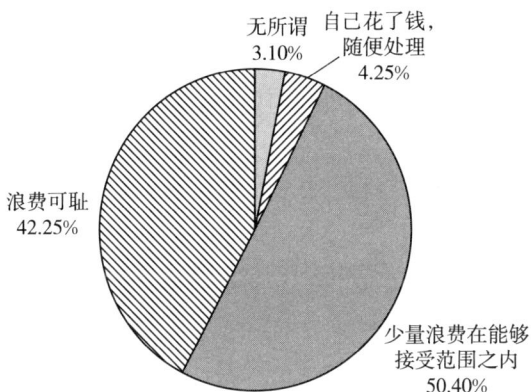

图14-5　食物浪费态度情况

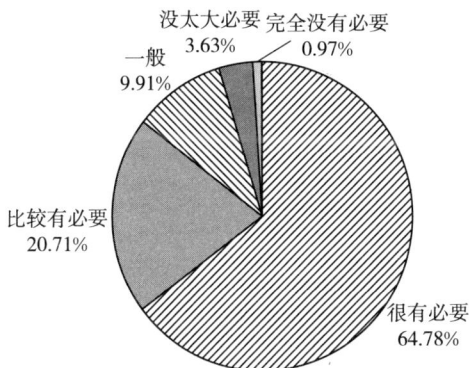

图14-6　新冠疫情下倡导节约食物的必要性

五、模型估计结果与分析

1. 食物浪费态度对食物浪费行为的影响

采用多元有序 Probit 模型分别验证食物浪费态度对食物浪费行为的影响（模型 1）、疫情预期、食物供给保障放心程度、农产品质量安全放心程度、本地农产品价格稳定程度对食物浪费行为的影响（模型 2），食物浪费态度和疫情预期、食物供给保障放心程度、农产品质量安全放心程度、本地农产品价格稳定程度对食物浪费行为的影响（模型 3）以及食物浪费态度、疫情预期、食物供给保障放心程度、农产品质量安全放心程度、本地农产品价格稳定程度、食物浪费态度×疫情预期、食物浪费态度×食物供给保障放心程度、食物浪费态度×农产品质量安全放心程度以及食物浪费态度×本地农产品价格稳定程度对食物浪费行为的影响（模型 4）。实证结果如表 14 - 3 所示。综合分析模型 1、模型 2 和模型 3 的卡方检验（LR chi2）统计量，说明回归模型的拟合效果良好，均在 1% 的统计水平上显著，因此可作进一步分析。同时实证结果显示，各变量在模型中的显著性程度基本保持一致，由此表明模型的估计结果是稳健的。

通过对上述实证结果进行分析，食物浪费态度对食物浪费具有显著的负向影响，且在 1% 的统计水平上显著（模型 1 和模型 3）。也就是说，越是觉得浪费可耻、提倡节约的人在平时生活中越注意减少食物浪费。另外，对未来疫情预期的担忧对食物浪费有显著正向影响，且在 5% 的统计水平上显著，即对未来疫情形势越是担忧，越是倾向于增加食物浪费（模型 1 和模型 3），这可能是因为对未来疫情担心可能会让人们囤积过多的食物，超出平日正常的食物需求，从而导致存在一定程度的浪费。对食物供给保障的放心程度对食物浪费具有显著的正向影响，且在 1% 的水平上显著（模型 4），即对上海本地市场农产品供给保障越是放心，越是倾向于增加食物浪费行为的发生。而对上海本地市场农产品质量安全的放心程度和所在地的农产品价格稳定程度均对食物浪费没有显著性影响。

在其他控制变量方面，疫情下倡导节约食物必要性对食物浪费具有显著的负向影响，且在 1% 的水平下显著，即越是倡导在疫情下节约食物必要性的人在平时生活中食物浪费越少，由此可见，节约食物理念的倡导和深入人心对减少食物浪费具有非常积极的影响。研究发现，性别和年龄对食物浪费具有显著的负向影响，即男性较女性在平时生活中有较少的食物浪费，人们随着年龄的增长会越来越倾向于减少食物浪费。另外研究也发现，家庭收入对食物浪费具有显著的正向影响，在5％的水平上显著，即随着家庭收入的增长，生活中的食物浪费现象会增加。其余控制变量，包括户籍、学历、家庭人口数、家庭中小孩数量、家庭中老人数量均对食物浪费没有显著影响。

2. 基于疫情预期和农产品安全调节效应的分析

根据前文的理论分析，疫情预期和农产品安全在食物浪费态度对食物浪费行为的影响中具有调节效应，食物浪费态度对食物浪费行为的影响效应会因对疫情预期的担忧程度以及农产品保供稳价的安全程度的不同而存在差异。基于此，文章采用交互项这一方式验证疫情预期的担忧程度以及农产品保供稳价的安全程度是否在食物浪费态度对食物浪费行为的影响中存在调节效应（参见表14－3），模型4在模型3的基础上加入了食物浪费态度与对疫情预期的担忧程度、农产品供给保障放心程度、农产品质量安全放心程度、本地农产品价格稳定程度四个交互项以检验疫情预期的担忧程度以及农产品保供稳价的安全程度在食物浪费态度对食物浪费行为关系中的调节作用。实证结果发现，在模型4中，食物浪费态度对食物浪费行为的影响为正，但是不显著，食物浪费态度与疫情预期担忧程度交互项的系数为负，食物浪费态度与农产品供给保障的放心程度交互项的系数显著为负，食物浪费态度与农产品质量安全的放心程度交互项系数显著为负，食物浪费态度与本地农产品价格稳定程度交互项系数为正。这表明，第一，对疫情预期的担忧程度以及农产品保供稳价的安全程度在食物浪费态度对食物浪费行为的影响中存在显著的调节作用；第二，食物浪费态度与疫情预期、数量安全、质量安全交互项系数为负，表明随着对疫情预期担忧程度的增加，农产品供给保障的放心程度的增加以及农产品质量安全的放心程度的增加，食物浪费态度对食物浪费行为的积极正向影响会被削弱，而其负向影响将被增强。食物浪费态度与本地农产品价格稳定程度交互项系数为正，表明本地农产品价格稳定程度的增加会强化食物浪费态度对食物浪费行为的积极影响。

表 14－3　食物浪费态度对食物浪费行为的影响与调节效应估计结果

变量	模型 1	模型 2	模型 3	模型 4
	系数	系数	系数	系数
常数项				
食物浪费态度	−0.23 ***		−0.24 ***	0.19
疫情预期		0.16 **	0.15 **	0.30

（续）

变量	模型 1	模型 2	模型 3	模型 4
	系数	系数	系数	系数
农产品保供放心程度		0.19	0.24 *	1.55 ***
农产品安全放心程度		−0.12	−0.07	0.84
农产品价格稳定程度		0.05	0.05	−0.62
倡导节约食物必要性	−0.18 ***	−0.23 ***	−0.18 ***	−0.16 ***
性别	−0.15 **	−0.13 **	−0.14 **	−0.12 *
年龄	−0.01 ***	−0.01 ***	−0.01 ***	−0.01 ***
户籍	0.07	0.06	0.07	0.07
学历	0.04	0.03	0.03	0.04
家庭人口数	−0.02	−0.01	−0.01	−0.02
家庭中小孩数量	−0.07	−0.05	−0.06	−0.08
家庭中老人数量	−0.02	−0.02	−0.01	−0.01
家庭收入	0.05 **	0.05 **	0.04 **	0.04 **
食物浪费态度 * 疫情预期（疫情预期调节效应）				−0.05
食物浪费态度 * 农产品保供放心程度（数量安全调节效应）				−0.42 **
食物浪费态度 * 农产品安全放心程度（质量安全调节效应）				−0.30 *
食物浪费态度 * 农产品价格稳定程度（价格安全调节效应）				0.20 *
Log likelihood	−1 120.734	−1 128.599	−1 117.117	−1 104.134
Pseudo R^2	0.04	0.03	0.04	0.05
LR	95.11950 ***	80.39844 ***	102.3539 ***	128.3202 ***
P	0.000	0.000	0.000	0.000

注：*** 、** 、* 分别表示在1％、5％、10％的水平下显著。

3. 稳健性检验

为检验模型是否受异常值、非正态分布等因素的影响，运用 Rstudio 软件做了多元有序 Probit 模型的稳健性检验，其检验结果如表 14 - 4 所示。

表 14 - 4　食物浪费态度对食物浪费行为的影响与调节效应模型稳健性检验结果

变量	系数	稳健标准误差
常数项	1.27 ***	0.38
食物浪费态度	0.24 **	0.10
疫情预期	−0.19 *	0.10
农产品保供放心程度	0.20	0.15
农产品安全放心程度	0.40 ***	0.15
农产品价格稳定程度	−0.11	0.10
倡导节约食物必要性	0.11 ***	0.02
性别	0.06	0.04
年龄	−0.01 ***	0.002
户籍	0.03	0.04
学历	0.01	0.02
家庭人口数	0.004	0.01
家庭中小孩数量	−0.02	0.05
家庭中老人数量	0.02	0.05
家庭收入	0.03 **	0.01
食物浪费态度 * 疫情预期（疫情预期调节效应）	0.05 *	0.03
食物浪费态度 * 农产品保供放心程度（数量安全调节效应）	−0.06	0.04
食物浪费态度 * 农产品安全放心程度（质量安全调节效应）	−0.12 ***	0.04
食物浪费态度 * 农产品价格稳定程度（价格安全调节效应）	0.04	0.03

注：*** 、** 、* 分别表示在 1%、5%、10% 的水平下显著。

　　根据表 14 - 4 稳健性检验的结果，居民对食物的浪费态度在 5% 的统计水平上是显著的，对未来疫情预期、上海本地市场农产品安全的放心程度、疫情下倡导节约食物必要性以及家庭收入分别在 10%、1%、1% 以及 5% 的统计水平上显著。食物浪费的态度和疫情预期的交叉项在 10% 的统计水平上显著，食物浪费的态度和农产品安全的放心程度的交叉项在 1% 的统计水平上显著。核心自变量和对上海本地市场农产品安全的放心程度、疫情下倡导节约食物必要性、家庭收入等重要变量以及食物浪费的态度与农产品安全的放心程度的交叉项的系数分别为正、正、正、正以及负。

　　通过对比多元有序 Probit 模型统计结果，除疫情下倡导节约食物必要性这一影响因素之外，其他变量显著性以及系数正负基本吻合，这说明该模型具有较强的稳健性。稳健性检验结果表明，在数据中存在少量的异常值，统计分析的结果并没有受到异常值的显著影响，意味着模型结果具有较高的抗干扰能力，异常值对分析结果的影响较小。

六、本章小结

本章利用 1 030 份关于对上海地区食物浪费行为的有效问卷，对在疫情防控期间都市居民的食物浪费情况进行了实证分析。研究发现，食物浪费态度作为核心自变量对食物浪费行为呈正向影响，即越觉得食物浪费无所谓，食物浪费行为越严重。通过稳健性检验，核心自变量的显著性以及正向影响基本没发生变化，说明食物浪费态度对食物浪费行为的显著正向影响结果是可靠的。研究结果还显示，农产品安全的放心程度对食物浪费行为呈正向影响，即对上海本地市场农产品安全越放心，食物浪费行为越严重；家庭收入对食物浪费行为也是呈正向影响，也就是家庭收入越高，食物浪费行为越严重。通过稳健性检验，以上提到的两个变量的显著性以及正向影响也基本吻合，说明多元有序 Probit 模型结果基本可靠。有一点需要注意，疫情下倡导节约食物必要性这一因素对食物浪费行为的影响通过稳健性检验之后由负变为正，其原因可能是存在少量异常值，但基本不影响模型结果，因此模型结果具有较高的可靠性，即所选核心自变量及其余变量可以解释食物浪费行为的轻重程度。

第五篇
结论建议篇

第十五章
结论与建议

一、主要结论

面对农产品多元化市场需求和有效甄别质量的农产品需求旺盛以及非洲猪瘟疫情和新冠疫情影响等新形势，本书研究综合运用信息经济学、计量经济学、实验经济学、管理学、心理学等多学科的理论和方法，利用对上海、北京、济南、西安等大城市居民持续多年、数万份的问卷调查数据，实证研究都市居民农产品消费行为，主要从产品类别偏好、质量信号偏好、疫情冲击三个视角，综合运用描述统计分析、计量模型分析等方法，分析都市居民对蔬菜、猪肉、藜麦、花卉等农产品的购买行为及影响因素，分析都市居民对地产品牌、质量认证、可追溯、低碳等质量甄别信号农产品的认知、购买行为、支付意愿及影响因素，分析非洲猪瘟疫情和新冠疫情冲击下都市居民农产品消费行为变化及影响因素。主要得出了三个方面的研究结论。

1. 关于农产品类别偏好方面的结论

都市居民对农产品的市场需求更加多元化。都市居民对农产品的需求更高、更多样化，不仅仅要求农产品够吃，要吃得安全、营养健康和好吃，即农产品没有禁用药和药残超标等食品安全问题，还追求农产品的营养元素要丰富、风味要浓、口感要好。本研究以蔬菜、猪肉、藜麦和花卉四大类农产品为例，对都市居民农产品消费行为进行分析，研究发现，都市居民对不同类型农产品的消费存在需求的异质性，具体得出以下几条结论。

(1) 都市居民蔬菜的人均消费量呈现上涨趋势，消费者对地产蔬菜质量安全的信任程度较高，对地产绿叶菜也呈现更高的支付意愿

调查研究发现，上海市居民蔬菜年人均消费量基本呈现 U 型变化特征，且近些年随着健康理念逐渐深入人心，蔬菜消费总量基本呈现上涨趋势。尤其是绿叶菜供给对上海都市居民具有更加重要的地位。从购买习惯来看，六成左右的人每周蔬菜购买支出不超过 100 元，七成多的人每周蔬菜消费量不超出 10 千克，且七成多的人每周绿叶菜消费量不超出 5 千克；绿叶菜深受大众的喜爱，消费者普遍青睐小白菜、鸡毛菜、卷心菜；消费者对蔬菜质量安全相对来说还是放心的，尤其对上海地产蔬菜的质量安全比较信任，但仍有部分消费者认为平时购买的蔬菜在质量上可能存在潜在的不安全因素。进一步研究发现，对地产蔬菜质量安全信任程度越高的消费者，越倾向于购买地产蔬菜；蔬菜消费额在家庭食品支出中占比重在 50% 及以上的消费者、绿叶菜消费额在家庭蔬菜支出中占比重在 50% 以上的消费者更倾向于购买地产蔬菜。性别、年龄、家庭人口数、老人情况、购买成员等变量显著影响消费者地产蔬菜购买行为。另外，投标价格、蔬菜放心程度、地产蔬菜信任程度、购买成员、性别等变量显著影响消费者对地产蔬菜的支付意愿。具体而言，随着投标价格升高，消费者的支付意愿会下降；消费者对市场蔬菜质量安全放心程度越低，其愿意为地产绿叶菜支付额外价格的可能性大；越是相信上海地产蔬菜的质量安全优于非地产蔬菜的消费者，愿意为地产绿叶菜支付额外价格的可能性越高；相较于女性，男性消费者愿意为地产绿叶菜支付额外价格的可能性更大；相较于家庭中非主要购买成员，作为家庭中蔬菜主要购买成员的消费者愿意为地产蔬菜支付额外价格的可能性更大。相比非地产绿叶菜，消费者愿意为地产绿叶菜额外支付 2.12 元/千克。

(2) 都市居民猪肉的人均消费量较为稳定，消费者购买猪肉时最主要考虑的是质量安全问题，质量安全偏好型消费者和其他偏好型消费者对可追溯猪肉的支付意愿呈现出显著差异

调查研究发现，上海城乡居民猪肉人均消费量近几年较为稳定，未发生较大波动；城乡居民猪肉消费的区别在于，城镇居民猪肉人均消费量较低。调查也发现，1/2 左右的家庭人均猪肉消费量在 4 千克以下。从购买习惯来看，居民更倾向于购买 20～40 元/千克的中等肉猪，且倾向于在大型超市、农贸市场等传统销售场所购买猪肉；消费者在购买猪肉时最主要考虑的是质量安全问题，消费者对猪肉质量安全状况的放心程度比较好，但仍存在部分不放心其质量安全的消费者；多数消费者凭借外观、品牌、购买场所等判定猪肉的质量安

全，并认为猪肉在生猪养殖、生猪屠宰加工环节最容易发生危害猪肉质量安全的行为。进一步调查得知，消费者的猪肉偏好按选择人数由高到低依次为质量安全偏好型、高品质偏好型、廉价偏好型，其中质量安全偏好型消费者占67.09%；在质量安全偏好下，猪肉追溯标签信任水平、个人月平均收入、可追溯猪肉价格、小孩情况、学历显著影响消费者对可追溯猪肉的支付意愿；而在其他偏好下，个人月平均收入、可追溯猪肉价格、年龄、学历显著影响消费者对可追溯猪肉的支付意愿，猪肉追溯标签信任水平的影响则不显著。质量安全偏好型消费者和其他偏好型消费者对可追溯猪肉的支付意愿分别为43.64元/千克和40.40元/千克，前者比后者高8.02%。

（3）都市居民对藜麦的了解程度不高，营养价值全面是促使消费者购买藜麦的主要因素，营养信任既能促进消费者的购买行为，又能提高消费者对藜麦产品的支付意愿，且都受到偏好异质性调节效应的影响

调查研究发现，都市居民更关注农产品的新鲜度、安全与营养价值；消费者对藜麦的了解程度不是很高，仅有较少的消费者知道藜麦具有较高的营养价值。仅有少数受访者对藜麦的营养全面性超过任何一种传统粮食作物这一说法持肯定态度，近八成的受访者认为国内藜麦的营养全面性与国外进口的差不多。三分之一的受访者购买过藜麦产品，但持续购买藜麦产品的消费者比例偏低，近五成的受访者是因为藜麦的营养价值全面而选择购买藜麦产品。超市和电商平台是居民购买藜麦产品的主要场所，大多数受访者都选择购买原生藜麦谷物，藜麦的食用方法主要是单独煮粥或蒸饭、将藜麦与其他谷物混合食用。购买过藜麦产品的消费者中，很少有人对藜麦的消费体验感到不满意，但近四成的消费者并不知道所购买的藜麦产自哪里，消费者对藜麦产品价格合理性的认可度不高。藜麦的口感、价格以及营养价值是影响藜麦产品购买消费体验的主要影响因素，大多数购买者在消费藜麦产品后，会选择继续长期消费藜麦产品，且愿意推荐给身边的人。对藜麦及其产品的了解程度不够，是阻碍居民购买藜麦产品最主要的原因；当消费者了解到藜麦产品丰富的营养价值后，大多数消费者表示愿意考虑购买藜麦产品。此外，分析计量模型结果得知，营养信任和主观规范既能促进消费者的购买行为，又能提高消费者对藜麦产品的支付意愿；购买行为与支付意愿均受到偏好异质性的调节作用，消费者的认知偏好会削弱主观规范对购买行为的正向影响，而营养偏好能够强化营养信任对支付意愿的正向影响，且上述研究结论经稳健性检验仍然成立。

(4) 花卉主要作为一种精神消费品，都市居民购买花卉的比例很高但并未形成常态，价格满意度和宣传促销方式满意度、服务满意度对花卉购买行为具有显著影响

调查研究发现，都市居民普遍都购买过花卉，但购买并未形成常态，主要是在花店购买，且更偏好购买盆栽植物。城市居民买花的主要目的是装饰，购买时主要考虑外观、芳香以及新鲜程度，消费者更希望买到寓意美好、好养护的花卉。消费者购买花卉最担心的是难种植和养活以及新鲜程度，多数人认为当前花卉市场最大的问题是花卉没有统一定价与季节性太强。多数消费者认为上海发展花卉产业具有较好的市场前景，但当前购买上海地产花卉的比例还偏低，且近一半消费者分不清所购花卉是否是地产花卉。当前市场上的花卉基本能满足城市居民的消费需求，消费者对花卉品种多样性、品质、包装、服务、购买便捷性的满意度都相对较高，但对花卉价格和宣传促销方式的满意度还相对偏低。此外，分析计量模型结果得知，价格满意度和宣传促销方式满意度对花卉购买行为有显著影响，服务满意度对购买行为有显著影响，花卉商家应该更重视花卉的价格和宣传促销方式。当买花的目的是送人时，包装满意度对花卉购买行为的影响被减弱，同时购买便捷性满意度对购买行为的影响增强；当购买目的是满足个人爱好时，品种多样性满意度对花卉购买行为的影响和价格满意度的影响被减弱；当购买花卉是为了装饰环境时，购买便捷性满意度对购买行为的影响会被减弱。

2. 关于农产品质量信号偏好方面的结论

随着都市居民对安全、营养农产品需求的增强，消费者对绿色食品、有机食品、低碳等能有效甄别质量的农产品需求更加强烈。以地产品牌、质量认证、可追溯和低碳等质量信号农产品为例，对都市居民农产品消费行为进行分析，研究发现，都市居民对不同质量信号农产品的消费存在需求的异质性，具体得出以下几条结论。

(1) 地产品牌是都市居民甄别农产品质量的重要信号，质量信任程度是模型中最关键的因素

具体而言，户籍、购买渠道便捷性、质量信任程度是影响地产品牌农产品消费行为的重要因素。其中户籍虽然影响大但可改善空间小，购买渠道便捷性和质量信任程度不仅显著性水平高且影响系数大。购买渠道主要在购买行为发生时产生影响，而不同购买场所对购买行为的影响不显著。质量信任程度是模型中最关键的因素，其显著性在是否分得清地产品牌农产品、是否购买过地产

品牌农产品、是否经常购买地产品牌农产品三个阶段模型中均处于 1％ 水平，质量安全放心程度在第一、二阶段模型影响较为显著，在第三阶段模型中无显著影响，说明地产品牌农产品自身的信任水平在三个阶段的模型中均起到了显著的推动作用，而总体农产品的信任水平对地产品牌农产品忠实顾客的形成无明显作用。其他因素也低程度对地产农产品推广产生影响。购买时重视价格心理的影响因素，其在第三阶段模型中显著性和系数值均递增，系数值为正数，证实价格成为消费者衡量农产品价值的主要工具。年龄在第一、二阶段模型中影响不显著，在频繁购买阶段 5％ 水平显著，但系数不高。学历与居民地产品牌农产品依赖度呈反向影响，在频繁购买阶段不再是显著影响因素。购买频次对地产品牌农产品的忠实粉丝没有明显影响，在第一、二阶段模型中呈显著负向影响，说明购买频率高、周期短的消费者转化为新用户的难度较大。购买需求满足在频繁购买阶段无显著作用，即地产品牌农产品与外地农产品对消费者的吸引力无明显差别。

（2）都市居民对产品质量认证的认知度较高，但绿色食品、有机食品或无公害农产品认证的猪肉购买比例偏低，消费者对质量认证标签的质量安全信任水平对猪肉购买行为的影响具有偏好异质性的调节效应

具体而言，79.08％ 的受访者至少知道绿色食品、有机食品或无公害农产品中的一种，31.63％ 的受访者购买过通过绿色食品、有机食品或无公害农产品认证的猪肉；消费者对带有绿色食品、有机食品或无公害农产品标签猪肉的质量安全信任水平高，但对这三种质量认证标签的认知水平有待进一步提高；消费者的猪肉偏好呈现出差异，质量安全偏好型消费者对质量认证标签的质量安全信任水平显著影响质量认证猪肉购买行为，而其他偏好类型消费者对质量认证标签的质量安全信任水平并不显著影响质量认证猪肉购买行为；另外，质量认证标签认知水平、个人月平均收入、购买场所、小孩情况和老人情况这些变量显著影响质量安全偏好型消费者的质量认证猪肉购买行为，质量认证标签认知水平和消费比重变量显著影响其他偏好类型消费者的质量认证猪肉购买行为。

（3）都市居民对可追溯农产品的认知度不高，且可追溯猪肉购买比例偏低，信息源信任通过直接影响消费者对可追溯猪肉的消费信心起到间接影响消费者可追溯猪肉购买行为的效果

具体而言，消费者对可追溯食品的认知度整体不高，只有 32.86％ 的消费者知道可追溯食品或食品可追溯体系，购买可追溯猪肉的更少，只有 12.60％ 的消费者购买过可追溯猪肉，电视、网络、食品标签是消费者了解可追溯食品

相关信息的三种主要渠道，年龄、学历、职业、家庭人口数、老人情况、收入水平、地区等因素是导致消费者可追溯食品认知水平呈现差异的重要原因。消费者对猪肉追溯信息发布方的整体信任度不高，只有47.67%的消费者认为当前市场上猪肉追溯信息的发布方是最真实可靠的，消费者对可追溯猪肉的消费信心整体较高，64.33%的消费者相信购买带有追溯标签猪肉比不带追溯标签猪肉的质量安全更有保障。信息源信任变量正向显著影响消费者对可追溯猪肉的消费信心，消费信心变量正向显著影响消费者对可追溯猪肉的购买行为，信息源信任通过直接影响消费者对可追溯猪肉的消费信心起到间接影响消费者可追溯猪肉购买行为的效果，另外忽略两个方程残差项之间的相关性会低估信息源信任和消费信心变量对消费者可追溯猪肉购买行为的影响，但不会改变这两个变量的作用方向。收入水平、购买成员、购买场所、职业、地区等变量显著影响消费者对可追溯猪肉的购买行为。消费者的猪肉偏好按选择人数由高到低依次为质量安全偏好型、高品质偏好型、廉价偏好型，其中质量安全偏好型消费者占67.09%；在质量安全偏好下，猪肉追溯标签信任水平、个人月平均收入、可追溯猪肉价格、小孩情况、学历显著影响消费者对可追溯猪肉的支付意愿；而在其他偏好下，个人月平均收入、可追溯猪肉价格、年龄、学历显著影响消费者对可追溯猪肉的支付意愿，猪肉追溯标签信任水平的影响则不显著。质量安全偏好型消费者和其他偏好型消费者对可追溯猪肉的支付意愿分别为43.64元/千克和40.40元/千克，前者比后者高8.02%。

(4) 都市居民对品牌可追溯性的信任程度显著影响品牌猪肉购买行为，对"三品"认证猪肉标签可追溯性的信任程度显著影响"三品"认证猪肉购买行为，消费者愿意为信用追溯猪肉支付额外价格，追溯与品牌、认证、信用的耦合监管是农产品质量监管的新机制设计

一是消费者对品牌可追溯性的整体信任程度比较高，多数消费者相信出现质量安全问题时，可以明确识别品牌的猪肉比不能明确识别品牌的猪肉更容易追查到相关责任人；消费者对品牌猪肉可追溯性的信任程度正向显著影响消费者对品牌猪肉的购买行为，即对品牌猪肉可追溯性信任程度高的消费者更倾向于经常购买可以明确识别品牌的猪肉；忽略"品牌可追溯性"变量的内生性，会明显低估该变量对消费者品牌猪肉购买行为的影响；知道绿色食品、有机食品和无公害农产品，知道食品可追溯体系或可追溯食品，知道"放心肉"工程的消费者更倾向于相信可以明确识别品牌的猪肉比不能明确识别品牌的猪肉更容易追查到安全事件问题责任人；对于具有追责意识的消费者来说，品牌可追溯性信任变量对消费者品牌猪肉购买行为的影响不管是作用显著性还是作用程

度都明显高于不具有追责意识的消费者；购买成员、性别、年龄、小孩情况等变量显著影响消费者对品牌猪肉的购买行为，即家庭猪肉主要购买成员、男性、年龄大、家庭中有 15 周岁以下小孩的消费者经常购买品牌猪肉的可能性更大。

二是消费者对无公害农产品、绿色食品、有机食品认证标签的认知水平很高，91.92%的消费者知道"绿色食品、有机食品或无公害农产品"，其中超过一半的消费者购买过"三品"认证猪肉。消费者对"三品"认证猪肉标签可追溯性的信任程度、可追溯体系认知、"放心肉"工程认知和购买成员均正向显著影响消费者购买"三品"认证猪肉的可能性，消费比重和消费者年龄反向显著影响消费者购买"三品"认证猪肉的可能性。

三是构建"信用评价＋追溯体系"耦合监管格局，即附加质量信用信息的追溯体系、实现追溯查询的信用机制，既可以更好发挥政府契约监管的作用，也可以更好发挥市场声誉激励作用，是当前亟须且可以有效实现的一种农产品质量安全监管新思路和机制设计。投标价格、追溯购买经历、追溯信任程度、猪肉安全关心程度、猪肉安全放心程度、专卖店购买、地产猪肉购买习惯、性别、学历等变量显著影响消费者对信用追溯猪肉的支付意愿。相比普通猪肉，消费者愿意为信用追溯猪肉额外支付 8.48 元/千克。不同特征的消费者对信用追溯猪肉的支付意愿存在差异。

(5) 都市居民对低碳概念的整体认知度有待提升，多数消费者对低碳农产品持肯定态度，消费者愿意为低碳绿叶菜支付额外价格，不同环保意识人群对低碳绿叶菜的支付意愿呈现显著差异

一是消费者对低碳概念的整体认知度比较高，但有待进一步提升，61.28%的消费者表示知道或听说过"低碳""碳排放""碳足迹"等概念。就低碳蔬菜的概念对消费者进行信息强化之后，多数消费者认同低碳蔬菜比常规蔬菜更有利于生态环境保护和质量安全保障的观点，即 21.43%和 51.88%的受访者对"购买低碳蔬菜比购买常规蔬菜更有利于生态环境保护"的陈述表示"非常同意"和"比较同意"，19.17%和 40.60%的受访者对"购买低碳蔬菜比购买常规蔬菜在质量安全方面会更有保障"的陈述表示"非常同意"和"比较同意"。

二是投标价格、质量安全放心程度、生态环境保护、行为控制、地产蔬菜购买习惯、年龄、购买成员等变量显著影响消费者对低碳绿叶菜的支付意愿。具体而言，随着投标价格不断提高，消费者愿意购买低碳绿叶菜的可能性不断降低；对所购买蔬菜的质量安全放心程度越低、认为低碳蔬菜比常规蔬菜越有

利于生态环境保护、对低碳蔬菜购买意愿越强烈、年龄越大的消费者愿意为低碳绿叶菜支付额外价格的可能性越大。此外，平常刻意选择购买上海地产蔬菜、作为家庭蔬菜主要购买成员的消费者愿意为低碳绿叶菜支付额外价格的可能性更高。

三是环保意识变量并不显著影响消费者对低碳绿叶菜的支付意愿，但却不能忽视环保意识对消费者低碳绿叶菜支付意愿产生的潜在和间接影响，具体表现在：对于具有环保意识的消费者，生态保护变量显著影响消费者对低碳绿叶菜的支付意愿；但对于不具有环保意识的消费者，生态保护变量的影响并不显著。另外，通过计算平均支付意愿得出，相比常规绿叶菜，消费者愿意为低碳绿叶菜额外支付 2.536 7 元/千克。消费者对低碳绿叶菜的支付意愿具有群组差异，其中，具有不同环保意识的消费者之间以及作为家庭蔬菜主要和次要购买成员的消费者之间对低碳绿叶菜的平均支付意愿的差异很大，具有环保意识的消费者群体对低碳绿叶菜的平均支付意愿比不具有环保意识的消费者群体高 1.400 4 元/千克，作为家庭蔬菜主要购买成员的消费者群体对低碳绿叶菜的平均支付意愿比作为家庭蔬菜次要购买成员的消费者群体高出 1.184 4 元/千克。

3. 关于疫情影响农产品消费方面的结论

非洲猪瘟疫情带来的生猪产业发展变化一定程度上也对我国都市居民猪肉消费产生影响。此外，新冠疫情暴发对世界各地人们的生产生活带来巨大影响，尤其是很大程度上改变了都市消费者的农产品购买方式。本研究以非洲猪瘟疫情和新冠疫情为例，实证研究疫情冲击下都市居民农产品消费行为的变化及影响因素，具体得出以下几条结论。

（1）非洲猪瘟疫情降低了城市居民猪肉消费数量和消费比重，尤其是从猪瘟疫情初期进入防控期，猪肉消费比重下降幅度进一步加大，猪瘟疫情对城市居民猪肉消费的影响存在价格效应和安全效应

为了系统探究非洲猪瘟疫情对城市居民猪肉消费的影响，选择上海市开展消费者问卷调查，通过不同时间段的调查，实证分析非洲猪瘟疫情对城市居民猪肉消费的影响与机制，并重点探究质量安全识别对猪瘟疫情影响的调节效应。

一是猪瘟疫情在不同时间段对猪肉消费的影响存在一定异同：一方面，在疫情防控期，其使得猪肉消费数量显著减少，但在猪瘟疫情初期，却未有显著影响；另一方面，其在以上两个阶段都使得城市居民猪肉消费比重显著下降。

二是在分离价格效应和安全效应后，猪瘟疫情在不同时期影响存在较大差

异：在疫情暴发初期，居民对猪肉质量安全预期较低进而以其他畜禽肉替代，降低了猪肉消费比重；在疫情常态防控期，居民对猪肉质量安全预期回到疫情发生前的水平，但由于猪瘟疫情的价格效应显现，所有肉类价格均出现大幅上涨，反而促使居民消费恢复购买猪肉，这使得疫情对于猪肉消费的比重减少作用被弱化，这一点结论可以在猪肉消费数量变化影响上得到一定程度地印证，即猪瘟疫情初期并未出现显著下降，相反在猪瘟疫情防控期还出现显著上升。

三是质量安全识别显著影响了非洲猪瘟疫情对城市居民猪肉消费的作用强度。具体而言，信息标签识别上，具有品牌的猪肉和拥有可追溯信息的猪肉受到城市居民青睐，可以帮助居民建立猪肉消费的信心，促使猪肉消费在猪瘟疫情防控期回归常态；销售场所识别上，超市或网络平台成为城市居民在猪瘟疫情期间猪肉消费的主要场所，农贸市场被逐渐取代，即在猪瘟疫情期间居民更偏好在超市和网络平台购买猪肉。但在猪肉供给紧张、价格普涨的背景下，价格识别的调节作用并不显著。

（2）新冠疫情改变了都市居民的农产品购买方式，疫情防控期间人们更倾向于选择社区团购和电商平台的购买方式，居民购买方式受多方面因素的影响，居民对社区团购商品质量越不信任，具有质量偏好的居民越不可能从电商平台购买转向社区团购方式

主要从疫情防控期间农产品购买方式选择与转变的角度出发，结合上海市新冠疫情防控期间的 1 046 份问卷数据，对疫情冲击下安全评价、偏好异质性等对城市居民农产品消费的影响进行了理论分析与实证验证，得到以下几点研究结论。

一是疫情冲击下，农产品消费受到一定影响。城市居民农产品消费出现"降级"现象，对农产品数量保障、卫生安全等基础属性的重视程度相对提升，并且会根据家庭及管理需要，调整农产品消费方式。

二是疫情防控期间农产品购买方式选择方面，相对于商超购买方式而言，社区团购直供和电商平台在数量和质量保障等方面更具竞争优势，更能适应农产品消费形势，迎合消费者偏好。但后两者在被消费者选择的过程中发挥显著影响的因素存在一定差异。

三是疫情防控期间农产品购买方式转变方面，结合三种主要购买方式分析，消费者商品属性偏好在安全评价对购买方式转变正向影响过程中的调节效应是显著的。由电商平台转向社区团购直供模式的原因是，后者更能在静态管理时长、家庭收入变化、农产品价格涨幅等显著影响下，进一步满足消费者的商品质量属性偏好，更能以互助或志愿等形式有效满足社区群体共同需求，缓

解疫情对家庭农产品消费的冲击。

(3) 疫情预期和农产品安全在食物浪费态度对食物浪费行为的影响中具有调节效应，食物浪费态度对食物浪费行为的影响效应会因对新冠疫情预期的担忧程度以及农产品保供稳价的安全程度的不同而存在差异

利用 1 030 份关于对食物浪费行为的影响因素的有效问卷，对上海地区在疫情防控期间的食物浪费情况进行了实证分析，其中食物浪费态度作为核心自变量对食物浪费行为呈正向影响，即越觉得食物浪费无所谓，食物浪费行为越严重。通过稳健性检验，核心自变量的显著性以及正向影响基本没发生变化，说明食物浪费态度对食物浪费行为的显著正向影响结果是可靠的。研究结果还显示，农产品安全的放心程度对食物浪费行为呈正向影响，即对上海本地市场农产品安全越放心，食物浪费行为越严重；家庭收入对食物浪费行为也是呈正向影响，也就是家庭收入越高，食物浪费行为越严重。通过稳健性检验，以上提到的两个变量的显著性以及正向影响也基本吻合，说明有序 Probit 模型结果基本可靠。有一点需要注意，疫情下倡导节约食物必要性这一因素对食物浪费行为的影响通过稳健性检验之后由负变为正，其原因可能是存在少量异常值，但基本不影响模型结果，因此模型结果具有较高的可靠性，即所选核心自变量及其余变量可以解释食物浪费行为的轻重程度。

二、政策建议

根据上述得出的主要研究结论，针对性提出以下几个方面的政策建议。

1. 针对农产品类别偏好方面的建议

(1) 关于促进蔬菜消费的建议

一是加强食品质量安全监管，提升蔬菜质量。通过调查发现，上海市城镇消费者对蔬菜的质量安全还有担忧，因此食品安全监管部门应该继续加强对市场上蔬菜的质量安全检测和监管力度，可以通过增加蔬菜抽检频率和农药残留的检测项，提高市场准入条件，并对违反市场质量安全规定者加大惩罚力度。

二是稳控蔬菜价格，提升消费者支付意愿。研究表明，当前上海市消费者对地产蔬菜具有较高支付意愿，且绿叶菜消费占比相对高，但随着蔬菜价格的上升，消费者的支付意愿会下降，因此要努力实现种植面积稳定、产出能力提高、供应基本均衡、价格波动可控、安全质量上升和产销更加顺畅的目标，以满足城镇居民生活水平日益提高的需要。

三是加强教育和宣传，提高消费者对地产蔬菜的认知。首先要对地产蔬菜做到可追溯体系全覆盖，鼓励地产蔬菜全程可追溯化。其次应当采取多种宣传渠道，对可追溯地产蔬菜的益处进行宣传，提高消费者认知，克服信息不对称造成的市场失灵。利用电视广告、报纸、杂志等传统媒体以及互联网新媒体，加大对地产蔬菜的宣传，让消费者尽可能多地接触地产蔬菜的相关信息。政府相关部门定期举办一些食品安全讲座，对地产蔬菜的优质优价进行详细介绍，增进消费者对可地产蔬菜的了解和信任程度。

(2) 关于促进猪肉消费的建议

一是作为政府主导模式猪肉可追溯体系建设的主导力量，政府既应充分发挥电视、网络和报纸杂志等渠道的宣传作用，加大对可追溯猪肉的宣传力度，也应在财政资金允许的情况下尽可能加大对猪肉可追溯体系参与企业的支持力度，加快猪肉可追溯体系建设进度，提高猪肉可追溯体系覆盖面。

二是政府应在提高猪肉可追溯体系标准化水平和加强市场监管的同时，建立与公众互动交流的平台，提高猪肉可追溯体系建设的公众参与度，从而最终提高消费者对猪肉追溯标签的信任水平，尤其是提高质量安全偏好人群的猪肉追溯标签信任水平。

三是作为政府主导模式猪肉可追溯体系建设的重要力量，企业既要努力承担在保障猪肉质量安全方面的社会责任，自觉维护可追溯猪肉市场秩序，也应努力扩大可追溯猪肉生产规模，降低可追溯猪肉成本，从而增加可追溯猪肉市场份额。

四是作为政府主导模式猪肉可追溯体系的重要参与者，消费者应努力提高自身的食品追溯意识，并以更加理性的态度来认识和评价可追溯猪肉，通过现有的公众互动交流平台加强对可追溯猪肉生产经营者的监督，共同维护可追溯猪肉市场的良好秩序。

(3) 关于促进藜麦消费的建议

一是以市场需求为导向，加大产品研发力度。生产厂商应通过广泛的市场调研充分挖掘老人、小孩及学生等群体的消费需求，同时优化生产工艺，在保留藜麦营养价值的前提下改良口感，丰富现有产品类型。

二是落实产品营养等认证标识，提高公众认知水平。推进官方机构对藜麦生产商的资质考核及产品营养成分检测认证，深化消费者对藜麦产品的认知水平。

三是强化政府主导、多渠道媒体及社区参与的多主体宣传模式，提高消费者饮食健康意识。逐步引导健康消费趋势，促进消费者养成兼顾谷类摄入、种类多样的平衡膳食模式。

(4) 关于促进花卉消费的建议

一是普及花卉文化知识，引导花卉消费理念。经常购买花卉的只有20.88%，说明花卉消费理念还未普及，居民对花卉的消费兴趣仍然不高。政府应支持、鼓励花卉生产经营者根据不同花卉的成熟时间，在公园、景区等人流量大的场所举办各种花事活动，并定期开展小型的插花体验活动和花卉知识普及活动，让人们感受到花卉的美好，培养人们对花卉的喜爱，逐步改变其消费习惯和消费结构，加大人们对花卉的消费支出，促使花卉消费向日常消费转变。

二是将消费者需求放在首位，提高消费者满意度。花卉的生产经营者定期进行市场调研，及时了解不同花卉消费者的需求变化；花卉商家定期对花卉消费者进行回访，根据消费者的反馈进行适当调整，使花卉价格、种类、品质、商家所提供的服务等更符合消费者的需求，进而提高消费者的满意度。

三是明确消费者购买意图，提高花卉供给水平。在节假日和特殊节日要更加注重花卉的包装是否精美，根据顾客的购买意图适当调整花卉产品的供给。同时发挥上海地区的优势，政府加大对花卉产品研发培育的投入和现代化栽培设施等高新技术的应用，增加花卉的品种，提高花卉质量和产量，向消费者提供多种类、高品质的花卉产品，刺激居民的花卉消费。

2. 针对农产品质量信号偏好方面的建议

(1) 关于促进地产品牌农产品消费的建议

一是要与农业行业共荣辱，提高生产者道德水平。地产农产品质量建设根本在于提升生产者的责任意识和道德水平，要禁止利用信息不对称赚取额外收益，禁止利用农产品安全事件进行炒作来衬托生产的地产农产品符合有机绿色标准，避免信任危机的扩大危及地产农产品。同时对生产技术和生产管理做出改进，调整供给端输出产品整体质量，销售时同步配备农产品信息化数据管理系统。

二是优化购买渠道设计，挖掘消费者地产农产品需求。除了在传统的交通出行、商品提拿、支付环节做改进之外，销售者还可以根据消费者的独特需求作出精准回应，借助农产品网上销售比重增长的趋势，大力发展地产农产品互联网云端销售模式，融入"智慧＋"消费生态体系，建设高效配送队伍，将地产农产品引进社区菜店等便民服务商店中去，等等。

三是发挥政府职能，对优势农产品进行一对一帮扶。政府应在政策上继续向支持优质地产农产品产业战略倾斜，并通过电视、会议、报纸、微博、公众号等主要媒介宣传农产品质量安全管理办法，向消费者传递政府监管决心和力度，打消消费者对地产农产品安全缺乏保障的疑虑。同时对当地优势农产品进行指导和帮扶，根据作物不同制定不同发展规划，提供品牌申请、标志认证等方面的资金补贴和法律援助，帮助农民适应消费保障升级的市场转型。

（2）关于促进质量认证农产品消费的建议

一是政府和企业应加大质量认证食品的宣传力度，提高消费者对质量认证标签的认知水平，加大对绿色食品、有机食品或无公害农产品认证标签的宣传力度，尤其要关注对质量认证标签质量安全标准的宣传。

二是第三方认证机构应规范食品质量认证，提高质量认证标签的防伪能力，政府则应规范质量认证标签的使用，严惩质量认证标签的违规使用行为，上述做法的最终目的在于提高消费者对质量认证标签的质量安全信任水平，以提高消费者购买质量认证食品的可能性，同时应该注意市场细分，尤其注意提高质量安全偏好型消费者的质量安全信任水平。

三是鉴于食品质量认证的质量安全保障作用，政府除了继续规范质量认证标签的使用，同时应出台更多的相关政策措施，积极鼓励、扶持企业在食品质量认证方面的品牌化建设，消费者则应提高对质量认证标签的识别和鉴伪能力，尽可能增加对质量认证食品的购买，这对于保障市场上食品的质量安全具有积极作用。

（3）关于促进可追溯农产品消费的建议

一是当前消费者对可追溯猪肉的认知水平普遍不高，追溯查询意识和习惯更是有待提高，猪肉溯源意识的缺失不利于可追溯猪肉的价值体现。若消费者仅是将猪肉可追溯体系建设看作政府提供的一种质量安全认证，盲目地相信或不相信而不去选择查询相关追溯信息，那么猪肉生产经营者的声誉，尤其是生猪屠宰加工企业的声誉将无法得到提高，这显然不利于猪肉可追溯体系建设的深入推进。因此，政府应该充分利用电视、网络、食品标签等各种信息渠道加强猪肉可追溯体系宣传力度，尽可能提高消费者的追溯查询意识和习惯，这将有利于实现猪肉可追溯体系建设的良性循环。

二是当前市场上食品质量安全相关信息纷繁复杂、真伪难辨，食品可追溯体系为消除信息的不对称提供了良好的途径，但信息源的多样化导致消费者对信息源的信任呈现差异，反而不利于信息不对称问题的解决。就猪肉可追溯体系建设而言，政府应该规范追溯信息消费终端查询，建立统一追溯信息查询平台，由消费者更加信任的政府规范发布猪肉质量安全追溯信息，实现消费者便利查询，从而增强消费者对可追溯猪肉的消费信心，最终达到促进猪肉可追溯体系建设和猪肉质量安全问题解决的目的。

(4) 关于促进追溯与品牌、认证、信用耦合监管农产品消费的建议

一是从消费者对品牌猪肉的购买行为可以看出，当前消费者对品牌猪肉具有较高的需求，政府应鼓励企业加强品牌化建设、加大品牌宣传力度，对消费者进行正确引导，努力提高消费者对品牌可追溯性的信任水平。以猪肉产品为例，可以从两个方面努力提高消费者对品牌可追溯性的信任水平：政府应继续推进猪肉可追溯体系和质量认证建设，鼓励品牌猪肉生产企业积极参与其中；企业对品牌的宣传和引导工作应侧重于对自己所购猪肉的质量安全状况不放心、猪肉占家庭肉类消费比重较低、男性、非北京户籍的消费者。

二是由于品牌的可追溯性特征对于具有不同追责意识的消费者具有不同的意义，因此，政府在鼓励企业加强品牌化建设的同时，应通过多样化渠道的宣传和引导来增强消费者的追责意识和维权意识，加强食品质量安全监管，严厉打击不安全食品的生产经营行为。这样，一方面可以通过提高消费者对品牌可追溯性的信任水平来增加消费者对品牌食品的购买量，另一方面可以加大企业生产经营不安全食品行为的风险来挤压不安全食品生产经营者的生存空间，从而有利于企业通过品牌化建设取得消费者的品牌信任，进而获取更多的利润回报，最终实现安全食品需求和供给两方面的良性循环。鉴于购买过"三品"认证猪肉的消费者中仍有部分消费者不信任认证猪肉，生鲜猪肉供应商应不断提升生产安全猪肉的能力，同时加强与消费者的信息交流，通过各种渠道向消费者传递食品安全信息，增强消费者的信任。

三是新形势下构建"追溯＋信用"耦合监管格局，通过实现责任主体信用等级等质量信息的追溯查询，既可充分发挥政府监管作用，还可充分发挥市场声誉作用，从而更好发挥农产品安全组合监管效能，这是当前亟须的一种农产品质量安全监管新思路。一方面探索双向溯源。鼓励有条件的地区和农产品经营主体试点探索建设农产品"生产、消费"双向可追溯体系，在原有农产品可追溯系统上增加消费流向模块，采取红包、积分等形式促使下一级购销商或消费者通过扫码查询农产品溯源信息，同时实现对农产品消费流向的跟踪记录。另一方面推广"一品一码"。在每个产品标签上均打印追溯信息二维码，使消费者在购买之前就可扫码查询农产品生产信息、合格证信息、经营主体质量信用信息等，充分维护消费者知情权。

(5) 关于促进低碳农产品消费的建议

一是把握生态消费潮流，重视发展低碳蔬菜产业。习近平总书记在党的十

九大报告中提出"绿水青山就是金山银山"，这一理念也被载入党章并上升到国家战略高度。上海定位发展都市现代绿色农业，非常契合新时代发展精神和要求。上海作为国际大都市和具有重要政治经济战略意义的直辖市，应该在发展现代都市绿色农业方面作出表率和引领作用，把握生态消费潮流，大力发展低碳农业，重视生产低碳蔬菜，对积极探索和生产低碳蔬菜的经营主体给予政策支持，并鼓励支持产学研合作研究推广良好的低碳蔬菜生产模式。当前上海市居民不仅对蔬菜质量安全提出更高要求，同时对蔬菜生产可能产生的环境问题也给予关注。尤其需要强调的是，低碳蔬菜应该是一个覆盖全供应链的概念，应该是指种植过程中很少使用甚至不使用农药、化肥和农膜，改施粪肥和有机肥，使用绿色防虫技术；储运过程中使用尽可能降低碳排放的冷链运输，少使用甚至不使用防腐剂或保鲜剂，减少储运的能源消耗；销售过程通过减少包装物的使用等实现低能耗、低物耗。

二是加大低碳蔬菜宣传引导力度，针对不同消费群体采取不同宣传引导策略，努力提高消费者环保意识以及对低碳蔬菜的支付意愿水平。上海市居民对低碳蔬菜的认知度仍有待提升，这需要政府充分利用网络、电视、报纸杂志等渠道加大宣传力度，提高消费者对低碳蔬菜乃至低碳农产品的需求，为发展低碳蔬菜产业创造良好的市场条件。同时鉴于不同收入水平、环保意识、低碳认知、购买成员、蔬菜偏好、个体特征的消费群体对低碳蔬菜支付意愿所呈现出的差异，需要在宣传引导时有侧重点和针对性，特别是加大对低收入、低环保意识、家庭蔬菜次要购买成员、女性、中青年、高中及以下学历等消费群体的宣传力度，向其宣传低碳蔬菜在保护生态环境和保障质量安全方面的改进，提高其对低碳蔬菜的支付意愿水平。此外，努力提高消费者的环保意识，这对提高消费者对低碳蔬菜的整体支付意愿水平具有重要作用。

三是加强质量安全监管，全面提升蔬菜品质。调查发现，上海市居民对市场上蔬菜的质量安全评价并不是很高，对自己所购买蔬菜的质量安全也并非完全放心。不管是全国层面，还是上海市层面，蔬菜生产者使用化肥、农药的情况仍然较为普遍，这给蔬菜质量安全带来一定隐患，也阻碍了低碳蔬菜产业的发展。上海市应该继续加强对市场上蔬菜的质量安全检测和监管力度，不断提高蔬菜检测比例和农药检测种类。同时，不放松地产蔬菜的质量安全监管，坚决打击地产蔬菜质量安全违法违规行为，维护地产蔬菜的良好口碑。大力支持上海本地发展绿色蔬菜，全面提升蔬菜品质。这是全面提振消费者对地产蔬菜消费信心和促进地产蔬菜实现优质优价的前提和重大举措。

3. 针对疫情影响农产品消费方面的建议

(1) 关于促进非洲猪瘟疫情冲击下猪肉消费的建议

深入分析了猪瘟疫情对猪肉消费的影响与机制，研究结论具有以下政策启示。

一是猪瘟疫情不仅对我国生猪养殖带来巨大冲击，还对城市居民猪肉产生影响，甚至在较长时期内改变了人们的肉类消费习惯，降低了猪肉消费数量和消费比重，这也是导致现阶段虽猪肉价格大幅下跌、猪肉消费恢复却较为乏力的主要原因之一，这启示政府要加大猪肉消费宣传力度，提振猪肉消费信心，进一步调查研究城市居民猪肉消费需求和消费习惯变化，提供一些更能满足市场需求的猪肉，也促进生猪产业健康发展。

二是猪肉安全识别影响猪瘟疫情对城市居民猪肉消费的作用强度，猪瘟疫情通过降低城市居民的猪肉安全风险感知而减少猪肉消费，拥有品牌或可追溯信息的猪肉可以帮助居民建立猪肉消费的信心，在猪瘟疫情期间居民更偏好在超市和网络平台购买猪肉，这也启示大力扶持一些本土品牌生猪和猪肉企业的发展，鼓励和推动猪肉全产业链追溯体系建设，同时在继续加强超市和网络平台监管的同时，加强农贸市场和菜市场的标准化改造。

(2) 关于促进新冠疫情冲击下农产品消费的建议

结合研究结论，主要可以得到以下启示。

一是政府部门在应对疫情冲击带来的农产品供给不足与传统售卖市场相对停摆的问题时，应在稳定供给的前提下，组织提供或引入电商平台、社区团购直供等较为有效的销售模式。

二是主要满足市民消费农产品的数量偏好需要，同时在一定程度上协调满足质量偏好需要，是实现疫情下静态管理目标、有效缓解公共恐慌情绪的必要条件。

三是在疫情背景下农产品生产主体应采取更为主动的策略应对市场风险，尝试非传统营销渠道与模式，建立更为稳定的产销关系。

四是农产品经营实体应提升服务质量水平，增强消费者信任与依赖，促进购买方式转变可持续；采取适当的宣传手段，实现共情，提高客户黏性。

(3) 关于改善新冠疫情冲击下农产品浪费的建议

鉴于疫情预期的担忧程度以及农产品保供稳价的安全程度对农产品浪费态度和农产品浪费行为之间存在显著的调节作用，即疫情预期的担忧程度越高，浪费越少；农产品保供稳价的安全程度越高，浪费相对越多。因此，在保证农产品价格稳定的同时，需要控制食物浪费行为。通过研究得出结论，一方面可以通过社区宣传以及网络呼吁等渠道宣传食物浪费可能会带来的严重后果，争取从根源上减轻食物浪费程度；另一方面政府需要严格把控食物价格以及数量，尽最大可能地避免出现食物价格严重不稳定，从而导致食物浪费行为极端发展的情况。除了从道德上呼吁人们浪费食物可耻，也可以从法律层面上约束人们对食物的浪费，加强和完善《中华人民共和国反食品浪费法》。政府可以借鉴并改进日本消费者事务署每年对消费者反食物浪费的意识、地方政府的食物损失减少措施进行的问卷调查，开展"饮食习惯民意调查"，及时掌握消费者调查意愿，总结减少食物损失和浪费的工作状况。做好坚决抵制食物浪费以及食物浪费行为的宣传工作，线上线下双管齐下，线上宣传短片，线下宣传手册。

参考文献

贝克尔.1993.人类行为的经济分析 [M].上海：上海人民出版社.

蔡志坚，杜丽永，蒋瞻，2011.条件价值评估的有效性与可靠性改善：理论、方法与应用
　　[J].生态学报，31（10）：2915-2923.

常向阳，李香，2005.南京市消费者蔬菜消费安全认知度实证分析 [J].消费经济（5）：
　　74-78.

陈光华，2019.非洲猪瘟严峻形势下切实抓好生猪基础产能保护和肉品供给保障 [J].兽
　　医导刊（11）：10.

陈慧娟，张兆同，2012.消费者生鲜农产品购买行为研究：基于在盐城市的问卷调查 [J].
　　安徽农业科学，40（27）：13641-13643，13647.

陈强，2010.高级计量经济学及 Stata 应用 [M].北京：高等教育出版社：339-340.

陈水芬，2006.混合型消费行为的机理分析 [J].商业研究（17）：48-50.

陈鑫，杨德利，2019.绿色农产品消费动机、认知水平与购买行为研究：基于上海市消费
　　者的调查 [J].食品工业，40（1）：246-250.

陈雨生，杨鲜翠，张琳，等，2015.可追溯背景下食品核心企业与认证机构行为选择：基
　　于实验经济学的分析 [J].农业技术经济（11）：99-111.

程景民，贾彬彬，贾慧敏，等，2023.基于计划行为理论的居民全谷物食品消费意愿影响
　　因素分析 [J].护理研究，37（9）：1517-1521.

仇焕广，黄季焜，杨军，2007.政府信任对消费者行为的影响研究 [J].经济研究（6）：
　　65-74.

戴迎春，朱彬，应瑞瑶，2006.消费者对食品安全的选择意愿：以南京市有机蔬菜消费行
　　为为例 [J].南京农业大学学报（社会科学版）（1）：47-52.

董春艳，郑毓煌，2010.消费者自我控制：文献评述与研究展望 [J].经济管理，32
　　（11）：170-177.

段文婷，江光荣，2008.计划行为理论述评 [J].心理科学进展，16（2）：315-320.

方杰，温忠麟，梁东梅，等，2015.基于多元回归的调节效应分析 [J].心理科学（3）：715.

方杰，温忠麟，欧阳劲樱，等，2022. 国内调节效应的方法学研究［J］. 心理科学进展，30（8）：1703－1704.

方琦，2009. 营销沟通中信息源可信度研究［J］. 皖西学院学报（1）：75－78.

封志明，史登峰，2006. 近20年来中国食物消费变化与膳食营养状况评价［J］. 资源科学，（1）：2－8.

冯建英，穆维松，傅泽田，2006. 消费者的购买意愿研究综述［J］. 现代管理科学（11）：7－9.

冯燕芳，陈永平，2019. 生鲜农产品供应链信息溯源研究：兼析生鲜农产品价格信息对消费者购买意愿的影响［J］. 价格理论与实践（5）：153－156.

弗里曼，2002. 环境与资源价值评估：理论与方法［M］. 曾贤刚，译. 北京：中国人民大学出版社：204－206.

付庆凤，2013. 基于计划行为理论的科技人员创新行为产生机理研究［D］. 天津：天津理工大学.

傅丽芳，邓华玲，魏薇，等，2014. 基于Probit回归的绿色农产品消费影响因素及购买行为分析［J］. 生态经济，30（7）：60－64.

高文玲，施盛高，徐丽，等，2011. 低碳农业的概念及其价值体现［J］. 江苏农业科学.

格林，2020. 计量经济分析：第八版［M］. 张成思，译. 北京：中国人民大学出版社.

龚波，尹风雨，2018. 人口城镇化对中国粮食消费的影响测度［J］. 财经理论与实践，39（5）：134－140.

郭斌，甄静，谭敏，2014. 城市居民绿色农产品消费行为及其影响因素分析［J］. 华中农业大学学报（社会科学版），（3）：82－90.

郭育齐，张琼婷，2022. 消费者减少食物浪费之因素探讨：以高雄市为例［J］. 应用经济论丛，（111）：43－74.

国家统计局，2012.2020年中国统计年鉴［M］. 北京：中国统计出版社.

国家统计局，2019.2019年中国统计年鉴［M］. 北京：中国统计出版社.

韩杨，曹斌，陈建先，等，2014. 中国消费者对食品质量安全信息需求差异分析：来自1573个消费者的数据检验［J］. 中国软科学（2）：32－45.

韩杨，乔娟，2009. 消费者对可追溯食品的态度、购买意愿及影响因素：基于北京市调查的检验与分析［J］. 技术经济，28（4）：37－43.

何德华，周德翼，王蓓，2007. 对武汉市民无公害蔬菜消费行为的研究［J］. 统计与决策，（6）：114－116.

何明钦，刘向东，2020. 社会信任心理与消费行为：基于总量和层次的机制研究［J］. 消费经济，36（1）：57－71.

何坪华，凌远云，焦金芝，2009. 武汉市消费者对食品市场准入标识QS的认知及其影响因素的实证分析［J］. 中国农村经济（3）：57－67.

侯彩霞，张梦梦，赵雪雁，等，2022. 性别差异视角下中国家庭食物浪费行为的神经机制

研究 [J]. 自然资源学报, 37 (10): 2531-2543.

胡定寰, 2005. 农产品"二元结构"论: 论超市发展对农业和食品安全的影响 [J]. 中国农村经济 (2): 12-18.

胡浩, 戈阳, 2020. 非洲猪瘟疫情对我国生猪生产与市场的影响 [J]. 中国畜牧杂志, 56 (1): 168-172.

胡小平, 郭晓慧, 2010. 2020年中国粮食需求结构分析及预测: 基于营养标准的视角 [J]. 中国农村经济 (6): 4-15.

黄洪武, 郭会勇, 2019. 非洲猪瘟疫情对中国生猪产业的影响与展望 [J]. 农业展望, 15 (10): 81-85.

黄季焜, 仇焕广, 白军飞, 等, 2006. 中国城市消费者对转基因食品的认知程度、接受程度和购买意愿 [J]. 中国软科学 (2): 61-67.

黄季焜, 解伟, 2022. 中国未来食物供需展望与政策取向 [J]. 工程管理科技前沿 41 (1): 17-25.

黄季伸, 徐家鹏, 2007. 消费者对无公害蔬菜的认知和购买行为的实证分析: 基于武汉市消费者的调查 [J]. 农业技术经济 (6): 62-66.

黄锡生, 饶能, 2021. 食物节约立法的域外考察及其借鉴 [J]. 重庆大学学报 (社会科学版), 27 (4): 101-114.

黄毅祥, 张欣玉, 赵敏娟, 2022. 杂粮消费行为的健康驱动机制: 来自荞麦主产8省份的微观调研 [J]. 世界农业 (10): 57-69.

金玉芳, 董大海, 2004. 消费者信任影响因素实证研究: 基于过程的观点 [J]. 管理世界 (7): 93-99, 156.

靳明, 赵昶, 2008. 绿色农产品消费意愿和消费行为分析 [J]. 中国农村经济 (5): 44-55.

康茜, 2016. 基于计划行为理论的上海市7-15岁少年儿童闲暇时间中高强度体力活动水平研究 [D]. 上海: 上海体育学院.

科特勒, 2003. 营销管理: 第11版 [M]. 梅清豪, 译. 上海: 上海人民出版社: 131-135.

雷丝雨, 刘瑞涵, 赵建梅, 2015. 基于ELES模型的中国城乡居民粮食消费实证研究 [J]. 农业展望, 11 (4): 76-81.

李波, 张俊飚, 李海鹏, 2011. 中国农业碳排放时空特征及影响因素分解 [J]. 中国人口·资源与环境, 21 (8): 80-86.

李春杰, 程艳从, 赵会茹, 2012. 基于效用函数的电力普遍服务综合效用评价 [J]. 电力系统自动化, 36 (22): 50-54.

李国志, 李宗植, 2010. 中国农业能源消费碳排放因素分解实证分析: 基于LMDI模型 [J]. 农业技术经济 (10): 66-72.

李雷, 白军飞, 张彩萍, 2019. 外出务工促进农村留守人员肉类消费了吗: 基于河南、四川、安徽和江西四省的实证分析 [J]. 农业技术经济 (9): 27-37.

李亮, 卢捷琦, 季建华, 2015. 信息共享研究中的信任问题 [J]. 上海管理科学, 37 (3):

60－64.

李留义，罗月领，2020. 长三角地区食品安全信用监管协调机制探讨［J］. 征信，38
　　（04）：50－53.

李梦夏，税文兵，2020. 基于理性行为理论的网络预售生鲜农产品消费者购买意愿影响因
　　素研究［J］. 物流科技，43（8）：7－11.

李宁，张瑞荣，2013. 内蒙古地区城镇居民肉类消费需求研究［J］. 财经理论研究（4）：
　　59－65.

李群绩，王灵恩，田冰，等，2022. 游客食物浪费行为驱动因素及监测评估［J］. 自然资
　　源学报，37（10）：2583－2600.

李双双，陈毅文，李江予，2006. 消费者网上购物决策模型分析［J］. 心理科学进展，14
　　（2）：294－299.

李文瑛，李崇光，肖小勇，2018. 基于刺激—反应理论的有机食品购买行为研究：以有机
　　猪肉消费为例［J］. 华东经济管理，32（6）：171－178.

李艳燕，2021. 制度、消费者认知与消费者购买决策研究［J］. 商业经济研究（8）：
　　109－113.

梁飞，马恒运，刘瑞峰，2019. 消费者信任对可追溯食品偏好和支付意愿影响研究：基于
　　中国大中型城市可追溯富士苹果消费者的问卷调查［J］. 农业经济与管理（6）：85－98.

廖卫红，2013. 移动互联网环境下消费者行为研究［J］. 科技管理研究，33（14）：
　　179－183.

林勇，平瑛，李玉峰，2014. 消费者对可追溯蔬菜的态度以及支付意愿：以上海市为例
　　［J］. 中国农学通报，30（26）：291－296.

刘李峰，武拉平，张照新，2007. 价格、质量对超市农产品经营影响的实证研究：来自消
　　费者角度的证据［J］. 中国农村观察（1）：24－35，80.

刘丽红，路剑，卢志丹，2012. 河北省城镇居民畜产品消费结构分析和预测［J］. 湖北农
　　业科学，51（4）：855－857.

刘晓洁，宗耕，陈萌山，等，2020. 疫情下关于分餐制的思考与对策建议［J］. 中国科学
　　院院刊，35（11）：1402－1407.

刘晓琳，吴林海，徐玲玲，2015. 消费者对可追溯茶叶额外价格支付意愿与支付水平的影
　　响因素研究［J］. 中国人口（资源与环境），25（8）：170－176.

刘星辰，杨振山，2012. 从传统农业到低碳农业：国外相关政策分析及启示［J］. 中国生
　　态农业学报，20（6）：674－680.

刘艳秋，周星，2009. 基于食品安全的消费者信任形成机制研究［J］. 现代管理科学（7）：
　　55－57.

刘月，曹建民，2014. 少数民族地区居民收入对肉类消费的影响研究：基于分布滞后模型
　　的分析［J］. 中国畜牧杂志，50（20）：43－46.

刘增金，2015. 基于质量安全的中国猪肉可追溯体系运行机制研究：以北京市为例［D］.

北京：中国农业大学.

刘增金，乔娟，2014. 消费者对可追溯食品的购买行为及影响因素分析：基于大连市和哈尔滨市的实地调研［J］. 统计与信息论坛，29（1）：100－105.

刘增金，乔娟，李秉龙，2013. 消费者对可追溯牛肉的认知及其影响因素分析：基于结构方程模型［J］. 技术经济，32（3）：86－92.

刘增金，乔娟，李秉龙，2013. 消费者对可追溯食品购买意愿的实证分析：基于消费者购买决策过程模型的分析［J］. 消费经济（1）：43－47.

刘增金，乔娟，沈鑫琪，2015. 偏好异质性约束下食品追溯标签信任对消费者支付意愿的影响：以猪肉产品为例［J］. 农业现代化研究，36（5）：834－841.

刘增金，乔娟，王晓华，2016. 品牌可追溯性信任对消费者食品消费行为的影响：以猪肉产品为例［J］. 技术经济，35（5）：104－111.

刘增金，乔娟，徐琳君，2015. "三品"认证食品标签信任对消费者行为的影响：以猪肉产品为例［J］. 中国农学通报，31（36）：283－290.

刘增金，王萌，贾磊，等，2018. 溯源追责框架下猪肉质量安全问题产生的逻辑机理与治理路径：基于全产业链视角的调查研究［J］. 中国农业大学学报，23（11）：206－221.

刘增金，俞美莲，乔娟，2017. 信息源信任对消费者食品购买行为的影响研究：以可追溯猪肉为例［J］. 农业现代化研究，38（5）：755－763.

卢艳平，肖海峰，2020. 我国居民肉类消费特征及趋势判断：基于双对数线性支出模型和LA/AIDS模型［J］. 中国农业大学学报，25（1）：180－190.

陆文聪，梅燕，2008. 收入增长中城乡居民畜产品消费结构趋势实证研究：以浙江省为例［J］. 技术经济（2）：81－85，100.

罗吉文，许蕾，2010. 论低碳农业的产生、内涵与发展对策［J］. 农业现代化研究，31（6）：701－703，728.

罗千峰，翁贞林，付莲莲，2017. 城乡居民口粮消费与猪肉消费互动关系的经济学分析［J］. 价格月刊（3）：6－11.

罗秀丽，杨忍，徐茜，2021. 全球人口与粮食的空间错位演变及影响因素分析［J］. 自然资源学报，36（6）：1381－1397.

骆建忠，2008. 中国居民粮食消费量与营养水平关系分析［J］. 中国食物与营养（3）：37－40.

马爱国，2004. 农产品质量安全认证与农业产业发展［J］. 农业质量标准（6）：4－8.

马红，2019. 消费者生鲜APP渠道迁徙的影响因素研究：基于PPM理论模型的实证［J］. 商业经济研究（8）：84－87.

马骥，秦富，2009. 消费者对安全农产品的认知能力及其影响因素：基于北京市城镇消费者有机农产品消费行为的实证分析［J］. 中国农村经济（5）：28－36.

马明峰，陈春花，2006. 品牌信任、品牌可信度与品牌忠诚关系的实证研究［J］. 经济管理（11）：55－58.

孟庆杰，2020. 信息不对称语境下公众食品安全信任机制的构建［J］. 食品与机械，36

（11）：87 - 90.

莫鸣，王品入，2019. 食品生产企业质量信用评价体系设计与实证分析［J］. 消费经济，35（3）：79 - 87.

牟晶，2006. 绿色消费中的信息不对称问题探究［J］. 中南财经政法大学研究生学报（3）：60 - 64.

聂赟彬，乔娟，2019. 非洲猪瘟发生对我国生猪产业发展的影响［J］. 中国农业科技导报，21（1）：11 - 17.

牛宝俊，郭洁珍，郭穗燕，等，2001. 广州现代都市农业科技发展思路与对策［J］. 华中农业大学学报（社会科学版）（4）：15 - 18.

庞晶，李文东，2011. 低碳消费偏好与低碳产品需求分析［J］. 中国人口·资源与环境，21（9）：76 - 80.

乔立娟，张灿，2015. 河北省城乡居民蔬菜消费变动趋势与影响因素分析［J］. 长江蔬菜（11）：4 - 7.

青平，严奉宪，王慕丹，2006. 消费者绿色蔬菜消费行为的实证研究［J］. 农业经济问题（6）：73 - 78.

冉陆荣，李宝库，2016. 消费者行为学［M］. 北京：北京理工大学出版社.

萨吉，2013. 针对中国网络购物消费者的信任行为研究［D］. 北京：清华大学.

尚旭东，李秉龙，2012. 我国城乡居民畜产品消费特征与问题分析：基于消费结构与收入差距视角［J］. 生态经济（6）：45 - 52.

沈镭，钟帅，胡纾寒，2020. 新时代中国自然资源研究的机遇与挑战［J］. 2020，自然资源学报，35（8），1773 - 1788.

石嫣，程存旺，雷鹏，等，2011. 生态型都市农业发展与城市中等收入群体兴起相关性分析：基于"小毛驴市民农园"社区支持农业（CSA）运作的参与式研究［J］. 贵州社会科学（2）：55 - 60.

史燕伟，徐富明，罗教讲，等，2015. 行为经济学中的信任：形成机制及影响因素［J］. 心理科学进展，23（7）：1236 - 1244.

世界自然基金（WWF）与中国科学院地理科学与资源研究所，2020. 中国城市餐饮食物浪费报告［J］. 企业党建（10）.

宋媚，张朋柱，范静，2015. 基于G2B共享信息中介的异源信息信任形成研究［J］. 系统工程理论与实践（5）：1177 - 1186.

宋知远，王志君，2022. 政策工具视角下中国反食品浪费政策文本研究［J］. 粮食科技与经济，47（4）：19 - 24.

苏贵芳，花俊国，孙文珊，等，2021. 生猪疫情对猪肉价格非线性冲击的形成机理与检验［J］. 中国农村经济（11）：107 - 124.

孙艺，张锐，刘玉梅，2018. 行业信任、质量安全感知、奶制品消费研究［J］. 中国食物与营养，24（7）：57 - 63.

孙永健, 2020. 对我国畜禽养殖业供给侧改革的思考: 以非洲猪瘟疫情应对为例 [J]. 中国动物检疫, 37 (3): 57 - 63.

孙永健, 2020. 对我国畜禽养殖业供给侧改革的思考——以非洲猪瘟疫情应对为例 [J]. 中国动物检疫, 37 (3): 57 - 63.

唐步龙, 张前前, 2017. 城市居民对蔬菜质量安全监管体系的信任研究 [J]. 云南民族大学学报 (哲学社会科学版), 34 (3): 119 - 124.

唐华俊, 2012. 中国居民合理膳食模式下的粮食供需平衡分析 [J]. 农业经济问题, 33 (9): 4 - 11, 110.

唐娅楠, 刘合光, 2013. 上海市城镇居民蔬菜消费特点及消费需求系统分析 [J]. 广东农业科学, 40 (23): 204 - 208.

万俊毅, 许世伟, 罗超, 等, 2011. 梅州农产品质量安全监管现状、问题与对策 [J]. 广东农业科学, 38 (1): 159 - 161.

汪丁丁, 2017. 行为社会科学基本问题 [J]. 学术月刊, 49 (5): 2.

王冰林, 李媛媛, 2011. 低碳经济背景下设施蔬菜产业发展策略 [J]. 北方园艺 (21): 186 - 188.

王二朋, 周应恒, 2011. 城市消费者对认证蔬菜的信任及其影响因素分析 [J]. 农业技术经济 (10): 69 - 77.

王锋, 张小栓, 穆维松, 等, 2009. 消费者对可追溯农产品的认知和支付意愿分析 [J]. 中国农村经济 (3): 68 - 74.

王济民, 辛翔飞, 王祖力, 2021. 高度重视疫情对生猪大幅波动的影响促进生猪产业健康稳定发展 [Z]. "三农" 决策要参 (376): 1 - 9.

王建华, 杨晨晨, 唐建军, 2019. 养殖户损失厌恶与病死猪处理行为: 基于 404 家养殖户的现实考察 [J]. 中国农村经济 (4): 130 - 144.

王建华, 杨晨晨, 朱湄, 2018. 消费者对安全认证猪肉的选择行为偏差及其影响因素 [J]. 中国人口·资源与环境, 28 (12): 147 - 158.

王金丽, 申光龙, 秦鹏飞, 等, 2017. 在线顾客满意、顾客惰性与顾客忠诚的一种动态权变作用机制 [J]. 管理学报, 14 (11): 1681 - 1689.

王丽丽, 李瑞晶, 2022. 基于计划行为理论的消费者对品牌农产品消费意向及行为研究 [J]. 辽宁经济, (7): 50 - 57.

王丽珍, 2011. 消费者蔬菜安全关注程度与购买行为差异研究: 基于武汉市的调查 [D]. 武汉: 华中农业大学.

王明利, 2020. "十四五" 时期畜产品有效供给的现实约束及未来选择 [J]. 经济纵横 (5): 100 - 108.

王庆叶, 刘杨杨, 林虬韬, 等, 2022. 高校大学生食物浪费行为影响因素研究: 以扬州大学为例 [J]. 粮食科技与经济, 47 (3).

王首元, 孔淑红, 2021. 新行为经济学理论: 对期望效用理论和前景理论的一个延伸 [J].

西安交通大学学报（社会科学版），32（4）：17-24.

王舒娟，马俊凯，2019. 中国居民优质粮食消费的影响因素及趋势预测［J］. 粮食经济研究，5（1）：67-81.

王晓梅，何微，杨小薇，等，2021. 新型冠状病毒肺炎疫情下粮食保障应对策略分析与建议［J］. 中国农业科技导报，23（5）.

王秀清，孙云峰，2002. 我国食品市场上的质量信号问题［J］. 中国农村经济（5）：27-32.

王一舟，王瑞梅，修文彦，2013. 消费者对蔬菜可追溯标签的认知及支付意愿研究：以北京市为例［J］. 中国农业大学学报，18（3）：215-222.

王志刚，2003. 食品安全的认知和消费决定：关于天津市个体消费者的实证分析［J］. 中国农村经济（4）：41-48.

王祖力，王济民，2011. 我国畜产品消费变动特征与未来需求预测［J］. 农业展望，7（8）：55-59.

魏汝祥，张怀强，李积源，等，2002. 基于效用函数的常规潜艇作战能力评估研究［J］. 装备指挥技术学院学报，13（5）：6-9.

温忠麟，侯杰泰，张雷，2005. 调节效应与中介效应的比较和应用［J］. 心理学报（2）：268-274.

文晓巍，李慧良，2012. 消费者对可追溯食品的购买与监督意愿分析：以肉鸡为例［J］. 中国农村经济（5）：41-52.

翁鸣，2003. 中国农产品质量与国际竞争力［J］. 中国农村经济（4）：20-26.

毋青松，2013. 城市化进程中都市农业发展路径创新［J］. 农业经济问题，34（9）：34-37.

吴定玉，辛雅洁，2018. 企业消费者社会责任对消费者购买意愿的影响研究：基于理性行为理论视角［J］. 消费经济，34（3）：54-61.

吴林海，卜凡，朱淀，2012. 消费者对含有不同质量安全信息可追溯猪肉的消费偏好分析［J］. 中国农村经济（10）：13-23，48.

吴林海，李壮，陈秀娟，等，2020. 诱导性信息对食品消费行为折中效应的影响研究：猪肉产品为案例的实证分析［J］. 农业技术经济（9）：102-116.

吴林海，裴光情，许国艳，等，2017. 病死猪无害化处理政策对生猪养殖户行为的影响效应［J］. 中国农村经济（2）：56-69.

吴林海，王淑娴，HLI W Y，2014. 消费者对可追溯食品属性的偏好和支付意愿：猪肉的案例［J］. 中国农村经济（8）：58-75.

吴林海，徐玲玲，王晓莉，2010. 影响消费者对可追溯食品额外价格支付意愿与支付水平的主要因素：基于Logistic、Interval Censored的回归分析［J］. 中国农村经济（4）：77-86.

吴贤荣，张俊飚，朱烨，等，2014. 中国省域低碳农业绩效评估及边际减排成本分析［J］. 中国人口·资源与环境，24（10）：57-63.

吴小花，陈勇飞，2016. 从消费经济理论发展历史源流看居民消费率的提升策略［J］. 商业经济研究，（11）：46-47.

吴晓蓉，2007. 国际资源环境不公的现状、原因及其对策［J］. 中南大学学报（社会科学版），13（6）：702-710.

吴辛欣，2009. 基于效用的高校图书馆文献经费优化配置研究［D］. 南京：南京农业大学.

夏晓平，李秉龙，2011. 品牌信任对消费者食品消费行为的影响分析：以羊肉产品为例［J］. 中国农村观察（4）：14-26.

肖峰，2013. 基于效用理论的在校大学生兼职分析［J］. 中外企业家（12）：230-231.

肖琦，周杨，2019. 疫病对猪肉价格波动的影响：基于供需关系视角［J］. 黑龙江畜牧兽医（2）：12-16，177.

徐志军，2022. 减少粮食浪费，从光盘开始［J］. 国际人才交流（4）：2.

许广月，2010. 中国低碳农业发展研究［J］. 经济学家（10）：72-78.

薛钦源，陈松，张小栓，等，2017. 农产品质量安全失信成因和对策［J］. 中国食物与营养，23（6）：9-11.

薛钦源，郑小平，李雨桐，2021. 农产品质量安全信用及评价指标体系研究［J］. 征信，39（1）：71-77.

闫岩，2014. 计划行为理论的产生、发展和评述［J］. 国际新闻界，36（7）：113-129.

闫振宇，陶建平，2014. 猪肉质量安全风险认知、消费决策及政府沟通策略：基于重大动物疫情的消费者适应性调研［J］. 中国畜牧杂志，50（20）：58-62，84.

杨德利，李智彬，王浩，等，2022. 都市花卉产业的市场需求分析［J］. 北方园艺（13）：134-140.

杨金深，张贯生，智健飞，等，2004. 我国无公害蔬菜的市场价格与消费意愿分析：基于石家庄的市场调查实证［J］. 中国农村经济（9）：43-48.

杨贤传，张磊，2018. 消费价值与社会情境对城市居民低碳消费意愿的影响研究［J］. 技术经济与管理研究，（8）：21-26.

杨晓燕，胡晓红，2008. 绿色认证对品牌信任和购买意愿的影响研究［J］. 国际经贸探索，24（12）：66-70.

杨宇庭，李富忠，2016. 山西省城乡居民蔬菜消费分析与思考［J］. 山西农经，（7）：40-42.

杨钰莹，王明利，2018. 基于区域和知识差异的大城市居民肉类消费分析：以北京市为例［J］. 农业展望，14（11）：116-121.

杨志海，刘灵芝，王雅鹏，2018. 城乡居民肉类消费及其结构演化的差异、原因与趋势［J］. 中国食物与营养，24（1）：33-37.

叶凌萱，王杰森，2022. 新冠疫情影响下中国粮食安全隐忧及其应对策略［J］. 粮食科技与经济，47（3）：15-18.

尹世久，2013. 信息不对称、认证有效性与消费者偏好：以有机食品为例［M］. 北京：中国社会科学出版社.

尹世久，徐迎军，陈默，2013. 消费者有机食品购买决策行为与影响因素研究 [J]. 中国
人口·资源与环境，23 (7)：136 - 141.

尹志洁，2008. 农产品质量安全信息不对称与对策研究 [D]. 北京：中国农业科学院.

应瑞瑶，侯博，陈秀娟，等，2016. 消费者对可追溯食品信息属性的支付意愿分析：猪肉
的案例 [J]. 中国农村经济 (11)：44 - 56.

应瑞瑶，徐斌，胡浩，2012. 城市居民对低碳农产品支付意愿与动机研究 [J]. 中国人
口·资源与环境，22 (11)：165 - 171.

于春玲，郑晓明，孙燕军，等，2004. 品牌信任结构维度的探索性研究 [J]. 南开管理评
论，7 (2)：35 - 40.

于仁竹，2018. 中国农产品诚信交易的协同管理研究：基于农产品质量安全视角 [J]. 宏
观经济研究，(9)：159 - 168.

袁梦烨，李晓云，黄玛兰，2016. 营养视角下的食物消费与粮食需求：以湖北省城乡居民
粮食消费为例 [J]. 湖北社会科学，(9)：59 - 64.

苑颖，宋金杰，杨春河，等，2017. 平衡膳食模式视角下粮食需求预测 [J]. 中国农业资
源与区划，38 (12)：119 - 123.

曾飚婷，张忠明，王静香，等，2021. 中国粮食消费需求分析与展望 [J]. 农业展望，17
(7)：104 - 114.

张蓓，黄志平，文晓巍，2014. 营销刺激、心理反应与有机蔬菜消费者购买意愿和行为：
基于有序 Logistic 回归模型的实证分析 [J]. 农业技术经济 (2)：47 - 56.

张彩萍，白军飞，蒋竞，2014. 认证对消费者支付意愿的影响：以可追溯牛奶为例 [J].
中国农村经济 (8)：76 - 85.

张传统，陆娟，2014. 农产品区域品牌购买意愿影响因素研究 [J]. 软科学，28 (10)：
96 - 99，116.

张大龙，2020. 新型网络零售业渠道发展策略：基于 PPM 迁徙理论 [J]. 商业经济研究
(22)：36 - 38.

张铎，2021. 环境关注视角下消费者绿色产品消费行为研究 [J]. 价格理论与实践，(9)：
197 - 200.

张海英，2010. 广州市绿色农产品的消费者行为及其影响因素实证研究 [J]. 西北农林科
技大学学报 (社会科学版)，10 (4)：52 - 56.

张莉侠，曹黎明，2011. 中国低碳农业发展现状与对策探讨 [J]. 经济问题探索 (11)：
103 - 106.

张立胜，陆娟，吴芳，等，2010. 认证标识对农产品品牌信任的影响路径分析 [J]. 技术
经济，29 (4)：56 - 62.

张禄祥，郑业鲁，万忠，2005. 我国都市农业研究概述 [J]. 广东农业科学 (3)：85 - 87.

张露，郭晴，2014. 低碳农产品消费行为：影响因素与组间差异 [J]. 中国人口·资源与

环境，24（12）：55-61.

张露，郭晴，2015. 碳标签对低碳农产品消费行为的影响机制：基于结构方程模型与中介效应分析的实证研究 [J]. 系统工程，33（11）：66-74.

张孟蓉，陈莎，李素梅，2021. 基于生命周期的北京风味餐厅食物消费温室气体排放与减排案例分析 [J]. 气候变化研究进展，17（2）：140-150.

张敏，朱战国，2021. 食品质量属性和安全属性对消费者选择的影响：以黄桃罐头为例 [J]. 江苏农业科学，49（1）：224-230.

张盼盼，白军飞，刘晓洁，等，2019. 消费端食物浪费：影响与行动 [J]. 自然资源学报，34（2）：437-450.

张晓青，魏国平，唐于银，2013. 低碳视角下的设施蔬菜生产技术 [J]. 江苏农业科学，41（11）：168-170.

张瑛琦，唐衡，2023，徐广才. 北京市城乡居民蔬菜消费偏好及影响因素分析 [J]. 农业展望，19（6）：127-134.

张宇东，李东进，金慧贞，2019. 安全风险感知、量化信息偏好与消费参与意愿：食品消费者决策逻辑解码 [J]. 现代财经（天津财经大学学报），39（1）：86-98.

张振，乔娟，2014. 品牌信任对消费者猪肉消费行为的影响 [J]. 技术经济，33（2）：77-82.

张振，乔娟，黄圣男，2013. 基于异质性的消费者食品安全属性偏好行为研究 [J]. 农业技术经济（5）：95-104.

张志斌，2010. 发展设施蔬菜低碳生产技术的探讨 [J]. 中国蔬菜（9）：4-6.

张志强，徐中民，龙爱华，等，2004. 黑河流域张掖市生态系统服务恢复价值评估研究：连续型和离散型条件价值评估方法的比较应用 [J]. 自然资源学报，19（2）：230-239.

张志新，王迪，唐海云，2022. 中国粮食安全保障程度：基于粮食消费结构变化的分析 [J]. 消费经济，38（5）：38-49.

赵丽娜，张俊江，马涛，2023.COVID-19 疫情下居家防疫对居民食品浪费行为的影响 [J]. 上海商学院学报：1-13.

郑恒，李跃，2011. 低碳农业发展模式探析 [J]. 农业经济问题，32（6）：26-29.

郑毓煌，2013. 奇妙的对比效应 [J]. 清华管理评论（5）：58-64.

郑志浩，2015. 城镇消费者对转基因大米的需求研究 [J]. 管理世界（3）：66-75.

中国花卉协会，2018.2018 全国花卉产销形势分析报告 [J]. 中国花卉园艺，（13）：10-27.

钟甫宁，陈希，2008. 转基因食品、消费者购买行为与市场份额：以城市居民超市食用油消费为例的验证 [J]. 经济学（季刊）（3）：1061-1078.

钟甫宁，向晶，2012. 城镇化对粮食需求的影响：基于热量消费视角的分析 [J]. 农业技术经济（1）：4-10.

钟甫宁，易小兰，2010. 消费者对食品安全的关注程度与购买行为的差异分析：以南京市蔬菜市场为例 [J]. 南京农业大学学报（社会科学版），10（2）：19-26.

周芳，2015. 论金融消费者知情权的法律保护［J］. 中小企业管理与科技（下旬刊）（7）：101-102.

周洁红，2005. 消费者对蔬菜安全的态度、认知和购买行为分析：基于浙江省城市和城镇消费者的调查统计［J］. 中国农村经济（11）：44-52.

周洁红，2005. 消费者对蔬菜安全认知和购买行为的地区差别分析［J］. 浙江大学学报（人文社会科学版）（6）：113-121.

周珂，周艳丽，2004. 体育彩票市场消费者行为的经济学分析［J］. 北京体育大学学报（5）：605-606，652.

周维林，2016. 可追溯蔬菜消费者购买行为实证研究：基于梅州市 332 位消费者的调查数据［D］. 广州：华南农业大学.

周学，1995. 消费者行为理论新探［J］. 消费经济（6）：37-41.

周应恒，卢凌霄，耿献辉，2003. 生鲜食品购买渠道的变迁及其发展趋势：南京市消费者为什么选择超市的调查分析［J］. 中国流通经济（4）：15-18.

周应恒，彭晓佳，2006. 江苏省城市消费者对食品安全支付意愿的实证研究：以低残留青菜为例［J］. 经济学（季刊），5（3）：1319-1342.

周应恒，吴丽芬，2012. 城市消费者对低碳农产品的支付意愿研究：以低碳猪肉为例［J］. 农业技术经济（8）：4-12.

周专政，董松，聂娟娟，等，2011. 发展低碳蔬菜产业的思考［J］. 安徽农学通报（下半月刊），2011，17（4）：30-31.

朱虹，2011. 消费信任发生机制探索：一项基于中国本土的实证研究［J］. 南京社会科学（9）：23-29.

朱佳，于滨铜，张熙，等，2019. 非洲猪瘟对猪肉消费行为的影响研究：基于辽宁省沈阳市 459 份消费者问卷调查［J］. 中国食物与营养，25（5）：37-41.

朱建学，熊励，2018. 数字内容传输渠道对消费者行为的影响研究［J］. 科研管理，39（9）：42-51.

朱宁，曹博，秦富，2020. 非洲猪瘟疫情影响下城镇居民家庭畜产品消费替代研究：基于北京市与河北省的调研［J］. 农村经济（4）：76-82.

朱艳春，柳思维，2014. 近年来国内消费经济理论研究的新动态［J］. 消费经济，30（4）：93-97.

朱增勇，李梦希，张学彪，2019. 非洲猪瘟对中国生猪市场和产业发展影响分析［J］. 农业工程学报，35（18）：205-210.

庄贵军，周南，李福安，2004. 情境因素对于顾客购买决策的影响（一个初步的研究）［J］. 数理统计与管理（4）：7-13.

邹晓娟，陈继南，汪慧珍，2023. 分布式认知理论视角下认知特征对农村居民食品安全消费行为的影响［J］. 农林经济管理学报，22（2）：233-242.

左新敏，蒲春玲，赵芸君，2010. 新疆食品经营主体信用监管模式研究［J］. 新疆农业科学，47（3）：593-599.

AGNOLI L，OUTREVILLE J F，2024. The role of behavioural antecedents in driving wine consumption in Taiwan restaurants [J] . Applied Economics，56（34）：4086—4099.

AGUINIS H，BEATY J C，BOIK R J，et al，2005. Effect Size and Power in Assessing Moderating Effects of Categorical Variables Using Multiple Regression：A 30 - Year Review [J] . Journal of Applied Psychology，90（1）：94 - 107.

AHMED I A M，JUHAIMI F A，ÖZCAN M M，2021. Insights into the nutritional value and bioactive properties of quinoa（Chenopodium quinoa）：past，present and future prospective [J] . International Journal of Food Science & Technology，56（8）：3726 - 3741.

AJZEN I，1985. From Intentions to Actions：A Theory of Planned Behavior [M] . Berlin：Springer.

AJZEN I，1991. The theory of planned behavior [J] . Organizational Behavior and Human Decision Processes，50（2）：179 - 211.

AKERLOF G A，1970. The Market for "Lemons"：Quality Uncertainty and the Market Mechanism [J] . The Quarterly Journal of Economics，84（3）：488 - 500.

AKERLOF G A，1978. The market for "lemons"：Quality Uncertainty and the Market Mechanism [J] . The Quarterly Journal of Economics.

ALVAREZ B A，CASIELLES R V，2006. How could reference price and loyalty influence brand choice？ [J] . International Journal of Entrepreneurship and Small Business，3（3）：287 - 309.

ANA M，ISTUDOR L，2019. The Role of Social Media and User - Generated - Content in Millennials' Travel Behavior [J] . Management Dynamics in the Knowledge Economy，7（1）：87 - 104.

ANDERSON J C，NARUS J A，1984. A Model of the Distributor's Perspective of Distributor - Manufacturer Working Relationships [J] . Journal of Marketing，48（4）：62 - 74.

ANERSON E W，1994. Customer Satisfaction，Market Share，and Profitability：Findings From Sweden [J] . Journal of Marketing，58（7）：53 - 66.

ANERSON E W，FORNELL，C，1994. Service Quality：New Directions in Theory and Practice [M] . London：Sage Publications.

ANGULO A M，GIL J M，TAMBURO L，2005. Food Safety and consumers' Willingness to Pay for Labelled Beef in Spain [J] . Journal of Food Products Marketing，11（3）：89 - 105.

ANTLE J M，2001. Economic analysis of food safety [J] . Handbook of Agricultural Economics，1：1083 - 1136.

ANTLE J. Choice and Efficiency in Food Safety Policy [J] . American Enterprise In stitute.

AOKI K，AKAI K，UJIIE K，2017. A choice experiment to compare preferences for rice in Thailand and Japan：The impact of origin，sustainability，and taste [J] . Food Quality and Preference, 56: 274 - 284.

ARAL Y, AYDIN E, DEMIR P, et al, 2013. Consumer preferences and consumption situation of chicken meat in Ankara Province, Turkey [J]. Turkish Journal of Veterinary & Animal Sciences, 37 (5): 582 - 587.

ARNOULDA E J, THOMPSONA C J, 2005. Consumer Culture Theory (CCT): Twenty Years of Research [J]. Journal of Consumer Research, 31 (4): 868 - 882.

AUGSBURGER M, WENGER A, HAUG S, et al., 2020. The concept of buying - shopping disorder: Comparing latent classes with a diagnostic approach for in - store and online shopping in a representative sample in Switzerland [J]. Journal of behavioral addictions, 9 (3): 808 - 817.

AUNG, M M, CHANG Y S, 2014. Traceability in a food supply chain: Safety and quality perspectives [J]. Food Control, 39: 172 - 184.

AZUCENA G, TIZIANA M, 2008. The demand for organic foods in the South of Italy: a discrete choice model [J]. Food Policy, 33 (5): 1 - 12.

BABER A, THURASAMY R, MALIK M I, et al., 2016. Online word - of - mouth antecedents, attitude and intention - to - purchase electronic products in Pakistan [J]. Telematics and Informatics, 33 (2): 388 - 400.

BABIN B J, CHEBAT J C, MICHON R, 2004. Perceived appropriateness and its effect on quality, affect and behavior [J]. Journal of Retailing and Consumer Services, 11 (5): 287 - 298.

BAOURAKIS G, GERASOPOULOS D, KALOFOLIAS N, et al., 2020. Marketing research - the case of floral products [J]. Acta Horticulturae, 0 (541): 227 - 232.

BATT P J, POOL J, 2004. Consumer preferences for cut flowers in Western Australia [J]. Acta Horticulturae, 0 (655), 81 - 87.

BATTE M T, HU W Y, Woods T A, et al., 2010. Do Local Production, Organic Certification, Nutritional Claims, and Product Branding Pay in Consumer Food Choices? [J]. Agricultural and Applied Economics Association.

BEHE B K, MOORE E H, CAMERON A, et al., 2003. Repositioning selected herbaceous perennials as indoor flowering potted plants using perceptual mapping [J]. HortScience, 38 (3), 460 - 464.

BERG, L, 2004. Trust in food in the age of mad cow disease: A comparative study of consumers'evaluation of food safety in Belgium, Britain and Norway [J]. Appetite, 42 (1): 21 - 32.

BERNHARDA M M, 2003. Essential Elements of an Implementation Process for Grant - Funded Projects/Programs in Nonprofit Organizations [D]. Kalamazoo: Western Michigan University.

BHARGAVE R, MANTONAKIS A, WHITE K, 2016. The Cue - of - the - cloud Effect: When Reminders of Online Information Availability Increase Purchase Intentions and Choice [J] . Journal of Marketing Research, 53 (5): 699 - 711.

BLUE C L, 1995. The predictive capacity of the Theory of Reasoned Action and the Theory of Planned Behavior in exercise research: An integrated literature review [J] . Research in Nursing & Health, 18 (2): 105 - 121.

BOCCALETTI S, MARDELLA M, 2000. Consumer willingness to pay for pesticide - free fresh fruit and vegetables in Italy [J] . The International Food and Agribusiness Management Review, 3 (3): 297 - 310.

BOTETZAGIAS I, KOUTIVA E, 2014. Financial Giving of Foundations and Businesses to Environmental NGOs: The role of grantee's legitimacy [J] . VOLUNTAS: International Journal of Voluntary and Nonprofit Organizations, 25: 281 - 306.

BOYLE R, BONACICH P, 1970. The Development of Trust and Mistrust in Mixed - Motive Games [J] . Sociometry, 33 (2): 123 - 139

BRAKUS J J, SCHMITT B H, ZARANTONELLO L, 2009. Brand experience: What is it? How is it measured? Does it affect loyalty? [J] . Journal of marketing, 73 (3): 52 - 62.

BREXENDORF T O, MÜHLMEIER S, TOMCZAK T, 2010, et al. The impact of sales encounters on brand loyalty [J] . Journal of Business Research, 63 (11): 1148 - 1155.

BRIZ T, WARD R W, 2009. Consumer awareness of organic products in Spain: An application of multinominal logit models [J] . Food Policy, 34 (3): 295 - 304.

BROWN D M, 1997. Choice and Efficiency in Food Safety Policy [J] . Southern Economic Journal, 63 (3): 819 - 821.

BUTLER J K, 1991. Toward understanding and measuring conditions of trust: Evolution of a conditions of trust inventory [J] . Journal of management, 17 (3): 643 - 663.

BUZBY J, JERRY R, 1995. Using Contingent Valuation to Value Food Safety: a Case Study of Grapefruit and Pesticide Residues [M] . Boulder: Westview Press Boulder.

CALISKAN A, CELEBI D, PIRNAR I, 2021. Determinants of organic wine consumption behavior from the perspective of the theory of planned behavior [J] . International Journal of Wine Business Research, 33 (3): 360 - 376.

CANG Y M, Wang D C, 2021. A comparative study on the online shopping willingness of fresh agricultural products between experienced consumers and potential consumers [J]. Sustainable Computing: Informatics and Systems, 30: 100493.

CASWELL J A, MOJDUSZKA E M, 1996. Using Informational Labeling to Influence the Market for Quality in Food Products [J] . American Journal of Agricultural Economics, 78 (5): 1248 - 1253.

CASWELL J A, PADBERG D I, 1992. Toward a More Comprehensive Theory of Food Labels [J] . American Journal of Agricultural Economics, 74 (2): 460 – 468.

CHAN D K – S, FISHBEIN M, 1993. Determinants of College Women's Intentions to Tell their Partners to Use Condoms [J] . Journal of Applied Social Psychology, 23 (18): 1455 – 1470.

CHANDON P, MORWITZ V G, REINARTZ W J, 2005. Do Intentions Really Predict Behavior? Self – Generated Validity Effects in Survey Research [J] . Journal of Marketing, 69 (2), 1 – 14.

CHANG J B, LUSK J, NORWOOD B, 2007. How Closely Do Hypothetical Surveys and Laboratory Experiments Predict Field Behavior? [J] . American Journal of Agricultural Economics, 91 (2): 518 – 534.

CHEGE C G K, SIBIKO K W, WANYAMA R, et al, 2019. Are consumers at the base of the pyramid willing to pay for nutritious foods? [J] . Food Policy, 0: 101745.

Chen M F, 2008. Consumer Trust in Food Safety – A Multidisciplinary Approach and Empirical Evidence from Taiwan [J] . Risk Analysis, 28 (6): 1553 – 1569.

CHEN S J, PU X L, ZHU Y, et al. , 2021. The impact of normative misperception on food waste in dining out: Mechanism analyses and countermeasures [J] . Acta Psychologica Sinica, 53 (8): 904 – 918.

CHENARIDES L, GREBITUS C, Lusk J L, et al. , 2021. Food consumption behavior during the COVID – 19 pandemic [J] . Agribusiness, 37 (1): 44 – 81.

CHOE J Y, KIM S, 2018. Effects of tourists' local food consumption value on attitude, food destination image, and behavioral intention [J] . International Journal of Hospitality Management, 71: 1 – 10.

CHOUDHURY S, SHANKAR B, ALEKSANDROWICZ L, et al. 2020. What underlies inadequate and unequal fruit and vegetable consumption in India? An exploratory analysis [J]. Global food security, 24: 100332.

CIALDINI R B, KALLGREN C A, RENO R R, 1991. A focus theory of normative conduct: A theoretical refinement and reevaluation of the role of norms in human behavior [J]. Advances in Experimental Social Psychology, 24: 201 – 234.

CLEMENTS M D, LAZO R M, MARTIN S K, 2008. Relationship connectors in NZ fresh produce supply chains [J] . British Food Journal, 110 (4 – 5): 346 – 360.

CLOETE P C, IDSARDI E F, 2013. Consumption of indigenous and traditional food crops: Perceptions and realities from South Africa [J] . Agroecology and Sustainable Food Systems, 37 (8): 902 – 914.

CORDTS A, NITZKO S, SPILLER A, 2014. Consumer Response to Negative Information on Meat Consumption in Germany [J] . International Food and Agribusiness Management Review, 17 (A): 83 – 106.

CRILEY R A, 2008. Ornamentals-More Than Just Beautiful [J] . Acta Horticulturae, 788: 23 - 28.

CRONIN J J, Taylor S A, 1992. Measuring Service Quality: A Reexamination and Extension [J] . Journal of Marketing, 56 (3): 55 - 68.

DA COSTA LOUZADA M L, BARALDI L G, STEELE E M, et al. , 2015. Consumption of ultra - processed foods and obesity in Brazilian adolescents and adults [J] . Preventive Medicine, 81: 9 - 15.

DAGDEMIR V, DEMIR O, KESKIN A, 2004. Estimation of supply and demand models for chicken meat in Turkey [J] . Journal of Applied Animal Research, 25 (1): 45 - 48.

DAM T C, 2020. Influence of brand trust, perceived value on brand preference and purchase intention [J] . The Journal of Asian Finance, Economics and Business, 7 (10): 939 - 947.

DAN I, KAMADA A, CAI D, et al. , 2010. Interactive effects of carbon footprint information and its accessibility on value and subjective qualities of food products [J] . Appetite, 55 (2): 271 - 278.

DANG H D, TRAN G T, 2020. Explaining consumers' Intention for Traceable Pork regarding Animal Disease: The Role of Food Safety Concern, Risk Perception, Trust, and Habit [J] . International Journal Of Food Science And Technology: 8831356.

DARBY M R, KARNI E, 1973. Free Competition and the Optimal Amount of Fraud [J]. The Journal of Law and Economics, 16 (1): 67 - 88.

DELGADO R T, FLORES J S M, 2015. Factors affecting beef consumption in the valley of Mexico [J] . Revista Brasileira De Zootecnia - Brazilian Journal of Animal Science, 44 (10): 371 - 376.

DEMBY E, 1973. A psychographic study of the market for flowers: Research study Unknown Binding [J] . American Florists Marketing Council.

DEMIRTAS B, 2019. Assessment of the impacts of the consumers' awareness of organic food on consumption behavior [J] . Food Science and Technology, 39 (4): 881 - 888.

DENNIS J H, BEHE B K, 2007. Evaluating the role of ethnicity on gardening purchases and satisfaction [J] . HortScience, 42 (2): 262 - 266.

DENNIS J H, BEHE B K, 2007. Evaluating the Role of Ethnicity on Gardening Purchases and Satisfaction [J] . Hortscience, 42 (2): 262 - 266.

DENVER S, Sandøe P, CHRISTENSEN T, 2017. Consumer preferences for pig welfare - Can the market accommodate more than one level of welfare pork? [J] . Meat Science, 129 (0): 140 - 146.

DICKINSON D L, BAILEY D, 2002. Meat Traceability: Are U. S. Consumers Willing to Pay for It? [J] . Journal of agriculture and resource economics, 27 (2): 348 - 364.

DO PAÇO A, SHIEL C, ALVES H. A new model for testing green consumer behaviour

[J]. Journal of Cleaner Production, 2019, 207: 998 - 1006.

DOMA K M, FARRELL E, LEITH - BAILEY E R, et al. , 2019. Motivators, barriers and other factors related to bean consumption in older adults [J] . Journal of Nutrition For the Elderly, 38 (4): 397 - 413.

DONEY P M, CANNON J P, 1997. An Examination of the Nature of Trust in Buyer - Seller Relationships [J] . Journal of Marketing, 61 (2): 35 - 51

DUVENAGE S S, SCHONFELDT H C, KRUGER R, 2010. Food product attributes guiding purchasing choice of maize meal by low - income South African consumers [J]. Development Southern Africa, 27 (3): 309 - 331.

EAGLY A H, CHAIKEN S, 1993. The Psychology of Attitudes [M] . Beverly: Wadsworth Publishing.

EASTERLING D, 2000. Using Outcome Evaluation to Guide Grant making: Theory, Reality and Possibilities [J] . Nonprofit and Voluntary Sector Quarterly, 29 (3): 482 - 486

EERTMANS A, VICTOIR A, NOTELAERS G, et al, 2006. The food choice questionnaire: Factorial invariant over western urban populations? [J] . Food Quality and Preference, 17 (5): 344 - 352.

Engel J F, Blackwell R D, Miniard P W. Consumer Behavior fifth Editon [M] . New York: The Dryden Press, 1986.

ERLER M, KECK M, DITTRICH C, 2022. The changing meaning of millets: Organic shops and distinctive consumption practices in Bengaluru, India [J] . Journal of Consumer Culture, 22 (1): 124 - 142.

FAIRCHILD A J, MACKINNON D P, 2009. A general model for Testing Mediation and Moderation Effects [J] . Prevention science, 10 (2): 87 - 99.

FEICHTINGER S, Gronalt M, 2021. The Environmental Impact of Transport Activities for Online and In - Store Shopping: A Systematic Literature Review to Identify Relevant Factors for Quantitative Assessments [J] . Sustainability, 13 (5): 2981.

FELDMAN L P, HORNIK, J. The Use of Time: An Integrated Conceptual Model [J]. Journal of Consumer Research, 7 (4): 407 - 419.

FENG H H, WANG X, DUAN Y Q, et al. , 2020. Applying blockchain technology to improve agri - food traceability: A review of development methods, benefits and challenges [J] . Journal of Cleaner Production, 260: 121031 - 121031.

FENKO A, BACKHAUS B W, VAN HOOF J J, 2015. The influence of product and person - related factors on consumer hedonic responses to soy products [J] . Food Quality and Preference (41): 30 - 40.

FERNQVIST F, EKELUND L, 2014. Credence and the effect on consumer liking of food - A review [J] . Food Quality and Preference, 32: 340 - 353.

FIGUEIRS N, CURTAIN F, BECK E, et al., 2019. Consumer Understanding and Culinary Use of Legumes in Australia [J]. Nutrients, 11 (7): 1575.

FISHBEIN M, AJZEN I, 1977. Belief, Attitude, Intention and Behaviour: An Introduction to Theory and Research [J]. Sociology, 41 (4): 842 - 844.

FONT - I - FURNOLS M, 2023. Meat Consumption, Sustainability and Alternatives: An Overview of Motives and Barriers [J]. Foods, 12 (11): 2144.

FONT - I - FURNOLS, M, GUERRERO L, 2014. Consumer preference, behavior and perception about meat and meat products: An overview [J]. Meat science, 98 (3): 361 - 371.

FORNELL C, 1992. A National Customer Satisfaction Barometer: The Swedish Experience [J]. Journal of Marketing, 56 (1), 6 - 21.

FREZAL C, GAY S H, NENERT C, 2021. The Impact of the African Swine Fever outbreak in China on global agricultural markets [J]. OECD Food, Agriculture and Fisheries Papers, 156: 1 - 14.

FURST T, CONNORS M, BISOGNI C A, et al., 1996. Food choice: A conceptual model of the process [J]. Appetite, 26 (3): 247 - 266.

GABARRO J J, 2014. The development of working relationships [M]. In: Intellectual teamwork. Psychology Press: 79 - 110.

GAMBONI M, MOSCATELLI S, 2015. Organic agriculture in Italy: challenges and perspectives [J]. Organic agriculture, 5 (3): 165 - 177.

GARBARINO E, JOHNSON M S, 1999. The Different Roles of Satisfaction, Trust, and Commitment in Customer Relationships [J]. Journal of Marketing, 63 (2): 70 - 87.

GENC Y, ALBAYRAK M, GÜLDAL H T, 2020. Analysis of factors affecting consumption preferences in fish consumption: Case of Çankiri Province [J]. Ege Journal of Fisheries and Aquatic Sciences, 37 (1): 93 - 101.

GERBENS - LEENES P W, NONHEBEL S, 2002. Consumption patterns and their effects on land required for food [J]. Ecological Economics, 42 (1): 185 - 199.

GHOLAP V B, BENKE S R, GADE P V, 2016. Economic Analysis of Arrival and Price Behaviour of Rose and Gerbera Flowers in Gultekhadi Market Pune [J]. International Research Journal of Agricultural Economics and Statistics, 7 (2): 149 - 152.

Giffin K, 1967. The Contribution of Studies of Source Credibility to a Theory of Interpersonal Trust in the Communication Process [J]. Psychological Bulletin, 68 (2): 104 - 120.

GIRAPUNTHONG N. Demand drivers for fresh - cut flowers and their substitutes: An application of household expenditure allocation models [D]. Gainesville: University of Florida, 2002.

GODFRAY H C J, AVEYARD P, GARNETT T, et al., 2018. Meat consumption, health, and the environment [J]. Science, 361 (6399): 8.

GOLOB U, KOKLIC M K, PODNAR K, et al. , 2018. The role of environmentally conscious purchase behaviour and green scepticism in organic food consumption [J] . British Food Journal, 120 (10): 2411 - 2424.

GONCALVES H M, LOURENCO T F, SILVA G M, 2016. Green buying behavior and the theory of consumption values: A fuzzy - set approach [J] . Journal of Business Research, 69 (4): 1484 - 1491.

GONZALEZ N, MARQUES M, NADAL M, et al. , 2020. Meat consumption: Which are the current global risks? A review of recent (2010 - 2020) evidences [J] . Food Research International, 137: 109341.

GOSINE L, MCSWEENEY M, 2019. Consumers' attitudes towards alternative grains: a conjoint analysis study [J] . International Journal of Food Science and Technology, 54 (5): 1588 - 1596.

GRACIA A, MAGIST T, 2008. The Demand for Organic Foods in the South of Italy: A Discrete Choice Model [J] . Food Policy, 33 (5): 386 - 396.

Greene H, 2011. Econometric Analysis (7th edition) [M] . Sudburry: Prentice Hall.

GROSSMAN S J. The Information Role of Upstairs and Downstairs Trading [J] . Journal of Business, 65 (4): 509 - 528.

GUILLAUMIE L, GODIN G, VEZINA - IM L A, 2010. Psychosocial determinants of fruit and vegetable intake in adult population: a systematic review [J] . International Journal of Behavioral Nutrition and Physical Activity, 7 (1): 12.

GUNDLACH G T, ACHROL R S, MENTZER T, 1995. The Structure of Commitment in Exchange [J] . Journal of Marketing, 59 (1): 78.

GUO J L, HAO H C, Wang M D, et al. , 2022. An empirical study on consumers' willingness to buy agricultural products online and its influencing factors [J] . Journal of Cleaner Production, 336: 130403.

GUPTA A N, CHITRAO P, 2021. Effectiveness of Online Shopping Advantages of Healthy Food Products on Consumer Buying Behaviour [J] . Information and Communication Technology for Competitive Strategies (ICTCS 2020), 91: 89 - 99.

GUSTAVSSON J, CEDERBERG C, SONESSON U, et al. , 2011. Global food losses and food waste: Extent, causes and prevention [R] . Rome: FAO, 2011.

HA T M, SHAKUR S, PHAM Do K H. , 2020. Linkages among food safety risk perception, trust and information: Evidence from Hanoi consumers [J] . Food Control, 110: 106965 - 106965.

HABIB S, HAMADNEH N N, 2021. Impact of perceived risk on consumers technology acceptance in online grocery adoption amid covid - 19 pandemic [J] . Sustainability, 13 (18): 10221.

HAN G H，ZHAI Y D，2022. Risk society and the politics of food safety problems in China [J] . Japanese Journal of Political Science，23（1）：73 - 87.

Han J H，2006. The effects of perceptions on consumer acceptance of genetically modified (GM) foods [D] . Baton Rouge：Louisiana State University.

HAN S H，NGUYEN B，LEE T J，2015. Consumer - based chain restaurant brand equity，brand reputation，and brand trust [J] . International Journal of Hospitality Management，50（9）：84 - 93.

HANEMANN W M，1984. Welfare evaluations in contingent valuation experiments with discrete responses [J] . American Journal of Agricultural Economics，66（3）：332 - 341.

HANSEN T，JENSEN J M，SOLGAARD H S，2004. Predicting online grocery buying intention：a comparison of the theory of reasoned action and the theory of planned behavior [J] . International Journal of Information Management，24（6）：539 - 550.

HANSEN U，SCHRADER U，1997. A Modern Model of Consumption for a Sustainable Society [J] . Journal of Consumer Policy，20（4）：443 - 468.

HARMAN J，2008. Factors Influencing Successful Collaboration：The Case of dKnet：International Nonprofit and Social Marketing Conference [C] . Wollongong：University of Wollongong.

HARRIS I Z，MAINELLI M Z，GRANT P，et al. ，2006. Predicting the effectiveness of grant making [J] . Strategic Change，15（2）：53 - 66

HARTMANN C，SIEGRIST M，2017. Consumer perception and behaviour regarding sustainable protein consumption：A systematic review [J] . Trends in Food Science & Technology，61：11 - 25.

HASSEN T B，El BILALI H，ALLAHYARI M S，et al. ，2021. Food attitudes and consumer behavior towards food in conflict - affected zones during the COVID - 19 pandemic：case of the Palestinian territories [J] . British Food Journal，124（9）.

HE C，MIKKELSEN B E，2014. The association between organic school food policy and school food environment：results from an observational study in Danish schools [J]. Perspectives in Public Health，134（2）：110 - 116.

HE Y H，HONG Y，2018. Quinoa Expansion in Peru and Its Implications for Land Use Management [J] . Sustainability，10（2）：532.

HEARTY A P，MCCARTHY S N，KEARNEY J M，et al. ，2007. Relationship between attitudes towards healthy eating and dietary behaviour，lifestyle and demographic factors in a representative sample of Irish adults [J] . Appetite，48（1）：1 - 11.

HENCHION M，MOLONEY A P，2000，HYLAND J，et al. ，2021. Review：Trends for meat，milk and egg consumption for the next decades and the role played by livestock systems in the global production of proteins [J] . Animal，15（S1）：100287.

HENSON S, NORTHEN J, 2000. Consumer assessment of the safety of beef at the point of purchase: A Pan - European study [J]. Journal of Agricultural Economics, 51 (1): 90 - 105.

Hill R J, 1977. Belief, attitude, intention and behavior: An introduction to theory and research [J]. Contemporary Sociology, 6 (2): 244 - 245.

HOBBS J E, 2004. Information asymmetry and the role of traceability systems [J]. Agribusiness, 20 (4): 397 - 415.

HOBBS J E, GODDARD E, 2015. Consumers and trust [J]. Food Policy, 52: 71 - 74.

HOEK A C, PEARSON D, JAMES S W, et al., 2017. Healthy and environmentally sustainable food choices: Consumer responses to point - of - purchase actions [J]. Food Quality and Preference, 58 (1): 94 - 106.

HONG Wei MAO J L, WU L H, et al., 2021. Public cognition of the application of blockchain in food safety management - Data from China's Zhihu platform [J]. Journal of Cleaner Production: 303.

HU S Y, PIAO S Y, LI Z R, et al., 2020. Research on Factors Influencing Chinese Consumers' Intention to Buy Agricultural Fresh Products Online - Evidence from Tangshan City [J]. Journal of the Korean Society of International Agriculture, 32 (4): 309 - 314.

HUANG J Q, ANTONIDES G, NIE F Y, 2020. Is mental accounting of farm produce associated with more consumption of own - produced food? [J]. Journal of Behavioral and Experimental Economics, 88: 101594.

HUANG L C, 2005. Floral Product Behaviors and Their Influence on Consumer Floral Purchase Frequency [J]. HortTechnology, 15 (4): 766 - 771.

HUANG T, FARMER A, GODDARD E, et al., 2017. An ethnographic exploration of perceptions of changes in dietary variety in the Kolli Hills, India [J]. Food Security, 9 (4): 759 - 771.

HUNT H K, 1977. Conceptualization and Measurement of Consumer Satisfaction and Dissatisfaction [C]. Cambridge: Marketiong Science Institute.

IMANISHI H, YONEZAWA F, IMANISHI H, 1992. Psychological Research on the Attitude of Florist Customers towards Flowers [J]. Journal of the Japanese Society for Horticultural Science, 60 (4): 981 - 987.

IVANOV D, DOLGUI A, 2021. OR - methods for coping with the ripple effect in supply chains during COVID - 19 pandemic: Managerial insights and research implications [J]. International Journal of Production Economics, 232: 107921.

JACOBY J, SZYBILLO G, BERNING C K, 1976. Time and Consumer Behavior: An Interdisciplinary Overview [J]. Journal of Consumer Research, 2 (4): 320 - 339.

JANSSEN M, CHANG B P I, HRISTOV H, et al., 2021. Changes in Food Consumption

During the COVID‑19 Pandemic: Analysis of Consumer Survey Data From the First Lockdown Period in Denmark, Germany, and Slovenia [J]. Frontiers in Nutrition, 8: 20.

JENSEN J M, HANSEN T, 2006. An empirical examination of brand loyalty [J]. Journal of Product and Brand Management, 15 (7): 442 – 449.

JI C J, HU Y J, TANG B, 2018. Research on carbon market price mechanism and influencing factors: a literature review [J]. Natural Hazards, 92 (2): 761 – 782.

JIANG J J, HSU M K, KLEIN G, et al., 2000. E‑commerce user behavior model: An empirical study [J]. Human Systems Management, 19 (4): 265 – 276.

JIN, S S ZHANG Y, XU Y N. Amount of information and the willingness of consumers to pay for food traceability in China [J]. Food Control, 2017, 77: 163 – 170.

JOHNSON S R, HASSAN Z A, GREEN R D, 1984. Demand Systems Estimation Methocs and Applications [M]. Ames: The Iowa State University Press.

JONGE J, TRIJP H, RENES R J, et al., 2007. Understanding Consumer Confidence in the safety of Food: Its Two‑DimensionalStructure and Determinants [J]. Risk Analysis, 27 (3): 729 – 740.

JOWKAR M M, FARSHADFAR Z, RAHMANIYA A R, 2007. Predicting Cut Flower Consumers' Taste And Preference For Consumers' Preference Based Selection In Shiraz, I. R. Iran [J]. Acta Horticulturae, 2007, 747: 75 – 80.

JUEMANEE A, KIJROONGROJANA K, MEENUNE M, et al., 2018. Perceived sensory quality of unpolished pigmented and milled white rice [J]. British Food Journal, 120 (5): 1073 – 1088.

JUNQUEIRA A H, PEETZ M, 2017. Brazilian consumption of flowers and ornamental plants: habits, practices and trends [J]. Ornamental Horticulture, 23 (2): 178 – 184.

JUUL F, HEMMINGSSON E, 2015. Trends in consumption of ultra‑processed foods and obesity in Sweden between 1960 and 2010 [J]. Public Health Nutrition, 18 (17): 3096 – 3107.

KANTONO K, HAMID N MA Q L et al., 2021. Consumers' perception and purchase behaviour of meat in China [J]. Meat Science, 179: 108548.

KARDES F R, 1998. Consumer Behavior and Management Decision Making [M]. New Jersey: Addison‑Wesley.

KEMPER J A, BENSON‑REA M, YOUNG J, et al., 2022. Table Cutting down or eating up: Examining meat consumption, reduction, and sustainable food beliefs, attitudes, and behaviors [J]. Food Quality and Preference, 104: 104718.

KIM T Y, CHOI J W, PARK K H, et al., 2018. Analysis of Consumer Choice Factors for Agricultural Online Markets [J]. Korean Journal of Food Marketing Economics, 35 (3):

65 – 89.

KIMURA A，WADA Y，KAMADA A，et al.，2010. Interactive effects of carbon footprint information and its accessibility on value and subjective qualities of food products［J］. Appetite，55（2）：271 – 278.

KINNUCAN H W，XIAO H，HSIA C J，et al.，1997. Effects of Health Information and Generic Advertising on U. S. Meat Demand［J］. American Journal of Agricultural Economics，79（1）：13 – 23.

KOKKORIS M D，STAVROVA O，2021. Meaning of food and consumer eating behaviors［J］. Food Quality and Preference，94：104343.

KOTHE E J，MULLAN B A，BUTOW P，2012. Promoting fruit and vegetable consumption. Testing an intervention based on the theory of planned behaviour［J］. Appetite，58（3）：997 – 1004.

KOTLER，P J，STONICH，P J，1991. Turbo marketing through time compression［J］. The Journal of Business Strategy，12（5）：24 – 29.

KRISHNAN R，MARTIN X，NOORDERHAVEN N G，2006. When Does Trust Matter to Alliance Performance?［J］. Academy of Management Journal，49（5）：894 – 917

KUHAR A，JUVANČIČ L，2005. Modelling consumer's preferences towards organic and integrated fruits and vegetables in Slovenia：Selected paper prepared for presentation at the 97th EAA Seminar "The economics and policy of diet and health"［C］. Reading：University of Reading.

KWON W S，LENNON S J，2009. What induces online loyalty? Online versus offline brand images［J］. Journal of Business Research，62（5）：557 – 564.

LAI J，WANG H H，ORTEGA D L，et al. Factoring Chinese consumers'risk perceptions into their willingness to pay for pork safety，environmental stewardship，and animal welfare［J］. Food Control，85：423 – 431.

LANCASTER K J，1966. A New Approach to Consumer Theory［J］. Journal of Political Economy，74（2）：132 – 157.

LASSOUED R，HOBBS J E，2015. Consumer confidence in credence attributes：The role of brand trust［J］. Food Policy，52：99 – 107.

LE – ANH T，NGUYEN – TO T，2020. Consumer purchasing behaviour of organic food in an emerging market［J］. International Journal of Consumer Studies，44（6）：563 – 573.

LEBLANC G，NGUYEN N，1988. Customers'Perceptions of Service Quality in Financial Institutions［J］. The International Journal of Bank Marketing，6（4）：7 – 18.

LEE E S，1996. A theory of migration［J］. Demography，3（1），47 – 57.

LEE H C，CHANG C T，CHEN Y H，et al.，2018. The spell of cuteness in food consumption? It depends on food type and consumption motivation［J］. Food Quality and Preference，65：110 - 117.

LEWICKI R J，1995. Trust in relationships：A model of development and decline ［J］. Conflict，cooperation，and justice：Essays inspired by the work of Morton Deutsch：133 - 173.

LI H S，HU C P，LÜ Z，et al. ，2021. African swine fever and meat prices fluctuation：An empirical study in China based on TVP - VAR model ［J］. Journal of Integrative Agriculture，20 (8)：2289 - 2301.

LIANG A R D，LIM W M，2011. Exploring the online buying behavior of specialty food shoppers ［J］. International Journal of Hospitality Management，30 (4)：855 - 865.

LIN J B，ZHANG B，2013. An empirical research on the consumers' purchasing intention in C2C e - commerce of agricultural products ［J］. Guangdong Agricultural Sciences，39 (16)，213 - 216

LIN Q J，WANG H Z，PEI X F，et al. ，2019. Food Safety Traceability System Based on Blockchain and EPCIS ［J］. IEEE Access，7.

LIN - SCHILSTRA L，BACKUS G，SNOEK H，et al. ，2022. Consumers' view on pork：Consumption motives and production preferences in ten European Union and four non - European Union countries ［J］. Meat Science，187：108736.

LIU H Y，2021. Finding the way out to African swine fever：Analysis of Chinese government's subsidy programs to farms and consumers ［J］. Computers & Industrial Engineering，160：107543.

LIU R D，PIENIAK Z，VERBEKE W，2013. Consumers' attitudes and behaviour towards safe food in China：A review ［J］. Food Control，33 (1)：93 - 104.

LONG V T，2020. Research on the Influence of Transportation Services Quality on Purchasing Intention of Customer in E - commerce - Evidence from Purchasing Intention of Vietnamese Consumer in Cosmetic Industry ［J］. International Journal of Social Science and Education Research，3 (5)：45 - 53.

LU C D，MILLER B A，2019. Current status，challenges and prospects for dairy goat production in the Americas ［J］. Asian - Australasian Journal of Animal Sciences，32 (8)：1244 - 1255.

LU Q S，MILLER R，2019. How Social Media Communications Combine with Customer Loyalty Management to Boost Green Retail Sales ［J］. Journal of Interactive Marketing，46：87 - 100.

LU Y，ZHOU Y Q LIU P L et al. ，2022. A study on the influence of the income structure on the consumption structure of rural residents in China ［J］. Sustainability，14 (16)：10380.

LUSK J L，TONSOR G T，SCHROEDER T C，et al. ，2018. Effect of government quality grade labels on consumer demand for pork chops in the short and long run ［J］. Food Policy，77 (1)：91 – 102.

MA B J，JIN X，2022. Does internet use connect us to a healthy diet？Evidence from rural China [J] . Nutrients，14 (13)：2630.

MA J Z，SEENIVASAN S，YAN B Y，2020. Media influences on consumption trends：Effects of the film Food，Inc. on organic food sales in the U. S. [J] . International Journal of Research in Marketing，37 (2)：320 – 335.

MA M L，WANG H H，HUA Y Z，et al. ，2021. African swine fever in China：Impacts，Responses，and Policy implications [J] . Food Policy，102：102065.

MACINNIS D J，MOORMAN C，2007. Enhancing Consumers' Motivation，Ability and Opportunity to Process Brand Information from Ads [J] . Social Science Electronic Publishing.

MACREADY A L，HIEKE S，KLIMCZUK – KOCHAńSKA M，et al. ，2020. Consumer trust in the food value chain and its impact on consumer confidence：A model for assessing consumer trust and evidence from a 5 – country study in europe [J]. Food Policy，92：101880.

MAILLET M A，GROUZET F M E，2023. Understanding changes in eating behavior during the transition to university from a self – determination theory perspective：a systematic review [J] . Journal of American College Health，71 (2)：11 – 18.

MANNING M，2009. The effects of subjective norms on behaviour in the theory of planned behaviour：A meta – analysis [J] . The British Journal of Social Psychology，48 (4)：649 – 705.

MARTÍNEZ – CASTAÑEDA M，FEIJOO C，2023. Use of blockchain in the agri – food value chain：State of the art in Spain and some lessons from the perspective of public support [J]. Telecommunications Policy，47 (6)：102574.

MASON – D'CROZ D，BOGARD J R，HERRERO M，et al. ，2020. Modelling the global economic consequences of a major African swine fever outbreak in China [J] . Nature food，1 (4)：221 – 228.

MATSUO T，2008. Genes for host – plant selection in Drosophila [J] . Journal of neurogenetics，22 (3)：195 – 210.

MATZEMBACHER D E，STANGHERLIN I，SLONGO L A，et al. ，2018. An integration of traceability elements and their impact in consumer's trust [J] . Food Control，92：420 – 429.

MATZLER K，GRABNER – KRäUTER S，BIDMON S，2008. Risk aversion and brand loyalty：the mediating role of brand trust and brand affect [J] . Journal of Product & Brand Management，17 (3)：154 – 162.

MAYER R C，DAVIS J H，SCHOORMAN F D，1995. An Integrative View of Organizational Trust [J] . The Academy of Management Review，20 (3)：709 – 734

MEIJER G W, DETZEL PGRLINERT K G et al. , 2021. Towards effective labelling of foods. An international perspective on safety and nutrition [J] . Trends in Food Science & Technology, 118: 45 – 56.

MENOZZI D, HALAWANY – DARSON R, MORA C, et al. , 2015. Motives towards traceable food choice: A comparison between French and Italian consumers [J] . Food Control, 49: 40 – 48.

MILICIC S, DECICCA P, 2017. The Impact of Economic Conditions on Healthy Dietary Intake: Evidence From Fluctuations in Canadian Unemployment Rates [J] . Journal of Nutrition Education and Behavior, 49 (8): 632 – 638.

MINAKER L, HAMMOND D, 2016. Low Frequency of Fruit and Vegetable Consumption Among Canadian Youth: Findings From the 2012/2013 Youth Smoking Survey [J]. Journal of School Health, 86 (2): 135 – 142.

MIRHOSEINI M, PAGÉ S A, LÉGER P M, et al, 2021. What deters online grocery shopping? Investigating the effect of arithmetic complexity and product type on user satisfaction [J]. Journal of Theoretical and Applied Electronic Commerce Research, 16 (4): 828 – 845.

MITTAL V, KAMAKURA W A, 2001. Satisfaction, Repurchase Intent, and Repurchase Behavior: Investigating the Moderating Effect of Customer Characteristics [J] . Journal of Marketing Reseach Electronic Publishing, 2001, 38 (1): 131 – 142.

MORALES L E, HIGUCHI A, 2018. Is fish worth more than meat? – How consumers' beliefs about health and nutrition affect their willingness to pay more for fish than meat [J]. Food Quality and Preference, 65 (1): 101 – 109.

MORGAN G, 2003. Marketing and Critique: Prospects and Problems [J] . Studying management critically, 1 (1): 111 – 131.

MORGAN R M, HUNT S D, 1994. The Commitment Trust Theory of Relationship Marketing [J] . Journal of Marketing, 58 (3): 20 – 38

MOSCHITZ H, STOLZE M, 2010. The Influence of Policy Networks on Policy Output. A Comparison of Organic Farming Policy in the Czech Republic and Poland [J] . Food Policy, 35 (3): 247 – 255.

MOTTALEB K A, MISHRA A K, 2016. Rice consumption and grain – type preference by household: a Bangladesh case [J] . Journal of Agricultural and Applied Economics, 48 (3): 298 – 319.

NAIM K FATIH D, 2015. A Social Network Analysis Approach to Strengthening Nonprofit Collaboration [J] . The Journal of Applied Management and Entrepreneurship, 20 (1): 87 – 101

NARDOCCI M, LECLERC B S, LOUZADA M L, et al. , 2019. Correction to Consumption of ultra – processed foods and obesity in Canada [J] . Canadian Journal of Public Health,

110 (1): 15 – 16.

NELSON P, 1970. Information and consumer behavior [J]. Journal of Political Economy, 78 (2): 311 – 329.

NEUHOFF A, MILWAY S K, KIERNAN R, et al., 2014. Making Sense of Nonprofit Collaborations [R]. New York: The Bridgespan Group & Lodestar Foundation.

NICHOLS, C, 2017. Millets, milk and maggi: Contested processes of the nutrition transition in rural India [J]. Agriculture and Human Values, 34 (4): 871 – 885.

NIEMI J K, 2020. Impacts of African swine fever on pigmeat markets in Europe [J]. Frontiers in Veterinary Science, 7: 634.

NOSI C, ZOLLO L, RIALTI R, et al., 2020. Sustainable consumption in organic food buying behavior: the case of quinoa [J]. British Food Journal, 122 (3): 976 – 994.

OKOP K J, NDAYI K, TSOLEKILE L, et al, 2019. Low intake of commonly available fruits and vegetables in socio – economically disadvantaged communities of South Africa: influence of affordability and sugary drinks intake [J]. BMC Public Health, 19 (1): 940.

Oliver, Richard L, 1980. Theoretical bases of consumer satisfaction research: Review, critique, and future direction [J]. Theoretical developments in marketing, 2 (1): 206 – 210.

OMARI R, RUIVENKAMP G T P, TETTEH E K, 2017. Consumers' trust in government institutions and their perception and concern about safety and healthiness of fast food [J]. Journal of Trust Research, 7 (2): 170 – 186.

ONYEOZIRI I O, KINNEAR M, DE KOCK H L, 2018. Relating sensory profiles of canned amaranth (Amaranthus cruentus), cleome (Cleome gynandra), cowpea (Vigna unguiculata) and Swiss chard (Beta vulgaris) leaves to consumer acceptance [J]. Journal of the Science of Food and Agriculture, 98 (6): 2231 – 2242.

OPPENHEIM C, 2000. Do patent citations count [J]. The web of knowledge: A festschrift in honor of Eugene Garfield: 405 – 432.

OPPENHEIM P P, 1996. Understanding the factors influencing consumer choice of cut flowers: A means – end approach [J]. Acta Horticulture, 429 (429): 415 – 422.

ORLOWSKI M, LEE M, SPEARS W, et al., 2017. Patterns in Vegetable Consumption: Implications for Tailored School Meal Interventions [J]. Journal of School Health, 87 (5): 346 – 352.

OZEN A E, PONS A, TUR J A. Worldwide consumption of functional foods: a systematic review [J]. Nutrition Reviews, 70 (8): 472 – 481.

PAARLBERG L E MOULICK A G VAN PLIYVELDE S, 2017. Testing a Two – Stage Grant Allocation Process: The Case of the United Way [J]. Nonprofit and Voluntary Sector Quarterly, 46 (6): 1117 – 1141.

PAN Y, ZINKHAN G M, 2006. Exploring the impact of online privacy disclosures on consumer trust [J] . Journal of Retail, 82 (4): 331-338.

PAPANAGIOTOU P, TZIMITRA - KALOGIANNI I, MELFOU K, 2013. Consumers'expected quality and intention to purchase high quality pork meat [J] . Meat Science, 93 (3): 449-454.

PATRICIA H M RAFAEL H M PAUL G, et al. , 2020. Culture and Healthy Lifestyle: Factors influencing the Decision to Buy Quinoa in the City of Latacunga in Cotopaxi Province, Ecuador [J] . Journal of Food Products Marketing, 26 (6): 440-455.

PEBRIANI W V, SUMARWAN U, SIMANJUNTAK M, 2018. The effect of lifestyle, perception, satisfaction, and preference on the online re - purchase intention [J]. Independent Journal of Management & Production, 9 (2): 545-561.

PERREA T, GRUNERT K G, KRYSTALLIS A, 2015. Consumer Value perceptions of food products from emerging processing technologies: A cross - cultural exploration [J]. Food Quality and Preference, 39: 95-108.

PHAM T H, NGUYEN T N, PHAN T T H, et al. , 2019. Evaluating the purchase behaviour of organic food by young consumers in an emerging market economy [J] . Journal of Strategic Marketing, 27 (6): 540-556.

PIENIAK Z, AERTSENS J, VERBEKE W, 2010. Subjective and objective knowledge as determinants of organic vegetables consumption [J] . Food Quality and Preference, 21 (6): 581-588.

PIQUERAS - FISZMAN B, SPENCE C, 2015. Sensory expectations based on product - extrinsic food cues: An interdisciplinary review of the empirical evidence and theoretical accounts [J] . Food Quality and Preference, 0: 165-179.

POLIMENI J M, IORGULESCU R I, MIHNEA A, 2018. Understanding consumer motivations for buying sustainable agricultural products at Romanian farmers markets [J]. Journal of Cleaner Production, 184 (10): 586-597.

POLIMENI J M, IORGULESCU R I, MIHNEA A, 2018. Understanding consumer motivations for buying sustainable agricultural products at Romanian farmers markets [J]. Journal of Cleaner Production, 184: 586-597.

PRESCOTT J, YOUNG O, O'NEILL L, et al. , 2002. Motives for food choice: a comparison of consumers from Japan, Taiwan, Malaysia and New Zealand [J] . Food Quality and Preference, 13 (7-8): 489-495.

RAH J H, HASLER C M, PAINTER J E, et al. , 2004. Applying the theory of planned behavior to women's behavioral attitudes on and consumption of soy products [J] . Journal of Nutrition Education and Behavior, 36 (5): 238-244.

RAJABION L, KHORRAMINIA V, AMINEH A, et al. , 2019. A new model for assessing the impact of the urban intelligent transportation system, farmers'knowledge and business processes on the success of green supply chain management system for urban distribution of agricultural products [J] . Journal of Retailing and Consumer Services, 50: 154 – 162.

RAMKISSOON H, NUNKOO R, GURSOY D, et al. 2009. How consumption values affect destination image formation [J] . Advances in Culture, Tourism & Hospitality Research, 3: 143 – 168.

RAO A R, QU L, RUEKERT R W, 1999. Signaling unobservable product quality through a brand ally [J] . Journal of Marketing Research, 36 (2): 258 – 268.

REKHY R, KHAN A, EASON J, et al. , 2017. Australian consumer awareness of health benefits associated with vegetable consumption [J] . Nutrition & Dietetics, 74 (2): 175 – 184.

REN Y Q, 2018. Influencing factors of consumers' online shopping willingness for fresh agricultural products [J] . Acta Agriculturae Shanghai, 34 (2): 138 – 144.

RESANO H, PEREZ – CUETO F J A, DE BARCELLOS M D, et al. , 2011. Consumer satisfaction with pork meat and derived products in five European countries [J] . Appetite, 56 (1): 167 – 170.

RHODES R E, COURNEYA K S, 2003. Investigating multiple components of attitude, subjective norm, and perceived behavioral control: An examination of the theory of planned behavior in the exercise domain [J] . British Journal of Social Psychology, 42: 129 – 146.

RICHARDSON N J, MACFIE H J, SHEPHERD R, 1994. Consumer attitudes to meat eating [J] . Meat Science, 36 (1 – 2): 57 – 65.

RIVIS A, SHEERAN P, 2003. Descriptive norms as an additional predictor in the theory of planned behaviour: A meta – analysis [J] . Current Psychology, 22 (3): 218 – 233.

ROBERTS J A, MANOLIS C, 2000. Baby boomers and busters: an exploratory investigation of attitudes toward marketing, advertising and consumerism [J] . Journal of Consumer Marketing, 17 (6): 481 – 497.

ROBINA – RAMÍREZ R, CHAMORRO – MERA A, MORENO – LUNA L, 2020. Organic and online attributes for buying and selling agricultural products in the e – marketplace in Spain [J] . Electronic Commerce Research and Applications, 42: 100992.

RODRIGUEZ – SALVADOR B, DOPICO D C, 2020. Understanding the value of traceability of fishery products from a consumer perspective [J] . Food Control, 112: 107142 – 107142.

ROMANT S SADEH H DALLI D, 2009. When the Brand is Bad, I'm Mad! An Exploration of Negative Emotions to Brands [J] . Advances In Consumer Research, 36: 494 – 501.

ROTTER G S, 1967. An experimental evaluation of group attractiveness as a determinant of conformity [J] . Human Relations, 20 (3): 273 – 281.

ROUSSEAU D M, SITKIN S B, BURT R S, et al, 1998. Not so different after all: A cross – discipline view of trust [J] . Academy of Management Review, 23 (3): 393 – 404.

ROUSSEAU S. , VRANKEN L, 2013. Green Market Expansion by Reducing Information Asymmertries: Evidence for Labeled Organic Food Pruducts [J] . Food Policy, 40: 31 – 43.

RØDBOTTEN M, TOMIC O, HOLTEKJØLEN A, et al. , 2015. Barley bread with normal and low content of salt: sensory profile and consumer preference in five European countries [J] . Journal of Cereal Science, 64: 176 – 182.

SALAZAR – ORDÓÑEZ M S, RODRÍGUEZ – ENTRENA M, 2019. Hybridizing consumer behavioural approaches on agrifood markets: Attitudes, judgements and choices [J]. Spanish Journal of Agricultural Research, 17 (2): e109.

SANDVIK P, NYDAHL M, KIHLBERG I, et al. , 2018. Consumers' health – related perceptions of bread – implications for labeling and health communication [J] . Appetite, 121: 285 – 293.

SAR S, GILBERT R G, MARKS G C, 2012. Household rice choice and consumption behavior across agro – climatic zones of Cambodia [J] . Journal of Hunger & Environmental Nutrition, 7 (2 – 3): 333 – 346.

SCHIFFMAN L G, KANUK L L, 1987. Consumer Behavior [M] . Englewood Cliffs: Prentice Hall, 1987.

SCHIMMENTI E, GALATI A, BORSELLION V, et al. , 2013. Behaviour of consumers of conventional and organic flowers and ornamental plants in Italy [J] . Horticultural Science, 40 (4): 162 – 171.

SCHMITZ J D, MENKHAUS D J WHIPPLE G D et al. , 1993. Impact of changing consumer preferences on willingness – to – pay for beef steaks in alternative retail packaging [J]. Journal of Food Distribution Research, 24 (2): 23 – 36.

SCHOSLER H, DE BOER J, BOERSEMA J J, 2014. Fostering more sustainable food choices: Can Self – Determination Theory help? [J] . Food Quality and Preference, 35: 59 – 69.

SCHULTZ R J, 2008. The Effects of Mood States on Service Contact Strategies [J]. Journal of Professional Services Marketing, 14 (1): 117 – 135.

SHAHEEN M A R, EL – NAKHLAWY F S, AL – SHAREEF A R, 2013. Main factors influencing the spread and consumption of organic food in Saudi Arabia [J] . Journal of Food, Agriculture & Environment, 11 (1): 231 – 233.

SHAO Y T, WANG Y P, YUAN Y W, 2021. Food safety and government regulation in rural China [J] . Journal of agriculture and Food Research, 5: 100170.

SHEERAN P, ORBELL S, 1999. Augmenting the Theory of Planned Behavior: Roles for Anticipated Regret and Descriptive Norms [J] . Journal of Applied Social Psychology, 29 (10): 2107 – 2142

SHETH, J N, NEWMAN BRUCE I, GROSS, B L, 1991. Why we buy what we buy: A theory of consumption values [J] . Journal of business research, 22 (2): 159 – 170.

SHIH H P, 2004. An empirical study on predicting user acceptance of e – shopping on the Web [J] . Information & management, 41 (3): 351 – 368.

SHIN J I, CHUNG K H, OH J S, et al. , 2013. The effect of site quality on repurchase intention in Internet shopping through mediating variables: The case of university students in South Korea [J] . International Journal of Information Management, 33 (3): 453 – 463.

SHUI W B, LI M X, 2020. Integrated pricing and distribution planning for community group purchase of fresh agricultural products [J] . Scientific Programming, 2020 (1): 1 – 15.

SINGH P, KESWANI S, SINGH S, et al. , 2018. A study of adoption behavior for online shopping: An extension of TAM model [J] . IJASSH.

SIRGY M J, 1982. Self – concept in consumer behavior: A critical review [J] . Journal of Consumer Research, 9 (3): 287 – 300.

SITKIN S B, ROTH N L, 1993. Explaining the Limited Effectiveness of Legalistic "Remedies" for Trust/Distrust [J] . Organization Science, 4 (3): 367 – 392

SMITH A C, 2010. Consumer Reactions to Organic Food Price Premiums in the United States [D] . Iowa: Iowa State University.

SMITH J B, BARCLAY D W, 1997. The Effects of Organizational Differences and Trust on the Effectiveness of Selling Partner Relationships [J] . Journal of Marketing, 61: 3 – 21

SOLER F, GIL J M, SÁNCHEZ M, 2002. Consumers' acceptability of organic food in Spain: Results from an experimental auction market [J] . British Food Journal, 104 (8): 670 – 687.

SPANGENBERG E R, CROWLEY A E, HENDERSONA P W, 1996. Improving the Store Environment: Do Olfactory Cues Affect Evaluations and Behaviors? [J] . The Journal of Marketing, 60 (2): 67 – 80.

SPRUIT D, ALMENAR E, 2021. First market study in e – commerce food packaging: Resources, performance, and trends [J] . Food Packaging and Shelf Life, 29: 100698.

STAROWICZ M, KOUTSIDIS G, ZIELIŃNSKI H, 2018. Sensory analysis and aroma compounds of buckwheat containing products – A review [J] . Critical Reviews in Food Science and Nutrition, 58 (11): 1767 – 1779.

STEHFEST E, BOUWMAN L, VAN VUUREN D P, et al. , 2009. Climate benefits of changing diet [J] . Climatic Change, 95 (1 – 2): 83 – 102.

STEINFIELD C, BOUWMAN H, ADELAAR T, 2002. The dynamics of click – and – mortar electronic commerce: Opportunities and management strategies [J] . International Journal of Electronic Commerce, 7 (1): 93 – 119.

STEPTOE A, POLLAND T M, WARDLE J, 1995. Development of a measure of the motives underlying the selection of food: the Food Choice Questionnaire [J]. Appetite, 25 (3): 267 - 284.

SUDHA V, SPIEGELMAN D, HONG B, et al., 2013. Consumer acceptance and preference study (CAPS) on brown and undermilled Indian rice varieties in Chennai, India [J]. Journal of the American College of Nutrition, 32 (1): 50 - 57.

SÁCHEZ J, CALLARISA L, RODRIGUEZ R M, et al, 2006. Perceived value of the purchase of a tourism product [J]. Tourism Management, 27 (3): 394 - 409.

TANG H Y, LIU Y, HUANG, G Q, 2019. Current status and development strategy for community - supported agriculture (CSA) in China [J]. Sustainability, 11 (11): 3008.

TARAGOLA N M, VAN LIERDE D F, 2010. Factors affecting the Internet behaviour of horticultural growers in Flanders, Belgium [J]. Computers and Electronics in Agriculture, 70 (2): 369 - 379.

TARREGA A, RIZO A, MURCIANO A, et al., 2020. Are mixed meat and vegetable protein products good alternatives for reducing meat consumption? A case study with burgers [J]. Current Research in Food Science, 3: 30 - 40.

TAYLOR S, TODD P A, 1995. Understanding information technology usage: A test of competing models [J]. Information Systems Research, 6 (2): 144 - 176.

TESTA F, PRETNER G, IOVINO R, et al., 2021. Drivers to green consumption: a systematic review [J]. Environment Development and Sustainability, 23 (4): 4826 - 4880.

THOMPSON E, JOHNSON D C, LEITE - BENNETT A, et al., 2017. The Impact of Multiple Strategies to Encourage Fruit and Vegetable Consumption During School Lunch [J]. Journal of School Health, 87 (8): 616 - 622.

THOMÉ K M, CAPPELLESSO G, PINHO G M, 2021. Food consumption values and the influence of physical activity [J]. British Food Journal, 123 (3): 943 - 957.

TONSOR G T, SCHROEDER T C. Livestock identification: Lessons for the U. S. Beef Industry from the Australian System [J]. Journal of International Food & Agribusiness Marketing, 2006, 18 (3 - 4): 103 - 118.

TOPCU Y, UZUNDUMLU A S, BARAN D, 2015. How Sensory And Hedonic Quality Attributes Affect Fresh Red Meat Consumption Decision Of Turkish Consumers? [J]. Italian Journal of Food Science, 27 (2): 53 - 62.

TORJUSEN H, SANGSTAD L, O'DOHERTY J K, et al., 2004. European consumers' conceptions of organic food: A review of available research [R]. Oslo: European Commission, Fifth Framework.

TRAN D, BROECKHOVEN I, HUNG Y, et al., 2022. Willingness to Pay for Food Labelling Schemes in Vietnam: A Choice Experiment on Water Spinach [J]. Foods, 11 (5): 722.

TRUONG T T, YAP M H T, INESON E M, 2012. Potential Vietnamese consumers' perceptions of organic foods [J]. British Food Journal, 114 (4 - 5): 529 - 543.

TSAKIRIDOU E, MATTAS K, TZIMITRA - KALOGIANNI I, 2006. The influence of consumer characteristics and attitudes on the demand for organic olive oil [J]. Journal of International Food and Agribusiness Marketing, 18 (3 - 4): 23 - 31.

TØNNESEN M T, GRUNERT K G, 2021. Social - psychological determinants of young consumers' consumption of pork [J]. Food Quality and Preference, 93: 104262.

UMBERGER W J, FEUZ D M, CALKINS C R, et al., 2003. Country - of - origin labeling of beef products: U. S. consumers' perceptions [J]. Journal of Food Distribution Research, 34 (3): 103 - 116.

VAN DEN BERG S W, VAN DEN BRINK A C, WAGEMAKERS A, et al., 2022. Reducing meat consumption: The influence of life course transitions, barriers and enablers, and effective strategies according to young Dutch adults [J]. Food Quality and Preference, 100: 104623.

VAN DEN BOGERD N, MAAS J, SEIDELL J C, et al., 2019. Fruit and vegetable intakes, associated characteristics and perceptions of current and future availability in Dutch university students [J]. Public Health Nutrition, 22 (11): 1951 - 1959.

VAN RIJSWIJK W, FREWER L J, 2008. Consumer perceptions of food quality and safety and their relation to traceability [J]. British Food Journal, 110 (10): 1034 - 1046.

VANHONACKER F, VAN LOO E J, GELLYNCK X, et al., 2013. Flemish consumer attitudes towards more sustainable food choices [J]. Appetite, 62 (3): 7 - 16.

VAZIFEHDOOST H, RAHNAMA A, MOUSAVIAN S J, 2014. Evaluation of the impact of brand purchase involvement, satisfaction, experience and brand trust on loyalty to brand [J]. Mediterranean Journal of Social Sciences, 5 (20): 3054.

VENKATESH V, HOEHLE H, ALOYSIUS J A, et al., 2021. Being at the cutting edge of online shopping: role of recommendations and discounts on privacy perceptions [J]. Computers in Human Behavior, 121: 106785.

VERBEKE W, LIU R D, 2014. The impacts of information about the risks and benefits of pork consumption on Chinese consumers' perceptions towards, and intention to eat, pork [J]. Meat Science, 98 (4): 766 - 772.

VERHOEF P C, 2005. Explaining purchase of organic meat by Dutch consumers [J]. Europenan Review of Agricultura Economics, 32 (2): 245 - 267.

VETÓNÉ MÓzner Z, 2014. Sustainability and consumption structure: environmental impacts of food consumption clusters. A case study for Hungary [J]. International Journal of Consumer Studies, 38 (5): 529 - 539.

VINNARI M, 2008. The future of meat consumption—Expert views from Finland [J].

Technological Forecasting and Social Change, 75 (6): 893 – 904.

WALL P, 2010. Food Safety and Supply: Present and Future Challenges [J]. Journal of Farm Management, 13 (12): 853 – 860.

WANG E, AN N, GAO Z F, et al., 2020. Consumer food stockpiling behavior and willingness to pay for food reserves in COVID – 19 [J]. Food Security, 12 (4): 739 – 747.

WANG E, Gao Z F, HENG Y, et al., 2019. Chinese consumers' preferences for food quality test/measurement indicators and cues of milk powder: A case of Zhengzhou, China [J]. Food Policy, 89: 101791 – 101791.

WANG J H, GE J Y, MA Y T, et al., 2018. Urban Chinese consumers' willingness to pay for pork with certified labels: A discrete choice experiment [J]. Sustainability, 10 (3): 603

WANG J, YUE H L, ZHOU Z N, 2017. An improved traceability system for food quality assurance and evaluation based on fuzzy classification and neural network [J]. Food Control, 79 (1): 363 – 370.

WANG S P, LI D Y, ZHANG Y L, et al., 2019. Smart Contract – Based Product Traceability System in the Supply Chain Scenario [J]. IEEE Access, 7: 115122 – 115133.

WANSINK B, SHIMIZU M, BRUMBERG A, 2014. Dispelling myths about a new healthful food can be more motivating than promoting nutritional benefits: The case of Tofu [J]. Eating Behaviors, 15 (2): 318 – 320.

WIESE A, TOPOROWSKI W, ZIELKE S, 2012. Transport – related CO 2 effects of online and brick – and – mortar shopping: a comparison and sensitivity analysis of clothing retailing [J]. Transport Research Part D, 17 (6), 473 – 477

WILSON D T, MOLLER K, 1995. Dynamics Of Relationship [J]. Business marketing: an interaction and network perspective: 53.

WOODS W A, 1981. Consumer Behavior: Adapting and Experiencing [M]. Leiden, Elsevier North Holland.

WOOLDRIDGE J M, 2001. Econometric Analysis of Cross Section and Panel Data [M]. Cambridge: MIT Press.

WU L H, GONG X R, QIN S S, et al., 2017. Consumer preferences for pork attributes related to traceability, information certification, and origin labeling: Based on China's Jiangsu Province [J]. Agribusiness, 33 (3): 424 – 442.

WU L H, LIU P P, CHEN X J, 2020. Decoy effect in food appearance, traceability, and price: Case of consumer preference for pork hindquarters [J]. Journal of Behavioral and Experimental Economics, 87: 101553.

WU L H, LIU X L, ZHU D A, et al., 2015. Simulation of market demand for traceable pork with different levels of safety information: A case study in Chinese consumers [J].

Canadian Journal of Agricultural Economics, 63 (4): 513 - 537.

WU L H, WANG S X, ZHU D A, et al., 2015. Chinese consumers'preferences and will-ingness to pay for traceable food quality and safety attributes: The case of pork [J]. China Economic Review, 35: 121 - 136.

XIONG T, ZHANG W D, CHEN C T, 2021. A fortune from misfortune: Evidence from hog firms' stock price responses to China's African swine fever outbreaks [J]. Food Policy, 105: 102150.

XU J, LIN H J, SHENG C, 2021. Effects of Hydrothermal Pretreatment and Hydrochar Addition on the Performance of Pig Carcass Anaerobic Digestion [J]. Frontiers in Microbiology, 12: 622235 - 622235.

XU L L, YANG X X, WU L H, et al., 2019. Consumers' Willingness to Pay for Food with Information on Animal Welfare, Lean Meat Essence Detection, and Traceability [J]. International Journal of Environmental Research and Public Health, 16 (19): 3616 - 3616.

YADAV R, PATHAK G S, 2017. Determinants of Consumers' Green Purchase Behavior in a Developing Nation: Applying and Extending the Theory of Planned Behavior [J]. Ecological Economics, 134: 114 - 122.

YANG Q, AL MAMUN A, NAZNEN F, et al., 2023. Modelling the significance of health values, beliefs and norms on the intention to consume and the consumption of organic foods [J]. Heliyon, 9 (6): e17487.

YANG Q, PANG C, LIU L, et al., 2015. Exploring consumer perceived risk and trust for online payments: An empirical study in China's younger generation [J]. Computers in Human Behavior, 50 (c): 9 - 24.

YANG Q, SHEN Y C, FOSTER T, et al., 2020. Measuring consumer emotional response and acceptance to sustainable food products [J]. Food Research International, 131: 108992.

YANG W Y, LIU Y, 2021. Research on Purchase Intention of Fresh Agricultural Products Based on TAM Model in Pre - sale Mode [C] // 2nd International Conference on E - Commerce and Internet Technology (ECIT). London: IEEE.

YEN S T, LIN B H, DAVIS C G, 2008. Consumer knowledge and meat consumption at home and away from home [J]. Food Policy, 33 (6): 631 - 639.

YEO B L, MOHAMED R H N, MUDA M, 2016. A Study of Malaysian Customers Purchase Motivation of Halal Cosmetics Retail Products: Examining Theory of Consumption Value and Customer Satisfaction [J]. Procedia Economics and Finance, 37: 176 - 182.

YILMAZ B S, ILTER B, 2017. Motives underlying organic food consumption in turkey: impact of health, environment, and consumer values on purchase intentions [J]. Economics World, 5 (4): 333 - 345.

YUAN C L, WANG S M, YU X L, 2020. The impact of food traceability system on consumer perceived value and purchase intention in China [J]. Industrial Management & Data Systems, 120 (4): 810 - 824.

YUE N, KUANG H, SUN L, et al., 2010. An empirical analysis of the impact of eu's new food safety standards on China's tea export [J]. International Journal of Food Science & Technology, 45 (4): 745 - 750.

ZATZ L Y, MORAN A J, FRANCKLE R L, et al., 2021. Comparing Online and In - Store Grocery Purchases [J]. Journal of Nutrition Education and Behavior, 53 (6): 471 - 479.

ZHANG C P, BAI J F, WAHI T I, 2012. Consumers' willingness to pay for traceable pork, milk, and cooking oil in Nanjing, China [J]. Food Control, 27 (1): 21 - 28.

ZHANG G, ZHOU J, YU Z X, 2022. Research on the Problems and Countermeasures of Community Group Purchase in University in the Post - Epidemic Era [J]. Open Access Library Journal, 9 (4): 1 - 9.

ZHANG P P, BAI J J, CHENG S K, etal., 2018. Does Information Intervention Affect Food Waste? —Randomized Controlled Trials in Catering Industry [J]. Journal of Natural Resources, 33 (8): 1439 - 1450.

ZHANG P P, BAI J F, LIU X J, et al., 2019. Food waste at the consumer segment: Impact and action [J]. journal of natural resources, 34 (2): 437 - 450.

ZHANG Y, 2015. The impact of brand image on consumer behavior: A literature review [J]. Open journal of Business and Management, 3 (1): 58 - 62.

ZHANG Z, FARRIS K L, SUN M C, et al., 2020. Parenting Practices, Autonomous Motivation, and Adolescent Diet Habits [J]. Journal of Research on Adolescence, 30 (3): 800 - 816.

ZHENG Q J, CHEN J H, ZHANG R, et al., 2020. What factors affect Chinese consumers' online grocery shopping? Product attributes, e - vendor characteristics and consumer perceptions [J]. China Agricultural Economic Review, 12 (2): 193 - 213.

ZIA A, ALZAHRANI M, ALOMARI A, et al., 2022. Investigating the Drivers of Sustainable Consumption and Their Impact on Online Purchase Intentions for Agricultural Products [J]. Sustainability, 14 (11): 6563.

ZUCKER L G, 1986. Production of Trust: Institutional Sources of Economic Structure [J]. Research in Organizational Behavior, (8): 53 - 111.

Z. Deng, B. Shao. Study on influencing factors of Consumer satisfaction of Online group purchase in China [J]. Commercial Research, 2013 (4): 34 - 39.

ÁVILA B P, BRAGANCA G C M B, ROCKENBACH R, et al., 2017. Physical and sensory characteristics of cake prepared with six whole - grain flours [J]. Journal of Food Measurement and Characterization, 11 (3): 1486 - 1492.

后 记

撰写后记意味着书稿终于接近尾声，本书是我独著的第三部专著①，也是都市食物经济研究丛书的开山之作。我们希望从都市农产品消费、生产、流通三大方面打造一套高质量的都市食物经济研究丛书②。此时写后记，少了一些激动，更多了一份责任。《都市居民农产品消费行为研究》从框架构思到内容撰写再到完稿出版，历时一年多时间，但前期研究的积累却是历时 10 年，研究过程很艰辛！推进本书撰写的过程中，我反复思考的一个问题是，这项研究的创新和贡献是什么？这便需要再次回顾这项研究的背景和内容。中国都市居民对农产品的市场需求不断多元化，不仅要求农产品够吃，还要吃得安全、营养健康和好吃。消费者对绿色食品、有机食品及无抗、低碳农产品等能有效甄别质量的农产品需求也更加强烈。此外，非洲猪瘟疫情带来的生猪产业发展变化，在一定程度上也对我国都市居民猪肉消费产生了影响。新冠疫情暴发对世界各地人们的生产、生活带

---

① 本人之前所著《猪肉可追溯体系质量安全效应研究：理论与实证》《上海农村发展动力机制研究》两书，均由中国农业出版社出版。

② 我对这一套丛书寄予厚望，也倾注很多心血，希望"十五五"期间完成这一套丛书，力争通过这套丛书取得几个显著成效：一是构建起具有中国特色的都市食物经济理论和实践研究体系，为相关研究提供重要文献支撑和借鉴；二是打造一个稳定的食物经济研究学科团队，培养一批长期从事食物经济研究的青年科技人员；三是取得一系列高等级课题项目、高质量论文、高级别研究成果奖等在内的科研成果，利用上海市农业科学院的多学科交叉研究优势，打造上海市领先、国内先进的都市食物经济研究学科团队。如果上述目标得以实现，那将是我为上海市农业科学院发展以及国内食物经济研究作出的较大的贡献。

来巨大影响，尤其是很大程度上改变了都市消费者的农产品购买方式。基于此，本书的研究综合运用信息经济学、计量经济学、实验经济学、管理学、心理学等多学科的理论和方法，利用对上海、北京、济南、西安等大城市居民持续多年、数万份的问卷调查数据，实证研究都市居民农产品消费行为，主要从产品类别偏好、质量信号偏好、疫情冲击三个视角，综合运用描述统计分析、计量模型分析等方法，分析都市居民对蔬菜、猪肉、藜麦、花卉等农产品的购买行为及影响因素，分析都市居民对具有地产品牌、质量认证、可追溯、低碳等质量甄别信号农产品的认知、购买行为、支付意愿及影响因素，分析非洲猪瘟疫情和新冠疫情冲击下都市居民农产品消费行为变化及影响因素。新颖的选题、独特的视角、全面的分析、一手的数据、可靠的结论、可行的建议，这充分体现了本项研究的学术创新价值与现实借鉴意义，是本书出版所做的贡献。本书中的研究内容可以说是我自 2015 年到上海市农业科学院工作以来的一个主要成果积累，虽谈不上鸿篇巨制，但也可称之为一个巨大工程，集中体现了自己对上海这样一座国际化大都市农产品消费问题的调查了解和研究积累。在本书完成之前，我并没有充分认识到自己的主要研究方向是农产品消费行为，在本书完成后，我应该并且有足够信心将农产品消费行为作为自己的主要研究方向之一。这本书是关于农产品消费行为研究成果的集中体现，而且是有严谨逻辑框架和独特观点体系的一大成果。书中各章节内容多数都已经发表或即将发表中、英文论文，有的已发表论文已经取得比较好的学术影响①，多

---

① 2016 年发表在《技术经济》的论文《品牌可追溯性信任对消费者食品消费行为的影响：以猪肉产品为例》知网引用量达到 77 次。2017 年发表在《农业现代化研究》的论文《信息源信任对消费者食品购买行为的影响研究：以可追溯猪肉为例》知网引用量达到 41 次。2015 年发表在《农业现代化研究》的论文《偏好异质性约束下食品追溯标签信任对消费者支付意愿的影响：以猪肉产品为例》知网引用量达到 36 次。

数研究内容具有较大的科研创新性①。我期望本书能成为国内关于都市居民农产品消费行为研究的一本代表性著作，当然这还有待时间和实践的检验。

本书的研究也是集体协作和智慧的结晶。本书在资料收集过程中，得到社会各界的大力支持和帮助。感谢接受问卷调研和典型调研的所有消费者，正是他们的配合和帮助使得本书研究所需的数据资料能够顺利获得，在此无法一一致谢。特别感谢的是两位敬爱的研究生导师李秉龙教授和乔娟教授②，二位老师对调查研究的重视，使我养成了积极主动开展实地调查的习惯。我自认为，扎实的调查研究能力是我入职上海市农业科学院第二年就成功获得国家自然科学基金项目"基于监管与声誉耦合激励的猪肉可追溯体系质量安全效应研究：理论与实证（71603169）"的重要原因，而且此项目在国家自然科学基金委员会管理科学部组织的结题绩效中评估为"优"。特别感谢上海市农业科学院的院领导、各机关处（室）领导和农业科技信息研究所的所领导及各位同事对本书编撰给予的无私帮助和大力支持，没有你们的帮助就没有本书的顺利完成和出版，他们是院长蔡友铭，

---

① 本书的研究认为新形势下构建"信用评价＋追溯体系"耦合监管格局，实现责任主体信用的追溯查询，既可充分发挥政府监管作用，还可充分发挥市场声誉作用，从而更好发挥农产品安全组合监管效能，这是当前亟须的一种农产品质量安全监管新思路。研究以猪肉产品为例，实证分析了都市居民对信用追溯农产品的支付意愿。再如，选择上海市这一超大城市开展消费者问卷调查，通过不同时间段的调查，实证分析猪瘟疫情对城市居民猪肉消费的影响，并重点探究不同质量安全识别方式的调节效应，有以下两点边际贡献：一是系统研究了不同时期猪瘟疫情对城市居民猪肉消费的影响与机制，特别是分析了价格效应和安全效应的差异，与讨论不同质量安全认同方式的调节效应；二是从质量安全识别视角讨论质量安全认同对猪瘟疫情下城市居民猪肉消费的影响，并实证检验价格识别、信息标签识别、销售场所识别调节猪瘟疫情影响的差异。

② 李秉龙教授是我的硕士生导师，乔娟教授是我的博士生导师，二位老师都是博士生导师，二位老师的研究生都是一起指导，我们也可以说是一个大师门。我记得，在中国农业大学读硕士期间发表的第一篇论文就是 2011 年发表在《消费经济》、利用乔老师主持的国家自科基金项目调查的消费者问卷撰写的《消费者对认证食品的认知水平及影响因素分析：基于大连市的实地调研》，该篇论文的知网引用量达到 58 次。随后，读博期间，二位老师又指导我分别在《统计与信息论坛》《中国农业大学学报》《消费经济》《技术经济》等期刊发表了几篇关于农产品消费方面的论文，论文在知网引用量也都较高。这些都为本书撰写打下坚实的基础。由此算来，本书的编撰跨度达到 10 年，我对农产品消费的研究却已有近 15 年。

副书记徐伟林，副院长赵志辉、沈晓晖、史明，纪委书记姚训，院办主任李林峰、副主任曹红亮和杨晓春，人事处处长刘红、副处长于力和单丽丽，科研处处长刘佩红、副处长杨娟和王达，财务处处长朱靖、副处长孙斌，工会主席陈建林，园艺所所长朱为民、副所长沈海斌，生物所所长施标、副所长刘成洪，林果所所长张永春、副所长杨柳燕，质标所所长宋卫国，信息所所长施建春、副所长张莉侠和易建平等，以及农业科技信息研究所农业经济研究室团队成员俞美莲、贾磊、张孝宇、周洲、方秋爽、张无坷、王雨蓉、王丽媛、马莹、马佳、彭乐威、陆仲明楠等，还有农业科技信息研究所及兄弟所给予支持帮助的同事们。

还要特别感谢对本书出版作出重要贡献和给予指导帮助的专家们：上海市农业农村委员会二巡、处长方志权[①]，江西财经大学教授周应恒[②]，英国北爱尔兰农业食品与生物科学研究院首席农业经济学家、教授吴子平[③]，上海市人民政府参事、研究员吴爱忠，上海市哲学社学社会科学规划办公室副主任吴诤，浙江农林大学副教授朱哲毅、宁可[④]，山东师范大学教授耿宁，中国海洋大学教授陈雨生，上海交通大学副教授韩广华，上海财经大学教授王常伟，上海海洋大学教授李玉峰、陈廷贵、晋洪涛，江南大学教授吴林海，安徽农业大学教授尹世久，南京工业大学教授王二朋，上海

[①] 方志权处长是上海交通大学安泰经济与管理学院的博士，是典型的专家型领导，从事上海"三农"研究与实践长达30年之久，尤其在农村集体产权制度改革方面的研究在全国处于领先水平，代表性成果获得过"杜润生奖"，是我很敬佩的一位领导和师长，对我的指导帮助也是相当大。方处长对本书的出版给予很多关心和支持。

[②] 周应恒老师作为国内食物系统或食物经济研究的权威大专家和领军人物，平易近人。我的农产品消费研究受周老师研究影响很大、受益很多，我非常忐忑地邀请周老师为本书作序，没想到周老师欣然答应，我也是感到非常荣幸和备受鼓舞。

[③] 吴子平教授是我非常敬佩的一位专家和老师，认识吴老师已有五六年的时间，和吴老师还是中国农业大学的校友。吴老师一直给予我无私、细心的指导和帮助，已经记不清我们有多少次通过邮件、微信、腾讯会议等形式探讨论文撰写、课题申请等，我也是很感激吴老师像导师一样对我的学术进行指导。

[④] 朱哲毅和宁可是非常好的科研合作伙伴，我们三人之间的合作交流是非常愉快的。最近3年多的时间，我们时常开展学术交流，每个月都会探讨好几次。这种交流对我们的科研进步是显而易见的，我们的合作成效也比较显著。

市乡村振兴研究中心主任陈怡赟，上海市农业农村委员会种业管理处处长李荧，上海市农业农村委员会秘书处①副处长陈云及张晨、楼建丽、蔡蔚等。各位领导、老师和亲朋好友从工作、生活各方面给予我非常热情的指导和帮助，在此衷心感谢大家的关心、指导、帮助和包容。此外，在调查研究过程中还得到本人所指导过的博士生李彩霞以及硕士生冯晓晓、孟晓芳、朱文君、金俪雯、胡亚琳、王颖颖、王浩、李智彬、于卓、赵静、韩熙冰、王婵、王珊珊、曹琳琳、陈宇欣等的大力帮助，同样对他们表示感谢，他们都非常优秀，相信未来会有很好的发展。借本书出版之机，向所有参与和支持过本书出版的人表示最衷心的感谢！对本书出版作出贡献的还有很多人，如有遗漏，还望见谅。

写后记的这一天是小儿子的一周岁生日，这是非常有意义的一天：家中这兄弟俩是我持之不懈努力工作、不断取得创新突破的重要动力，希望他们能健康快乐成长！

本书的完成与出版离不开以下相关课题的资助支持，主要包括：国家自然科学基金项目"基于监管与声誉耦合激励的猪肉可追溯体系质量安全效应研究：理论与实证"（71603169）、"南方集体林区林下立体经营技术的扩散机制及采用行为干预研究"（72003177）、"质量监督视角下亲环境机械外包服务供求机制及激励政策优化研究"（72203207）；教育部人文社科青年项目"信息不对称下产业链异质契约约束对农户绿色安全优质生产的影响研究"（Z1YJC790173）；上海市农业农村委员会科技创新项目"上海市绿叶蔬菜产业技术体系建设"（沪农科产字〔2024〕第2号）、"上海市花卉产业技术体系建设""闵行区革新村乡村振兴科技引领示范村建设"（沪农科推字〔2019〕第3-4-2号）；上海市农业农村委员会决策咨询重点课题

---

① 2022年2月至2023年1月，我有幸在上海市农业农村委员会秘书处借调锻炼一年。秘书处成员在方志权处长的带领下齐心协力、克服困难，顺利完成一项项工作任务，大家给予我很多指导、帮助和包容、关心，本书的框架思路就是在借调期间形成的。

"我市率先基本实现农业农村现代化研究"（2022-N-013）；上海市科学技术委员会软科学重点课题"上海大力发展花卉产业的技术创新支撑体系与政策保障研究"（19692107600）、"藜麦产业化发展路径与对策研究"（21692110500）等。在此，我表示特别的感谢。最后，感谢中国农业出版社对本书出版给予的支持和帮助。我期望本书能充实、丰富都市居民农产品消费行为相关研究，并为相关研究提供文献借鉴，同时也为引导农业产业健康可持续发展、保障农产品消费者权益提供政策借鉴和客观依据。由于本人水平有限，书中难免有不当之处，还请各位读者批评指正！

刘增金　于上海
2024 年 6 月 21 日